Anonymous

Reise der österreichischen Fregatte Novara um die Erde

in den Jahren 1857, 1858, 1859 unter den Befehlen des Commodore B. von

Wüllerstorf-Urbair

Anonymous

Reise der österreichischen Fregatte Novara um die Erde
in den Jahren 1857, 1858, 1859 unter den Befehlen des Commodore B. von Wüllerstorf-Urbair

ISBN/EAN: 9783744699549

Hergestellt in Europa, USA, Kanada, Australien, Japan

Cover: Foto ©Andreas Hilbeck / pixelio.de

Weitere Bücher finden Sie auf **www.hansebooks.com**

PALÄONTOLOGIE VON NEU-SEELAND.

BEITRÄGE ZUR KENNTNISS

DER

FOSSILEN FLORA UND FAUNA

DER

PROVINZEN AUCKLAND UND NELSON

VON

Prof. Dr. F. Unger, Prof. Dr. Karl Zittel, Prof. E. Suess, Felix Karrer, Dr. Ferdinand Stoliczka, Dr. Guido Stache, Dr. Gustav Jaeger.

REDIGIRT

VON

Dr. Ferdinand von Hochstetter, Dr. Moriz Hörnes und Franz Ritter von Hauer.

MIT 26 LITHOGRAPHIRTEN TAFELN

Novara-Expedition. Geologischer Theil. I. Band. 2. Abtheilung.

VORWORT.

Mit der Herausgabe dieser zweiten Abtheilung ist der erste Band des geologischen Theiles der wissenschaftlichen Publicationen der Novara-Expedition abgeschlossen. Der zweite Band wird die Resultate meiner geologischen Forschungen in den übrigen von der Erdumsegelungs-Expedition berührten Ländern und Gebieten enthalten, namentlich die Beobachtungen auf der Insel St. Paul, auf den nikobarischen Inseln, auf Java und Luzon. Ich musste Neu-Seeland, obgleich dieses der Endpunkt meiner Reise war, vorangehen lassen, weil der rasche Fortschritt der Colonisation des Landes auch die möglichst rasche Veröffentlichung der Resultate meiner zum Theile im speciellen Interesse dieser Colonisation angestellten Forschungen erheischte.

Ich kann für die Wissenschaft nur wünschen, dass die energische Durchführung der officiellen geologischen Aufnahmen, welche jetzt auf Neu-Seeland im Gange sind, meine Arbeit recht bald nur als einen ersten lückenhaften Beitrag zur Kenntniss der Geologie jener entfernten Inselgruppe erscheinen lasse.

Meinen verehrten Freunden aber, den Mitarbeitern an der Geologie und Paläontologie von Neu-Seeland, deren hervorragende Arbeiten den Inhalt dieser zweiten Abtheilung ausmachen, sage ich hiemit meinen allerherzlichsten Dank für ihre freundliche Mitwirkung.

Wien, im November 1864.

Dr. Ferdinand von Hochstetter.

INHALT.

I.

FOSSILE PFLANZENRESTE

AUS

NEU-SEELAND.

BESCHRIEBEN

VON

PROFESSOR Dr. FRANZ UNGER.

———

MIT 5 TAFELN (I — V).

Die von Herrn Prof. Dr. F. v. Hochstetter aus Neu-Seeland mitgebrachten Reste vorweltlicher Pflanzen stammen aus verschiedenen Formationen und sind in einem so verschiedenartigen Gesteine eingeschlossen, dass es nicht Wunder nimmt, wenn mehrere darunter ziemlich vollständig erhalten, andere aber nach der Natur der Bruchflächen des Gesteines nur in ganz unvollständigen Trümmern vorhanden waren.

Aus den verschiedenen Formationen und Fundorten haben sich folgende Pflanzenreste mit mehr oder weniger Sicherheit bestimmen lassen.

I. Pflanzenreste aus mesozoischen Formationen.

a) Aus den kohlenführenden Schichten von Pakawau an der Massacre-Bay, Provinz Nelson, Südinsel.

Aus den Pakawau-Kohlenlagern waren in einem feinkörnigen, braunen, etwas glimmerigen Sandstein mit Mühe zu erkennen:

Reste von einer Fiederpalme, *Phönicites* (?). Taf. 1. Fig. 1.

    —   *Equisetites* (?). Taf. 1. Fig. 2.

    —   *Neuropteris.* Taf. 1. Fig. 3.

b) Aus den kohlenführenden Schichten an der Westküste der Provinz Auckland, Nordinsel, zwischen der Mündung des Waikato und dem Hafen von Whaingaroa.

Die in einem grauen, in kleine Stücke zerfallenden Thonmergel eingeschlossenen Farnkräuter lagen nur in unvollständigen Exemplaren vor, so dass nur eine Art mit einiger Sicherheit bestimmt werden konnte.

ASPLENIUM PALAEOPTERIS Ung.

Taf. 1. Fig. 4—8.

A. fronde oblonga? bipinnata, pinnis primariis valde elongato-lanceolatis approximatis pinnatifidis pinnatisve, pinnulis v. segmentis ovato-oblongis obtusis inferiori-

1*

bus dentato-crenatis, superioribus integerrimis, *nervis in quolibet segmento* binis dichotome ramosis. *Sporangia* (?).

In formatione probabiliter Wealden dicta inter Waikato et Whaingaroa ad oras occidentales Novae Zelandiae (Prov. Auckland).

Da Früchte an diesem Fossile fehlen, so ist die Unterordnung desselben unter die Gattung Asplenium nur nach dem Habitus und der Nervatur der Fiederblättchen versucht worden. Aus den zahlreichen vorhandenen Bruchstücken konnte indess nur mit Mühe die beiläufige Form dieses zarten Farnkrautes, das Figur 4 in natürlicher Grösse dargestellt ist, entnommen werden. Eben so schwierig liess sich die Nervatur der Fiederblättchen mit Sicherheit eruiren. Aus dem Ganzen ergibt es sich, dass der Wedel länglich und doppelt gefiedert sein musste. Die primären Fieder sehr in die Länge gezogen sind fiedertheilig und gefiedert, je nach dem höheren oder tieferen Ursprung an der Blattspindel und je nach dem Grunde und der Spitze des Fiederblättchens. Auch die Fiederblättchen selbst sind an Grösse und Gestalt sehr verschieden. Am Grunde der Fieder sind sie keilförmig gezählt oder gekerbt, so dass die Kerben beinahe kleine Lappen bilden; gegen die Spitze zu werden sie immer schmaler, verlieren die Kerben und werden mehr oval und lanzettförmig. Ihre Stellung ist ziemlich gedrängt, und zwar unten mehr als oben. Einzelne Theile eines Fiederblattes sind in den Figuren 6, 7, und 8 dargestellt, wie sie vom Grunde nach der Spitze auf einander folgen, und zwar in drei- und viermaliger Vergrösserung; in Figur 5 ist ein Theil des Wedels ergänzt in dreimaliger Vergrösserung abgebildet. Nicht wenig Mühe machte es, die Nerven der Fiederblättchen genau zu verfolgen, da sie fast durchaus kaum wahrnehmbar erscheinen. An einzelnen derselben gelang es jedoch, sie nach ihrer Form und Vertheilung zu erkennen und davon in den obigen Figuren Zeichnungen mit der Camera lucida zu machen. Es erhellt daraus, dass in jedes Blättchen nur ein Nerv eintritt, der sich jedoch schon am Grunde gabelförmig theilt, und jeder dieser Theiläste wiederholt in ähnlicher Weise auseinandergeht, bis sich die 7—8 Äste nahe dem Rande in Kerben und Zähne verlieren.

Nur eine entfernte Ähnlichkeit besteht zwischen dieser Form und der *Sphenopteris tenera* Dunk.; auch die in der rheinischen Braunkohle vorkommende *Cystopteris fumariacea* Wess. et Web. kommt ihr nur im Habitus nahe, ist aber sonst durchaus verschieden. Unter den lebenden Farn stimmt keine einzige Art mit unserem Fossile überein, eben so wenig Farne von Neu-Seeland als von anderen Theilen der Erde. Jedoch lässt sich nicht verkennen, dass hie und da Ähnlichkeiten hervortreten, insbesonders unter den Farn Neu-Seelands und der Tropen überhaupt. Von den Farn Neu-Seelands kommt ihr unstreitig *Asplenium flaccidum* Forst., ein über die ganze Insel unter mehreren Varietäten sehr verbreitetes Farnkraut, sehr nahe, weicht jedoch durch die Grösse und durch die weniger gedrängte Stellung der Fiedern, so wie durch die mehr lanzettliche, fast ungetheilte Form der Pinnulen merklich ab. Näher steht dem fossilen *Asplenium Palaeopteris* das *Asplenium cicutarium* Sw. von Jamaica, obgleich hier die *Pinnulae* tiefer eingeschnitten sind als bei dem Fossile. Das Gleiche gilt auch von *Asplenium bulbiferum* Forst., einem gleichfalls durch ganz Neu-Seeland gemeinen Farnkraute, das sich besonders durch die mehr eingeschnittene und lappige Form der überdies viel grösseren Pinnulen von der gedachten fossilen Art unterscheidet. Noch weiter der Form nach entfernt sich überdies *Aspidium vestitum* Schw., ein Farn Neu-Seelands, Van-Diemenslands Neu-Hollands und Chilis.

c) Aus Kalkmergelbänken an der Westküste der Provinz Auckland, Nordinsel, südlich von der Mündung des Waikato-Flusses.

In einem grauen, harten Kalkmergel waren die Pflanzenreste ziemlich vollständig erhalten, sie gehörten jedoch alle einer Art an.

POLYPODIUM HOCHSTETTERI Ung.
Taf. II. Fig. 1. 2.

P. fronde pinnato, pinnis pinnatifidis, lineari-lanceolatis, segmentis lanceolato-oblongis acuminatis apice denticulatis nervo in quolibet segmento primario excurrente nervis secundariis parallelis furcatis rarius bifurcatis.

In formatione probabiliter Wealden dicta inter Waikato et Whaingaroa ad oras occidentales Novae Zeandiae (Prov. Auckland).

Auch dieses Farnkraut ist nur nach dem Habitus und der Nervatur zur Gattung Polypodium gestellt worden. Nach den zahlreichen Bruchstücken zu urtheilen, welche Herr Dr. v. Hochstetter von diesem Farnkraute mitbrachte, muss es einen sehr häufigen Bestandtheil der Mergelschichten der bezeichneten Localität ausmachen. Ohne Zweifel muss dieses Fossil ein sehr stattliches Farnkraut dargestellt und wohl eine Höhe von mehr als 2 Fuss erlangt haben. Der Wedel ist gefiedert, die Fieder erreichen eine Länge von 4—5 Zoll, sind lanzettlinienförmig, ziemlich gedrängt stehend und durch zahlreiche (bis 20) Fiedertheile ausgezeichnet. Die letzteren haben eine lanzettförmige Figur, sind an der Basis etwas aufwärts gekrümmt und laufen in eine Spitze aus, an der man einige schwache Zähnchen zu unterscheiden vermag. Von der Basis bis in die Spitze durchlauft dieselbe ein starker Mittelnerv, von dem zu beiden Seiten unter einander parallele Secundärnerven abgehen, die bald nach ihrem Ursprunge sich gabelförmig theilen und deren Äste sich bis zum Rande begeben oder hie und da noch einmal in derselben Weise theilen, bevor sie denselben erreichen. Leider ist auch an diesem Fossile keine Spur einer Fructification wahrzunehmen und daher die Stellung, welche ich ihm gab, problematisch. Indess ist nicht zu läugnen, dass einige Arten der Gattung *Polypodium* mit demselben auffallend übereinstimmen, was unter anderen namentlich mit *Polypodium rugulosum* Lab. von Neu-Seeland der Fall ist. Noch näher steht *Polypodium Hochstetteri* dem *Polypodium strigosum* Willd. von der Insel Mauritius. Auch mit *Cyathea medularis* und *Cyathea dealbata* von Neu-Seeland stellen sich einige Ähnlichkeiten heraus.

Von allen Farn der Kreideformation, namentlich auch von *Pecopteris Reichiana* Strb. weicht es bedeutend ab.

II. Pflanzenreste aus tertiären braunkohlenführenden Schichten der Provinzen Auckland und Nelson.

Auch die Braunkohlenformation in Neu-Seeland hatte sich nicht ohne Pflanzenabdrücke gezeigt. Zahlreiche, aber meist sehr unvollständig erhaltene Reste von Blättern dikotyler Pflanzen fanden sich bei Drury nächst Auckland und eben so auf Mr. Jenkin's Kohlengrube bei Nelson. Von der ersteren Localität waren nur ein paar der Gattung nach zu bestimmen, die übrigen konnten nur mit dem allgemeinsten Ausdrucke bezeichnet werden. Bei den Abdrücken von Nelson war es noch weniger leicht auch nur von fernehin die Verwandtschaft zu errathen. Kein einziges dieser Petrefacte war mit europäischen Tertiärpflanzen zu vergleichen, und auch die neuseeländische Flora der Gegenwart hat in denselben keine deutlich erkennbaren Repräsentanten.

FAGUS NINNISIANA Ung.
Taf. III. Fig. 1—9.

F. foliis 3—6 pollicaribus ovato-oblongis basi apiceque attenuatis longe petiolatis subtiliter dentatis, nervo primario crasso, nervis secundariis crebris simplicibus parallelis craspedodromis, iis interstitialibus creberrimis angulo recto inter se conjunctis.

In formatione geanthracis (tertiaria) ad Drury prope Auckland Novæ Zelandiæ.

Der Name nach dem um die Aufschliessung der Braunkohlenlager bei Drury hochverdienten Capitän Ninnis von Onehunga. Diese zahlreichen und ziemlich gut erhaltenen Abdrücke geben ein so vollständiges Bild der Blattgestaltung dieses Baumes, dass es nicht schwer hält, die nächsten Verwandtschaften sowohl in der Vor- als in der Lebewelt zu finden. Ein im südlichen Chile sehr verbreiteter und in mancherlei Abänderungen vorkommender Baum ist *Fagus obliqua* Mirb. — Pöppig hat die als grossblättrige Abart bezeichnete Pflanze Mirbel's als eigene Art unter dem Namen *Fagus procera* aufgestellt (Nov. gen. & Spec. II, 69. t. 179). Ein Vergleich dieser Pflanze mit unseren fossilen Blättern zeigt eine solche Übereinstimmung, dass unter den lebenden wohl keine andere Art ihnen ähnlicher sein dürfte. Blätter von Bäumen aus den Cordilleren des Territoriums der Pehuelchen, aus den dichten Wäldern von Antuco und von Aculeo des südlichen Chile, die mir bei Vergleichung zu Gebote standen, zeigten die grösste Übereinstimmung mit unserer fossilen Pflanze. Auch hier weichen die Blätter in Grösse, Form, ja selbst in der Zahnung des Randes nicht unbeträchtlich von einander ab, ganz so, wie wir es an der fossilen Pflanze sehen. Während Fig. 4 nur 3 Zoll lang und verhältnissmässig ³/₄ Zoll breit ist, hat Fig. 1 — 6 Zoll und darüber bei einer Breite von 1¹/₄ Zoll, und selbst diese Grösse scheint nach dem Bruchstücke von Fig. 3 zu schliessen, noch nicht die äusserste Grenze zu sein. Im Allgemeinen zieht sich allerdings die Blattspreite etwas gegen den Blattstiel herab, doch sind auch hierin mehrere Grade zu bemerken. In Fig. 2 ist der Grund verletzt, wesshalb sie allerdings den Anschein einer grösseren Abweichung von der allgemeinen Form an sich trägt. In der Zahnung des Randes kann ich zwischen der lebenden und fossilen Pflanze eben so wenig einen Unterschied finden. Die Zähne sind an beiden scharf klein und in ihrer Aufeinanderfolge mehr oder weniger unregelmässig. Zwischen je zwei Seitennerven entfallen 2—3 Zähne, so wie es auch bei *Fagus procera* Pöpp. der Fall ist. Auch rücksichtlich der Nervatur herrscht vollkommene Übereinstimmung. Die randläufigen Secundärnerven bleiben durchaus einfach und sind durch feine Interstitialnerven mit einander verbunden. (Fig. 5, 6.) Diese in einem rechten Winkel von den Secundärnerven abtretenden Tertiärnerven sind sehr zahlreich, unter sich parallel und hie und da durch Anastomosen im Zusammenhange. Rücksichtlich der Randbildung gibt Fig. 9 in sechsmaliger Vergrösserung eines zufällig von Zähnen entblössten Randes näheren Aufschluss. Die Secundärnerven erscheinen durch unregelmässige Nervenschlingen mit einander in Verbindung gesetzt. Ein davon durchaus nicht verschiedenes Bild zeigt bei mässiger

Vergrösserung auch *Fagus procera*. Aus all diesem geht hervor, dass, bis auf den Blattstiel, welcher in dem Fossile eine ungewöhnliche Länge erreicht, aber dies auch vielleicht nur an besonders starken Wurzeltrieben (Fig. 1 und 3), während in anderen Fällen (Fig. 5 und 8) das Maass desselben keineswegs exorbitirend ist, — alles Übrige in beiden Pflanzen sich in auffallender Übereinstimmung findet. Ich habe aus der fossilen Flora von Kumi auf Euboea gleichfalls einige Blätter als *Fagus*-Blätter unter dem Namen *Fagus pygmaea* beschrieben, welche ich mit *Fagus obliqua* Mirb. paralle-lisirte. Es ist jedenfalls auffallend, dass eine Pflanzenform mit ihren verwandten Arten, welche gegenwärtig das südliche Chile, Feuerland, Vandiemensland und Neu-Seeland vorzüglich bewohnt, auch in der Tertiärflora dieses Landes sowohl als in der Tertiärflora der nördlichen Hemisphäre erscheint, was wohl darauf hin-weisen würde, dass die Stammform von *Fagus* ursprünglich der südlichen Hemi-sphäre angehört, von der sie zeitlich genug sich weit zu verbreiten suchte. Aber was noch besonders auffällt, ist, dass sowohl die grossblättrigen Arten dieser Gattung mit gefalteter Knospenlage der Blätter als die kleinblättrigen Arten mit meist lederartigen Blättern in der Tertiärflora vertreten sind, während Neu-Seeland gegenwärtig nur die letzteren Formen besitzt.

LORANTHOPHYLLUM GRISELINIA Ung.

TAF. III. FIG. 13.

L. folia obovato-obtuso basi inaequali obliquo integerrimo 4 — 5 pol. longo 2 pol. lato coriaceo, nervoso. Nervo primario admodum crasso currato, nervis secundariis tenuibus alternis distantibus rete venoso laxo inter se conjunctis.

In formatione tertiaria (?) ad Manganui (Novae Zelandiae).

Dieses prachtvoll in allen seinen Theilen erhaltene Blatt stammt von Manganui in der Nähe der Bay of Islands in Neu-Seeland und ist so auffallend gestaltet, dass es eben nicht sehr schwer war, unter den Pflanzen dieser Insel ein Gegenbild zu finden. Die hierüber angestellten Forschungen haben unter den Loranthaceen über-haupt Ähnlichkeiten herausgestellt, ganz besonders eine Ähnlichkeit mit *Loranthus Forsterianus* Schult. Am meisten jedoch hat die zur Familie der Corneen gehörige und durch ganz Neu-Seeland verbreitete *Griselinia lucida* Forst. Prod., von welcher Raoul in *Choix de plantes de la Nouvelle-Zélande. tab. 19* Abbildungen (*Griselinia littoralis & Griselinia lucida* Raoul) gibt, Übereinstimmung mit unserem

Petrefacte gezeigt. Beide, d. i. die fossile wie die lebende Pflanze besitzen gleich grosse und gleich gestaltete Blätter, sind ganzrandig und an der Basis schief, und wenn man das fossile Blatt an der linken Seite seiner Basis als verletzt ansieht, was der Fall zu sein scheint, so zieht sich an der convexen Seite der Laminartheil des Blattes weiter an dem Blattstiele herunter als an der concaven Seite, wie das eben so bei *Griselinia lucida* der Fall ist. Da die Nervatur des Blattes bei Raoul nicht richtig gezeichnet ist, mir aber getrocknete Exemplare, von Dr. F. v. Hochstetter in Neu-Seeland gesammelt, zur Vergleichung vorliegen, so konnte ich mich über die grosse Übereinstimmung beider auch in dieser Beziehung mit Entschiedenheit aussprechen. Stärke, Verlauf und Verästelung der Secundärnerven, so wie die weitläufige Maschenbildung der Tertiärnerven ist in beiden fast gleich, der einzige Unterschied findet nur darin statt, dass die neuseeländische *Griselinia* weniger starke Mittelnerven besitzt als das fossile Blatt. J. D. Hooker sagt in seiner Flora Novae Zelandiae II, p. 97 von dieser Pflanze: „*frutex lucidus, coriaceus lacte virens radice (parasitica?) crassa tuberosa*" und deutet damit wohl die grosse Verwandtschaft dieser Pflanze mit den Loranthaceen an. Darauf Bezug nehmend, und da mir zur Untersuchung nichts als das Fig 13 abgebildete Blatt vorliegt, habe ich nicht gewagt, dasselbe geradezu mit dem Genus *Griselinia* zu vereinen, sondern habe einen unbestimmteren Gattungsnamen (*Loranthophyllum*) vorgezogen.

LORANTHOPHYLLUM DUBIUM Ung.

TAF. III. FIG. 10. 11.

L. folio ovato-elliptico obtuso integerrimo, nervis secundariis tenuibus alternis distantibus rete venoso laxo inter se conjunctis.

In formatione geanthracis ad Drury prope Auckland (Novae Zelandiae).

Von diesem Blatte ist nur der obere Theil erhalten und daher auch die Beschreibung unvollständig. Ähnlichkeit der Nervatur mit dem vorher beschriebenen Blatte, so wie die Übereinstimmung derselben mit dem Blatte von *Loranthus longifolius* Desv. lassen es rechtfertigen, dass dieser Pflanzenrest obigen Namen führt. Dazu kommt noch ein Stammrest aus derselben Localität, Fig. 11. der bei der opposten Stellung welche die daran befestigten Blätter früher eingenommen haben, zugleich so weit vorstehende Blattkissen zeigt, wie sie ganz vorzüglich ebenfalls an dem Stamme von *Loranthus longifolius* (Fig. 12) vorkommen.

MYRTIFOLIUM LINGUA Ung.

Taf. IV. Fig. 1. 2.

M. folio lineari-lanceolato obtuso integerrimo sessili probabiliter coriaceo, nervo medio crasso excurrente, nervis secundariis simplicibus parallelis angulo acuto e nervo primario exoriundis.

In formatione geanthracis ad Drury prope Auckland (Novae Zelandiae).

Ich habe mir vergeblich Mühe gegeben, ein Analogon dieses höchst ausgezeichneten und in seiner Ganzheit erhaltenen Blattes ausfindig zu machen. Es ist mir bis jetzt nicht gelungen, weder unter den fossilen Blättern, noch unter den jetzt lebenden Pflanzen. So viel ist jedoch sicher, dass das Blatt stiellos und fast stengelumfassend gewesen sein muss, und sich von demselben trennte. Unter den Myrtaceen, wohin ich es am ehesten stellen möchte, hat nur *Angophora cordifolia* Cav. von Neuholland einige Ähnlichkeit, doch sowohl Form als insbesonders die Nervatur stimmen nicht mit demselben überein. Fig. 1 stellt das Blatt nach seiner ganzen Erscheinung, Fig. 2 dessen Umriss mit der Nervatur dar.

PHYLLITES FICOIDES Ung.

Taf. IV. Fig. 3.

Ph. folio ovato in petiolum crassum attenuato integerrimo, nervo primario valido, nervis secundariis crebris simplicibus angulo acuto e nervo primario exoriundis.

In formatione geanthracis ad Drury prope Auckland (Novae Zelandiae).

Dieses Blatt lässt sich eben so wenig mit Blättern anderer Localitäten vergleichen, so wie es schwer hielt, unter den lebenden Pflanzen Analogien zu finden. Blätter einiger *Ficus*-Arten stimmen damit noch am meisten überein.

PHYLLITES LAURINIUM Ung.

Taf. IV. Fig. 4.

Ph. folio elliptico crasso integerrimo, nervis tertiariis cum nervis secundariis rete venosum laxum formantibus.

In formatione geanthracis ad Drury prope Auckland (Novae Zelandiae).

Dieser unbedeutende Blattfetzen kann füglich mit *Laurus princeps* Heer. verglichen werden, doch ist damit keineswegs dessen vollständige Übereinstimmung behauptet.

PHYLLITES PURCHASI Ung.
Taf. IV. Fig. 5.

Ph. folio admodum extenso, — nervo primario crasso nervis secundariis tenuibus e nervo primario angulo acuto deflexis simplicibus venis interstitialibus tenuissimis rectis inter se conjunctis.

In formatione geanthracis ad Drury prope Auckland (Novae Zelandiae).

Von diesem grossen umfangsreichen Blatte ist nur ein kleiner Theil aus der Mitte vorhanden, an welchem sich ausser der Nervatur nichts mit Bestimmtheit wahrnehmen lässt, daher eine Vergleichung mit lebenden und fossilen Pflanzen kaum möglich ist. Blätter von Artocarpeen, namentlich von *Brosimum*, *Olmedia* und *Antiaris*, lassen sich damit zusammenstellen. Am besten stimmt *Antiaris exsiccata* von Java überein.

PHYLLITES NOVAE-ZELANDIAE Ung.
Taf. IV. Fig. 6.

Ph. folio lineari-oblongo integerrimo, nervo primario crasso, nervis secundariis angulo subrecto e nervo primario egredientibus crebris simplicibus parallelis.

In formatione geanthracis ad Drury prope Auckland (Novae Zelandiae).

Auch dieses fossile Blatt ist nur in einem kleinen mittleren Theile erhalten und daher der Form nach weder zu beschreiben noch zu vergleichen. Blätter von neuseeländischen Baum- und Straucharten haben weder mit diesen noch mit den beschriebenen fossilen Blättern eine Ähnlichkeit. Eine Art von *Epicarpurus* vom Himalaja, ferner Blätter des fossilen *Neritinium dubium* Ung. und *Ficus multinervis* Heer. stimmen zwar einiger Massen überein, doch kann man eine wahre Identificirung weder mit dem einen noch mit dem andern nicht wohl gut heissen.

PHYLLITES NELSONIANUS Ung.
Taf. IV. Fig. 7. 8.

Ph. foliis ovatis acuminatis petiolatis integerrimis nervis secundariis distantibus simplicibus alternis.

In fodina geanthracum prope Nelson.

Nur mit einem Zweifel vereinige ich diese beiden Blätter zu einer Art, deren nächste Verwandte ich weder unter den fossilen noch unter den lebenden Pflanzen zu bezeichnen im Stande bin.

2 *

PHYLLITES LEGUMINOSITES Ung.

Taf. IV. Fig. 9.

Ph. foliolo ovato-oblongo breve- petiolato integerrimo, nervis secundariis obsoletis.

In folina geanthracum prope Nelson.

Es wäre Vermessenheit über dieses Theilblättchen eines zusammengesetzten Blattes, an dem die Spitze fehlt, etwas mehr auszusagen, als dass es der Familie der Leguminosen angehören dürfte.

PHYLLITES EUCALYPTROIDES Ung.

Taf. IV. Fig. 10.

In folina geanthracum prope Nelson.

Noch ein kleiner Blatttheil, dem Grund und Spitze fehlt, und der nur nach der muthmasslichen Ähnlichkeit mit dem *Eucalyptus*-Blatte bezeichnet wurde.

PHYLLITES QUERCOIDES Ung.

Taf. IV. Fig. 11.

In folina geanthracum prope Nelson.

Ebenfalls nur ein Blattstück, dessen Ergänzung problematisch ist.

PHYLLITES BROSIMOIDES Ung.

Taf. IV. Fig. 12.

In folina geanthracum prope Nelson

Nur ein kleiner Blattfetzen, der nicht weiter zu beschreiben ist, und den ich nur muthmasslich ergänzt habe. Einige *Brosimum*-Arten liessen sich, so ferne die Ergänzung nicht zu gewagt ist, damit vergleichen.

III. Verkieselte Hölzer.

DAMMARA FOSSILIS Ung.

Unter den verkieselten Hölzern lässt sich eines, welches aus dem petrefacten-führenden Sandstein bei Richmond unweit Nelson (auf der Südinsel) stammt, kaum von dem Holze der jetzt lebenden *Dammara australis* unterscheiden und würde desshalb als *Dammara fossilis* bezeichnet. Diese Thatsache ist um so merkwürdiger, als jener petrefactenführende Sandstein der Trias angehören soll. Wenn man jedoch bedenkt, dass Nadelhölzer von der Structur der *Araucaria, Dammara* u. s. w. nicht nur bis zur Trias- sondern bis zur Steinkohlenzeit zurückreichen, so verliert sich der scheinbare Widerspruch von selbst.

PODOCARPIUM DACRYDIOIDES Ung.

Taf. V. Fig. 1, a. b. c.

P. stratis lignosis vix conspicuis usque lineam unam latis, cellulis prosenchymatosis leptotichis, poris disciformibus minimis uniserialibus subcontiguis radiis medularibus simplicibus e cellulis parenchymatosis 1—12 superpositis formatis.

In formatione trachytica ad Great Barrier Island prope Auckland et ad fluvium Waiau (Coromandel) Novae Zelandiae.

Dieses fossile Holz hält das Mittel der Bildung zwischen *Podocarpus* und *Dacrydium*. Sowohl von diesem als von dem folgenden fossilen Holze liegen mikroskopische Präparate vor und sind Herrn v. Hochstetter übergeben worden.

NICOLIA ZELANDICA Ung.

Taf. V. Fig. 2, a. b.

N. Ligni stratis concentricis inconspicuis, radiis medullaribus homomorphis confertissimis undulatim extensis, corpore tenui humili e cellulis uni-triserialibus formatis. Vasis porosis amplis (Diam. 0·1''') impletis, copiosis, aequabiliter distributis nunquam per puria connatis. Cellulis ligni prosenchymatosis subpachitichis angustissimis.

In formatione basaltica ad Hunua Range prope Drury (Prov. Auckland) et in diluvio Drift dicto ad Mutere-Hills prope Nelson Novae Zelandiae.

Dieses dikotyledone Holz, von welchem Exemplare aus dem Basaltconglomerat der Hunua-Kette bei Drury (unweit Auckland) und aus der Driftformation der Mutere-Hills bei Nelson vorlagen, ist so ähnlich dem Holze des versteinerten Waldes bei Cairo, dass es nur eine andere Art jener Gattung *(Nicolia)* bildet.

Ein weiteres Nadelholz vom Coromandel-Hafen bei Auckland konnte wegen grosser Zerstörung der organischen Structur nicht mit Sicherheit erkannt werden.

II.

FOSSILE MOLLUSKEN UND ECHINODERMEN

AUS

NEU-SEELAND.

BEARBEITET

VON

Dr. KARL A. ZITTEL,

ASSISTENT AM KAIS. KÖN. HOF-MINERALIENCABINET.

NEBST BEITRÄGEN

VON DEN HERREN

BERGRATH **FRANZ RITTER v. HAUER** UND PROFESSOR **EDUARD SUESS.**

———

MIT 10 TAFELN (VI — XV).

VORWORT.

Unter den von Herrn Professor v. Hochstetter auf Neu-Seeland gesammelten Versteinerungen befand sich eine nicht unbeträchtliche Anzahl von Conchylien und Echinodermen, deren Bestimmung zur Ergänzung und Bestätigung seiner stratigraphischen Untersuchungen von Interesse war. Obwohl diese Sammlung nicht im mindesten auf Vollständigkeit Anspruch machen kann und nur ein höchst fragmentarisches Bild der fossilen Fauna Neu-Seelands gibt, so ist sie doch die bedeutendste, welche bisher nach Europa gelangte und immerhin genügend, um das geologische Alter der einzelnen Schichten wenigstens annähernd zu bestimmen und Schlüsse zu erlauben über das Verhältniss der verschiedenen Faunen zu einander und zu der der Jetztzeit.

Nach der Untersuchung der beiden Cephalopoden durch Herrn Bergrath Franz Ritter v. Hauer und der Brachiopoden durch Herrn Prof. Ed. Suess, blieben noch die übrigen Mollusken und die Echinodermen zurück, deren Beschreibung in den vorliegenden Blättern mit den eben genannten Cephalopoden und Brachiopoden veröffentlicht werden soll.

Diese Aufgabe, wenn sie mit Gewissenhaftigkeit ausgeführt werden sollte, war keine leichte, da die bekannten und jedem Paläontologen geläufigen Vergleichungspunkte mit europäischen Fossilien und der Fauna unserer benachbarten Meere, namentlich bei den Versteinerungen aus jüngeren Formationen, vollkommen werthlos wurden, und nur eine Untersuchung der jetzigen Bewohner der Meere von Australien und Neu-Seeland Licht geben konnte über das Vorhandensein

lebender oder ausgestorbener Arten, und somit über das relative Alter der diesel-
ben enthaltenden Schichten. Durch die Benützung einer Conchylien-Sammlung, die
Herr Prof. v. Hochstetter aus Neu-Seeland mitgebracht hatte, so wie durch die
Bereitwilligkeit, mit der mir die reichhaltige Bibliothek und Sammlung des
k. k. Hof-Naturaliencabinets zur Verfügung gestellt wurden, gelang es mir, diese
Schwierigkeiten wenigstens theilweise zu überwinden, so dass ich es wagen darf,
diese Arbeit, wenn auch mit einiger Scheu, der Öffentlichkeit zu übergeben. —
Für die geologischen Untersuchungen, die gegenwärtig mit regem Eifer in allen
Theilen jener entfernt gelegenen Inselgruppe unternommen werden, dürfte dieselbe
trotz der möglicher Weise darin enthaltenen Irrthümer von einigem Nutzen sein,
und damit ist ihr Zweck vollkommen erreicht.

                                                              K. Zittel.

Nach dem paläontologischen Charakter lassen sich die fossilienführenden Schichten Neu-Seelands in folgende Gruppen bringen:[1]

I. Triasformation.

Die ältesten Bildungen, aus denen Versteinerungen bekannt sind, finden sich auf der Südinsel unweit Nelson in der Gegend von Richmond, und bestehen aus einem bald licht-, bald dunkelgefärbten, mehr oder weniger eisenschüssigen Sandstein, der mit dem rheinischen Spiriferen-Sandstein grosse Ähnlichkeit besitzt. Die Anzahl der in diesen Schichten gefundenen Versteinerungen ist nur gering und beschränkt sich auf wenige Arten, unter denen sich vorzüglich zwei Bivalven durch ihre grosse Individuenanzahl und durch ihr eigenthümliches Vorkommen in hohem Grade auszeichnen. Die grössere und häufigere derselben gehört dem Genus *Monotis* an; ihre meist nach einer Richtung flach liegenden Schalenabdrücke erfüllen ganze Bänke, und lassen kaum einen freien Zwischenraum übrig. Wenn nun schon diese Art des Vorkommens auf das lebhafteste an *Monotis salinaria* Br. aus der oberen Trias der österreichischen Alpen erinnert, so wird dieser Eindruck noch unterstützt durch die grosse Übereinstimmung ihrer Merkmale. Die neuseeländische Art erhält allerdings durch eine bedeutendere Grösse, stärkere Rippen und höhere Wölbung einen etwas abweichenden Charakter, allein es finden sich einzelne Exemplare, die von *M. salinaria* kaum zu unterscheiden sind und die dafür sprechen, dass dieselbe nur als eine vicarirende Form aus der anderen Hemisphäre zu betrachten sei. Ich habe sie aus diesen Gründen als *Monotis salinaria* Var. *Richmondiana* beschrieben.

----

[1] Diese Zusammenfassung der paläontologischen Resultate wurde, einige Änderungen und Berichtigungen abgerechnet, bereits im Jahrbuch für Mineralogie, Geologie und Paläontologie von Leonhard und Geinitz (1863, p. 149—159) veröffentlicht.

Die zweite erwähnte Bivalve kommt zwar in weniger grosser Individuenzahl, immerhin aber noch häufig genug vor und ist von *Halobia Lommeli* Wissm. nicht zu unterscheiden.

Das gemeinsame Auftreten dieser beiden Arten und ihr allerwärts so charakteristisches Vorkommen sprechen mit so viel Entschiedenheit für das triassische Alter dieser Schichten, dass Gründe, welche sich für ein paläozoisches Alter anführen liessen, diese Anschauungsweise kaum zu erschüttern vermögen. Unter den übrigen Versteinerungen aus der Gegend von Richmond befinden sich noch Steinkerne einer *Spirigera*, die mit *Sp. undata* Defr. aus dem Spiriferen-Sandstein einige Ähnlichkeit hat; ausserdem kommt *Mytilus problematicus* n. sp. in grosser Häufigkeit vor, so wie eine Anzahl nicht näher zu bestimmender Steinkerne von *Astarte*, *Turbo* und einer austerähnlichen Muschel. Die weite Verbreitung der oberen Trias (Hallstätter Schichten), die in neuerer Zeit auf der türkischen Halbinsel und im Himalaya bekannt geworden sind, erhält durch das Auftreten derselben in Neu-Seeland eine neue höchst bemerkenswerthe Bereicherung.

II. Jura- (oder Kreide-) Formation.

An der Westküste der nördlichen Insel beim Waikato-Southhead und am Kawhia-Hafen finden sich mehr oder weniger dunkelgefärbte Kalkmergelschichten, die in grosser Häufigkeit Belemniten und etwas seltener auch Ammoniten einschliessen. Der *Belemnites Aucklandicus* Hauer gehört in die Gruppe der *Canaliculati* d'Orb., die bis jetzt nur aus der Juraformation bekannt ist, und zeigt nach der Untersuchung Fr. v. Hauer's so grosse Übereinstimmung mit dem *Belemnites canaliculatus* Schloth., dass es beinahe schwer fällt, genügende Unterschiede aufzufinden. Der *Ammonites Novo-Zelandicus* v. Hauer dagegen trägt einen sehr unbestimmten Charakter, und gibt kaum einen festen Anhaltspunkt zur Feststellung des Alters der fraglichen Schichten. Ausser diesen findet sich noch am Waikato eine *Aucella* (*A. plicata* Zitt.), ferner *Placunopsis striatula* Zitt. und am Kawhia-Hafen ein gefalteter *Inoceramus* von ziemlich grossen Dimensionen, den Professor v. Hochstetter *Inoceramus Haasti* genannt hat.

Wenn schon das Vorkommen von Ammoniten und Belemniten an und für sich mit Bestimmtheit dieser Schicht ihren Platz in der Jura- oder Kreideformation zuweist, so ist doch bei der geringen Anzahl von Versteinerungen eine genauere Altersbestimmung sehr schwierig. Indess scheint der entschieden **jurassische**

Charakter des *Belemnites Aucklandicus* v. H a u e r, so wie das Vorkommen der *Aucella plicata* und *Placunopsis striatula* sehr zu Gunsten einer Eintheilung derselben in die Juraformation zu sprechen, während allerdings der grosse gefaltete *Inoceramus* und der *Ammonites Novo-Zelandicus* mehr Ähnlichkeit mit Kreidearten besitzen.

III. Tertiärformation.

Eine Reihe von Versteinerungen aus den verschiedensten Gesteinen und Fundorten zeigen einen völlig abweichenden Charakter von den vorher besprochenen und lassen sich schon bei einer flüchtigen Betrachtung als einem jüngeren Alter, und zwar der Tertiärperiode angehörig erkennen. Die Geschlechter und Arten schliessen sich den noch jetzt lebenden mehr an und letztere stimmen theilweise sogar mit fossilen überein. Von dem Gesichtspunkte der grösseren oder geringeren Ähnlichkeit mit der jetzigen Fauna von Neu-Seeland ausgehend, konnte ich nach einer genaueren Untersuchung der einzelnen Arten zwei Abtheilungen unterscheiden, von welchen jede durch eine Anzahl von Localitäten vertreten ist und wovon die ältere mit Ausnahme der *Waldheimia lenticularis* Desh. keine recente Art enthält, während diese in der jüngeren Abtheilung einen nicht unbedeutenden Theil der Gesammtsumme der vorhandenen Arten ausmachen und an einzelnen Orten sogar die vorherrschende Anzahl zu bilden scheinen. Die beiden Gruppen sollen in Folgendem etwas genauer betrachtet und die Zusammengehörigkeit der einzelnen Fundorte nachgewiesen werden.

a) Ältere Abtheilung.

Die Gesteine dieser Abtheilung sind theils thonige glaukonitreiche oder eisenschüssige Kalkmergel, theils hellfarbige, lichtgrünlich graue Thonmergel, theils feinkörnige Sandsteine, die an manchen Orten sehr an die Gesteine der böhmischen Pläner- und Quaderformation erinnern. Die Versteinerungen, und zwar vorzüglich die Mollusken sind von ziemlich unbestimmtem Habitus, theilweise schlecht erhalten und oft zur näheren Bestimmung ganz untauglich; sie zeigen mit der jetzigen Meeresfauna von Neu-Seeland nur wenig Übereinstimmung und gehören fast alle ausgestorbenen Arten an.

Folgende Localitäten lassen sich unabhängig von stratigraphischen Beobachtungen nach ihren Versteinerungen als gleichaltrig erkennen und sind durch einzelne gemeinsam vorkommende Arten mit einander verknüpft.

Whaingaroa- und Aotea-Hafen, beide an der Westküste der Nordinsel gelegen, stimmen petrographisch auf das Genaueste mit einander überein, und haben *Pecten Hochstetteri* Zitt. und *Waldheimia lenticularis* Desh. gemeinsam. Bei Whaingaroa finden sich zahlreiche Foraminiferen, *Membranipora, Turbinolia* sp., *Balanus, Waldheimia lenticularis* Desh., *Ostrea Wüllerstorfi* Zitt., *Pecten Hochstetteri* Zitt., und eine *Natica;* fast alle diese Versteinerungen sind schlecht erhalten.

Aus Aotea befinden sich in der Sammlung des Prof. v. Hochstetter: *Schizaster rotundatus, Pecten Hochstetteri, Pecten Williamsoni, Cucullaea singularis, Panopaea* sp., *Scalaria lyrata, Scalaria Browni.*

Cap Farewell auf der Südinsel (Prov. Nelson) zeichnet sich durch seinen grossen Reichthum an wohlerhaltenen Seeigeln aus. Es finden sich daselbst: *Hemipatagus formosus* und *Hemipatagus tuberculatus* in sehr zahlreichen Exemplaren, seltener *Schizaster rotundatus,* ferner *Ostrea Nelsoniana, Lima* sp., *Pecten Hochstetteri* und ein Gastropodensteinkern, der vermuthlich zu *Struthiolaria* gehört. Mit den vorigen Fundorten hat Cap Farewell *Waldheimia lenticularis* Desh. und *Pecten Hochstetteri* gemeinschaftlich.

Vom Waikato-Southhead und der Westküste südlich vom Waikato (Nordinsel), die sich zunächst an die vorigen Fundorte anschliessen, liegen mir folgende Arten vor: *Cidaris* sp., *Nucleolites papillosus, Schizaster rotundatus, Brissus eximius, Fascialipora mammillata, Retepora* sp., *Cellepora* sp., *Waldheimia lenticularis, Pecten polymorphoides* und eine vorzüglich aus Stäben einer *Isis*-Art zusammengesetzte Breccie.

Von abweichender Gesteinsbeschaffenheit sind eine Anzahl anderer Localitäten, die indess durch einzelne Arten unter sich und mit den früher erwähnten verknüpft sind und nach den stratigraphischen Untersuchungen von Prof. v. Hochstetter in den gleichen Horizont gehören. Dieselben sind beinahe alle bemerkenswerth durch ihren Reichthum an *Pectines,* doch findet sich an einzelnen auch *Waldheimia lenticularis* Desh. wieder, die schon vom Waikato und von Whaingaroa angeführt wurde.

Von der Südinsel ist hier Motupipi an der Massacrebay (Prov. Nelson) zu erwähnen, wo in einem gelben, etwas eisenschüssigen Kalkstein *Pecten Athleta, Pecten Burnetti, Brissus eximius* und *Waldheimia lenticularis* Desh. vorkommen.

In den Kalksteinbrüchen von Papakura bei Auckland auf der Nordinsel werden gefunden: *Turbinolia* sp., *Schizaster* sp., *Waldheimia gravida* Suess, *Pecten Fischeri, Pecten* aus der Gruppe *Pleuronectes*) und *Nerdtopsis* sp.

Der ausserordentlich foraminiferen- und bryozoenreiche Sandstein der Orakei-Bay bei Auckland ist ausgezeichnet durch kleine Pecten-Arten, von denen ein *Pecten Aucklandicus* der Localität eigenthümlich ist, der andere vermuthlich zu *Pecten Fischeri* und der dritte zu dem pleuronectesartigen *Pecten* von Papakura gehört. Ausserdem finden sich hier zahlreiche, allein sehr schlecht erhaltene Abdrücke und Steinkerne von kleinen Bivalven, so wie ein kleiner belemnitenartig gestalteter Körper, der vermuthlich von dem Steinkerne einer Vaginellaschale herrührt.

Die Liste sämmtlicher beschriebener und abgebildeter Arten aus dieser Schichtengruppe ist:

Brissus eximius n. sp. Motupipi. Waikato.

Schizaster rotundatus n. sp. Waikato. Southhead. Aotea. Collingwood, Cap Farewell.

Hemipatagus formosus n. sp. Cap Farewell.

Hemipatagus tuberculatus n. sp. Cap Farewell.

Nucleolites papillosus n. sp. Waikato.

Fasciculipora mammillata n. sp. Waikato.

Waldheimia lenticularis Desh.[1] Motupipi, Waikato, Whaingaroa, Aotea.

Waldheimia gravida Suess. Papakura.

Terebratulina sp. Waikato.

Ostrea Nelsoniana n. sp. Cap Farewell.

Ostrea Wüllerstorfi n. sp.[2] Whaingaroa.

Lima sp. Cap Farewell.

Pecten Athleta n. sp. Motupipi.

- *Burnetti* n. sp. Motupipi.[2]

- *Williamsoni* n. sp. Aotea.

- *Hochstetteri* n. sp. Whaingaroa, Aotea, Cap Farewell.

- *polymorphoides* n. sp. Waikato.

- *Fischeri* n. sp. Papakura. (? Orakei-Bay.)

- *Aucklandicus* n. sp. Orakei-Bay.

- sp. Papakura. (? Orakei-Bay.)

Cucullaea singularis n. sp. Aotea.

Neritopsis sp. Papakura.

Scalaria Broeni n. sp. Aotea.[3]

- *lyrata* n. sp. Aotea.

Lamna-Zähne. Waikato.

b) Jüngere Abtheilung.

Einen ziemlich schroffen Gegensatz zu den Versteinerungen der vorhergehenden Gruppe bildet die Fauna der jüngeren Abtheilung, die sich in ihrem Gesammtcharakter an die jetzt lebende Molluskenfauna von Neu-Seeland enge anschliesst und

---

[1] Findet sich lebend in der Foveaux- und Cooksstrasse.

[2] Einem ausdrücklichen Wunsche des Herrn Prof. v. Hochstetter folgend, habe ich einer Anzahl von Arten die Namen von solchen Männern beigelegt, die sich um die geologische Erforschung von Neu-Seeland entweder mittelbar oder unmittelbar Verdienste erworben hatten.   Z.

[3] Vielleicht identisch mit *Scalaria regulosa* Sow. aus San Julian in Patagonien.

etwa in demselben Verhältnisse zu ihr steht, wie die Subapenninen-Formation Italiens zum Mittelmeer. Es scheinen diese Ablagerungen im Ganzen einem sehr jugendlichen Alter anzugehören und sich zu einer Zeit gebildet zu haben, wo Klima und Lebensbedingungen, so wie die geographische Verbreitung der Thiere im Wesentlichen der Jetztzeit entsprechend waren.

Dieselben Genera finden sich fossil und lebend, und nicht selten sind sogar die Species identisch; die ausgestorbenen Arten sind den lebenden verwandt und zeigen häufig interessante Mittelformen. So ist das Genus *Struthiolaria* durch zwei fossile, ausgestorbene Arten vertreten, von denen die eine der *Str. australis* Sow. nahe steht, während die andere sehr abweichende Merkmale zeigt und nur durch die vorige Art mit der lebenden vermittelt wird. Da übrigens die jetzige Meeresfauna von Neu-Seeland einen sehr eigenthümlichen Charakter trägt und nicht wenige Geschlechter enthält, deren geographischer Verbreitungsbezirk sehr beschränkt ist, so ist die Verschiedenheit dieser Ablagerungen mit europäischen jungtertiären Bildungen eine so bedeutende, dass kaum irgend welche Anhaltspunkte zur Vergleichung der beiden Faunen vorhanden sind. Wenn ferner auch zuweilen der Erhaltungszustand ein höheres Alter anzudeuten scheint, und wenn einzelne Arten, wie z. B. *Crassatella oupla* Zitt., *Limopsis insolita* Sow., *Pectunculus laticostatus* Quoy., *Trochita dilatata* Quoy. u. a. m. anscheinend einige Übereinstimmung mit europäischen Eocänbildungen vermuthen lassen, so finden sich doch in den meisten Fällen in dem Meere von Neu-Seeland und Australien Repräsentanten, die denselben weit näher stehen als die betreffenden Eocänarten.

Auffallend ist die grosse Ähnlichkeit der Fauna dieser Abtheilung mit den von Sowerby und d'Orbigny beschriebenen Tertiärversteinerungen aus Südamerika (Chile und Patagonien). Es lagen mir leider keine Originalstücke zur Vergleichung vor und nach den Abbildungen war es nur möglich, *Limopsis insolita* mit Bestimmtheit zu identificiren, allein die grosse Ähnlichkeit mehrerer Arten, auf die ich hingewiesen habe, ist bemerkenswerth genug und beweist, dass die Übereinstimmung, die noch jetzt zwischen der Meeresfauna von Neu-Seeland und dem südlichen Theile von Südamerika besteht, zu der Zeit der Bildung dieser Schichten ebenfalls geherrscht habe.

Die wichtigeren Fundorte von Versteinerungen dieser Abtheilung sind Rodney-Point nördlich von Auckland, Wanganui, Ahuriri und Hawkes Bay auf der Nordinsel und das Awatere-Thal, the Cliffs bei Nelson und Onekakara auf der Südinsel. Unter diesen sind Wanganui und Onekakara schon von Mantell untersucht worden und bereits früher beschrieben.

Die reichste Fundstelle ist unstreitig das Awatere-Thal, wo die Versteinerungen in einem blauen festen Thone in grosser Anzahl und meist vortrefflich erhalten vorkommen. Leider ist gerade das vorliegende Material aus dieser von Professor v. Hochstetter selbst nicht besuchten Localität sehr unvollständig, so dass die vorhandene Liste nur ein höchst mangelhaftes Bild von dem Reichthume derselben zu geben vermag. Recente, noch jetzt lebende Arten sind hier nicht selten zu finden und unter diesen sind vorzüglich zu nennen: *Voluta pacifica* Sol., *Trochita dilatata* Quoy und *Pectunculus laticostatus* Quoy.

Unter den ausgestorbenen Arten sind besonders zwei *Struthiolaria*-Arten bemerkenswerth.

Weit weniger gut erhalten sind die Versteinerungen von den Cliffs bei Nelson: dieselben befinden sich in einem sehr glaukonitreichen, groben Sand und sind häufig fast ganz zersetzt und unbestimmbar. Unter den zahlreichen Arten, die hier vorkommen, konnten nur wenige beschrieben werden und unter diesen befanden sich von recenten Arten *Pectunculus laticostatus* Quoy und *Solenella australis* Quoy.

Von Herrn Heaphy wurde bei Rodney Point, nördlich von Auckland, eine Anzahl Versteinerungen gesammelt, die in einer mehr oder weniger grobkörnigen Breccie aus schiefrigen Gesteinsstücken von dunkler Farbe bestehend vorkommen. Es befinden sich unter diesen mehrere lebende und einige ausgestorbene Arten; zu den ersten gehören *Turritella rosea* Quoy, *Purpura textiliosa* Lam., *Terebratella dorsata* Gmel. sp. und *Rhynchonella nigricans* Sow. sp., zu letzteren *Crassatella ampla*, *Teredo Heaphyi* und *Turbo superbus*.

Weniger reich an Arten sind einige andere Localitäten, unter denen Wanganui River durch das Vorkommen der grossen *Ostrea ingens* ausgezeichnet ist. Zu Ahuriri und in der Hawkes-Bay auf der Nordinsel finden sich meist nur schlecht erhaltene Steinkerne, worunter sich *Venus*, *Mytilus*, *Pectunculus* und die lebende *Trochita dilatata* Quoy erkennen lassen, ausserdem kommt *Pecten Triphooki* vor.

Folgende Arten dieser Abtheilung sind beschrieben und abgebildet:

* *Terebratella dorsata* Gmel. sp. Rodney   * *Rhynchonella nigricans* Sow. sp. Rodney
Point.   Point.

---

* Die mit einem Stern bezeichneten Arten kommen noch lebend vor.

Ostrea ingens n. sp. Wanganui.

Pecten Triphooki n. sp. Hawkes Bay.[1]

Limopsis insolita Sow. sp. the Cliffs.[2]

Solenella australis Quoy. the Cliffs.

Pectunculus laticostatus Quoy. Awatere-Thal. the Cliffs.

Leda sp. Awatere-Thal.

Crassatella ampla n. sp. Rodney Point.

Dosinia Greyi n. sp. Awatere-Thal.

Teredo Heaphyi n. sp. Rodney Point.

Dentalium Mantelli n. sp. Awatere-Thal. the Cliffs.

Crepidula incurva n. sp. Awatere-Thal.[3] sp. Awatere-Thal.

Trochus Stoliczkai n. sp. Awatere-Thal.

Trochita dilatata Quoy. Awatere-Thal. Hawkes Bay.

Turbo superbus n. sp. Rodney Point.

Natica solida Sow. Awatere-Thal. the Cliffs.

Voluta pacifica Sol. Awatere-Thal.

     „ *gracilicostata* n. sp. the Cliffs.

Purpura conoidea n. sp. Awatere-Thal.

* * „ *textiliosa* Lam. Rodney Point.

Buccinum Robinsoni n. sp. the Cliffs.

Struthiolaria canaliculata n. sp. Awatere-Thal.

Struthiolaria cingulata n. sp. Awatere-Thal.

Lamna Rodney Point.

I. TRIASFORMATION.

MONOTIS SALINARIA.

Var. RICHMONDIANA Zitt.

Taf. IV. Fig. 1, a — e.

Char. Testa transversa, convexa subaequilatera, radiatim costata et concentrice tenuiter striata. Costae 14 — 16 elevatae, crassae, rectae vel paullo inflexae, minoribus ejusdem numeri in interstitiis interpositis. Interstitia costis latitudine aequalia vel nonnunquam angustiora. Umbones valde convexi, fere in media longitudine positi. Auricula depressa, laevis.

Die Schale ist schief verlängert, gleichklappig, und nur wenig ungleichseitig, da die stark gewölbten, spitzen Buckeln beinahe in der Mitte der Schalenlänge

---

[1] Vielleicht identisch mit *Pecten rudis* Sow. aus Chiloe (tertiär).

[2] *Limopsis (Trigonocoelia) insolita* Sow. findet sich ausserdem in Tertiärablagerungen von St. Cruz in Patagonien.

[3] Nahe verwandt mit *Crepidula gregaria* Sow. aus St. Cruz in Patagonien.

liegen. Die Oberfläche ist durch ungefähr 28 — 36 Radialrippen verziert, die stark erhaben und von verschiedener Grösse sind. Die 14 — 16 Hauptrippen sind dick, entweder mit stumpfem oder zugeschärftem Rücken, meistens gerade, zuweilen aber auch schwach gebogen; zwischen diese schiebt sich eine gleiche Anzahl schwächerer Rippen ein, die übrigens an einzelnen Exemplaren besonders seitlich fast die Stärke der Hauptrippen erreichen. Die Zwischenräume sind flach, vertieft und je nach der Stärke der Rippen bald schmäler, bald breiter als diese. Über die ganze Oberfläche läuft an wohl erhaltenen Exemplaren eine feine, concentrische, wellenförmig gebogene Zuwachsstreifung; das Ohr ist etwas vertieft und glatt.

Als Herr Prof. Hochstetter eine Reihe von Handstücken, ganz erfüllt von dieser *Monotis*-Art nach Wien brachte, so erklärten die ausgezeichnetsten Kenner von alpinen Versteinerungen, wie Herr Dr. Hörnes und Prof. Suess, dieselbe sogleich für die bekannte *Monotis salinaria* Bronn. In der That ist das Vorkommen dieser Art in den alpinen Triasbildungen ein so charakteristisches, und ihr geselliges Auftreten in zahllosen Individuen ein so eigenthümliches, dass dem Alpengeologen die sogenannten *Monotis*-Bänke, die vollständig von Schalen der *Monotis salinaria* und der *Halobia Lommeli* erfüllt sind, einen der sichersten Horizonte abgeben. Nachdem die erstere in der jüngsten Zeit in der Triasformation von Ostindien nachgewiesen wurde, so durfte ihr Auftreten in Neu-Seeland nicht mehr allzusehr auffallen. Trotzdem konnte ich mich nur mit Zögern entschliessen, die zahlreichen neuseeländischen Exemplare mit der *M. salinaria* zu identificiren, und obwohl ich die Überzeugung hege, dass hier nur eine vicarirende Form der europäischen Art vorliegt, so kann ich doch nicht umhin, auf den verschiedenartigen Habitus derselben hinzuweisen. Ihre Schale ist im Allgemeinen grösser und stärker gewölbt, die Buckeln liegen etwas mehr gegen die Mitte zu, die Rippen sind weniger zahlreich und immer weit stärker hervortretend.

Vorkommen: bei Richmond unweit Nelson, Südinsel.

HALOBIA LOMMELI Wissm.

Taf. VI. Fig. 2, a. b. c.

1841. *Halobia Lommeli* Wissm., Münster, Beitr. IV. p. 22. t. 16. f. 11.
1847. *Avicula pectiniformis* Catullo, Prodr. Geogn. pal. Alpi Ven. p. 73. t. I. f. 1. 2. 3.
1855. *Halobia Lommeli* Hörnes, Denkschr. Wien. Akad. IX. t. II. f. 17.

Diese treue Begleiterin der *Monotis salinaria* in den sogenannten Hallstätter Schichten der europäischen Alpen findet sich auch in überraschender Ähnlichkeit in Neu-Seeland wieder. Während jedoch die erstere Art in den Bildungen der anderen Hemisphäre nicht unbedeutende Modificationen erlitten hatte, erscheint diese in vollkommen gleicher Gestalt wieder, so dass sich, ohne der Natur Gewalt anzuthun, keine stichhaltigen Unterschiede aufstellen lassen. Die Schale ist flach, halbkreisförmig; der Wirbel liegt in der Mitte und die ganze Oberfläche ist mit strahlenförmigen Radialrippen bedeckt, die sich gegen unten 2 — 4 Mal spalten; die Anzahl derselben ist sehr unbeständig und schwankt zwischen 20 und 30. Der Wirbel liegt fast in der Mitte; der Schlossrand divergirt in sehr stumpfem Winkel von den Wirbeln und bildet fast eine gerade Linie.

Vorkommen: Mit voriger Art bei Richmond unweit Nelson, Südinsel.

MYTILUS PROBLEMATICUS Zitt.

Taf. VII. Fig. 1, a. b.

An den Gehängen des Wairoa-Thales bei Springgrove unweit Richmond findet sich in sehr grosser Häufigkeit ein glatter Steinkern einer verlängerten, oben verengten und zugespitzten Muschel, auf dessen Oberfläche Spuren einer concentrischen Zuwachsstreifung zu erkennen sind. Die äussere Form derselben stimmt mit *Mytilus* recht gut überein, obwohl sich mit Sicherheit nicht einmal die Genusbestimmung ausführen lässt. Da dieser Steinkern indessen seines häufigen Vorkommens halber als eine der charakteristischen Versteinerungen der Richmond-Schichten gelten kann, so habe ich ihn mit dem Namen *Mytilus problematicus* bezeichnet.

SPIRIGERA WREYI Suess.

Taf. VII. Fig. 3, a. b. c. d.

Eine regelmässig gebaute Art von dem Typus unserer devonischen Arten, namentlich der *Spirigera undata* Defr. nahestehend; sie ist etwas grösser als diese, mit viel schärfer dachförmig abfallenden Zuwachsringen auf dem Steinkerne, aber wie *Spirigera undata* mit einer wohlbegrenzten Bucht auf der grossen, und entsprechendem Sattel auf der kleinen Klappe, welche beide an manchen Exemplaren die Mitte des Stirnrandes ein klein wenig zungenartig vorspringen lassen.

Es sind mir nur Steinkerne, und zwar fünf Stück, von dieser neuen Art bekannt, welche alle scharf ausgeprägte Abdrücke der Haftstellen der Muskel so wie der Ovarien enthalten. Die Abdrücke der letzteren sieht man wie bei *Megantiris* und bei vielen anderen Brachiopoden unterbrochen durch Lücken, welche den Hauptstämmen der Mantelgefässe entsprechen. Die Stücke stammen aus dem Wairoa-Thal und Aniced-Valley unweit Richmond bei Nelson.

Der Name nach Mr. Wrey, einem sehr eifrigen Sammler dieser Fossilien in Nelson.

II. JURAFORMATION.

BELEMNITES AUCKLANDICUS Hauer.

Taf. VIII. Fig. 2. 3.

„Eine bedeutende Anzahl grösserer und kleinerer Belemniten, die ersteren vom Waikato Southhead, die letzteren vom Kawhiahafen (Ahuahu Point) gehören, wie sich bei näherer Untersuchung herausstellte, wohl sicher ein und derselben Art an.

Die Scheide der grösseren wie der kleineren Exemplare ist etwas spindelförmig von der Spitze gegen die Basis zu, nimmt erst rasch, dann langsamer und langsamer an Dicke zu, bis sie ungefähr in der Mitte der Länge den grössten Durchmesser erreicht. Weiter gegen die Alveole zu wird sie wieder schlanker und dann wie es scheint gegen das äusserste Ende hin wieder etwas dicker.

Eine tiefe nicht sehr breite Rinne, welche an der Basis am tiefsten eingesenkt ist, bezeichnet die Siphonal- (Bauch-) Seite der Scheide. Diese Furche, welche entsprechend der Gestalt der Scheide selbst in der Mitte, wo die letztere den grössten Durchmesser besitzt, am breitesten wird, verflacht und verliert sich erst ganz nahe an der Spitze, ohne jedoch diese Spitze zu erreichen.

Zunächst an der Spitze ist der Querschnitt völlig kreisrund; darauf folgt dann eine Strecke, auf welcher die Scheide etwas deprimirt ist, d. h. auf welcher der Durchmesser von der Rücken- zur Bauchseite etwas kleiner ist als der Querdurchmesser; weiter gegen die Alveole zu aber kehrt sich dieses Verhältniss sehr bald um; die Scheide wird comprimirt, so dass sich der Querdurchmesser zum Höhendurchmesser bald ungefähr verhält wie 9 : 10.

Weder Seitenfurchen noch Falten an der Spitze der Scheide sind wahrzunehmen.

Das Verhältniss der Länge der Alveole zu der ganzen Scheide stellt sich bei einem Exemplare, wo dieselbe ziemlich sicher ermittelt werden konnte, ungefähr wie 2 : 5. Der Winkel des Alveolarkegels beträgt 17 Grade; gegen seine Spitze zu sieht man deutlich die einander nahestehenden Kammern; der Spitze selbst schliesst sich eine kleine kugelförmige Blase an; diese Spitze steht beträchtlich näher der Ventral- als der Dorsalseite und eben so ist die Scheitellinie der Ventralseite beträchtlich genähert.

Die kleineren Exemplare von Kawhia sind im Allgemeinen weit schlanker als die grösseren vom Waikato; bei ziemlich gut erhaltener Alveole beträgt der grösste Durchmesser der ersteren öfter nur den zehnten, bei den letzteren dagegen den fünften bis siebenten Theil der Länge. Bei der sonstigen genauen Übereinstimmung in Gestalt und der Beschaffenheit der Ventralfurche kann ich aber diesen Umstand um so weniger als Merkmal zu einer Speciestrennung berücksichtigen, als sich an einem Längsbruche, den ich von einem der grösseren Exemplare anfertigte, durch die Zuwachsstreifen in der That beim Fortwachsen eine weit raschere Zunahme in die Dicke, als in die Länge sehr deutlich zu erkennen gibt.

Übrigens sind sowohl im Längs- als im Querbruche dieses Exemplares zu jeder Seite der Seitenlinie nur zwei scharf gezeichnete Linien ersichtlich, welche früheren Grössen der Scheide entsprechen. Sie deuten entweder auf eine plötzliche Zunahme in zwei verschiedenen Perioden des Lebens, oder aber, wenn etwa sonstige feinere Zuwachsstreifen verwischt sein sollten, auf längere Unterbrechungen im Wachsthum.

Die so weit fortsetzende Bauchfurche und der Mangel jeder anderen Gattung von Furchen stellen unsere Art sehr entschieden in die Gruppe der von d'Orbigny sogenannten *Belemnites canaliculati*, deren sämmtliche Repräsentanten bisher nur in den Juraschichten gefunden wurden. Sie steht sogar der allbekannten und so weit verbreiteten Art *Belemnites canaliculatus* Schloth. selbst so nahe, dass es beinahe schwer fällt, genügende Unterscheidungsmerkmale anzugeben. Als das wichtigste derselben dürfte noch die starke Compression der Scheide in den von der Spitze weiter entfernten Theilen zu betrachten sein, wogegen bei dem jurassischen *Belemnites canaliculatus* der Querdurchmesser in dieser Region stets grösser ist als der Höhendurchmesser. Auch der kleinere Winkel des Alveolarkegels unserer Art ist zu beachten.

Unter den Belemniten der Kreideformation steht unsere Art wohl unstreitig *Belemnites semicanaliculatus* Blainv. am nächsten; besonders die Gestalt der Scheide ist beinahe völlig übereinstimmend. Wesentliche Unterscheidungsmerkmale bieten dagegen die geringe Länge der Ventralfurche und die mehr centrale Stellung der Scheitellinie der europäischen Art».

AMMONITES NOVO ZELANDICUS Hauer.

Taf. VIII. Fig. 1, a. b. c.

„Nur ein, aber ziemlich wohl erhaltenes Exemplar eines Ammoniten noch in dem Gesteine, dem mergeligen Kalksteine vom Kawhia-Hafen steckend, und ein kleines Bruchstück eines zweiten Exemplares, befinden sich unter den mir zur Untersuchung anvertrauten Stücken. Theilweise ist die Schale noch gut erhalten, theilweise dagegen ist sie weggebrochen und der Steinkern blossgelegt.

Das Gehäuse besteht aus sehr schmalen und hohen mehr als zwei Drittel, umhüllenden Umgängen. Der schmale Rücken ist gerundet, die Seiten beinahe völlig abgeflacht; sie fallen senkrecht gegen den übrigens nicht tiefen Nabel ab.

Die Seitenflächen sind da, wo die Schale erhalten ist, bedeckt mit sehr zahlreichen feinen dichtgedrängten, nicht ganz regelmässigen Sichelfalten. Die Stiele der Sicheln entspringen sehr stark hervortretend und beinahe knotenförmig verdickt unmittelbar an der Nabelkante. Ihre Zahl ist gering: sie bilden selbst einen schwachen gegen rückwärts gewendeten Bogen und werden gegen die Mitte der Seitenflächen zu undeutlicher. Im obersten Drittel der Höhe treten die Sicheln, und zwar hier in weit grösserer Zahl und viel regelmässiger wieder deutlicher zum Vorschein. Gegen den Rücken selbst biegen sie sich stark nach vorne und sind auf der Mitte desselben ganz unterbrochen oder wenigstens mehr verflacht. — Die Vermehrung der Falten gegen den Rücken zu erfolgt, so viel ich beobachten kann, mehr durch Einschiebung als durch Gabelung der ursprünglichen gröberen Rippen.

Unmittelbar vor der Mundöffnung, welche gut erhalten ist, lösen sich die Falten in feine Zuwachsstreifen auf, und der Mundrand verläuft in einer den Falten parallelen Richtung. Die Mundöffnung selbst ist etwas zusammengezogen, so dass der letzte Theil des letzten Umganges weniger involut erscheint.

Die Zahl der Falten an der Nabelkante beträgt ungefähr 45, an der Rückenkante dagegen mindestens die doppelte Zahl.

Der Durchmesser der Schale misst $2\frac{1}{2}$ Zoll. Die relativen Grössenverhältnisse sind nicht mit voller Sicherheit festzustellen, da das Exemplar etwas verdrückt ist, doch dürften die folgenden Ziffern nicht weit von der Wahrheit sich entfernen: Die Höhe der Umgänge = $^{51}/_{100}$; die Breite = $^{16}/_{100}$; der Durchmesser des Nabels $^{25}/_{100}$ des Durchmessers der Schale.

Die Lobenzeichnung, an dem kleineren Bruchstücke vollständig blossgelegt, zeigt zu jeder Seite vom Rückenlobus die Normalzahl von drei Sätteln und zwei zwischen diesen liegenden Loben: durch den dritten Loben geht die Nathlinie weg. Der Rückenlobus ist um ein Geringes seichter als der obere Lateral; die Sättel nehmen gegen den Nabel zu regelmässig an Grösse ab. Alle Sättel haben breite, wenig tief zerschlitzte Stämme, sie sind ziemlich regelmässig, aber nicht tief paarig getheilt, und ringsum mit sehr feinen und complicirten Ästchen und Zähnen versehen. Die Loben zeigen demgemäss ebenfalls breite Stämme und überall sehr zahlreiche feine Zähne. Sie sind unpaarig getheilt. Die Kammerwände stehen dicht gedrängt, so dass sich namentlich die oberen Seitenloben der einander folgenden Lobenlinien berühren, was die Verfolgung einer Linie schwierig macht.

Vergleicht man unsere neue Art mit den bisher bekannten Formen, so dürften ihm wohl jene am nächsten stehen, welche der Neocomformation angehörig von Pictet und Campiche als auf der Grenze stehend bezeichnet werden zwischen den Ammoniten aus der Gruppe der Dentati und jener der Flexuosi und Angulicostati, und ferner jenen, welche der Familie der Flexuosi selbst angehören.

Von *Ammonites neocomiensis* d'Orbigny, dessen Kenntniss durch die Abbildung und Beschreibung grösserer Exemplare durch die Herren Pictet und Campiche[1] wesentlich gefördert wurde, unterscheidet sich unsere Art durch die wesentlich abweichende Lobenzeichnung, von *Ammonites Castellanensis* d'Orbigny durch eine viel schmälere Schale und zahlreichere Falten, von *Ammonites cryptoceras* d'Orbigny, so wie auch von *Ammonites Mortelli* Pict. et Loriol durch den viel engeren Nabel u.s.w. In die nächste Verwandtschaft dieser europäischen Neocomienformen gehörig, kann die Art von Neu-Seeland gleichwohl mit keiner derselben verbunden werden.

Auch mit einigen Arten aus der Familie der Ligaten könnte unsere Art verglichen werden.

F. v. Hauer.

AUCELLA PLICATA Zitt.

TAF. VIII, FIG. 1, a. b. c.

Char. Testa oblonga, convexissima, oblique plicata; umbones inflati, valde contorti; latus anticum breve, posticum inflatum, elongatum. Plicae obliquae, subconcentricae paullo elevatae distantes.[2]

---

[1] Description des fossiles de St. Croix. p. 247. pl. XXIII. f. 1—3.

[2] Da die drei ersten Tafeln in meiner Abwesenheit ausgeführt wurden, so sind einige Irrthümer untergelaufen. Die gegenwärtige Species ist nach ihrem Höngsten Durchmesser aufrecht gestellt, statt dass dieselbe in mehr liegender Stellung mit den Buckeln weiter nach vorne hätte abgebildet werden sollen.

Z.

Höhe 30 Millm., Länge 26 Millm.

Schale quer verlängert, sehr stark gewölbt und mit etwas schief stehenden concentrischen Falten bedeckt. Die Wirbel sind angeschwollen, beinahe spitz und sehr stark gebogen. Die kurze Vorderseite fällt ziemlich steil ab, jedoch weniger als bei *Aucella Mosquensis*; die Hinterseite dagegen ist ausgebreitet und verlängert. Die concentrischen Falten sind erhaben, ziemlich entfernt stehend und stärker als bei allen bekannten Arten.

Das Genus *Aucella* Keys. ist bisher nur in wenig Arten aus den oberen jurassischen Bildungen Russlands nachgewiesen. Die neuseeländische Art steht der *Aucella Mosquensis* Keys. ausserordentlich nahe und unterscheidet sich von derselben durch weit stärker gewölbte Schalen, durch erhabenere, etwas schief stehende concentrische Falten und durch eine weniger abschüssige Vorderseite.

Vorkommen: Waikato-Southhead.

INOCERAMUS HAASTI Hochst.

Taf. VIII. Fig. 5; a. b. c.

Hochst. Neus. p. 190.

Diese Art liegt nur in höchst unvollkommen erhaltenen Steinkernen vor, so dass die Bestimmung nicht mit Sicherheit festzusetzen ist. Die ganze Oberfläche ist mit sehr kräftigen, concentrischen Falten bedeckt, die ziemlich stark hervorspringen. Die Gestalt ist verlängert, nach unten stark ausgebreitet und erinnert sehr an *Inoceramus Cripsi* und andere verwandte Arten der europäischen Kreidebildungen.

Fig. 5 c. ist vermuthlich ein junges Exemplar derselben Species.

Vorkommen: Takatahi am Kawhia-Hafen an der Westküste der Nordinsel von Neu-Seeland.

PLACUNOPSIS STRIATULA Zitt.

Taf. VIII. Fig. 6.

Char. Testa affixa elongata, inaequivalvis, aequilatera; pliris distantibus concentricis et radiatim costulis subtilissimis undulatis ornata; umbones fere mediani, acuti. Latus anticum et posticum aequale.

Höhe 28 Millm., Länge 16 Millm.

Diese zierliche, etwas verlängerte, ganz gleichseitige, ungleichklappige *Placunopsis*-Art, die auf ihrer Oberfläche mit wellenförmig gebogener Radialstreifung bedeckt ist, liegt in einem einzigen Exemplare vor, und ist nebst einer *Serpula* auf *Belemnites Aucklandicus* Hauer aufgewachsen.

Vorkommen: Waikato-Southhead.

III. TERTIÄRFORMATION.

A. MOLLUSCA.

a) GASTROPODEN.

STRUTHIOLARIA CANALICULATA Zitt.

Taf. XV. Fig. 1.

Char. Testa ovato-oblonga, ventricosa, crassa, spira turrita, gradata. Anfractus sex, sutura canaliculata lata et profunde excavata disjuncti, costis transversis, quadrangulatis, crassis et sulcis aequalibus interpositis ornati. Costae in anfractu ultimo novem, in penultimo quatuor. Columella crassa, subtortuosa, subcallosa, basi effusa. Labrum incrassatum, reflexum.

Höhe 45 Millim., grösster Durchmesser 35 Millim.

Die Schale dieser höchst eigenthümlichen *Struthiolaria*, die in ihrem ganzen Habitus wenig Ähnlichkeit mit den jetzt lebenden Arten dieses Geschlechtes besitzt, ist länglich-oval, etwas bauchig und sehr dick. Das thurmförmige Gewinde besteht aus sechs treppenförmig aufsteigenden gewölbten Windungen, die durch einen tief eingeschnittenen breiten, glatten oder mit feiner Zuwachsstreifung bedeckten Canal getrennt sind. Das ganze Gehäuse ist mit äusserst regelmässigen, parallelen erhabenen, breiten, vierkantigen Querrippen umgürtet, zwischen denen vertiefte glatte Furchen von gleicher Breite hinlaufen. Auf dem letzten Umgang, der über die Hälfte der Höhe des ganzen Gewindes einnimmt, ist die Anzahl dieser Querrippen neun, auf dem vorletzten nur vier, und weiter nach oben nehmen dieselben immer mehr an Zahl ab. Die Spindel ist verdickt, etwas vorgebogen und an der Basis mit einem schwachen Ausschnitte versehen; nach oben ist sie mit einer leichten Schwiele bedeckt. Der äussere Mundrand ist bedeutend verdickt und etwas zurückgeschlagen.

Vorkommen: Awatere-Thal, Südinsel.

STRUTHIOLARIA CINGULATA Zitt.

Taf. XV. Fig. 2.

Char. Testa turrito-ovata, spira elongata apice acuto. Anfractus septem convexi, sutura profunda disjuncti, embryonales laevigati, reliqui subangulati, cingulis transversis ornati. Cingula satis crassa obtusa, lyris minoribus in interstitiis interposita. Anfractus ultimus totius testae altitudinem aequans, obsolete biangulatus. Columella paullo callosa, tortuosa, basi effusa. Labrum crassum, reflexum.
Höhe 45 Millim., grösster Durchmesser 28 Millim.

Schale oval thurmförmig, schlank mit zugespitztem Gewinde, das aus sieben Umgängen besteht, die durch eine vertiefte Nath getrennt sind. Die Embryonalwindungen sind glatt, die übrigen dagegen stumpfkantig und auf der ganzen Oberfläche mit zahlreichen, ziemlich kräftigen Querleisten bedeckt, die glatt und stumpf vierkantig sind. In den dazwischen liegenden Furchen sind ausserdem noch ein oder zwei feine Querleistchen eingeschoben. Die Anzahl der grösseren Leisten ist auf dem letzten Umgang zwischen 15 — 20, vermindert sich in den oberen Umgängen aber beträchtlich. Die letzte Windung nimmt fast genau die halbe Höhe der Schale ein und ist mit zwei stumpfen Kanten versehen. Die Spindel ist wenig verdickt, stark nach vorn gebogen und an der Basis schwach ausgeschnitten. Die Mundschwiele ist äusserst schwach, der äussere Rand verdickt und zurückgeschlagen.

Die *Struthiolaria cingulata* nähert sich durch ihre vertiefte Nath, durch den Mangel an Knoten und die schwache Mundschwiele am meisten der *Struthiolaria australis* G mel. (*Struthiolaria inermis* S o w.), die noch jetzt an der Küste von Australien und Neu-Seeland lebt[1]), unterscheidet sich aber von dieser durch die verschiedene Verzierung der Oberfläche. Diese Art ist übrigens von Interesse, weil sie gewissermassen als Verbindungsglied zwischen der höchst abweichenden *Struthiolaria canaliculata* und den jetzt lebenden Arten angesehen werden kann.

Vorkommen: Awatere-Thal.

STRUTHIOLARIA sp.

Taf. XV. Fig. 3.

Aus dem Awatere-Thal liegt ein junges Exemplar einer *Struthiolaria* vor, das mit verglichenen jugendlichen Stücken der *Struthiolaria vermis* M a r t y n, grosse

---

[1] Herr Prof. Hochstetter sammelte diese Species selbst in Neu-Seeland, wo sie allerdings selten vorzukommen scheint.

Ähnlichkeit besitzt. Da jedoch die Verzierung der Oberfläche weit schwächer hervortritt, als bei der lebenden Art und auch die ganze Form kürzer und kugeliger zu sein scheint, so ist die Identität nicht mit Sicherheit zu bestimmen.

BUCCINUM ROBINSONI Zitt.

Taf. XIII. Fig. 4.

Char. Testa parva ovata, rugoso-lyrata, apice acuto. Anfractus sex, superiores parvi rugosi, sutura paullo profunda juncti; ultimus permagnus, inflatus, lyris transversis rugosis et plicis longitudinalibus obsoletis ornatus. Columella brevis, basi crassa, sinistrorsa. Apertura semilunaris, canali profundo exserta: labrum tenue.

Höhe 18 Millim., Breite des letzten Umganges 11 Millim.

Die kleine ovale, bauchige Schale ist zugespitzt und auf der ganzen Oberfläche mit zahlreichen rauhen Querleistchen bedeckt. Von den sechs Umgängen sind die fünf ersten im Verhältniss zum letzten klein und durch eine schwach vertiefte Nath getrennt. Der letzte Umgang nimmt über 2/3 der ganzen Höhe ein, ist bauchig und mit etwas knotigen Querleistchen versehen, über die eine Anzahl schwacher Längsrippen läuft. Die Spindel ist kurz, an der Basis sehr stark und dick, nach links gebogen. Die Siphonalbucht ist tief eingeschnitten; der äussere Rand dünn und einfach.

Lesson hat in der Revue zoologique mehrere Arten von *Purpura* und *Buccinum* aus Neu-Seeland beschrieben und benannt, jedoch mit so kurzen, unbestimmten Diagnosen versehen, dass ein Wiedererkennen derselben zur Unmöglichkeit wird. Es ist daher nicht ganz unwahrscheinlich, dass *Buccinum melo* Lesson Rev. Zool. 1840. p. 355 mit unserer Art zusammenfällt.

Name nach Mr. J. P. Robinson, Superintendent der Provinz Nelson.

Vorkommen: In Grünsand von „The Cliffs" in der Blind-Bay bei Nelson.

BUCCINUM SP. INDET.

Taf. XIII. Fig. 5.

Der unvollkommene Erhaltungszustand macht eine Beschreibung dieses *Buccinum* unzulässig. Unter den lebenden Arten konnte ich keine finden, der dieselbe zuzutheilen wäre.

Vorkommen: The Cliffs bei Nelson.

PURPURA TEXTILIOSA Lam.

Taf. XIV. Fig. 1.

Syn. *Purpura textiliosa*. Lam. Encycl. pl. 398. f. 4, a. b.
 "   "   Lam. hist. nat. X. p. 77.*
 "   "   Blainv. Pourp. nouv. Ann. du Mus. t. I. p. 249. Nr. 98.
 "   "   Quoy & Gaim. Voy. de l'Astrol. p. 552. pl. 37. f. 1—3.
 "   "   Kiener. Spec. des Coq. p. 104. Nr. 65. pl. 27. f. 72.
 "   "   Gray in Dieff. Trav. p. 232.
 "   "   Reeve. Ic. Mal. Purp. pl. XII. Nr. 66.

Das abgebildete Exemplar stimmt vollkommen mit der lebenden Form überein. Der Verbreitungsbezirk dieser Art ist auf Neu-Holland und Neu-Seeland beschränkt.

Vorkommen: Rodney Point, Provinz Auckland.

PURPURA CONOIDEA Zitt.

Taf. XV. Fig. 5.

Char. Testa ovato-conica, spira elongata, apice acuto. Anfractus 6—6½ subcoronati, striati; ultimus ²/₃ totius altitudinis aequans, inflatus, transversim lyratus et plicis longitudinalibus tuberculatis ornatus. Sutura in anfractu ultimo serie tuberculorum munita. Columella crassa, apertura ovalis, superne contracta et sinum angustum formans. Labrum tenue, intus laevigatum, striatum.

Höhe 35 Millim., Durchmesser des letzten Umganges 21 Millim.

Schale oval-konisch mit thurmförmigem Gewinde, das aus 6—6½ Umgängen besteht, die durch eine einfache, wenig vertiefte Nath getrennt sind. Die Umgänge sind quergestreift und in der Mitte mit einer knotigen Kante versehen. Die letzte Windung nimmt fast genau zwei Drittel der ganzen Höhe ein, ist bauchig und auf ihrer Oberfläche mit zahlreichen, schmalen Querleisten bedeckt, die gegen die Basis zu stärker werden. Die Knotenkante auf demselben ist weniger scharf, als an den oberen Umgängen und bildet mit einer zweiten tiefer stehenden Reihe regelmässige Längsrippen.

Unter der Nath befindet sich am letzten Umgang noch eine dritte Reihe von rundlichen Knoten, die mit den zwei andern nicht in Verbindung steht. Die Spindel ist dick, abgerundet, und wenig gebogen. Die ovale Mundöffnung ist oben zusammengedrückt und bildet dadurch eine schmale Bucht. Der äussere Rand ist dünn und einfach, im Innern gestreift.

Purpura aegrota Rve. aus Neu-Seeland steht in ihrem Habitus ziemlich nahe, fast noch mehr aber eine am Cap der guten Hoffnung vorkommende Form (*P. lagenaria* Lam), die von Reeve zu *Buccinum* gestellt wird. — Die Arten mit der eigenthümlichen Bucht am oberen Theile der Mundöffnung bilden eine natürliche Gruppe des Genus *Purpura*, die Adams in dem Subgenus *Stramonita* Schum. zusammenfasst.

Vorkommen: Im Awatere-Thal.

VOLUTA PACIFICA Sol.

TAF. XV. FIG. 4.

Syn. *Voluta pacifica* Sol. Portl. Mus. p. 190. Nr. 4039.
  Buccinum Arabicum Martyn. Un. Conch. t. 52.
  Voluta Arabica Gmel. p. 3461. Nr. 144.
   „   „   Gray in Dieffenb. Trav. p. 235.
   „   *pacifica* Lam. hist. nat. X. p. 399.
   „   „   Quoy & Gaim. Voy. Astrol. II. 265. t. 44. f. 6.
   „   „   Chem. Conch. II. t. 178. f. 1713. 14.
   „   „   Kien. Spec. des Coq. p. 44. Nr. 37. pl. 37. f. 1. 2.
   „   „   Reeve Conch. Ic. voluta t. 17. f. 1. 2.

Die vollständige Synonymik dieser Art aufzuzählen, liegt nicht in meiner Absicht, ich verweise dafür auf Lamarck's Histoire nat. des anim. sans. vert. 1844.

Das abgebildete Exemplar gehört unzweifelhaft zur lebenden Species, nimmt aber durch seine kleinen Abweichungen eine vermittelnde Stellung zwischen den beiden extremen Varietäten dieser veränderlichen Art ein. Die kleinere Abänderung ist glatt, mit schwachen Knoten versehen und meist hell gefärbt; die andere ist schlanker gebaut, mit verlängertem Gewinde, sehr starken Knoten am letzten Umgang und von dunkler Färbung. Die fossile Varietät besitzt ein wenig verlängertes Gewinde, die Knoten sind zwar wohl entwickelt, jedoch bei weitem nicht so stark wie bei der zweiten Varietät. Ausserdem zeichnet sie sich dadurch aus, dass die Spindel nur vier Falten trägt, während bei der lebenden Form meist fünf zu zählen sind.

Vorkommen: Awatere-Thal.

VOLUTA GRACILICOSTATA Zitt.

TAF. XIII. FIG. 6.

Char. *Testa oblongo-fusiformis, angusta, spira turrita, gradata. Anfractus 5—7 angulati, transversim lyrati, sutura lineari juncti; ultimus permagnus, parte superiore carinatus, regulariter transversim costatus, intervallis tenuissime lyratis columella vix callosa, plicae obsoletissimae, fere nullae; ad basim canali profundo exserta; apertura angusta, oblonga.*

Höhe 27 Millim., grösster Durchmesser 10 Millim.

Schale verlängert spindelförmig, schmal mit thurmförmigem, treppenartig aufsteigendem Gewinde, das aus 5 — 7 Umgängen besteht. Diese sind quer mit erhöhten linienförmigen Leisten bedeckt und mit einer Kante versehen. Der letzte grosse Umgang ist mit zahlreichen Querleisten bedeckt, deren Zwischenräume fein liniirt sind; über die Leisten läuft eine dichte Zuwachsstreifung. Die Spindel ist wenig verdickt, und beinahe glatt; die Falten äusserst rudimentär entwickelt, so dass die Eintheilung in das Genus *Voluta* zweifelhaft wird. Die Mündung ist schmal, verlängert, an der Basis mit einem tiefen Canal.

Unter den lebenden Voluten besitzt nur *Voluta abyssicola* Ad. einige Ähnlichkeit mit unserer Art, dagegen finden sich in den Eocänschichten Formen, die derselben ziemlich nahe stehen.

Vorkommen: The Cliffs bei Nelson.

TURBO SUPERBUS Zitt.

Taf. XIV. Fig. 2.

Char. Testa maxima, crassissima, nodosa, globoso-conoidea, apice obtuso, spira gradata. Anfractus 3½ angulati, primus et alter obsolete nodulosi, tertius multo major, nodoso-angulatus et tribus seriebus tuberculorum obtusorum ornatus. Series prima minor, sub sutura posita, altera in angulo et tertia ad basim anfractus. Ultimus anfractus permagnus altitudinem totius testae aequans, valde angulatus et tribus tuberculorum seriebus, quarum prima in angulo posita maxima. Basis nodose biseriata. Columella arcuata concava, latissima; apertura rotundato-rhomboidea, angulata.

Höhe 100 Millim., Breite 110 Millim.

Prachtvolle Art mit sehr grosser, äusserst starker, knotiger Schale von kugelig-kegelförmiger Gestalt, mit stumpfer Spitze und treppenförmigem Gewinde. Die 3¼ Umgänge sind von sehr verschiedener Grösse, der erste halbe und der darauffolgende sind verhältnissmässig klein und undeutlich knotig; der dritte ist von viel bedeutenderer Grösse, mit einer knotigen Kante und drei Knotenreihen versehen, von denen die erste unter der Nath, die zweite in der Kante und die dritte an der Basis des Umfanges befindlich ist. Der letzte Umgang ist sehr gross und nimmt die halbe Höhe der ganzen Schale ein. er ist an der Mündung etwas gelöst und trägt eine sehr hervortretende knotige Kante. Die erste Knotenreihe unter der Nath ist sehr unvollkommen entwickelt. Die zweite in der Kante liegende ist die stärkste, ausser dieser befinden sich noch zwei Reihen auf dem Umgang und zwei auf der etwas gewölbten Basis. Die Spindel breitet sich zu einer breiten, etwas concaven gebogenen Fläche aus, die allmählich in den äusseren Rand übergeht. Die Mund-öffnung ist kantig, von rhombischer Form.

Aus der Südsee ist bis jetzt keine ähnliche Form beschrieben, und es dürfte dieselbe daher wohl mit Sicherheit als ausgestorben zu betrachten sein, da eine so grosse und auffallende Art nicht leicht den Sammlern hätte entgehen können. Sie gehört in die Gruppe der *T. Sarmaticus*. mit dem sie auch einige übereinstimmende Merkmale besitzt.

Vorkommen: Rodney Point nördlich von Auckland.

TROCHUS STOLICZKAI Zitt.

Taf. XV. Fig. 7.

Char. *Testa parva, modice elevata, conica, late umbilicata, apice acuto, spira brevi, laevi, cingulata. Anfractus sex convexiusculi subangulati; superiores bicarinati ultimus tertiam altitudinis partem superans, quadricarinatus; carinae excepta superiore granulata sub suturam posita, simplices inornatae. Carina inferior ultimi anfractus saepius duplicata. Basis laevigata, umbilicus infundibuliformis, perrius. corda crenulata marginatus. Apertura rotundato-rhomboidea.*

Höhe 3—4 Milim., grösster Durchmesser 3—4 Milim.

Schale klein, kegelförmig, weit genabelt. mit mässig erhöhtem Gewinde, aus sechs Umgängen bestehend. die schwach gewölbt und durch vorstehende Kiele kantig sind und spitz zulaufen. Die fünf oberen Umgänge tragen zwei Kiele, von denen der obere schwach gekörnelt, der untere glatt ist. Am letzten Umgang. der über ein Drittel der ganzen Höhe einnimmt. befinden sich vier Kiele, von denen der oberste unterhalb der Nath befindliche, ebenfalls durch feine gekörnelte Oberfläche ausge-zeichnet ist. Der unterste ist gewöhnlich von einem zweiten weniger starken Kiele begleitet. Die Basis ist glatt, der trichterförmige durchgehende Nabel mit einer gekörnelten Schnur eingefasst. Die Mündung rundlich-rhombisch.

Ich widme diese kleine, niedliche Art, die nicht lebend bekannt ist, meinem Freunde Dr. Stoliczka. der die Bearbeitung dieser Versteinerungen beabsichtigt hatte, allein durch seine Abreise nach Indien an deren Ausführung verhindert wurde.

Vorkommen: Awatere-Thal.

SCALARIA LYRATA ZITT.

Taf. IX. Fig. 8.

Char. Testa magna, solida, conica turrita, imperforata, spira elongata angulum 18°
formans. Anfractus convexi, longitudinaliter costati et transversim lyrati, sutura
profunda, interdum obtecta juncti. Costae elevatae, subaequales 13 — 14 in an-
fractu, subspinosae, satis crassae, subvaricosae. Varices vix conspicui et parum
numerosi, lyrae transversae acutae, distantes 8 circiter in anfractu. Basis cari-
nifera. Apertura rotundata. Labrum reflexum.

Höhe: 50 — 60 Millim., grösster Durchmesser 24 Millim.

Schale verhältnissmässig gross und dick, kegelförmig, gethürmt, ungenabelt
mit hohem Gewinde, das einen Winkel von ungefähr 18° bildet. Die Nath
ist tief, jedoch durch die Fortsätze der Rippen zuweilen so bedeckt, dass sie kaum
sichtbar wird. Die Umgänge sind rund, gewölbt und mit Längsrippen versehen, die
von Querleistchen und Querlinien durchsetzt sind. Auf jedem Umgange befinden
sich etwa 13 — 14 stark erhabene Rippen, von fast gleicher Stärke; einzelne wenige
derselben zeichnen sich durch etwas stärkere Dicke aus und bilden schwach hervortretende Längswülste. Durch die ziemlich scharfen feinen Querleistchen, von denen
sich etwa 8 auf jedem Umgang befinden und die über die Rippen laufen, sind letztere auf ihrer Oberfläche rauh, fast stachelich. Die letzte Mündung trägt an ihrer
Basis einen Kiel; die Mündung ist rund, mit dickem, etwas zurückgeschlagenem
Aussenrand.

Eine Übersicht der lebenden *Scalaria*-Arten ist schwierig zu gewinnen, da
leider nur eine sehr unvollständige Monographie von Kiener darüber existirt. In
dem mir zugänglichen Materiale konnte ich keine identische Form finden. Gray
erwähnt übrigens keine lebende Art aus Neu-Seeland. Die *Scalaria lamellosa* Lam.
aus den Neogenschichten des Wiener Beckens und der Subapenninen-Formation
unterscheidet sich nur durch breitere, stärkere Rippen, stimmt aber in ihren sonstigen Merkmalen auffallend überein.

Vorkommen: Aotea-Hafen, Prov. Auckland.

SCALARIA BROWNI Zitt.

Taf. IX. Fig. 9.

Char. *Testa elongata, turrita, imperforata, apice acuto; spira anfractibus octonis
composita angulum 10—11° formans. Anfractus convexiusculi, dense longitudinaliter costati, varicosi et costulis transversis minoribus cancellati. Varices
numerosi, costis multo crassiores et valde conspicuae, costae longitudinales 16—18
circiter in anfractu, subaequales, elevatae. Anfractus ultimus ad basim carinifer.*
Höhe 28 Millim., grösster Durchmesser 9 Millim.

Schale verlängert, thurmförmig, schlank, ungenabelt, zugespitzt, mit hohem,
aus acht Umgängen bestehendem Gewinde, das in einem Winkel von 10—11°
zusammenläuft. Die Windungen sind schwach gewölbt, der Länge nach mit zahlreichen (16—18) Längsrippen und einzelnen hervortretenden Wülsten besetzt. Über
die Längsrippen gehen feine erhabene Querlinien, wodurch die Oberfläche gegittert
wird. Die Naht liegt ziemlich tief. Auf jedem Umgange befinden sich 3—4
Längswülste von ungleicher Stärke, die sich von den übrigen Rippen durch grössere
Dicke auszeichnen und stark hervortreten. Die Basis des letzten Umganges trägt
einen Kiel. Die Mündung ist rund mit verdickten Rändern.

Die *Scalaria Browni* steht der vorhergehenden Art in vielen Merkmalen nahe,
allein die viel geringere Grösse, das spitzwinkelig zulaufende Gewinde, die dichter
stehenden Rippen und die zahlreichen, kräftigen Wülste unterscheiden sie leicht
von derselben.

Von *Scalaria rugulosa* Sow. aus San Julian in Patagonien lässt sie sich der
Abbildung nach kaum unterscheiden, und dürfte vielleicht sogar damit zusam-
menfallen; ohne Originalstücke lässt sich indess nichts mit Sicherheit entscheiden.

Name nach Colonel Gore Brown, früherem Gouverneur von Neu-Seeland.

Vorkommen: Mit voriger Art im Aotea-Hafen, Provinz Auckland.

NATICA SOLIDA Sow.[1]

Taf. XV. Fig. 6.

Syn. Natica solida Sow. in Darwin. Geol. Obs. in South Amerika. p. 255. t. III. Fig. 40. 41.

Char. *Testa ovato-ventricosa. satis crassa umbilicata, apice acuto, spira brevissima,
sublaevigata. Anfractus quinque declives paullo convexi, striis tenuissimis, vitti*

---

[1] Wurde in der Einleitung irrthümlich unter dem Namen *Natica Dewisoni* Zitt. angeführt.

formibus ornati. Ultimus peramplus inflatus, ad suturam depressus, ceteris omnibus quintuplo major. Columella recta, superne callosa, crassa. Callus ad umbilicum oblique truncatus, non revolutus. Apertura ovato-semilunaris, ampla. Labrum simplex.

Höhe 35 Millim., grösster Durchmesser 30 Millim.

Schale oval, bauchig, dick, ziemlich weit genabelt, mit einem sehr kurzen, spitzen, aus fünf abschüssigen Umgängen bestehenden Gewinde. Die fast glatte Oberfläche des ganzen Gehäuses ist mit feinen, nach rückwärts gehenden Linien bedeckt. Die vier ersten Umgänge sind schwach gewölbt und treten sehr zurück gegen den grossen, bauchigen, letzten Umgang, der fünfmal grösser ist, als die vier ersten zusammen; derselbe ist unterhalb der linearen, kaum vertieften Nath etwas eingedrückt. Die Spindel ist gerade und scharf, oben mit einer dicken Schwiele bedeckt, die am Nabel schräg abschneidet, ohne sich umzuschlagen. Die oval halbmondförmige Mundöffnung erweitert sich nach unten, wo die Basis der Spindel ganz allmählich in den einfachen Aussenrand übergeht.

Sowohl *Natica maura* Brug., als *N. melanostoma* Lam. (Lamarck hält übrigens die erstere nur für eine Varietät der zweiten) sind nahe verwandt. Bei der Vergleichung lässt sich *Natica solida* jedoch gut unterscheiden durch das höhere Gewinde und besonders durch die ganz verschieden gestaltete Spindelschwiele, die am obern Theile am stärksten ist und den Nabel ganz offen lässt. In dem Meere von Neu-Seeland findet sich, so weit mir bekannt, keine ähnliche lebende Art.

Vorkommen: Awatere-Thal, the Cliffs in der Blind-Bay, Provinz Nelson. Navidad; Chile; Santa Cruz in Patagonien.

NERITOPSIS sp. indet.

Taf. IX. Fig. 1.

Ein Steinkern, vermuthlich in das Genus *Neritopsis* oder *Nerita* gehörig, findet sich nicht selten in einem thonigen Kalkstein zu Papakura bei Auckland.

TROCHITA DILATATA Sow. sp.

Taf. XV. Fig. 8.

Syn. *Crepidula maculata* Quoy et Gaim. Voy. Astrol. III. 122 t. 72. f. 6—8.
Calyptraea dilatata Gray in Dieff. Trav. p. 243.

Die Abbildung von Quoy und Gaimard gibt ein genaues Bild dieser Art,
die eben so häufig lebend, als fossil in Neu-Seeland vorkommt. Exemplare der
recenten Form, die ich vergleichen konnte, stimmen vollständig mit der fossilen
überein.

Vorkommen: Awatere-Thal. Ausserdem als Steinkern von der Hawkes-Bay

CREPIDULA INCURVA Zitt.

Taf. XV. Fig. 9.

*Char. Testa oblonga, crassa, laevigata, convexissima, contorta. Apex incurvus, sae-
pius remotus a margine apicali valde incrassato: Appendix interna concava vel
fere plana, usque ad mediam longitudinem totius testae prominens.*

Länge 36—46 Millim., Breite 24—28 Millim.

Die hochgewölbte Schale ist länglich, sehr stark und gekrümmt. Die Aussenseite glatt, oder nur mit unregelmässiger Zuwachsstreifung bedeckt. Der Wirbel
stark gekrümmt, ohne jedoch spiral eingerollt zu sein, und ist entweder randständig oder noch häufiger etwas vom Rande entfernt. Der Wirbelrand ist sehr
verdickt, weit mehr als dies bei den meisten Arten der Fall zu sein pflegt. Die
innere Lamelle von einfacher Form, ohne Einbucht an ihrem Rande, und geht
etwa bis in die Hälfte der Schalenlänge.

Unter den mir bekannten lebenden Arten dürfte sich *Crepidula contorta* Quoy
& Gaim. am meisten der unsrigen nähern, doch ist diese durch ihre Dimensionen
und den flügelartigen Fortsatz an der Seite sehr wohl zu unterscheiden. Die Abbildung der *Crep. gregaria* Sow. aus den Tertiärbildungen von Patagonien ist wenig
deutlich, jedoch dürfte dieselbe einer sehr nahe verwandten Form angehören.

Vorkommen: Awatere-Thal.

CREPIDULA sp. indet.

Taf. XV. Fig. 10.

Die abgebildete Form könnte möglicher Weise zu *Crep. costata* Sow. aus Neu-
Seeland gehören, einer Art, die ausserordentlich variirt; allein sie unterscheidet
sich etwas durch eine dünnere, flachere Schale und durch weit schwächere Rippen,
die meist nur auf einer Schalenseite sichtbar sind, so dass ich sie vorerst nicht zu
identificiren wage.

Vorkommen: Awatere-Thal.

DENTALIUM MANTELLI ZITT.

TAF. XIII. FIG. 7.

Syn. Dentalium sp. nov. Mant. Quart. Journ. VI. p. 331. pl. 28. f. 15.

Char. *Testa elongata, solida, satis crassa, costata. Costae ad apicem diminuentes. Apertura et basis circularis.*

Höhe 40—60 Millim., grösster Durchmesser 7 Millim.

Die lange, ziemlich grosse Schale dieser Art ist dick und kräftig, auf der Oberfläche mit zahlreichen Rippen bedeckt, die gegen die Spitze zu an Stärke etwas abnehmen. Die obere Mündung ist rund, leider nicht vollständig erhalten, jedoch scheint dieselbe keinen Spalt zu besitzen. Basis rund.

Vorkommen: The Cliffs bei Nelson, Awatere-Thal. Onekakara (Mantell).

b) ACEPHALEN.

TEREDO HEAPHYI ZITT.

TAF. XIV. FIG. 4.

Char. *Testa incognita. Vagina elongata, teres, clavata, irregulariter contorta et agglomerata, antice clausa, postice paullo attenuata. Apertura simplex, rotundata.*

Die Schale des Thieres unbekannt. Die häufig vorkommenden Röhren sind verlängert, rund, mit Einschnürungen versehen, unregelmässig gewunden und gewöhnlich in grosser Anzahl zusammengehäuft. Die Vorderseite ist geschlossen, und bildet einen etwas verdickten Kopf. Die Hinterseite ist wenig verengt, die Öffnung einfach, rund.

Name nach Herrn Ch. Heaphy in Auckland.

Vorkommen: Rodney Point.

DOSINIA GREYI ZITT.

TAF. XV. FIG. 11.

Char. *Testa orbicularis, solida, tumida subaequilatera, laminis concentricis distantibus, vix elevatioribus lateraliter non incrassatis ornata. Umbones tumidae, incurvae, acutae. Latus anticum declive, posticum rotundatum: lunula magna, oblongo-cordiformis, paullo profunda, striata, circum scripta et margine acuto limitata. Area linearis. Ligamentum profunde incavatum, crassum, perspicuum. Sinus pallealis triangularis, apice acuto.*

Höhe 35 Millim., Länge 35 Millim., Dicke 20 Millim.

Die halbkreisförmige Schale ist aufgebläht, sehr gewölbt, dick und beinahe gleichseitig; die Oberfläche mit concentrischen, sehr zarten Lamellen geziert, die in einiger Entfernung von einander abstehen, nur wenig erhaben und an den Seiten nicht stärker als in der Mitte sind. Die Buckeln sind angeschwollen, nach vorwärts eingerollt und spitz. Der vordere Rand fällt vom Ende der Lunula an steil ab, während der hintere abgerundet ist. Die grosse, herzförmige Lunula ist ziemlich breit, gestreift und wird durch eine Linie mit scharfen Rändern begrenzt. Die Area fehlt fast vollständig, dagegen ist die Bandgrube sehr breit und tief eingeschnitten; das Band ist äusserlich sichtbar. Das Schloss konnte nur an einer rechten Klappe präparirt werden, es bietet keine erheblichen Merkmale. Die Mantelbucht ist ziemlich schmal, dreieckig, mit scharfer Spitze.

Von den meisten bekannten Arten unterscheidet sich die vorliegende durch ihre fast gleichseitige Gestalt und die sehr gewölbte Schale; auch die eigenthümliche lamellenartige Streifung der Oberfläche hat dieselbe nur mit wenig Arten gemein. Die *Dosinia Zelandica Jates New Seeland* App. scheint in ihrer äusseren Verzierung einige Ähnlichkeit zu besitzen, leider existirt noch keine Abbildung davon weder in der Reeve'schen, noch in der trefflichen Römer'schen Monographie des Genus *Dosinia*. Nach der sehr kurzen und unbestimmten Diagnose scheint übrigens eine Vereinigung unzulässlich.

Name nach Sir George Grey, Gouverneur von Neu-Seeland.

Vorkommen: Awatere-Thal (häufig).

CRASSATELLA AMPLA Zitt.

Taf. XIV. Fig. 3.

Char. Testa trigona, convexa, fere aequilatera, crassa, irregulariter concentrice striata, epidermi gibbosa. Latus anticum brevius obtusum, posticum paullo attenuatum. Cardo latissimus et crassissimus, dens cardinalis dextrae valvae attenuatus, basi bifidus, foveola maxima profunda. Altera valva bidentata.

Höhe 80 Millim., Länge 95 Millim.

Die Schale dieser *Crassatella*, die an Grösse sämmtliche lebende Arten übertrifft, ist verlängert dreieckig, gewölbt, sehr dick, und wenigstens in dem einen der vorliegenden Exemplare fast gleichseitig. Indess scheint die äussere Form veränderlich zu sein, da ein anderes, etwas unvollständiger erhaltenes Exemplar mehr in die Länge gezogen ist und sich hierdurch in der Form der *Crassatella castanea* Reeve anschliesst. Die Oberfläche ist höckerig und unregelmässig gestreift. Die kürzere Vorderseite gerundet, während sich die Hinterseite verschmälert. Der ausserordentlich dicke, solide Schlossrand ist an seiner untern Seite gebogen, und trägt auf der rechten Klappe vorne einen schmalen, langen Zahn, der sich nach unten zu in der Weise ausdehnt, dass der hintere Theil weniger hoch hervorsteht und als Unterlage eines Theiles des Bandes dient. Die Bandgrube ist sehr gross und zeigt die grösste Vertiefung hinter dem Schlosszahn.

Die *Crassatella castanea* Reeve aus Neu-Holland steht unter allen bekannten Arten der unsrigen am nächsten, es ist sogar nicht unmöglich, dass eine grössere Anzahl von Exemplaren die Vereinigung beider ermöglicht. *Crassatella castanea* gehört übrigens zu den sehr seltenen Vorkommnissen in Neu-Holland und war mir desshalb nur in Abbildung zugänglich. Nach dieser bin ich allerdings genöthigt, die *Crassatella ampla* wegen ihrer abweichenden, dreieckigen Form und des etwas verschiedenen Schlosses vorläufig noch als selbstständige Species abzutrennen.

Vorkommen: Rodny Point, Provinz Auckland.

LEDA sp. indet.

Taf. XV. Fig. 12.

In dem Katalog neuseeländischer Mollusken von Gray ist keine *Leda* angegeben und es dürfte das abgebildete Exemplar aus dem Awatere-Thal wohl einer neuen Art angehören. Sie hat viel Ähnlichkeit mit *Leda pella* Lam. aus dem Mittelmeer.

SOLENELLA AUSTRALIS Quoy et Gaim. sp.

Taf. XIII. Fig. 2.

Syn. *Nucula Australis* Quoy et Gaim. Voy. Astrol. III. 471. t. 78. f. 5 – 10.
„ „ Gray in Dieffenb. Trav. p. 250.

„*Nucula testa oblonga, elongata, antice ventricosa, postice compressa, costata, longitrorsum sulcato-lamellosa, alba: epidermide virescenti; intus albida.*“ Quoy et Gaim.

Die Beschreibung und Abbildung von Quoy et Gaim. lassen nichts zu wünschen übrig. Das abgebildete Stück unterscheidet sich zwar etwas darin, dass die Kante auf der Hinterseite weniger stark entwickelt ist, ich zweifle jedoch nicht, dass dasselbe zur lebenden Species zu rechnen sei.

Das Genus *Solenella* Sow. (*Neibo* Ad.) ist von *Nucula* durch sein äusserliches Band und durch den hierdurch bedingten Mangel eines Löffels zur Aufnahme des

innern Ligaments unterschieden. Man kennt bis jetzt nur wenige Arten aus Patagonien und Neu-Seeland.

Vorkommen: The Cliffs bei Nelson.

LIMOPSIS INSOLITA Sow. sp.

TAF. XIII. FIG. 1.

Syn. 1846. *Trigonocoelia insolita* Sow. in Darwin Geol. Observ. of South. Am. App. p. 252.
pl. II. f. 20. 21.

*Char. Testa transversa, elongato-ovata, crassa, convexa; extus sublaevigata, concen-
trice tenuissime striata. Umbones paullo prominentes, minimae. Area triangularis,
alta, laevigata; fossula angusta, satis profunda. Dentes cardinales semilunares,
obliqui, mediani minimi.*

Höhe 30 Millim., Länge 30 Millim.

Die Schale ist verlängert, eiförmig, schief, sehr dick und fest, verhältnissmässig sehr gross. Die Aussenseite trägt keine Radialstreifen oder Rippen, ist fast
glatt und nur mit einer schwachen concentrischen Zuwachsstreifung bedeckt. Die
Buckeln treten wenig hervor. Die dreieckige Area ist verhältnissmässig gross, hoch,
glatt und ziemlich vertieft; sie wird von einer sehr schmalen etwas vertieften,
sehr undeutlichen, dreieckigen Grube durchsetzt. Die Schlosszähne sind wie bei
Pectunculus in einem Bogen gestellt, und von verschiedener Grösse. Die Muskel-
und Manteleindrücke stark ausgeprägt.

Die Anzahl der bekannten *Limopsis*-Arten ist beschränkt; Jeffreys führt in
seiner schätzbaren Notiz über dieses Genus (Ann. Mag. Nat. Hist. 1862. p. 345) nur
sechs lebende Species auf, unter welche sich die vorliegende Art nicht eintheilen
lässt. Dieselbe zeichnet sich in auffallender Weise durch die Grösse und Stärke, durch
die verhältnissmässig grosse Area, so wie durch die rothbraune Färbung der Schale aus.

Vorkommen: The Cliffs in der Blind-Bay bei Nelson im Grünsand; ferner in
Tertiärschichten von St. Cruz in Patagonien.

PECTUNCULUS LATICOSTATUS Quoy et Gaim.

TAF. XV. FIG. 13.

Syn. Pectunculus laticostatus Quoy et Gaim. Voy. Astrol. III. p. 466. t. 77. f. 4. 6.
     „   *ovatus* Quoy et Gaim. (non Sow. necnon Brod.) l. c. t. 77. f. 1—3.
     „   *laticostatus* Gray in Dieff. Trav. p. 257.
     „   „   Reeve Conch. Ic. Pectunc. pl. II. f. 8.

Gray hat mit Recht die beiden Arten von Quoy und Gaim. vereinigt, da sich selbst nach den Abbildungen keine erheblichen Unterschiede wahrnehmen lassen. Die fossilen Exemplare finden sich im Awatere-Thal und an den Cliffs bei Nelson.

CUCULLAEA SINGULARIS Zitt.

Taf. IX. Fig. 10.

Der abgebildete Steinkern zeigt so auffallende Ähnlichkeit mit der *Cucullaea glabra* Sow., die in grosser Häufigkeit im Plänerkalk Böhmens vorkommt, dass man fast versucht ist, denselben damit zu identificiren. Das Auftreten dieser *Cucullaea* ist übrigens sehr bemerkenswerth, da sie von der einzigen jetzt lebenden Art sehr abweicht und weit mehr an die Formen aus den Secundärschichten Europa's erinnert.

Vorkommen: Im festen, grauen, sandigen Thonmergel von Aotea. Provinz Auckland.

PECTEN ATHLETA Zitt.

Taf. X. Fig. 1.

Char. Testa maxima, subrotundata, aequilatera, inaequivalvis, utraque valva costis 10 principalibus et costis interstitialibus ornata. Valva sinistra paullo convexa, costis rotundatis, inornatis, valva dextra convexa, umbonibus paullo inflatis. Auriculae magnae, aequales.

Höhe 175 Millim., Länge 185 Millim.

Die mächtig grosse Schale ist gerundet, etwas länger als hoch, gleichseitig, ungleichklappig. Beide Klappen tragen auf ihrer Oberfläche etwa 10 Hauptrippen, die von den Buckeln bis an den Stirnrand herablaufen; zwischen diesen schieben sich in den breiten Zwischenfeldern entweder zwei oder eine Rippe ein, die nur ungefähr zwei Drittel der Schalenhöhe erreichen. Die Rippen sind abgerundet, ohne Verzierung. Die linke Schale sehr wenig gewölbt, die Zwischenrippen gehen auf dieser Klappe weiter herauf, als auf der gewölbten rechten Klappe, deren Wirbel nicht über den Schlossrand hervorragt. Die grossen Ohren sind auf beiden Seiten von gleicher Grösse.

Unter den jetzt im stillen Ocean lebenden Arten ist keine, die dem *P. Athleta* nahe käme. Dagegen erinnert er in seinem Habitus und Grösse an einige in Miocänschichten Europa's vorkommende Arten.

Vorkommen: Motupipi in der Massacre-Bay, Südinsel.

PECTEN HOCHSTETTERI Zitt

Taf. XI. Fig. 5.

Char. Testa suborbicularis, aequilatera, tenuis, compressa. Valva sinistra laevigata, interdum striis concentricis ornata, valva dextra sublaevis, radiatim scabrostriata. Auriculae subaequales, obtusae, laeves vel tenuissime striatae.

Höhe ungefähr 50 Millim., Länge 52 Millim.

Schale bald kreisrund, bald oval-rundlich, gleichseitig, schwach gewölbt, dünn. Die linke Klappe ist glatt oder höchstens mit sehr feiner, concentrischer Zuwachsstreifung versehen, dagegen zeigt die rechte fast ganz flache eine grosse Anzahl (55—60) von den Buckeln ausgehende, kaum erhabene strahlenförmige Rippen, die im wohlerhaltenen Zustande nur durch ihre verschiedene Textur vermittelst der Loupe zu erkennen sind, in verwitterten Exemplaren jedoch schwach hervortreten. Die vertieften Begrenzungslinien der Buckeln bilden einen stumpfen Winkel. Die Ohren sind abgerundet, glatt oder mit feinen Zuwachsstreifen bedeckt. Das Innere der Schale ist glatt.

Der *Pecten Hochstetteri* hat im Äussern viele Ähnlichkeit mit *Pecten pleuronectes* Linn. sp., indessen unterscheidet er sich wesentlich von dieser ganzen Gruppe von *Pectines*, die Adams in der Sippe *Amussium* Klein zusammenfasst, durch den Mangel an Radialrippen an der Innenseite der Schalen. Die grossen glatten Pecten-Arten mit ungerippter Innenfläche scheinen übrigens gegenwärtig ausgestorben zu sein und finden sich nur sehr sporadisch in jungen Tertiärbildungen (*P. Gerardi* Nyst. aus dem Crag). In der Eocänformation sind sie zahlreicher, erreichen jedoch in der Kreide erst das Maximum ihrer Entwickelung. Einzelne Arten der letzten Formation haben grosse Ähnlichkeit mit unserer neuseeländischen Species.

Vorkommen: Whaingaroa und Aotea, Prov. Auckland; Cap Farewell, Prov. Nelson.

PECTEN WILLIAMSONI Zitt.

Taf. IX. Fig. 11.

Char. Testa subrotundata, altior quam longa, aequivalvis, paullo convexa, regulariter radiatim costata. Costae viginti quinque ad triginta, medianae inornatae, laterales sparsim squamosae. Auriculae inaequales, costis squamosis ornatae.

Höhe 20—40 Millim., Länge 17—35 Millim.

Die Schale dieser häufig vorkommenden Art ist gerundet, höher als lang und von regelmässiger Form. Die Oberfläche mit etwa 20—25 geraden Radialrippen bedeckt, von denen der grössere Theil abgerundet und unverziert ist; zuweilen, vornehmlich bei jungen Exemplaren, zeigen jedoch die Seitenrippen vereinzelte, ziemlich entfernt stehende dachziegelförmige Schuppen. Die Zwischenfurchen sind wenig breiter, als die Rippen und von starker concentrischer Zuwachsstreifung bedeckt, die auch über die Rippen fortsetzt. Die Ohren sind sehr ungleich und tragen fünf schuppige Rippen.

Name nach Herrn J. Williamson, Superintendent der Provinz Auckland.

Vorkommen: Aotea-Hafen (häufig).

PECTEN BURNETTI Zitt.

Taf. X. Fig. 2.

Char. Testa orbicularis, aequilatera, convexa, 4—7 plicata, costis numerosis radiata. Costae inaequales, inornatae, rotundatae, interstitiis subaequalibus disjunctae. Auriculae irradiatae.

Höhe 30 Millim., Länge 30 Millim.

Schale rund, eben so hoch als lang, und sehr gewölbt, gleichseitig und wahrscheinlich ungleichklappig, doch liegen nur die convexen Klappen vor. Die Oberfläche ist mit zahlreichen Längsrippen bedeckt und trägt etwa 4—7 Falten. Die Längsrippen sind abgerundet, ohne alle Verzierung und von verschiedener Stärke; die auf dem Rücken einer Falte befindlichen sind dicker, als die in den dazwischen liegenden Furchen. Die Ohren sind ziemlich gross, vermuthlich glatt.

Name nach Herrn Burnett in Nelson.

Vorkommen: Motupipi in der Massacre-Bay, Prov. Nelson.

PECTEN POLYMORPHOIDES Zitt.

Taf. IX. Fig. 3.

Char. Testa suborbicularis, aequilatera, compressa, margine inflexo, quadriplicata. Plicae obsolete striatae vel sublaevigatae. Margo inflexus striatus, auriculae parvae subaequales.

Höhe 16 Millim., Länge 15 Millim.

Schale klein, gerundet, gleichseitig, ungefähr eben so hoch, als lang, mit vier starken Falten, die nach unten zu schwach gestreift, oben aber glatt sind. Der Stirn-

rand ist umgebogen und mit starker Streifung bedeckt. Die Oberfläche sehr
schwach gewölbt, fast glatt; die Buckeln treten nur unmerklich vor, und ihre vertieften Seitenränder laufen in einem spitzen Winkel zusammen. Die Ohren sind verhältnissmässig klein, und beinahe gleich.

Die Ähnlichkeit dieser Species mit dem *P. polymorphus* Br. aus dem Mittelmeere ist so auffallend, dass ich kaum gezaudert hätte beide zu identificiren,
wenn mir eine grössere Anzahl von Exemplaren aus Neu-Seeland zu Gebote
gestanden hätten.

Pecten polymorphoides unterscheidet sich nur durch seine flachere Form und
die schwächer gestreiften Falten von der europäischen Art.

Vorkommen: Waikato Southhead.

PECTEN TRIPHOOKI Zitt.

Taf. XI. Fig. 4.

Char. Testa solida, rotundata, compressa costis elevatis viginti ornata. Costae cras-
sae, obsoletae, annulatae, interstitiis aequalibus uniradiatis transversim striatis.
Auriculae magnae striatae.

Höhe ungefähr 80 Millim., Länge 70 Millim.

Das nur unvollständige Stück dieser grossen Species weist auf eine läng-
lich-runde Form der Schale hin. Die Oberfläche ist mit etwa 20 dicken kräftigen
Radialrippen versehen, die durch stumpfe, dachziegelartige, sehr wenig erhabene
Schuppen eine rauhe Oberfläche besitzen. Die etwa gleichbreiten Zwischenfurchen
sind quergestreift und gewöhnlich von einer schwachen Radialrippe durchzogen.
Die Buckeln bilden einen wenig stumpfen Winkel und die ziemlich starken, durch
eine tiefe Furche getrennten Ohrflügel sind mit ungleichen Rippen bedeckt, von
denen die unten stehenden die schwächsten sind.

Die Ähnlichkeit dieser Art mit dem jetzt lebenden *P. crassicostatus* Reeve,
dessen Vaterland unbekannt ist, ist ziemlich gross, sie unterscheidet sich von dem-
selben nur durch die Verschiedenartigkeit der Ohren, so wie durch die auf den
Seiten mit Schuppen versehenen Rippen. *Pecten rudis* (Sow. in Darw. Geol. Obs.
S. Am. p. 254. Pl. III. f. 32) aus Chiloë ist ebenfalls eine sehr nahestehende
Form.

Name nach Herrn Triphook in Ahuriri.

Vorkommen: In kalkigem Conglomerate an der Hawkes-Bay, Nordinsel.

PECTEN FISCHERI Zitt.

Taf. IX. Fig. 1 c. 2.

Char. Testa parva, orbicularis, aequivalvis, radiatim costata. Costae numerosae
carinatae inornatae subaequales, interstitiis laevigatis. Auriculae inae-
quales, striatae.

Höhe 13 Millim., Länge 13 Millim.

Die Schale ist klein, gleichlappig, etwas ungleichseitig, mit zahlreichen einfachen, unverzierten Rippen bedeckt, die in der Mitte stumpf gekielt sind. An den
Seiten der Schale schieben sich in die Zwischenräume noch schwache Zwischenrippen von geringer Länge ein. Die Buckeln laufen fast in einem rechten Winkel
zusammen und die sehr ungleichen Ohren sind mit wenig erhabenen Rippen
versehen.

Name nach Herrn Dr. Fischer in Auckland.

Vorkommen: Papakura, Prov. Auckland.

PECTEN sp.

Taf. IX. Fig. 1 b. 3.

Aus der Gruppe des *Pecten pleuronectes* Lin., findet sich in dem gelblich-
grauen Mergelkalk von Papakura eine kleine Form, die auf der Innenseite ungefähr
10 Rippen trägt. Die Schale ist an keinem der vorliegenden Exemplare erhalten,
während Abdrücke sehr häufig vorkommen.

PECTEN AUCKLANDICUS Zitt.

Taf. IX. Fig. 1 a.

In dem grünlichen glaukonitischen, an Foraminiferen reichen Sandstein der
Orakei-Bay kommt häufig ein kleiner, niedlicher glatter Pecten vor, dessen Form
etwas länglich-rund ist und der viel Ähnlichkeit mit *Pecten testae* Bivona aus dem
Mittelmeer zeigt. Ich möchte diese Species *P. Aucklandicus* nennen.

Ausser dieser finden sich eben so häufig zwei andere Arten, die auf demselben
Stücke abgebildet sind und wovon der eine gerippte wahrscheinlich zu *P. Fischeri*
gehören dürfte, der andere dagegen mit den Rippen auf der Innenseite vermuthlich
mit der in Fig. 3 abgebildeten Art aus Papakura identisch ist.

OSTREA INGENS Zitt.

TAF. XIII. FIG. 3.

Char. Testa gigantea crassissima elongata angusta longirostris convexa. Extus gibbosa, irregulariter foliata. Area utraque parte sulco limitata, transversim striata, valde producta, longirostris, fossa triangulari incavata. Cicatricula muscularis magna, lateraliter posita.

Höhe 220 Millim., Breite 110 Millim.

Die äusserst massige dicke Schale ist sehr verlängert, verhältnissmässig schmal und unregelmässig convex. Die Aussenseite ist rauh von fester, blättriger Structur, ohne Falten. Die grosse, sehr in die Länge gezogene Area wird auf beiden Seiten von einer tiefen Furche begrenzt und ist wie die breite dreieckige vertiefte Grube mit parallelen Querfurchen bedeckt; nach oben hin ist sie etwas nach vorn gebogen. In dem vertieften Innern der Schale etwas unterhalb der Mitte liegt der grosse tiefe Muskeleindruck, der dem vorderen Rande genähert ist.

Diese Auster, von auffallender Grösse und Dicke, hat viel Ähnlichkeit mit der amerikanischen *Ostrea virginica* Lam. In Neu-Seeland findet sich keine lebende Species von so bedeutenden Dimensionen.

Vorkommen: Wanganui River.

OSTREA WÜLLERSTORFI Zitt.

TAF. XI. FIG. 6.

Char. Testa plana, magna, crassissima, orbicularis. Extus rugoso-plicata, plicae distantes, gibbosae. Area parva acuta, triangularis, vix marginem superans transversim striata; fossula brevis, incavata, aequaliter striata. Cicatricula magna impressa in parte superiori posita. Margines foliati.

Höhe 140 Millim., Länge 140 Millim.

Schale gross und dick, von fast runder Gestalt. Die Aussenseite mit unregelmässigen, wenig zahlreichen, ziemlich entfernt stehenden groben Falten bedeckt, die eine rauhe, knotige Oberfläche zeigen; je nach der Unterlage ist die Gestalt der Aussenseite manchen Veränderungen unterworfen. Die Area ist klein, tritt kaum über den verdickten Rand hervor und hat eine etwas seitliche Lage. Sie ist wie die dreieckige, wenig vertiefte, kurze Bandgrube quer gestreift. Der sehr grosse, vertiefte Muskeleindruck liegt hoch in der obern Hälfte der Schale, nicht sehr entfernt vom Schlossrand. Die Ränder sind blätterig, ausserordentlich verdickt.

Es lässt sich nicht mit Sicherheit entscheiden, ob Herr Gray diese Species unter der Auster verstanden hat, welche er als auf Chatam-Inseln vorkommend erwähnt und welche der *Ostrea gigantea* oder *expansa* Sow. sehr ähnlich sei. Diese letztere Beziehung passt allerdings am meisten auf die gegenwärtige Art.

Name nach dem Befehlshaber der Novara-Expedition, Freiherrn v. Wüllerstorf.

Vorkommen: Westküste der Provinz Auckland nördlich vom Whaingaroa-Hafen.

OSTREA NELSONIANA Zitt.

Taf. XI. Fig. 7.

Char. Testa irregularis, elongato-ovata, crassa, solida. Valvae subaequales, dextra convexior gibbosa vel concentrice laminata; apice antico contorto; sinistra plana, interdum valde incrassata, concentrice rugoso-foliata. Umbones obliqui, cardine lato, fossula triangulari. Cicatricula lunularis magna, lateralis, incavata.

Höhe 70 Millim., Länge 55—65 Millim.

Die Gestalt dieser Auster ist sehr veränderlich, meist länglich-oval und je nach ihrem Alter mehr oder weniger verdickt. Die beiden Schalen sind fast von gleicher Grösse, jedoch ist die rechte gewöhnlich etwas stärker gewölbt, mit rauher Oberfläche oder mit concentrischen Lamellen bedeckt. Die linke Schale ist flach, zuweilen aber auch, besonders bei alten Exemplaren, stark gewölbt und sehr verdickt, auf der Oberfläche laufen concentrische Lamellen, die bei dicken Schalen vollkommen blätterig werden. Die Buckeln sind etwas nach vorne gebogen, ohne jedoch gekrümmt zu sein. Das Schloss ist ziemlich breit, mit einer dreieckigen Bandgrube. Der Muskeleindruck ist gross, ziemlich vertieft und liegt etwas seitlich.

Herr Prof. v. Hochstetter brachte mehrere Exemplare der jetzt an der Küste von Neu-Seeland lebenden Auster mit; dieselbe steht der europäischen *O. edulis* sehr nahe, ist aber viel dünnschaliger. Die *Ostrea Nelsoniana* hat mit derselben die äussere Form gemein, unterscheidet sich jedoch auffallend durch die Dicke der gewölbten Schale.

Vorkommen: Cap Farewell, Prov. Nelson.

c) BRACHIOPODEN.

WALDHEIMIA LENTICULARIS Desh. sp.

Taf. X. Fig. 3 a. 4.

T. lenticularis Desh. Revue zool. p. la Soc. Cuv. 1839, p. 359. und in Guer. Mag. de Zool. p. 41; *Waldh. lenticularis* Dav. Ann. Mag. 1852. b. p. 365.

Eine grosse und schöne, regelmässig gebaute Art, mit ziemlich gleich stark gewölbten Klappen, fast kreisförmiger kleiner Klappe und einer leichten, nicht abgegrenzten Einsenkung in der Mitte ihrer Stirngegend. Der Schnabel ist ziemlich hoch, ein wenig vorgebogen, und durch eine auffallend kleine Öffnung für den Haftmuskel abgestutzt, unter welcher sich das grosse, aus einem Stücke bestehende, convexe und leicht quergestreifte Deltidium befindet. Bei jungen Exemplaren scheint ein schmaler Wulst das Deltidium in seiner Mitte zu theilen. Die Schnabelkanten sind so scharf, dass ein wohlbegrenztes Schlossfeld sich von der übrigen Fläche ausscheidet.

W. lenticularis wurde zuerst von Deshayes aus der Foveauxstrasse, später von Davidson von der Cooksstrasse aus 15 Faden Tiefe beschrieben; Davidson erwähnt auch schon vor Jahren ihr fossiles Vorkommen auf der Insel. Ich zähle hieher Vorkommnisse aus dem Basalttuffe von Wangaparoa (Nordinsel), so wie aus den Ablagerungen des Whaingaroa-Hafens an der Westküste der Nordinsel, vom Aotea-Hafen an derselben Küste, dann aus der Gegend südlich von den Waikato-Heads bei Auckland, vom Long Point in der Hawkes-Bay und aus dem gelblichen Kalkstein von Motupipi in der Massacre-Bay, wo die grössten und schönsten Exemplare gefunden wurden. Die kleine Klappe Taf. X, Fig. 3 *b* stammt von den Murray-Cliffs in Süd-Australien und deutet das Vorkommen einer ähnlichen fossilen Art in Australien an, wo eine so grosse *Waldheimia* nicht lebend bekannt ist. Die Ähnlichkeit von *W. lenticularis* mit der amerikanischen *W. Californica*, für welche Herr Davidson in neuerer Zeit die Bezeichnung *W. venosa* Solander gebraucht, ist von Reeve mit Recht betont und zugestanden worden, wie schwer es sei, diese beiden Arten von einander zu trennen.

WALDHEIMIA GRAVIDA Suess.

Taf. IX. Fig. 5.

Es liegen nur sieben einander vollkommen ähnliche, doch ziemlich schlecht erhaltene Stücke einer Brachiopoden-Art vor, welche von allen in Neu-Seeland heute lebend bekannten Arten sehr verschieden ist, jedoch möglicher Weise sich dereinst als eine höhere Altersstufe der südamerikanischen *W. dilatata* Val. herausstellen mag. Beide Klappen sind mässig gewölbt, der Umriss der kleinen Klappe eher breit als lang, der Stirnrand leicht gebuchtet, der Schnabel breit und stumpf und mit einer grossen Öffnung für den Haftmuskel versehen, welche sich nach abwärts über das niedrige Deltidium hin in eine herabhängende Lippe fortsetzt. Die Schnabelkanten sind deutlich ausgeprägt und ziehen sich bis an den Vereinigungspunkt der Schloss- und Randkanten, das heisst bis etwa zur Mitte der kleinen Klappe herab, einen verhältnissmässig breiten Theil der grossen Klappe umfassend.

Der Schnabel der *W. gravida* mit seiner grossen Öffnung ist ganz und gar verschieden von jenem der *W. lenticularis*, auch gleicht er nicht dem aufrechten, von einer querovalen Öffnung abgestutzten Schnabel der bei Sowerby und Reeve abgebildeten Stücke der *W. dilatata*. Es ist jedoch zu bemerken, dass die Schnabelform der eben erwähnten Abbildungen bei einzelnen Arten, z. B. bei *T. depressa* Val. (*T. Nereiensis* Arch.) aus der *Tartia* als constant erscheint, während sie bei anderen, wie bei den grossen Arten der Oolithe der Normandie allmählich mit zunehmendem Alter und zunehmender Buchtung des Stirnrandes in die Schnabelform der *W. gravida* übergeht.

Alle mir übergebenen Stücke stammen aus dem Kalksteinbruche von Papakura bei Auckland.

TEREBRATULINA sp.
Taf. IX, Fig. 6.

Am Waikato-South Head, an der Westküste der Nordinsel, sind einige schlecht erhaltene Stücke einer fossilen *Terebratulina* angetroffen worden, welche zunächst an die kleine chinesische *T. Cumingi* erinnern. Obwohl sie kaum eine nähere Bestimmung zulassen, mögen sie darum hier erwähnt sein, weil die Gattung *Terebratulina* nicht in den neuseeländischen Wässern als lebend bekannt ist.

TEREBRATELLA DORSATA Gmel. sp.
Taf. XIV, Fig. 5, a — d.

Anomia striata Magellanica Chemn.; *T. Sowerbyi* et *T. flexuosa* King.

Die Wässer der Magelhaen's-Strasse und der Falklands-Inseln haben mit jenen Neu-Seelands heute eine kleine Gruppe von Terebratellen gemein, welche durch eine

Einsenkung längs der Mitte der kleinen Klappe und einen entsprechenden Sattel auf der grossen Klappe, durch die Lage und Gestalt der Öffnung und die eigenthümliche, zuweilen ziemlich scharf ausgeprägte, zuweilen ganz verschwindende dichotomische Streifung der Oberfläche, endlich durch die deutlich abgesetzten Zuwachslinien einander nahe stehen. Als der Typus dieser kleinen Gruppe mag ihr einziger südamerikanischer Vertreter, *Anomia dorsata* Gmel., angesehen werden, vortrefflich in mannigfachen Abänderungen dargestellt in Reeve's Monogr. of the Genus Terebratula (Conch. Icon.; pl. V. f. 21. a — d). Über die Zusammengehörigkeit der verschiedenen hier abgebildeten Formen scheint nirgends ein Zweifel zu herrschen, und nur in Bezug auf die Benennung dieser Art weicht meine Ansicht von jener der Herren Reeve und Davidson in so ferne ab, als ich Chemnitzens Bezeichnung „*Anomia striata, Magellanica*" keineswegs im Sinne der heutigen Gesetze der Nomenclatur für berechtigter halte als jene Gmelin's. Die beiden Adjectiva bei Chemnitz sind eben nur der Beginn einer Diagnose. — Davidson hat (Ann. Mag. nat. Hist. Juliheft, 1861) bemerkt, dass *T. flexuosa* King im Inneren der kleinen Klappe ein längeres Septum besitze als die typischen Stücke von *T. dorsata* und desshalb seine Bedenken über die Vereinigung dieser Formen ausgesprochen. Bei unserer Unkenntniss aber von dem Grade der Beständigkeit, welchen gerade dieser Theil der inneren Einrichtung in verschiedenen Alterszuständen oder bei verschiedenen Individuen zeigt, und von welcher die schönen Untersuchungen Moore's (Geologist, III, 1860, p. 441) ein so schlagendes Beispiel geben, dürfte es nicht rathsam scheinen, äusserlich sich so nahestehende Gestalten auf dieses Merkmal hin von einander zu trennen. — Die beinahe glatte *T. transversa* Sow. wird von Reeve und Davidson wohl mit Recht mit *T. dorsata* vereinigt.

Die verschiedenen lebenden Formen Neu-Seelands liessen sich mit Vortheil an einer grösseren Anzahl von Exemplaren studiren, welche von Hochstetter mitgebracht wurden. Hier stehen nun der südamerikanischen Art zunächst jene beiden Stücke, welche in der Bay of Islands (Neu-Seeland) angetroffen wurden und die man am passendsten jener Gestalt anschliesst, welche als *T. Bouchardi* Dav. bekannt geworden ist. Beide Stücke sind einander ganz gleich, schmäler und etwas stärker gewölbt als *T. dorsata* oder *T. cruenta* und mit einem wenig entwickelten Septum versehen; von der typischen *T. Bouchardi* entfernen sie sich nur durch das Vorhandensein einer deutlichen Spur von Streifung längs der Aussenränder (wie bei Sowerby's Fig. 45; der *T. rubicunda*. Thes. Conch. pl. LXX), so wie dadurch, dass sie, wie alle von Hochstetter mitgebrachten Stücke, die gewöhnliche rothe Färbung der *T. rubicunda*, *T. cruenta* und so vieler anderer Arten besitzen.

Ausserordentlich ähnlich sind 4 Stücke vom Sandspit an der Massacrebay, Prov. Nelson; sie sind ein wenig kürzer als die eben erwähnten Stücke von der Bay of Islands, wodurch sie breiter erscheinen; ihr Schnabel ist etwas weniger nach vorne gebogen und es fehlt jede Spur von Streifung an der Oberfläche. Die Einsenkung der kleinen Klappe, Färbung und innere Einrichtung sind dieselben. Es sind dies die Formen, welche man *T. rubicunda* Sow. genannt hat. Die veränderte Lage der Öffnung und des Haftmuskels bringt es mit sich, dass die Abreibungs-Erscheinungen, welche man an den Scheiteln der kleinen Klappe bei den Stücken aus der Bay of Islands wahrnehmen kann, hier fehlen.

An derselben Stelle mit diesen 4 Stücken fand sich auch ein etwas kleineres von ganz ähnlichem Charakter, doch, wohl in Folge einer Missbildung, mit mehr rautenförmigem Umrisse der kleinen Klappe, mehr hervorstehendem Schnabel und einer Abreibungsfläche auf dem Scheitel der kleinen Klappe.

Endlich hat Sandspit zwei Exemplare, und zwar eine lose grosse Klappe und ein ganzes Gehäuse von kleineren Dimensionen geliefert, welche jeder Unbefangene als die Jugendexemplare der übrigen ansehen wird. Sie entsprechen der *T. inconspicua* Sow. und es ist wohl zu bemerken, dass hier die Schleife anders gebaut ist als bei den erwachsenen Stücken. Das Septum ist ungleichmässig, viel höher, in einen langen Fortsatz heraufgezogen; die absteigenden Äste nähern sich demselben in einfacher Krümmung, während hoch am oberen Ende des besagten Fortsatzes sich ein neuer Anheftungspunkt findet. Die Einrichtung ist, kurz gesagt, jene der *T. Valenciennesi*, und sie unterscheidet sich von jener der erwachsenen Stücke auf ähnliche Weise, auf welche nach Moore's Angaben die Schleifen der jungen *T. Buckmanni* sich von jener der älteren unterscheidet.

Von diesen einander ausserordentlich nahestehenden Formen entfernt sich ein wenig mehr durch regelmässigeren und breiteren Umriss und die über das ganze Gehäuse sich deutlich hinziehende Streifung das letzte Stück, welches ich vom Sandspit zu erwähnen habe, und welches der typischen *T. cruenta* Dillw. sp. (*T. Zelandica* Desh.) entspricht. Nach den eben über die Schleife jüngerer Terebrateln gemachten Bemerkungen bin ich geneigt, in Übereinstimmung mit einer Vermuthung des Herrn Davidson, *T. Valenciennesi* Dav. (*T. Evansi*) als den

8 *

Jugendzustand dieser Art zu betrachten, während *T. suffusa* Reeve den früher erwähnten Formen zuzuweisen ist.

Diese Beobachtungen haben mich zu der Meinung geführt, dass man hier in vielen Fällen mit der Trennung der Arten zu weit gegangen ist; namentlich in allen jenen Fällen, wo man sich auf die Aussengestalt einzelner Individuen, auf ihre Färbung oder auf die Gestalt der Septums berufen hat. Es gruppiren sich die Formen in folgender Weise:

1. Süd-Amerika: *T. dorsata* Gmel. (* *T. flexuosa* King. * *T. Sowerbyi* King.)
2. Neu-Seeland: *T. rubicunda* Sow. (* *T. Bouchardi* Dav. * *T. inconspicua* Sow. * *T. suffusa* Reeve.)
3. Neu-Seeland: *T. cruenta* Dillw. (* *T. Zelandica* Desh. * *T. Valenciennesi* Dav. = *T. Evansi* Dav.)

Aber auch hier mag man noch Anstand nehmen, drei selbstständige Arten zu trennen, indem, wie gesagt, nur *T. cruenta* eine etwas bestimmtere Form annimmt, die südamerikanische *T. dorsata* aber, obwohl bleich, in zahlreichen Schwankungen den eben so mannigfaltigen Formen der neuseeländischen rothgefärbten *T. rubicunda* Sow. sich nähert.

Es schien mir um so nothwendiger, diese Bemerkungen hier vorauszusenden, als aus ihnen allein die Bedeutung zu erhellen vermag, welche die Auffindung fossiler Exemplare der *T. dorsata* in Neu-Seeland besitzt. In der That hat Hochstetter von Rodney Point, Prov. Auckland, eine Anzahl von Brachiopoden, und zwar zehn geschlossene Gehäuse und acht lose Klappen mitgebracht, welche in allen Einzelheiten ganz und gar mit der südamerikanischen *T. dorsata* übereinstimmen. Viele von diesen Stücken sind verdrückt, andere seitlich verzogen, wo sie dann zur *T. transversa* Sow. (Thes. Conch. pl. LXXII. f. 114, 115; Reeve, Conch Ic. V. 22) werden, welche von Reeve mit Recht als eine monströse Bildung der *T. dorsata* angesehen wird. Diese fossilen Stücke aus Neu-Seeland zeigen die verschiedenen Abänderungen der Oberfläche, von der feinen und dichtgedrängten und in die Scheitel sich fortpflanzenden Faltung bis zu ihrem gänzlichen Verschwinden.

RHYNCHONELLA NIGRICANS Sow. sp.

Taf. XIV. Fig. 4, a — d.

T. nigricans Sow. Thes. Conch. I. p. 342. t. 71. f. 81. 82; *Rhynchonella nigricans* Dav. Proc. Zool. Soc. 1852. abstr. p. 7. t. I. f. 30, 31; Reeve, Conch. Ic. pl. XI. f. 1, a — c.

Das Gehäuse ist beträchtlich breiter als lang und die kleine Klappe wird von einem breiten Schnabel von mässiger Höhe überragt; unter seiner Spitze befindet sich die verhältnissmässig grosse Öffnung, an ihrer Basis rechts und links von einem kleinen Deltidium begrenzt. Ein nicht sehr hoher, doch wohl abgegrenzter Sattel zieht sich, breiter werdend, vom Scheitel der kleinen Klappe zur Stirne herab; eine eben so wohl markirte Einsenkung entspricht ihm in der grossen Klappe. Regelmässige und gedrängte Falten gehen von den Scheiteln beider Klappen herab und die meisten von ihnen gabeln sich je einmal in der oberen Hälfte der Klappe, so dass ihrer 20—22 am Stirnrande anlangen. Sie werden von den scharfen Rändern der aufgeblätterten Zuwachslagen gekreuzt, welche dem Stirnrande ein sehr geziertes, wesentlich an mesozoische Formen erinnerndes Ansehen geben.

Von dieser heute noch in den neuseeländischen Wässern lebenden Art sind mir fünf geschlossene Gehäuse und zwei lose Klappen von Rodney Point, Provinz Auckland, übergeben worden, wo sie mit *T. dorsata* im fossilen Zustande gefunden wurden. Die meisten von ihnen sind seitlich nach rechts oder links in ähnlicher Weise verzerrt, wie die zugleich gefundenen und unter *T. transversa* Sow. angeführten Abänderungen der *T. dorsata* und wie das von Reeve abgebildete Stück der *Rh. nigricans*. Es ist jedoch sehr leicht, selbst schlechte Stücke beider Arten unter den Vorkommnissen vom Rodney Point dadurch zu unterscheiden, dass bei *T. dorsata* die Einsenkung in der Mitte der kleineren, der Sattel in der Mitte der grösseren Klappe sich befindet, während bei *Rh. nigricans* das verkehrte Verhältniss eintritt.

Diese Art wurde ursprünglich von Sowerby ohne Angabe des Fundortes beschrieben und benannt; später zeigte Davidson, dass sie von Evans in der Foveaux-Strasse und zwar etwa 5 Miles nordöstlich von den Ruapuke-Inseln in 19 Faden angetroffen worden sei.

d) BRYOZOA.

FASCICULIPORA MAMMILLATA Zitt.

TAF. IX. FIG. 8.

Char. Cellularum fascicula ramosa, numerosa, angusta, cylindracea, glabra. Ramuli centro orientes, divergentes septis transversis, irregulariter distantibus connexi. Superficies polyzoarii globulosa vel mammillata, fasciculis liberis sive confluentibus.

Die Zellenröhren sind in zahlreiche, ästige, cylindrische Bündel vereinigt, die an ihren Seiten glatt sind und an ihrem Ende die zahlreichen, etwas unregelmässigen Zellenöffnungen tragen. Die Ästchen entspringen von einem Centrum und divergiren von hier nach allen Richtungen; sie sind ziemlich lang und schlank und unter einander durch rundliche Querleistchen verbunden, die in ganz unregelmässigen Abständen von einander stehen. Die Oberfläche ist bei ausgebildeten Zellenstöcken kugelig oder zitzenförmig, ohne bedeutende Unebenheiten. Die Zellenbündel stehen entweder frei oder sind an ihren Seiten mit einander verwachsen und zusammenfliessend.

Vorkommen: Westküste, südlich von der Waikato-Mündung.

B. ECHINODERMATA.

NUCLEOLITES PAPILLOSUS Zitt.

TAF. IX. FIG. 2.

Char. Corpus subquadrangulare, oblongum, depressum, papillosum. Apex excentricus quadripunctatus. Ambulacra petaloidea, inaequalia, poris non conjugatis. Anus in sulco profundo positus, margine distans. Peristoma pentagonale, subcentrale.
Länge 24 Millim., Breite 18 Millim., Höhe 8 Millim.

Die Form dieser Art ist verlängert, fast viereckig und flach. Der Wirbel liegt etwas nach vorn und zeigt vier deutliche Genitalporen. Die Fühlergänge sind blattförmig, unter sich ungleich und aus zwei Reihen von ungejochten Poren gebildet. Der vordere Gang ist deutlich entwickelt und gerade, die beiden (paarigen) Vorderambulacra sind kürzer als die hinteren und divergiren ziemlich stark mit diesen. Der After liegt im vorderen Theil einer tiefen Rinne, die nicht ganz bis zum Wirbel fortsetzt. Der Mund ist fünfeckig und liegt in der vorderen Hälfte des Körpers. Die ganze Oberfläche ist mit zahlreichen Wärzchen bedeckt.

Das Genus *Nucleolites* vertritt in der Kreide und Tertiärformation den auf Jura und Kreide beschränkten *Echinobrissus* und setzt sogar mit einer einzigen Art *N. recens* M. Edw.,[1] die sich in Australien findet, bis in die Jetztzeit fort. Die beschriebene Art steht der letztern nahe, unterscheidet sich aber von der Abbildung Wright's durch länglichere schmälere Form und durch die nach unten etwas verschmälerten Ambulacra, die sich bei jener weit öffnen.

Vorkommen: Westküste südlich von der Waikato-Mündung.

[1] Vergl. Cuv. Règne Anim. Zooph. t. XIV. f. 3, und Wright. Brit. foss. Echin. in Pal. Soc. t. 61. f. 1.

HEMIPATAGUS FORMOSUS Zitt.
Taf. XII. Fig. 2.

Char. Corpus depressum, cordiforme, postice angustius; apex subcentralis, ambulacra
gemina petaloidea, aperta, poris densis conjugatis, anticum in sulco parum profundo positum, poris vix conspicuis. Areae quatuor anteriores interambulacrales
tuberculis numerosis seriatim positis ornatae. Area posterior laevigata. Anus
supramarginalis. Peristoma transversum, labiatum. Latus anale papillis numerosis. Fasciolae nullae.

Länge 65 Millim., Breite 55 Millim.

Die äussere Form des Körpers ist sehr flach, herzförmig, fast etwas fünfeckig,
hinten verschmälert. Der Scheitel ist subcentral und das Scheitelschild wenig vertieft mit vier Genitalporen. Das vordere unpaare Ambulacralfeld liegt in einer kaum
vertieften Rinne, die vom Scheitel bis zum Munde fortsetzt und nur äusserst spär-
liche, einfache Poren zeigt. Die übrigen, paarigen Ambulacra sind petaloid, diver-
girend, unten offen; die nahestehenden Poren derselben deutlich gejocht. Die vier
paarigen Interambulacralfelder sind mit zahlreichen, in 4—5 Reihen stehenden
Stachelwarzen bedeckt, die von kreisrunden Höfchen umgeben sind. Das unpaare
hintere Interambulacralfeld ist meist glatt.[1] Der After ist submarginal, der Mund
quergestellt und zweilippig. Die Unterseite, besonders vorn und seitlich mit zahlreichen hirsekornförmigen Warzen bedeckt. Fasciolen sind nicht wahrzunehmen.

Die Abbildung des *H. praelongus* Herklots (Herklots foss. de Java p. 11.
t. II. f. 6) zeigt sehr viel Übereinstimmung, indess scheint das Originalexemplar
dieser Species sehr schlecht erhalten zu sein, da aus der Abbildung nicht einmal
mit Gewissheit hervorgeht, ob diese Art in der That zu *Hemipatagus* gehört.

Vorkommen: Cap Farewell (häufig).

HEMIPATAGUS TUBERCULATUS Zitt.
Taf. XII. Fig. 1.

Char. Corpus ovato-cordiforme, antice emarginatum, postice retusum, carinatum.
Apex centralis, poris 4 genitalibus. Ambulacra gemina petaloidea aperta, poris
conjugatis; ambulacrum anticum in sulco satis impresso positum poris vix con-

---

[1] An einzelnen Exemplaren befinden sich allerdings 2—3 Stachelwarzen darauf, so dass hierdurch dieser
wichtige Charakter des Genus *Hemipatagus* etwas modificirt und die Trennung von *Spatangus* weniger scharf wird.

spicuis. Areae 4 interambulacrales anteriores tuberculis paullo numerosis irregulariter dispositis ornatae, postica laevigata. Tubercula circulo valde profundo circumscripta. Anus supramarginalis; peristoma margini anteriori approximatum, labiatum, transversum.

Länge 65 Millim., Breite 55 Millim.

Steht der vorigen Art sehr nahe, lässt sich indessen recht wohl unterscheiden. Die Schale ist weit höher gewölbt, hinten etwas angeschwollen und mit einem Kiele versehen. Die petaloiden Ambulacra haben weniger enge stehende Poren und schliessen ein schmäleres Feld ein. Das unpaare vordere Ambulacrum liegt in einer tiefer eingeschnittenen Furche, ist jedoch im Übrigen wie bei *H. formosus* beschaffen. Der augenfälligste Unterschied der beiden Arten besteht jedoch darin, dass die Stachelwarzen auf den vier vorderen paarigen Interambulacralfeldern weit weniger zahlreich sind und nicht in geordneten Reihen stehen; auch sind dieselben von einem grösser und tiefer eingeschnittenen Höfchen eingefasst. Der After liegt ziemlich hoch in dem erhöhten Hinterrande und der Mund ist dem Vorderrande mehr genähert, als in der vorigen Art.

In der kürzlich erschienenen Geology of South Australia von J. E. Woods ist ein *Spatangus Forbesi* erwähnt und abgebildet, der in den jungtertiären Ablagerungen des Mount Gambier in grosser Häufigkeit vorkommt. Das Hofmineralien-Cabinet erhielt durch Herrn L. Parreyss eine grössere Anzahl von Exemplaren dieser Art, die dem *Hemipatagus tuberculatus* wirklich äusserst nahe stehen und sich fast nur durch die viel geringere Grösse unterscheiden. Die stärksten offenbar vollkommen entwickelten Exemplare des *Hemipatagus Forbesi* erreichen nicht einmal die Hälfte der Grösse des *H. tuberculatus*, so dass ich mich nicht entschliessen konnte die beiden Formen trotz ihrer grossen Übereinstimmung unter gleichem Namen zu vereinigen. *Spatangus Forbesi* ist ausserdem verhältnissmässig stärker gewölbt und höher als die vorliegende Art.

Vorkommen: Cap Farewell, Prov. Nelson.

SCHIZASTER ROTUNDATUS Zitt.

Taf. XI. Fig. 1.

Char. Corpus rotundatum, postice elevatum, papillis numerosis ornatum, apex margini posteriori approximatus, poris duobus genitalibus. Ambulacrum anterius in sulco lato valde profundo immersum, gemina anteriora petaloidea marginem ver-

sus anticum directa, satis longa, profunda, clausa, poris conjugatis; posteriora brevissima. Anus supramarginalis, peristoma labiatum, transversum.

Länge 48 Millim., Breite 48 Millim., Höhe 25 Millim.

Der Körper ist gerundet, ungefähr eben so lang als breit, hinten etwas erhöht und auf der Oberfläche mit kleinen Würzchen bedeckt. Der Scheitel steht dem hinteren Rande ziemlich nahe und zeigt nur zwei tiefe Poren. Das vordere, unpaare Ambulacrum liegt in einer sehr tiefen breiten Rinne und hat auf beiden Seiten zwei wohl entwickelte Reihen von ungejochten Poren. Zwischen diesem und den beiden vorderen paarigen, petaloiden Fühlergängen ist ein schmales, sehr stark erhöhtes Interambulacralfeld. Die Poren der ziemlich langen, nach vorn gerichteten, vertieften vorderen Fühlergänge sind gejocht, wie die der sehr verkürzten hinteren. Der After ist wahrscheinlich supramarginal, der Mund quer, zweilippig, weit nach vorn gelegen. Die Fasciolen sind zu undeutlich erhalten, um über ihre Lage mit Bestimmtheit etwas zu sagen.

Von dem bekannten *Schizaster canaliferus* aus dem Mittelmeer ist die vorliegende Art leicht zu unterscheiden durch die breitere, rundliche Form; der *Schizaster ventricosus* aus Australien ist durch seine stark angeschwollene Hinterseite unterschieden.

Vorkommen: Waikato-Southhead, Aoteahafen; Collingwood, Cap Farewell.

BRISSUS EXIMIUS Zitt.

Taf. XII. Fig. 3.

Char. Corpus permagnum oblongum, depressum, postice carinatum, papillosum; apex in partem anteriorem productus; ambulacra petaloidea inaequalia: anticum obsoletissimum, vix conspicuum; anteriora valde divergentia, profunda, lineam fere transversam formantia; posteriora approximata, area angusto elevata ab interambulacrale separata. Anus marginalis, peristoma margini anteriori approximatum, labiatum.

Länge 140 Millim., Breite 110 Millim.

Der sehr grosse, flache Körper ist von länglich-ovaler Form, hinten gekielt, mit weit nach vorn gelegenem Wirbel. Die Fühlergänge sind unter einander sehr verschieden und von eigenthümlicher Lage. Der vordere, unpaare ist äusserst schwach entwickelt, an dem vorliegenden Exemplare ist kaum eine Spur davon wahrzunehmen; die vordern paarigen Ambulacra divergiren sehr stark und bilden fast eine gerade Querlinie, sie sind wie die hinteren in einer vertieften Rinne gelegen. Die hinteren Fühlergänge laufen fast parallel und sind durch das schmale, erhöhte hintere Interambulacralfeld von einander getrennt. Der After liegt im hintern Rande, der grosse, zweilippige Mund ist weit vorn. Die ganze Oberfläche des Körpers ist mit sehr zahlreichen, kleinen Wärzchen bedeckt, die unter einander an Grösse verschieden sind. Die Fasciolen sind wegen des mangelhaften Erhaltungszustandes kaum sichtbar.

Das *Genus Brissus* ist bis jetzt nur lebend oder in Tertiärbildungen nachgewiesen, unter den bekannten Arten kann keine mit der eben beschriebenen verwechselt werden und erreicht auch keine die gleiche Grösse.

Vorkommen: Motupipi, Südinsel; Waikato-Southhead, Nordinsel.

INDEX.

9 *

III.

DIE FORAMINIFEREN-FAUNA

DES TERTIÄREN GRÜNSANDSTEINES

DER

ORAKEI-BAY BEI AUCKLAND.

VON

FELIX KARRER.

MIT 1 TAFEL (XVI).

Der grünliche Sandstein der Orakei-Bay, ausgezeichnet durch seine lose Consistenz, die ihn im Wasser sehr leicht zerfallen lässt, beherbergt neben den Resten einiger weniger Mollusken und Bryozoen eine nicht unbedeutende Foraminiferen-Fauna, weniger zahlreich an Geschlechtern und Arten, als vielmehr an Individuen, welche einen nicht unwesentlichen Beitrag zur Charakterisirung seiner geologischen Stellung liefern mag.

Im Allgemeinen ist die Familie der *Rhabdoideen* Reuss (*Stichostegier* d'Orb.) nur sehr spärlich vertreten, es sind zwar die Genera: *Nodosaria, Dentalina, Vaginulina* und *Lingulina* vorhanden, aber nur in sehr wenigen, theilweise auch schlecht erhaltenen Exemplaren.

Die *Cristellarideen* Reuss mit den Gattungen *Marginulina, Cristellaria, Robulina* zeigen sich häufiger, namentlich letzteres nicht selten.

Die *Polymorphiniden* Reuss mit *Uvigerina, Guttulina* und *Textilaria* gehören ebenfalls zu den Seltenheiten.

Orbitulites Lam. ist nur in Einem mangelhaften Exemplar vorgekommen.

Die *Uvellideen* Reuss mit der Gattung *Clavulina* sind ebenfalls sparsam vertreten.

Dagegen lieferten die *Rotalideen* Reuss in den Gattungen *Rotalia* und *Rosalina*, so wie *Globigerina* ein beträchtlicheres Materiale, namentlich ist das erst genannte ziemlich häufig; *Globigerina bulloides* jedoch eine Seltenheit.

Die *Polystomelliden* Reuss mit der Gattung *Polystomella* und *Nonnionina* ergab einzelne ziemlich schlecht erhaltene Repräsentanten.

Die *Nummulitideen* Reuss mit der Gattung *Amphistegina* sind den anderen Familien gegenüber weitaus überwiegend, nur *Orbitoides* ist verhältnissmässig selten.

Die *Miliolideen* Reuss (*Agathistegier* d'Orb.), die meist in tieferen Wässern wohnen, fehlen ganz.

Fasst man diesen kleinen Überblick in Kürze zusammen, und bedenkt man, dass einerseits die *Globigerinen*, *Miliolideen*, *Rhabdoideen*, also die Anzeiger tieferer Wasser, entweder ganz fehlen oder nur sparsam vertreten sind; anderseits wieder *Rotalien* und *Amphisteginen*, die mässigere Tiefen bewohnen, vorherrschen, so muss man zu dem Schlusse gelangen, dass die Ablagerung des grünen Sandsteines der Orakei-Bay in keiner bedeutenden Tiefe vor sich gegangen sein konnte, und da die Bryozoenfauna, die noch höheren Niveau's angehört, nur spärlich vertreten ist, als das tiefste Niveau der Amphisteginen-Zone anzusehen sei. Von den in dem untersuchten Materiale aufgefundenen achtundzwanzig Arten ist wohl die grosse Mehrheit als neu anzuerkennen, nur einige wenige stimmen mit bekannten schon beschriebenen, und zwar speciell des Wiener Beckens überein, oder befinden sich in so schlechtem Erhaltungszustande, dass sie nicht als neue feststehende Formen ausgeschieden werden konnten.

Der Charakteristik dieser neuen Arten geht zu einer vielleicht nicht ganz unwichtigen Vervollständigung eine kleine Notiz über das erste Auftreten des ganzen Geschlechtes auf unserer Erde, so wie über die bekannte Verbreitung desselben in den jetzigen Meeren nach den Angaben des Prof. Reuss und jenen d'Orbigny's voraus.

I. RHABDOIDEA Schltz.

A) NODOSARIDEA Reuss.

NODOSARIA Lam.

a) NODOSARIA d'Orb.

Dieses im Kohlenkalke bereits auftretende Geschlecht, welches lebend im adriatischen Meere, den canarischen Inseln und auf den Antillen vorkömmt, dagegen in der südlichen Halbkugel zu fehlen scheint, fand sich in dem Sandstein der Orakei-Bay in einem einzigen Bruchstücke.

Es ist die letzte Kammer einer Form, die sehr grosse Ähnlichkeit mit *Nodosaria spinicosta* d'Orb.[1] hat, nur stehen die Rippchen noch enger und zarter. Der Mund ist wie bei der genannten Art in einer Verlängerung befindlich, welche mit Querrippen versehen ist, der Vollständigkeit wegen musste von diesem, wenngleich unbedeutenden Reste mindestens Erwähnung gemacht werden.

b) DENTALINA d'Orb.

Auch dieses aus der Perm'schen Formation bis in die Gegenwart reichende Geschlecht, bekannt aus dem adriatischen und mittelländischen Meere, den Küsten Afrika's und aus dem atlantischen Ocean, hat nur unbedeutende Repräsentanten geliefert. Einige dieser ziemlich schlecht erhaltenen Bruchstücke stehen der *Dentalina inermis* Czjž.[2] sehr nahe; für neu aber muss gehalten werden:

---

[1] *Nodosaria spinicosta* d'Orb. (Foram. foss. du bassin tertiaire de Vienne.) N. testa elongata, subcuneata granulosa, longitudinaliter 18 costata; costis acutis, postice mucronatis loculis 5 scalaribus, strangulatis, convexis subsphaericis, primo initiae, mucronata, ultimo pyriformi, producto, transversim annulata. Long. 1 Millim. Baden Frÿheim.

[2] *Dentalina inermis* Czjž. (Beitrag zur Kenntniss der foss. Foram. des Wiener Beckens.) D. testa laevi, incrassata laevigata loculis postice applanatis, obliquis, antice convexis, primo obtuso, postice inflexo, ultimo mucronata, oblongo, acuminata, perforata. Long. 1'⁄₁ Millim. Baden.

DENTALINA AEQUALIS Karr.

Taf. XVI. Fig. 1.

D. testa elongata, valde arcuata laevigata, loculis circa decem brevibus, suturis obso-
letis, loculo primo non inflato, breve acuminato, adspectu calcinata. Long. 5 Mill.,
rarissima.

Diese Art hat eine ziemlich verlängerte, stark gebogene Schale, die aus bei-
läufig zehn, durch ganz undeutliche Näthe getrennte Kammern besteht. Die erste
Kammer ist nicht aufgeschwollen, sondern es nimmt von ihr aus erst die Schale an
Dicke zu, verschmälert sich aber gegen das leider in allen Exemplaren abgebro-
chene Ende wieder. Sie hat eine kleine Spitze und ist das Aussehen des ganzen
Gehäuses ein vollkommen gleichartiges, etwas calcinirtes. In vollständig erhaltenen
Exemplaren dürfte seine Länge wohl 5 Millim. erreichen.

Vorkommen: Sehr selten.

B) VAGINULINIDEA Reuss.

VAGINULINA d'Orb.

Von diesem im Lias auftretenden, im adriatischen und mittelländischen Meere
lebenden Geschlechte fand sich nur eine einzige und zwar neue Art:

VAGINULINA RECTA Karr.

Taf. XVI. Fig. 2.

V. testa elongata, gracilis, fere recta, non acuminata, loculis usque quindecim costu-
latis et obliquis. Long. 5 Millim., rarissima.

Sehr der *Vaginulina badenensis* d'Orb. ähnlich, unterscheidet sie sich durch
ihre gestrecktere, fast ganz gerade Form und den Mangel einer Spitze an der ersten
Kammer. Die Zahl der Kammern dürfte sich an ganzen Exemplaren, die leider
nicht vorliegen, wohl auf 15 belaufen und sind dieselben durch sehr deutliche,
stark herabgezogene Näthe von einander getrennt, an einigen Stücken sogar durch
etwas hervortretende Rippchen. Es finden sich eben Übergänge zwischen beiden.
Die Länge mag an 5 Millim. betragen, das Vorkommen muss als ein sehr seltenes
bezeichnet werden.

() GLANDULINIDEA Reuss.

LINGULINA d'Orb.

Dieses schon aus dem Lias bekannte, im adriatischen Meere, an den canarischen Inseln und auf den Antillen lebende Geschlecht ist in dem Grünsandstein der Orakei-Bay durch einen sehr schönen Repräsentanten vertreten, nämlich durch *Lingulina costata* d'Orb.,[1] welche in dem Tegel von Baden so prächtig erhalten vorkömmt. Das einzige Stück von Neu-Seeland ist zwar weniger gut conservirt und etwas kleiner, jedoch ist die Identificirung mit der Badner Art ganz leicht und erscheinen höchstens die Rippen etwas schwächer. Taf. XVI. Fig. 3.

Sie ist ebenfalls zu den Seltenheiten zu zählen, da nur ein einziges Exemplar aufgefunden wurde.

II. CRISTELLARIDEA Schltz.

CRISTELLARIA Lam.

α MARGINULINA d'Orb.

Auch dieses Geschlecht tritt im Lias auf und lebt jetzt im adriatischen und mittelländischen Meere und an den canarischen Inseln.

MARGINULINA NEGLECTA Karr.

Taf. XVI. Fig. 1.

M. testa oblonga, compressa, laevigata, loculis costulis seperatis et obliquis. Long. 2 — 3 Millim. rarissima.

Eine längliche, sehr comprimirte Form mit glatter Schale, deren Kammern durch deutliche Rippchen getrennt sind; dieselben hängen ziemlich tief herab und zeigen deutlich die Tendenz zur Spirale.

Die Grösse beträgt 2 — 3 Millim. und ist ihr Auftreten ein sehr seltenes.

---

[1] *Lingulina costata* d'Orb. (Foram. foss. du bass. tert. de Vienne.) *L. testa ovato compressa, bicarinata, antice dilatata, postice obtusa, longitudinaliter lateribus 7 costata, costis obtusis antice evanescentibus, loculis 7 compressis, transversis, convenientibus, ultimo subacuminato; apertura lineari. Diam. 3 5 Millim. Baden non rara.*

b) CRISTELLARIA D'Orb.

Schon in der Perm'schen Formation auftretend, findet sich dieses Geschlecht jetzt im adriatischen und mittelländischen Meere, auf den canarischen Inseln, den Antillen und auf Ravak.

CRISTELLARIA MAMILLIGERA Karr.
Taf. XVI. Fig. 5.

C. testa suborata, non compressa laevigata, duodecim loculis convexiusculis vel interne costatis, margine carinata fere aculeata, loculo ultimo excavato, apertura radiata. Diam. 3 Millim. rara.

Eine prachtvoll verzierte Art von rundlich-ovaler Form, nicht sehr stark zusammengedrückt und von glattem Äussern. Die Kammern, bis 12 an der Zahl, sind durch eigenthümliche Erhöhungen bezeichnet. Die ersteren sind es durch eine Reihe von netten Knöpfchen, die nach und nach immer näher rücken, bis die letzten in einander verfliessend eine zusammenhängende Rippe bilden, die etwas höckerig aussieht. Den Aussenrand ziert ein schmaler, etwas gezackter Kiel. Die Mundfläche der letzten Kammer ist etwas ausgehöhlt und beträgt fast die halbe Höhe des ganzen Gehäuses; der Mund ist rundlich und gestrahlt. Ihre Grösse beträgt 3 Millim. und ihr Vorkommen ist ziemlich selten.

c) ROBULINA D'Orb.

Die Gattung *Robulina* findet sich schon im Lias und lebt jetzt im adriatischen und mittelländischen Meere und auf den canarischen Inseln.

Einige der im grünen Sandstein von Neu-Seeland aufgefundenen Arten stimmen mit schon bekannten und beschriebenen Formen überein, dahin gehört eine Art, die mit *Robulina cultrata* d'Orb.,[1] und eine die mit *Robulina simplex* d'Orb.[2] identificirt werden muss. Unbedingt neu ist aber:

ROBULINA REGINA Karr.
Taf. XVI. Fig. 6.

R. testa orbiculato-convexa, non compressa, margine carinata, loculis 8 — 9 contortis et subcostatis apertura oblonga et radiata. Diam. 3 Millim. rarissima.

---

[1] *Robulina cultrata* d'Orb. (Paran. foss. du bass. tert. de Vienne.) R. testa orbiculato convexa, laevigata, vel radiatim costata, margine carinata, lamellosa, loculis 8 obliquis, convexiusculis, laevigatis vel costatis, ultimo supra excavato, apertura radiata. Diam 3 Millim. Baden, Nussdorf, Cornueina.

[2] *Robulina simplex* d'Orb. (Ibid.) R. testa orbiculato convexa, angulata, non cariata, disco centrali nullo, loculis 8 triangularibus, arcuatis, laevigatis, apertura antice radiata. Diam. 1 Millim. Baden.

Von rundlicher, kaum merklich dem Ovalen sich nähernder Form, zeigt uns diese Art Kammern, welche durch sehr stark gebogene, etwas erhabene Leisten getrennt sind; nur die jüngeren sind nicht deutlich wahrzunehmen, daher die Anzahl nicht genau bestimmt werden kann. Annähernd kann man sie auf 8 — 9 ansetzen. Mitten ist die Schale stark aufgetrieben, flacht sich aber gegen den Rand ziemlich rasch ab und umgibt sich dort mit einem deutlichen Kiel. Die dreieckige Mundfläche wird durch die sehr dicken Leisten der Schale eingerahmt und sehr tief durch den einspringenden Kiel gespalten. Der Mund ist länglich und gestrahlt; die Grösse beträgt 3 Millim.; übrigens kommt diese Art sehr selten vor.

III. POLYMORPHINIDEA Reuss.

a) UVIGERINA d'Orb.

In der obersten Kreide zuerst sich zeigend, hat dieses Geschlecht seine lebenden Repräsentanten gegenwärtig im adriatischen Meer, auf Teneriffa, den Antillen und auf Patagonien. Von den im grünen Sandstein der Orakei-Bay vorgefundenen wenigen Formen war überall der Hals mehr oder weniger abgebrochen. Die Schale ist mit sehr netten Rippchen deutlich verziert, gerade wie *Uvigerina pygmaea* d'Orb.,[1] mit der sie sonst auch ihrem ganzen Habitus nach übereinstimmt, so dass sie nicht als eine besondere Art betrachtet werden kann.

b) POLYMORPHINA d'Orb.

GUTTULINA d'Orb.

Von diesem aus der Kreide schon bekannten, im mittelländischen und adriatischen Meere und auf den Antillen lebenden Genus fanden sich nur zwei stark abgeriebene Formen, die der *Guttulina communis* d'Orb.[2] so nahe stehen, dass sie zweifellos als dieser Art angehörig angesehen werden müssen.

Sie sind nur merklich kleiner, wie die ganze Foraminiferen-Fauna der Orakei-Bay überhaupt, und äusserst selten.

[1] *Uvigerina pygmaea* d'Orb. (Foram. foss. du bass. tert. de Vienne.) *U. testa ovato oblonga, pupaeformi, antice subita, longitudinaliter costata, loculis convexis globulosis, inaequalibus, apertura marginata. Long.* ½ *Millim. Baden, Nussdorf, Costauriua.*

[2] *Guttulina communis* d'Orb. (Foram. foss. du bass. tert. de Vienne.) *G. testa ovato-globuosa, laevigata, antice a umicato, posti e obtusa, lateribus compressa, loculis quatuor ovatis, convexiusculis, obliquis, suturis complanatis, apertura radiata. Long.* ½ *Milim. Nussdorf, Costauriua.*

IV. TEXTILARIA Schltz.

TEXTILARIA Defr.

Vom Kohlenkalke bis zur Jetztzeit. Lebend im adriatischen Meere, auf den Antillen, an der Ost- und Westküste Afrika's, den canarischen und oceanischen Inseln, in Indien, im rothen Meere, dagegen fehlend dem südlichen Amerika. Von der Orakei-Bay stammen drei neue Arten, u. z.

TEXTILARIA HAYI Karr.

Taf. XVI. Fig. 7.

T. testa oblongo-elongata, compressiuscula, hirsuta, lateraliter rotundata, loculis numerosis subtransversis, ultimo convexo; apertura semilunari. Long. 3 Millim., rarissima.

Das Aussehen dieser Art ist langgestreckt, etwas comprimirt mit abgerundeten Seiten, die fast parallel laufen und nur gegen die Spitze zu convergiren, die Dicke der Schale nimmt dort ebenfalls ab. Die zahlreichen Kammern sind durch deutliche, fast horizontale Näthe getrennt, die letzte ragt ansehnlich vor. Die Mundöffnung ist klein und halbmondförmig; die Oberfläche ist mit Rauhigkeiten bedeckt. Ihre Länge beträgt 3 Millim., ihr Vorkommen ist eine Seltenheit.

TEXTILARIA CONVEXA Karr.

Taf. XVI. Fig. 8.

T. testa cuneiformis, curvata, inflata, antice dilatata, postice acuminata, lateraliter subcarinata, loculis quindecim transversis, ultimo supra convexiuscula. Apertura semilunari. Long. 3 Millim., rarissima.

Dieselbe ist der *Textularia Mayeriana* d'Orb. aus Baden sehr ähnlich. Ihre Schale ist kegelförmig, bis zur unteren Hälfte fast gleichdick und wie ein Horn gebogen (was vielleicht einer Missbildung zuzuschreiben ist). Oben ist sie rund, die letzte Kammer flach abgestutzt: gegen unten verschmälert sich das Gehäuse aber sehr rasch und endet in eine Spitze, die Seiten sind kantig, und die fünfzehn Kammern durch fast horizontale Näthe getrennt. Der Mund ist halbmondförmig, die Schale mit rauher Oberfläche versehen, kaum 3 Millim. gross, und ihr Auftreten ein sehr seltenes.

TEXTILARIA MINIMA Karr.

Taf. XVI. Fig. 9.

T. testa fere rotundata, subtransversa, antice dilatata, postice subacuminata, loculis 2—3. loculo ultimo inflato, lateraliter rotundato. Apertura sublineata, testa hirsuta qua maculata. Long. ½ Millim., rarissima.

Ist eine noch gedrängtere, kürzere Art als *Textilaria abbreviata* d'Orb., fast eine Kugel, die in eine Spitze ausgezogen ist. Ihre letzte Kammer ist beinahe so gross als das ganze übrige Gehäuse und sehr aufgeblasen. Die übrigen 2 — 3 Kammern setzen sich in rascher Weise abnehmend daran und bilden so die kleine Spitze. Die Seiten sind ganz abgerundet, der Spalt sehr schmal und linienförmig. Die Schalenoberfläche durch ihre Rauhigkeit eigenthümlich gefleckt aussehend. Kaum ½ Millim. gross und ebenfalls eine grosse Seltenheit.

V. ORBITULIDEA Reuss.

ORBITULITES Lam.

Von diesem schon aus der Kreide bekannten und jetzt noch lebenden Geschlechte fand sich leider nur ein auf dem Gestein festsitzendes Bruchstück, welches auch bei der näheren Untersuchung so viel als aufgeopfert wurde. Es soll hier der Vollständigkeit wegen so weit als thunlich näher charakterisirt werden.

ORBITULITES INCERTUS Karr.

Taf. XVI. Fig. 10.

O. testa rotundata. loculis minimis loculo primo majori annulariter circumpostis. Diam. 8 — 10 Millim., rarissima.

Die sehr kleinen, meist eckigen Zellen umgeben ringförmig die grössere erste Kammer. Ihre Grösse dürfte, wie überhaupt bei allen Orbituliten, 8 — 10 Millim. betragen haben und da fast alle Foraminiferen der Orakei-Bay als neue Formen sich zeigten, so dürfte es auch mit dieser der Fall sein und sie wurde daher als solche bezeichnet.

VI. UVELLIDEA (Ehrb.) Reuss.

CLAVULINA d'Orb.

Ist eigentlich eine Mischform, die erst im Tertiären auftritt, auf Corsica, Cuba, im adriatischen und mittelländischen Meere aber lebend getroffen wird.

CLAVULINA ELEGANS Karr.

Taf. XVI. Fig. 11.

Cl. testa recta non elongata, cilindrica rugosa loculis 8 convexis, ultimo antice subacuminato. Long. 2 Millim., rara.

Die gerade Schale ist von gedrungenem Bau, etwa wie *Clavulina rostrata* Reuss. Sie ist walzenförmig und ihrer kieseligen Zusammensetzung wegen von rauher Oberfläche. Die Zahl der Kammern steigt bis auf acht und darüber. Im Anfange alternirend, eine die andere zur Hälfte überdeckend, werfen sich die zwei bis drei letzten in gerader Linie einander vollkommen überdeckend nach vorne. Die letzte, etwas kleinere, spitzt sich etwas zu und trägt die kaum sichtbare centrale Öffnung. Länge kaum 2 Millim. Vorkommen selten.

VII. ROTALIDEA Reuss.

ROTALIA Lam.

Dieses im silurischen und Kohlenkalke schon auftretende Geschlecht ist lebend sehr verbreitet. Es wird im adriatischen Meer, auf den Antillen, den canarischen Inseln, um Patagonien, Peru, Indien, Madagascar, St. Helena und Isle de france gefunden.

ROTALIA NOVO-ZELANDICA Karr.

Taf. XVI. Fig. 12.

R. testa orbiculata, non depressa, subtus convexiuscula, spira subcomplanata, anfractibus quatuor, loculis supra et subtus arcuatis limbatis et costatis, subtus disco centrali ornatis. Diam. 1½ — 2 Millim., non rara.

Schale kreisrund, ziemlich stark gewölbt, auf der Spiralseite gegen die Mitte zu etwas erhoben, am Rande abgeflacht und scharf. Die vier Umgänge sind sehr deutlich und gleich den stark gebogenen Kammern durch leistenartige Erhebungen getrennt. Der letzte Umgang zählt vierzehn Kammern.

Auf der Nabelseite sind die sichelförmigen Kammern ebenfalls sehr deutlich und wie bei *Polystomella* durch Rippen getrennt. Diese fliessen in der Mitte zu einem niederen Knöpfchen zusammen; die Mündung liegt als kleiner Spalt am inneren Rande der letzten Kammer vom Rande der Spiralseite abwärts steigend gegen den erhabenen Mittelpunkt der Nabelseite zu.

Die Schale ist übrigens sehr fein porös, was sich erst bei sehr starker Vergrösserung zeigt. Die Grösse beträgt $1^{1}/_{2}$ — 2 Millim. Ihr Vorkommen ist nicht selten.

ROTALIA PERFORATA Karr.

Taf. XVI. Fig. 13.

R. testa orbiculata, non depressa, subtus convexiuscula, aufractibus tribus, loculis quindecim punctatis, subtus externe limbatis interne costatis disco centrali ornatis. Diam. 1 — $1^{1}/_{2}$ Millim.

Diese zweite Art von kreisrunder Form ist etwas kleiner als die vorige. Sie ist stärker bombirt, und am Rande weniger abgeschärft. Gebildet wird sie aus drei sehr undeutlichen Umgängen. Die Zahl der Kammern auf der Nabelseite steigt auf fünfzehn und sind dieselben durch weissliche etwas abgeriebene Leisten angedeutet. Diese Leisten sind viel weniger gebogen, als bei der früheren Art, und der Zwischenraum ist mit sehr grossen und deutlichen unregelmässig gestellten Poren erfüllt. Die erwähnten Leisten vereinigen sich am Rande zu einem die ganze Schale einfassenden Bande, während sie in der Mitte sich in einer bedeutenden grossen Nabelscheibe concentriren, was an *Rotalia Partschii* d'Orb. erinnert, welche aber keine derartigen Poren besitzt, und sich auch sonst durch ihren übrigen Habitus und ihre Grösse leicht unterscheidet, da die neuseeländische Art höchstens 1 — $1^{1}/_{2}$ Millim. erreicht. Sie ist gleichfalls nicht selten.

ROSALINA d'Orb.

Vom Lias aufwärts bis zur Jetztzeit, und zwar auf den Antillen, Teneriffa, an den Ufern Peru's, Patagoniens, im Mittelmeere, an den Ufern Frankreichs, im adriatischen Meere, im atlantischen Ocean, auf Ravak, den Mariannen-Inseln und St. Helena.

ROSALINA MACKAYI Karr.

Taf. XVI. Fig. 11.

R. testa suborbiculata, depressa, punctata, subtus convexa, disco centrali ornata, spira convexa, anfractibus tribus, loculis decem subtus triangularibus interne crenulatis. Diam. 2 Millim., non rara.

Sie besitzt viel Ähnlichkeit mit *Rosalina viennensis* d'Orb. aus Baden; nur ist sie weniger bombirt als die vorgenannte Art und neigt in ihrer Form etwas zum ovalen.

Sie hat drei Spiralwindungen, deren letzte bis zu zehn Kammern zählt, diese Kammern sind dreiwinkelig, vereinigen sich in der Mitte zu einem Knöpfchen, von welchem die tief eingedrückten Näthe derselben abgehen. Die Schale ist sehr fein poriis, 1½—2 Millim. gross, aber im Ganzen schlecht erhalten. Sie ist eben nicht sehr selten.

GLOBIGERINA d'Orb.

Dieses schon der Kreide angehörende Geschlecht, der sichere Kennzeichner tiefen Wassers, hat sich in dem grünen Sande der Orakei-Bay nur sehr spärlich gezeigt, obgleich die Quantität geschlemmten und untersuchten Materials nicht unbedeutend war. Lebend kömmt dieses Genus im adriatischen Meere, den canarischen Inseln, auf den Antillen, Isle de france und St. Helena vor und ist namentlich *Globigerina bulloides* d'Orb.,[1] dem auch die wenigen Exemplare, die von Neu-Seeland vorliegen, angehören, lebend noch in allen Meeren und in den grössten Tiefen anzutreffen.

Nach dem spärlichen Vorkommen in dem Grünsandsteine der Orakei-Bay scheint dessen Ablagerung in keiner bedeutenden Meerestiefe vor sich gegangen zu sein.

VIII. POLYSTOMELLIDEA Reuss.

POLYSTOMELLA d'Orb.

Von diesem im Lias auftretenden und gegenwärtig an den Ufern von Frankreich, im atlantischen Ocean, im mittelländischen, adriatischen und rothen Meere,

---

[1] *Globigerina bulloides* d'Orb. (Foram. foss. du bass. tert. de Vienne.) *G. testa convexiuscula, punctata, subtus umbilicata, anfractibus tribus, loculis quatuor sphaericis, distinctis, ultimo globuloso. Diam. ½ Millim.*

in Oceanien, an den canarischen Inseln, Patagonien und auf den Antillen lebendem Geschlechte zeigten sich nur wenige Individuen in dem Grünsandsteine. Ein Exemplar von stark comprimirter Form, stark gebogenen Kammern, etwas eingedrücktem Mittelpunkte gleicht ganz der *Polystomella Fichtelliana* d'Orb.,[1] Taf. XVI, Fig. 15. aus dem Wiener Becken; das andere ist neu.

POLYSTOMELLA TENUISSIMA KARR.

TAF. XVI. FIG. 17.

P. testa discoidea, maxime compressa, loculis 14 subarcuatis, lateribus fossiculis oblongis 7 — 8 munitis, centrali disco subornata. Diam. ¹/₇ millim. rarissima.

Steht der früher erwähnten Art sehr nahe, ist jedoch noch kleiner und comprimirter. Gebildet wird sie aus vierzehn wenig gebogenen Kammern, die jede 7 — 8 Grübchen zählt, und welche sich in der Mitte manchmal auch früher vereinigen. Der Mittelpunkt hat eine kleine flache Scheibe. Da die letzte Kammer zerstört ist, kann über die Mundseite keine Angabe gemacht werden. Die Form ist aber eigenthümlich genug, um sie als besondere Art anzuführen. Grösse ¹/₇ Millim.

NONIONINA D'ORB.

Vom silurischen und der Kohle an sich zeigend, ist dieses Geschlecht lebend im adriatischen und mittelländischen Meere, auf Teneriffa, den Antillen, an den Küsten Frankreichs, um Neu-Seeland, Madagaskar, Peru und im rothen Meere zu treffen.

NONIONINA SIMPLEX KARR.

TAF. XVI. FIG. 17.

N. testa discoidali, convexa, subumbilicata, laevigata, margine rotundata, loculis 10 — 12 angustatis, ultimo supra semilunari sieut apertura. Diam. 1 Millim.. rarissima.

Es ist dies der einzige nur in wenigen Exemplaren vorliegende Repräsentant dieses Geschlechtes; die Stücke sind aber alle etwas beschädigt und nur die ersten Kammern erhalten; die letzten sind abgeschält und es ist der Abdruck der Kammern

---

[1] *Polystomella Fichtelliana* d'Orb. (Foram. foss. du bass. tert. de Vienne.) *P. testa discoidali, maxime compressa, externe carinata, loculis 18 arcuatis, lateribus fossiculis oblongis 11 munitis; ultimo supra complanato sagittato. Diam. ¹/₇ Millim. Nussdorf.*

an dem festen grünen Steinkern sichtbar. Sie ist rundlich, ziemlich aufgeblasen, am Rande abgerundet und mitten mit einem kleinen Nabel versehen. Die Anzahl der Kammern beträgt 10 — 12, allein da die Schale äusserlich keine sichtbaren Näthe besitzt, so ist diese Bestimmung nur annäherungsweise richtig und nur nach den Einschnürungen des Steinkernes zu erkennen. Die Oberfläche ist mit ausserordentlich feinen Poren versehen. Die Mundöffnung, ebenfalls nur im Abdrucke ersichtlich, ist klein und halbmondförmig. Grösse kaum 1 Millim. Sehr selten.

IX. NUMMULITIDEA Reuss.

AMPHISTEGINA d'Orb.

Dieses nur in den Meeren heisser Himmelsstriche lebende Geschlecht, welches auf den im Ocean zerstreuten Inseln, auf Ravak, den Sandwichsinseln, Isle de france, St. Helena, Madagaskar und den Antillen vorkömmt, trifft sich fossil von der oberen Kreide an. Von der Orakei-Bay, wo es besonders häufig und wahrhaft charakterisirend sich zeigt, sind drei neue Arten anzuführen, u. z.

AMPHISTEGINA CAMPBELLI Karr.
TAF. XVI. FIG. 18.

A. testa orbiculata, compressa, subtus convexa supra subconvexa, disco centrali elevato ornata, localis 20 — 24 costatis, primis subarcuatis, ultimis valde arcuatis, apertura brevis. Diam. 1—3 Millim., frequentissima.

Viele Ähnlichkeit in ihrem äusseren Habitus mit *Amphistegina Haueri* d'Orb. zeigend, besitzt die Neu-Seeländer Form nur vier statt fünf Umgänge, auch sind die Scheidewände der Kammern viel weiter aus einander stehend, wodurch sie mehr der *Amphistegina nummularia* Reuss aus dem Sande von Westerregeln gleicht, von der sie wieder die äussere Erscheinung trennt. Sie ist kreisrund, zusammengedrückt, mit scharfem Rande, in der Mitte convex mit einem etwas erhabenen Centralkreisel, beiderseits beinahe gleich mit zahlreichen (20 — 24) Kammern. Letztere sind schmal durch etwas erhabene vorspringende Leisten gezeichnet, meist aber abgerieben und auf der Unterseite fast gar nicht sichtbar. Die ersten Kammern, radial verlaufend, sind nur wenig gewunden, die letzteren dagegen stark zurückgebogen einen Winkel bildend. Mundfläche sehr kurz, Grösse 1—3 Millim.; Vorkommen sehr häufig.

AMPHISTEGINA AUCKLANDICA Karr.

Taf. XVI. Fig. 19.

A. testa orbiculata, non compressa, subtus et supra convexa, disco centrali ornata, loculis 20 irregularibus externe subcostatis. Diam. 2 Millim., frequentissima.

Diese Art hat ebenfalls vier Umgänge, deren Kammern nicht sehr nahe stehen. Sie ist rund, am Rande abgeschärft und kleiner als die vorhergehende und folgende Art, auch ist ihr Ansehen ein sehr bombirtes. Von dem geschärften Rande steigt die Schale gleich an, und bildet mitten einen mehr abgeflachten Centralkreisel. Die Zahl der Kammern, die durch etwas ungleich verlaufende, gewellte, etwas erhabene Näthe angezeigt ist, dürfte an 20 betragen, da aber die Schalen alle theilweise etwas abgerieben sind, so ist es nicht möglich, genau etwas festzusetzen. Das Vorkommen ist übrigens ein so häufiges, dass sie vor allen dazu beiträgt, die Schichte, in der sie abgelagert erscheint, in ein höheres Niveau als beispielsweise die Badner Tegel zu setzen.

AMPHISTEGINA ORNATISSIMA Karr.

Taf. XVI. Fig. 20.

A. testa orbiculata, compressa, subtus convexa, scutiformis, disco centrali ornata, loculis numerosis costatis, subarcuatis, interne perforatis et granuloso ornatis. Diam. 2—3 Millim., rara.

Eine besonders schön verzierte Art von kreisrunder Form, sie ist zusammengedrückt, am Rande scharf, mitten convex, mit einer kleinen Nabelscheibe versehen.

Spiralgänge sind vier vorhanden, und stehen die Kammern ebenfalls nicht sehr gedrängt, fast senkrecht auf der Spirallinie. Von aussen sind die zahlreichen (20 bis 24) Kammern durch erhabene Leisten getrennt, die sämmtlich ein gezacktes Aussehen haben, da sie rosenkranzartig aus dem Verschmelzen kleiner Wärzchen entstanden scheinen, wie sich an den verschiedenen vorliegenden Exemplaren deutlich wahrnehmen lässt. Diese Leisten, die nur schwach zurückgebogen sind, sind ihrerseits wieder von einer Reihe grosser Poren auf jeder Seite begleitet, die bis zehn zählen. Bei einigen Individuen sind zwischen den Leisten noch weitere kleine Protuberanzen, dessgleichen ist die Nabelscheibe ganz davon bedeckt. Es entsteht dadurch eine eigenthümlich verzierte Form, die aber unterseits meist ganz abgerieben und nur sehr undeutlich mit ähnlicher Ornamentik versehen erscheint. Die Grösse ist 2—3 Millim., das Auftreten selten.

ORBITOIDES d'Orb.

Dieses von der Kreide bis in die Jetztzeit reichende Geschlecht liegt in mehreren ziemlich gut erhaltenen Individuen vor. Sie gehören alle einer und derselben neuen Art an.

ORBITOIDES ORAKEIENSIS Karr.

Taf. XVI. Fig. 21.

O. testa orbiculata, compressa, subconvexa, rugosa, loculis regularibus. Diam. 2—5 Millim., rara.

Die Schale ist 2—5 Millim. gross, kreisrund, an dem zugeschärften Rande manchmal etwas gewellt, meist ist derselbe aber abgebrochen. Die Schale ist ferners comprimirt, gegen die Mitte etwas convex, u. z. meist auf einer Seite etwas bedeutender; sonst ist sie beiderseits ganz mit unregelmässigen Rauhigkeiten bedeckt, welche die Oberfläche netzartig überziehen. Sie ist noch viel rauher als *Orbitoides Faujasi* aus der Mastrichter Kreide.

Ein Querschnitt durch die Mitte der Schale zeigt eine mittlere Schicht von eckigen Zellen, die ziemlich regelmässig neben einander stehen. Diese Schicht beträgt etwa $^{1}/_{15}$ der grössten Schalendicke im Centrum. Darüber lagern die grösseren mehr langen als breiten Zellen der übrigen Schalenlagen, 6—7 an der Zahl. Sie sind durch ziemlich starke Wandungen getrennt und haben eine länglich-vierseitige Form, sind ziemlich ungleich und stehen mit einem geringen Neigungswinkel auf der Axe der mittleren Zellenschicht.

Die Zellen der Medianschicht sind fast gleich gross, rundlich oder fünfeckig, meist sehr regelmässig. Die Embryonal-Zelle ist aber weitaus grösser, als die übrigen und von zwei gleichfalls grossen halbmondförmigen Zellen auf einer Seite umgeben.

Vorkommen ziemlich selten.

IV.

FOSSILE BRYOZOEN

AUS DEM TERTIÄREN GRÜNSANDSTEINE

DER

ORAKEI-BAY BEI AUCKLAND

MIT BETRACHTUNGEN

ÜBER NEUE ODER WENIGER BEKANNTE BRYOZOEN-SIPPEN UND DEREN CLASSIFICATION

VON

Dr. FERD. STOLICZKA,

ASSISTENTEN DER GEOLOGISCHEN AUFNAHMEN FÜR OSTINDIEN.

———

MIT 4 TAFELN (XVII — XX).

Viele Jahre sind verflossen, bis man mit Ernst das Studium der Bryozoen aufgenommen hat, obwohl manches gute Material in älteren Werken vorbereitet lag. Die ganze neuere, richtigere Kenntniss dieser Thiergruppe reicht nicht weiter als fünfzehn Jahre zurück. Wir besitzen indessen heut zu Tage eine ziemlich umfangreiche Kenntniss der lebenden Arten von den britischen Küsten, der nahe liegenden Theile Deutschlands und eines Theiles der französischen Küste. Selbst aus den entfernten Oceanen ist vieles bekannt (siehe Busk's Catalogue of marin Polyzoa und seine Arbeiten im Microscopical Journal, London), während eine Monographie der Mittelmeer-Fauna stets noch immer wie die der Mollusken überhaupt ein frommer Wunsch bleibt. Von den europäischen fossilen Formen ist beinahe mehr bekannt als von den lebenden, obwohl auch hier noch grosses Material zur Aufarbeitung vorliegt. Die nordamerikanischen tertiären und secundären Arten wurden kürzlich vollständig, so weit bekannt, von den Herren Gabb und Horn zusammengestellt. (Journ. Acad. sc. Philadelph. IV. pt. II. 1862.)

Aus den südlichen Breiten sind zwar eine gute Anzahl lebender Arten von Busk, Hancock, Gray (Dieffenbach's travels in New-Zealand) u. A. beschrieben worden, dagegen ist die Kenntniss der fossilen noch sehr beschränkt. Im Jahre 1829 hatte Capt. Sturt einige Bryozoen in Australien gesammelt und identificirte [1] dieselben 1832 sämmtlich mit tertiären Arten Europa's. Viele Jahre nachher hatte Rev. Woods abermals ein ansehnliches Material von Bryozoen am Berge Gambier in Süd-Australien gesammelt. Busk hatte 1860 (Quart. Journ. Geol. Soc. Lond. XVI. pag. 260) eine Liste derselben publicirt und Rev. Woods hat einzelne

---

[1] Siehe Rev. Woods Geological Observations in S. Australia 1862, p. 105. Ich konnte mir Capt. Sturt's Publication bis jetzt nicht verschaffen.

von ihnen abgebildet (l. c. Taf. bei Seite 72). Ich war nicht in der Lage, irgend eine weitere Notiz von diesen Bryozoen aufzufinden, und ich glaube, dass Busk weiter nichts veröffentlicht hat. Dies ist eigentlich ein sehr bedauerlicher Missgriff, in sofern als Busk neben mehreren neuen Artnamen drei neue Sippen anführt, deren Bedeutung Niemand errathen kann. Ein derartiger Vorbehalt einer Publication stiftet wie gewöhnlich mehr Verwirrung an als Gutes. Es ist gar nicht unmöglich, dass einige der von Busk benannten Arten mit den hier beschriebenen identisch sind.

Über fossile Bryozoen Neu-Seelands kenne ich lediglich Herrn Mantell's Bemerkungen im Quart. Journal Geol. Soc. London 1850, VI, p. 329, pl. XVIII. Mantell erwähnt aus dem Kalkstein von Ototara, an der östlichen Küste der Provinz Canterbury vier Arten: *Eschara* sp. (fig. 8) ist eine *Cellepora* oder *Membranipora*; *Cercopara Ototara* n. sp. (fig. 4—7) ist eine *Eschara* oder *Escharifora*; *Cercopora* sp. (fig. 9—11) ist wohl ein *Defrancia* und *Manon* sp. (fig. 12—14) eine *Domopora* oder *Radiopora*.

Von der Nordinsel Neu-Seelands sind die hier beschriebenen Arten meines Wissens die ersten, die bekannt sind. Das ganze Material wurde von Herrn Dr. F. v. Hochstetter bei seinen geologischen Reisen auf Neu-Seeland 1859 gesammelt. Noch bei meiner Anwesenheit in Wien hatte ich einen grossen Theil der neuseeländischen Fossilien durchgesehen und unter anderen die Bryozoen etwas genauer untersucht. Die anfängliche Verzögerung der Novara-Publication verursachte auch hier eine Verschiebung der Arbeit, während ich mich bereits zur Abreise nach Indien vorbereitete. Da ich jedoch sah, dass sich an das Studium der Bryozoen manches besondere Interesse knüpft, nahm ich im freundlichen Einverständnisse mit Dr. v. Hochstetter das ganze Material mit mir, als ich im November 1862 Wien für Indien verliess.

Alle die hier beschriebenen Arten stammen nur von einer Stelle an der Orakei-Bucht bei Auckland. Das Gestein hat eine gewisse Ähnlichkeit mit den glaukonitischen Eocänschichten am Kressenberge in Bayern. Über die weiteren geologischen Verhältnisse siehe den geologischen Theil dieses Werkes Seite 41. Ich übergehe daher sogleich zu einigen paläontologischen Bemerkungen und Resultaten, die sich aus den vorgenommenen Untersuchungen ergeben. Allgemeine Schlüsse können wohl nur aus der Kenntniss der ganzen Fauna gezogen werden.

Eine kleine Übersicht der hier beschriebenen Sippen und Arten scheint vor Allem zweckmässig:

Sippen	Arten	Localität auf Neu-Seeland.	Vorkommen identischer Arten		Bemerkungen.
			Fossil	Lebend	
CYCLOSTOMATA.					
Sparsidae					
Mesenteripora	Berchunensis n. sp.	Orakei-Bucht.	—	—	—
Bidiastopora	Toatoaena n. sp.	„ „	—	—	—
Entalophora	Haastiana n. sp.	„ „	—	—	—
Tubigeridae					
Sparsiporina n.g.	vertebralis n. sp.	„ „			
Crisinidae					
Hornera	striata M. Edw.	„ „	Miocänschichten bei Doué in Frankreich, Wiener Becken, Crag von England.		
—	lunularis n. sp.	„ „	—	—	verwandt mit *H. lunata* Busk. aus engl. Crag.
—	pacifica n. sp.	„ „	—	—	
Filisparsa	Orakeiensis n. sp.	„ „	—	—	verwandt mit *F. verrucosa* Reuss. aus dem Wiener-Becken.
Crisina	Hochstetteriana n. sp.	„ „			—
Idmonea	Giebeliana Stol.	„ „	Oligocän bei Ladtorf und miocen im Wiener Becken.		
—	inconstans n. sp.	„ „	—		—
—	radians Lamk.	„ „	—	an den Küsten Australiens.	
—	gracilis n. sp.	„ „	—	—	
Ceriporidae					
Heteropora	Grayana n. sp.	„ „	—	—	
CHEILOSTOMATA.					
Escharidae					
Cellepora	inermis n. sp.	Orakei-Bucht	—	—	—
Retepora	Beaniana King.	„ „	Cor. von England. (Süd-Australien?)	—	—
Filiflustrella	pacifica n. sp.	„ „	—	—	—
Semiescharipora	porosa n. sp.	„ „	—	—	—
—	marginata n. sp.	„ „	—	—	—
Eschara	monilifera M. Edw.	„ „	Crag von England und miocän durch ganz Europa.	—	—
—	Aucklandica n. sp.	„ „	—	—	—
Porina	Isselbachiana n. sp.	„ „	—	—	verwandt mit *Porina porulosa* Stol. von Ladtorf.

Sippen	Arten	Localität auf Neu-Seeland.	Vorkommen identischer Arten		Bemerkungen.
			Fossil	Lebend	
CHEILOSTOMATA.					
Eschariflora	*Lansleriana* n. sp.	Orakei-Bucht.	—	—	
Flustrella	*denticulata* n. sp.	„ „	—	—	—
—	*elacata* n. sp.	„ „	—	—	—
Cellepuraria	*globularis* Bronn.	„ „	miocän durch ganz Europa.	—	
—	*Gambierensis* Busk.	„ „	tertiär in Süd-Australien.	—	
Salicornariadae					
Salicornaria	*marginata* Mün. sp.	„ „	miocän durch ganz Europa.	—	—
—	*uricellosa* n. sp.	„ „	—	—	—
Flustrinidae					
Vincularia	*Maurica* n. sp.	„ „	—	—	—
Biflustra	*papillata* n. sp.	„ „	—	—	—
Melicerita	*angustiloba* Busk.	„ „	tertiär in Süd-Australien.	—	—
Steganoporidae					
Steganopora	*atlantica* n. sp.	„ „	—	—	

Die Gesammtzahl der Sippen beträgt 23, und die der Arten 35. Von diesen konnten nur 6 Arten mit ziemlicher Sicherheit mit europäischen fossilen Formen identificirt werden: *Hornera striata* Edw., *Idmonea Gicheliana* Stol., *Retepora Beaniana* King, *Eschara monilifera* Edw., *Cellepuraria globularis* Bronn., *Salicornaria marginata* Münst.; es sind alles Arten, die beinahe durch ganz Europa in den Tertiärschichten sich wieder finden. *Cellepuraria Gambierensis* Busk. und *Melicerita angustiloba* Busk. kommen gleichfalls in Süd-Australien vor und nur eine Art, die *Idmonea radians* Lamx., lebt noch heut zu Tage an den Küsten Australiens. Es wäre wohl möglich, dass die Zahl der lebenden Arten nur in Folge der mangelhaften Kenntniss so gering ist. Alle übrigen Arten, die hier beschrieben werden, sind neu benannt und viele derselben in generischer Beziehung von hohem Interesse.

Es war Anfangs meine Absicht, einige gemachte Erfahrungen hinsichtlich der Systematik der Bryozoen zusammenzustellen und eine etwas eingehende Revision der D'Orbigny'schen Classification bei dieser Gelegenheit zu geben. Indessen bei der Kürze unseres Winters ereilte mich die Sommerhitze Calcutta's während der Untersuchung. Eine Fortsetzung mikroskopischer Beobachtungen, die ich insbesondere bei einer Anzahl lebender Arten nothwendig hätte, wird jetzt eine volle Unmöglichkeit, da jede Annäherung des Gesichtes in Folge der starken Perspiration das Ocularglas verdunkelt. Dies sind Schwierigkeiten, denen in diesem Klima nicht abgeholfen werden kann. Ich sah mich daher genöthigt meinen Plan aufzugeben oder wenigstens vorläufig so weit zu verschieben, bis es mir mit Nächstem möglich ist, einen anderen Theil der Hochstetter'schen Sammlung, enthaltend zahlreiche lebende Arten aus den südlichen Meeren, zusammen zu stellen.

Indessen habe ich es nicht unterlassen stets eine volle Charakteristik der vertretenen Sippen und einiger verwandten zu geben und zahlreiche Bemerkungen bezüglich der Systematik einzuschalten. Ich meine diese nämlich in so ferne, als ich denke, dass die Sippen aufgefasst werden sollen. Nur eine Anzahl solcher Bemerkungen, die bei Gelegenheit gemacht, aber auf unmittelbarer Beobachtung gegründet sind, können uns mit der Zeit zu einer natürlichen Classification der Bryozoen führen. Einige neuere Forscher gehen von der Ansicht aus, D'Orbigny's System sei unübertrefflich (!) und man solle ihm nur seine volle Bedeutung und Anwendung zugestehen. Es ist kein Zweifel, dass es vielleicht auf die „umfangreichste" frühere Untersuchung der Bryozoen begründet ist (siehe Journ. Acad. Philad. 1862. V. pt. II. p. 112 und Dunker's Paleontog. IX. p. 199, 1863); man darf aber das System nicht zum offenen Nachtheil weiterer Untersuchung und Vervollständigung überschätzen. D'Orbigny fand die Literatur und Classification der Bryozoen in einem solchen Zustande, dass er dachte, nur ein vollkommener Umsturz des Bestehenden könne die Verwirrung beheben. Es ist nicht zu leugnen, dass er dies manchmal in einer rücksichtslosen Weise bewirkte und theilweise durch Einführung von Namen, vor denen Ohr und Zunge schaudert: desswegen wird ihm aber Niemand das Verdienst nehmen, dass er auf diese Weise dem Studium der Bryozoen eine neue und mehr erfolgreiche Bahn gebrochen hat. Das System ist jedoch ziemlich weit von dem Standpunkte, auf welchem das anderer Molluskenordnungen, wie der Gastropoden oder Acephalen, steht. Viele der älteren Sippen hat D'Orbigny mit Recht wieder eingeführt, eine Unzahl neu begründet. Von den letzteren bedürfen manche nur einer etwas sicheren Charakteristik oder einer Revision der Arten, um ihre gute Bedeutung zu bewahren. Es unterliegt keinem Zweifel, dass D'Orbigny wenn es ihm noch möglich gewesen wäre, diese Revision selbst vorzunehmen, es auch gethan hätte; wie man ja dies an der schrittweisen Vergleichung seiner Tafeln und des Textes der Palaeontologie française, Vol. V. sieht. Er war stets bemüht Verbesserungen einzuführen. Es ist daher ein ganz ungerechtfertigter Vorgang mancher späterer Autoren, welche eine D'Orbigny'sche Sippe nur desswegen durch eine neue Benennung ersetzen zu müssen glauben, weil D'Orbigny eine oder die andere Species beschrieb, die man heut zu Tage einer anderen Sippe zuzuzählen geeigneter findet. Wenn man dieses System für die Annahme oder Anerkennung einer Sippe in starke Anwendung bringt, dann fürchte ich werden beinahe alle die älteren Namen aus der heutigen Liste der Literatur verschwinden. Ausserdem würde man nie aus den Widersprüchen herauskommen, da ja unmöglich Missgriffe, die manchmal nur aus der mangelhaften Kenntniss[1] einer fremden Sprache entspringen, von einem anderen Forscher gebilligt werden können.

Bei der Beschreibung der einzelnen Arten habe ich stets eine kurze, lateinische Charakteristik gegeben, deren Werth für Ausländer ich jetzt vollständig anerkenne; sie darf natürlich nicht durch allzu beschränkte Kürze ihren Werth verlieren. Anderweitige Bemerkungen bezüglich der Veränderlichkeit einer oder der Verwandtschaft zu anderen Arten wird niemand für überflüssig erachten, der aufgehört hat Bestimmungen lediglich nach Abbildungen auszuführen. Ja, ich bin sicher, dass solche Bemerkungen oft mehr Werth haben, als eine lange Detailbeschreibung, und dass man sehr Unrecht daran thut, wenn man dafür hält durch Unterlassung derselben einige Druckzeilen zu ersparen.

Hinsichtlich der hier gegebenen Abbildungen habe ich es gleichfalls vorgezogen etwas von dem neuesten beliebten Plane abzuweichen. Eine kleinere Vergrösserung eines grösseren Stückes, denke ich, gibt den Charakter einer Art besser als eine viel bedeutendere einer sehr kleinen Partie. In dieser Beziehung reicht es gewöhnlich aus, eine starke Vergrösserung einer oder der anderen Zelle allein zu geben. Die Abbildungen sind in verschiedenem Massstabe ausgeführt, deren Verhältniss man aus der beigegebenen natürlichen Grösse ersehen wird. Ich muss es als besonders vortheilhaft und andererseits sehr dankbar erwähnen, dass alle die Zeichnungen unter meiner eigenen Leitung ausgeführt werden konnten. Ein junger Artist an der geologischen Survey, A. W. Lawder, unternahm nämlich die mühevolle Arbeit, alle die Figuren nach der Natur zu zeichnen, was er auch zur grossen Befriedigung ausführte.

---

[1] Das ist in so ferne richtig, als einige Autoren D'Orbigny's System und Charakteristik der Sippen nur nach den Tafeln und nicht nach dem verbesserten Texte beurtheilen; der erstere ist natürlich der viel bequemere Weg!

Wenn ich nun zum Schlusse etwas über den Gesammtcharakter der hier beschriebenen Bryozoen-Fauna sagen soll, kann ich denselben, — ganz abgesehen
von den identischen Arten — nur als einen tertiären bezeichnen, und zwar mehr
der oberen als unteren Abtheilung zuneigend. Allerdings kommen einzelne Sippen
vor, wie *Filifustrella*, *Stegenipora* u. a., die bisher blos aus der Kreide bekannt
waren. Es ist jedoch schwer, in dieser Beziehung eine Beschränkung einer Sippe
anzuerkennen. Sicherlich ist das Auftreten einer Sippe, oder vielmehr der Eintritt
der Bedingungen zu ihrer Entwickelung stets von höherem Werthe als ihr Verschwinden, obwohl auch dieses im praktisch-geologischen Sinne oftmals von unge-
meiner Wichtigkeit ist. Die Untersuchungen über diesen Punkt sind jedoch bei den
Bryozoen kaum begonnen. Manche in Neu-Seeland vertretenen Sippen, wie
Retepora, die zahlreichen *Horneren*, *Celleporaria* u. a., haben einen entschieden
jungtertiären Charakter.

Schliesslich erlaube ich mir, an dieser Stelle meinen besonderen Dank aussprechen dem Herrn Director des k. k. Mineralien-Cabinets, Dr. M. Hörnes,
welcher mit seiner gewohnter Güte die Correctur des Druckes sowohl, als die der
Lithographien übernahm.

Calcutta, 30. März 1864.

Dr. **F. Stoliczka.**

I. CYCLOSTOMATA.

I. MESENTERIPORA Blainville, 1834.

Busk, Polyzoa of the Crag. 1859, p. 109.

Ditaxia, Hagenow 1851, Monographie der Mastrichter Bryozoen.

Polyzoarium calcareum, liberum, foliaceum vel irregulariter explanatum; cellulis in stratis duobus dispositis, lumina mediana sejunctis atque ad utramque faciem irregulariter terminantibus.

Zellenstock blattförmig ausgebreitet und oftmals unregelmässig verbogen. Die zwei Lagen von Zellen sind in der Mitte durch eine mehr oder weniger poröse Scheidewand getrennt und münden ohne regelmässige Anordnung an beiden Seiten.

Durch die mittlere Scheidewand, welche an den Enden der Stämme gewöhnlich etwas vorsteht, unterscheidet sich diese Sippe leicht von *Bidiastopora* D'Orb.

Busk, l. c. p. 109, schlägt eine neue Fixirung der Sippen *Diastopora*, *Berenicea* und *Mesenteripora* vor. Es scheint mir jedoch, dass diese Auffassung der genannten und einiger nahe verwandter Sippen manchen Schwierigkeiten unterliegt, die zu beseitigen sehr schwer wäre. In der That, man weiss nicht, wie man in Busk's Sinne *Diastopora*, *Tabulipora* und *Alecto* unterscheiden soll. Er wendet den Namen *Alecto* für mehrzeilige, kriechende Zellenstöcke an, wie derselbe meiner Ansicht nach kaum früher gebraucht wurde. *Alecto* Lamx. ist in der That identisch mit *Stomatopora* Bronn. Es gibt allerdings einzeilige Formen (besonders bei lebenden Arten), die manchmal stellenweise mehrere Zellenreihen bilden, wobei jedoch die Zellen von einander getrennt bleiben; es ist etwa ein ähnliches Verhältniss, wie zwischen *Hippothoa* und *Mollia* Lamx. Ob man berechtigt ist, diese mehrzeiligen Formen in eine eigene Sippe abzutrennen, müssen erst spätere Untersuchungen darthun. Es ist sicher, dass man solche Abweichungen berücksichtigen soll, aber sie als einzig massgebend zu betrachten, scheint mir eine verfehlte Idee.

Ich denke, die Auffassung mehrerer Sippen, wie D'Orbigny (Pal. franç. V.) sie einführte, ist eine mehr charakteristische und verdient Berücksichtigung. Mit kleinen Änderungen würde ich vorschlagen, die Sippen in folgender Weise aufzufassen. Es muss jedoch im Voraus bemerkt werden, dass ich nicht denke, die häufige Immersion der Zellen bei *Tubulipora* könne als eine generische Verschiedenheit betrachtet werden. Es sind hier blos jene Sippen bemerkt, bei denen die Zellen unregelmässig an der Oberfläche vertheilt sind, also *Discosparsa, Defrancia, Actinopora, Pavotubigera* u. m. a. ausgeschlossen.

1. Stomatopora Bronn., 1825. *Alecto* Lamk., et **Autopora** (pars).

Polyzoarium calcareum, adherens: cellulis uniserialibus.

Viele hieher gehörige Arten wurden bis in die letzten Jahre als *Autoporae* beschrieben, welche Sippe nun mit Recht blos auf Korallen beschränkt wird.

2. Criserpia M. Edward, 1838. **Reptaria** Rolle 1851.

Polyzoarium calcareum, adherens: cellulis in duabus seriebus alternantibus dispositis.

Es ist nothwendig, zur Rechtfertigung dieser Sippe hier eine Bemerkung einzuschalten. M. Edwards (Ann. scienc. nat. vol. IX, p. 208, pl. XVI, fig. 4) schlug den obigen Namen vor für die devonische Art *Criserpia Michelini*, aufgewachsen auf einer *Terebratula* von Nehon im Departement de la Manche. Etwa zehn Jahre später beschrieb Michelin in seiner Iconographie zwei Arten unter diesem Sippennamen: *Criserpia Boloniensis* (p. 187, pl. 48, fig. 11), eine devonische und *Criserpia pyriformis* (p. 332, pl. 79, fig. 7), eine tertiäre Art. Eine Vergleichung mit der ursprünglichen *Criserpia* von M. Edward wird zeigen, dass diese zwei Arten gar keine *Criserpien* sind und dass daher Michelin's Auffassung bezüglich *Criserpia* irrig ist. Die *Criserpia Boloniensis* nennt D'Orbigny (Prod. I. p. 109) eine *Autopora*, was wohl richtig ist, wenn er einige Lamellen im Innern der Röhren gesehen hat; die *Criserpia pyriformis* ist entweder eine *Stomatopora* oder *Hippothoa*.

Die echte *Criserpia Michelini* M. Edw. erwähnt D'Orbigny meines Wissens an keiner Stelle, sondern citirt (Pal. franç. vol. V, p. 844) *Criserpia* ohne weiteres als ein Synonym von *Proboscina*. Er that dies wohl nur mit Berücksichtigung der zwei von Michelin fälschlich unter dem Namen beschriebenen Arten. D'Orbigny's Ansicht glaubt sich auch Pictet (Traité de Paléont. IV. p. 141) anschliessen zu müssen, indem er bemerkt, dass er vergebens nach einem Unterschiede gesucht habe.

Indessen der Unterschied der *Criserpia* von *Proboscina* liegt einfach in der regelmässig alternirenden Stellung von nur zwei Zellenreihen. Die Sippe hat in dieser Weise die nächste Verwandtschaft zu *Crisia* und unterscheidet sich von Bruchstücken derselben lediglich durch das Aufgewachsensein.

Im Jahre 1851 hat endlich Dr. F. Rolle die M. Edwards'sche echte *Criserpia* wieder aufgefunden und, wie ich glaube, dieselbe Art auf devonischen *Orthoceratiten* von Gerolstein in der Eifel, und für selbe den Namen *Reptaria* (Bronn's Jahrbuch 1851. p. 810, pl. XI. B. fig. 1—6) vorgeschlagen. Rolle beschreibt neben der europäischen *Reptaria orthoceratum* eine nordamerikanische aus der Gegend von New-York: *Reptaria stolonifera.* Die erstere Art kenne ich nach Stücken im k. k. Mineralien-Cabinete zu Wien und ich glaube, dass *Reptaria orthoceratum* identisch ist mit *Criserpia Michelini* M. Edw. und dass die Sippe mit *Proboscina* nicht zu vereinigen ist. Selbst Dr. Rolle erwähnt l. c. p. 812 lediglich der zwei Michelin'schen Arten und ich bin überzeugt, er hätte die Aufstellung eines neuen Sippennamens vermieden, hätte er die *Criserpia Michelini* gekannt.

3. Proboscina Audouin 1826 (non *Criserpia* M. Edw.).

Polyzoarium adnatum, ramosum; cellulis multiserialibus vel irregulariter in superficie dispositis, contiguis.

4. Berenicea Lamx. 1821.

Polyzoarium adnatum, plus minusve rotundum, discoideum; cellulis excentricis, irregulariter dispositis.

5. Tubulipora Lamx. 1821.

Polyzoarium adherens, irregulariter explanatum, cellulis plerumque immersis vel tubulosis, irregulariter dispositis.

6. Diastopora Lamark. 1816.

Polyzoarium adherens seu partim liberum atque erectum, foliaceum vel irregulariter laminosum, cellulis solum stratum unicum formantibus, precipue tubulosis, rarissime immersis.

Schon M. Edwards fasste die Sippe *Diastopora* in diesem Sinne auf, indem er mehrere freie, blattartige und wellenförmig verbogene Arten darunter beschrieb. Das partielle freie Wachsthum ist in der That der einzige Unterschied, den man bis zu einer gewissen Grenze zwischen dieser Sippe und *Tubulipora* festhalten kann. Ob *Cararia* und *Coelocochlea* von Hagenow hieher gehören, ist wohl schwer zu entscheiden. So weit meine Erfahrungen bezüglich derselben gehen (und ich habe eine gute Anzahl Mastrichter Exemplare gesehen) würde ich vorziehen, die zwei Hagenow'schen Sippen beizubehalten.

7. *Mesenteripora* Blainville 1834.

Polyzoarium partim adherens, partim liberum, foliaceum vel foliaceo-contortum; cellularum stratis duobus, in medio lamina sejunctis, in utraque facie spectantibus.

Diastopora verhält sich zu *Mesenteripora* wie *Semiescharipora* D'Orb. zu *Eschara* Ray.

Es ist allerdings richtig, dass sich hier, wie ja in jeder anderen Abtheilung des Thierreiches vollständig scharfe Grenzen nicht ziehen lassen, und dass man mit jeder neuen Untersuchung auf Ausnahmen gefasst sein muss; in vielen Fällen, glaube ich jedoch, wird man mit der obigen Eintheilung weniger in Collision kommen, als dies bisher der Fall war.

MESENTERIPORA REREHAUENSIS Stol.

Taf. XVII. Fig. 1.

Mesent. polyzoarium ramosum: ramis compressis, brevibus, subfoliaceis; cellulis numerosis, in superficie lineis longitudinalibus atque elevatis signatis; orificiis parvis, vix prominentibus.

Die Äste dieser Art sind kurz, etwas blattförmig ausgebreitet und ziemlich stark zusammengedrückt. Die Zellen sind zahlreich, theilweise in gebogenen Längsreihen angeordnet oder unregelmässig vertheilt und durch Linien der Länge nach begrenzt; Oberfläche mikroskopisch punktirt; Mündungen verhältnissmässig klein und wenig oder gar nicht über die Oberfläche erhaben. Am oberen Ende treten die mittleren Scheidewände etwas vor und die Öffnungen nächst diesen sind viel zahlreicher und kleiner. Am Querschnitte erscheint die Wand sehr fein porös.

So weit mir bekannt ist, ist diese die erste Art, welche man aus der südlichen Hemisphäre kennt. Ich habe sie nach Samuel Rerehau benannt, einem der zwei Häuptlinge, die mit der österreichischen Fregatte Novara nach Europa gekommen sind.

Fundort: Tertiärschichten an der Orakei-Bucht bei Auckland: die Art scheint sehr selten zu sein.

2. BIDIASTOPORA D'Orbigny 1849.

Polyzoarium calcareum, erectum ramosum: ramis compressiusculis, cellularum orificiis ad utramque faciem spectantibus: orificiis irregulariter dispositis: sectione camorum transversaliter ovali, cellulis in medio sine ulla lamina sejunctis.

Diese Sippe unterscheidet sich von *Eutalophora (Pustulopora autorum)* lediglich durch die Compression der Äste, die bei der letzterwähnten Gattung rund sind. Obzwar wir gerne zugestehen, dass es kaum möglich sein dürfte die Sippe wenigstens in der jetzigen Auffassungsweise beizubehalten, können wir doch im Augenblicke keinen sicheren Beweis gegen deren Bestehen anführen, und behalten selbe daher vorläufig bei, wie sie von D'Orbigny (im Texte) begründet wurde.

D'Orbigny hat jedoch unter *Bidiastopora* einige Arten beschrieben, die streng genommen zu *Mesenteripora* gehören. Er sagt (Pal. franç. V. p. 798), dass er die erstere Sippe blos auf einfach ästige, die letztere auf verbogene oder blattförmige Zellenstöcke bezogen haben will. Indessen in dieser Weise eine selbst nur theilweise sichere Unterscheidung zwischen den zwei erwähnten Sippen zu erzielen, scheint kaum möglich, da diese Art eines ästigen oder blattartigen Wachsthumes nie einen zuverlässigen Anhaltspunkt darbietet. Wenn die Sippe *Bidiastopora* bestehen soll, kann dies meiner Ansicht nach nur in der Weise stattfinden, dass man den Hauptunterschied von *Mesenteripora* in den Mangel einer mittleren Scheidewand setzt, und alle Arten, die diese Scheidewand nicht besitzen und comprimirt sind, *Bidiastopora* nennt, sobald sich jedoch eine mittlere solide Wand zwischen den zwei Zellenschichten entwickelt, die Art als *Mesenteripora* bezeichnet.

Wir haben von Neu-Seeland eine einzige und wie es scheint, ziemlich seltene Art zu erwähnen, *Bidiastopora Toetoeana* n. sp.

BIDIASTOPORA TOETOEANA Stol.
Taf. XVII. Fig. 2—3.

Bidiastopora, polyzoarium ramosum: ramis depressiusculis, cellulis angustis, sparsis, irregulariter in utraque facie terminantibus vel interdum in seriebus obliquis, transversalibus dispositis; superficie minutissime punctata, orificiis sparsis.

Äste von vorne nach rückwärts etwas zusammengedrückt, die Zellen schmal, nicht sehr zahlreich, weit abstehend, entweder unregelmässig an der Oberfläche vertheilt oder theilweise in schiefen Querreihen angeordnet. Die Begrenzungen der Zellen durch feine Längslinien markirt und die Oberfläche mit mikroskopischen Poren versehen; die Mündungen sind sehr wenig vorstehend; Querschnitt der Äste quer-oval, mehr oder weniger rundlich.

Die schmalen, wenig ausgebreiteten Äste und die Vertheilung der Zellen an der Oberfläche unterscheiden diese Art von den wenigen von D'Orbigny aus der französischen Kreide beschriebenen.

Der Veränderlichkeit in der Stellung der Zellen wegen habe ich diese Art nach Wilhelm Toetoe genannt, einem der neuseeländischen Häuptlinge, die mit der Novara nach Österreich kamen und einige Zeit in Wien verblieben. (Siehe Hochstetter's Neu-Seeland 1863, Stuttgart p. 528.)

Fundort: Tertiärschichten an der Orakei-Bucht bei Auckland; die Art scheint ziemlich selten zu sein.

3. ENTALOPHORA Lamouroux 1821.

1827 1830. *Ceriopora et Pustulopora* Goldf. (partim).

1832. *Intricaria* Defrance.

1834. *Pustulopora* Blainv. et autorum.

Polyzoarium calcareum, ramosum, rebus submarinis fixum; ramis cylindraceis; cellulis irregulariter in superficie terminantibus; orificiis plus minusve prominentibus, tubulosis, rotundatis.

Der Charakter dieser Sippe liegt in den rundlichen, ästigen Stämmen, an denen die Zellen regellos rund herum münden. Die Begrenzungen der Röhrenzellen sind meist durch Längslinien angezeigt, die Oberfläche fein punktirt, die Mündungen entweder weit von einander entfernt oder näher bei einander und mehr oder weniger über die Oberfläche vorragend. Am Querbruche sind alle Zellen sichtbar, und wenn deren Zahl gross ist, nimmt der Durchmesser der Röhrchen gegen die Mitte allmählich ab.

Seit einer langen Reihe von Jahren ist für diese Sippe der Name *Pustulopora* Blainv. eingeführt; wohl desswegen, weil M. Edwards (Ann. sc. nat. 1838 IX, p. 219—221) eine so gute Charakteristik von derselben gab. Ich selbst habe bei meinen früheren Bestimmungen den letzteren Namen angewendet (siehe zerstreute Notizen im Jahrbuche der geolog. Reichsanstalt und Sitzungsb. d. Akademie vol. XLV, p. 77) und dachte in dieser Hinsicht mich mit Recht an Geinitz, Hagenow, Reuss und Andere anzuschliessen. Auch Römer in seiner letzten Schrift über die norddeutschen Bryozoen (Dunker's Paläontograph. vol. IX, p. 223) behält den Namen *Pustulopora* bei. Busk (Polyzoa of the Crag 1859, p. 107) schliesst sich gleichfalls der herrschenden Ansicht an und beschuldigt D'Orbigny der Einführung des Namens *Entalophora* wegen eines pedantischen Eigenthumsrechtes (. . . . merely for the sake of somewhat pedantic propriety). Wenn nicht früher, so glaube ich jetzt, dass D'Orbigny jedoch in diesem Punkte im Rechte ist, wenn er das Prioritätsrecht des Namens *Entalophora* bewahrt: und ein Vorwurf kann ihn nur in so fern treffen, als er im Anfange seiner Paléontologie française vol. V eine Menge ganz verschiedener Genera unter diesem Namen abbilden liess. Der nachfolgende Text gibt indessen hierüber ziemlich ausreichenden Aufschluss. Lamouroux hat in seiner Exposition méthodique, p. 81. pl. 80, Fig. 9—11 eine Beschreibung und Abbildung gegeben, so dass es, ich denke, nicht unbedingt nothwendig war bei einer guten Beurtheilung derselben einen neuen Namen einzuführen, obwohl M. Edwards (Ann. sc. nat. 1838 IX, p. 222) erwähnt, dass es schwer ist eine gute Idee von der Lamouroux'schen Sippe zu bekommen. Es ist stets leichter einen neuen Namen zu bilden, als einen älteren zu entziffern. Sobald aber Grund zu einer richtigen Deutung vorhanden ist, soll man stets in solchen Fällen das Prioritätsrecht wahren, ohne pedantisch sein zu müssen. Hätte man gleich anfangs Lamouroux's Benennung gehörig gewürdigt, wie D'Orbigny es gethan hat, so würde man alle die Missgriffe längst vermieden haben.

Pictet in seiner Traité de Paléontologie vol. IV, pag. 133 und auch die Herren Gabb und Horn in ihrer Monographie der nordamerikanischen Bryozoen[1] (Journ. Acad. nat. sc. Philadelph. vol. V, part. II, p. 170) schliessen sich D'Orbigny's Ansicht an. Siehe auch Bronn's Classen und Ordnungen des Thierreiches, III. Band, Seite 80, wo Bronn *Entalophora* beibehält.

Eine einzige, wie es scheint, bisher noch unbeschriebene Art *Entalophora Haastiana* haben wir von Neu-Seeland zu erwähnen.

ENTALOPHORA HAASTIANA Stol.

Taf. XVII. Fig. 4, 5.

Entalophora, polyzoarium dichotomaceum; ramulis subcylindricis; cellulis sparsis, lineis longitudinalibus in superficie signatis; orificiis prominulis, recurvis, subrotundatis; peristomate crasso.

Die ästigen Stämmchen dieser Art werden blos von wenigen an der Oberfläche scharf markirten, langen Zellen gebildet, die mit einer starken Mündung über die Oberfläche vorragen. In Folge des etwas mangelhaften Erhaltungszustandes

---

[1] Die *Ent. quadrangularis* G. et H. (loc. cit. pag. 170, pl. XXI, Fig. 58) ist offenbar keine *Entalophora*; die Zellen derselben sind nicht röhrenförmig; die Species gehört also zu den Cheilostomaten, sie dürfte zu *Flustrella* D'Orb. gehören, wenn sie nicht den Typus einer neuen Sippe bildet.

sind oft die Mündungen abgerieben, eingesenkt statt erhaben, und deren Umriss elliptisch-länglich statt rundlich. Gewöhnlich sind die Zellen im Verhältnisse zur Dicke des Stammes stark, wie dies bei den zwei gegebenen Figuren der Fall ist; indessen an vielen kleineren Ästen sind die Zellen viel dünner und die Mündungen natürlich auch zahlreicher. Manchmal sieht man an den Ästen einige Querfalten (Fig. 5), die nur in Folge eines rascheren Wachsthumes entstanden sind. Die ganze Oberfläche ist mikroskopisch porös.

Die scharfe Begrenzung und geringe Anzahl der Zellen, so wie deren starke Umwandungen, die plötzlich an ihrer Ausmündung umgebogen sind, zeichnen diese Art vor anderen ähnlichen Formen aus.

D'Orbigny (Pal. franç. V, p. 780) erwähnt drei lebende Arten: eine *Entalophora proboscidea* wurde schon von M. Edward beschrieben; die zwei anderen *Entalophora Gallica* und *Entalophora Indica* sind lediglich durch kurze Notizen bekannt. Die erstere unterscheidet D'Orbigny von *Entalophora proboscidea* durch massigere Entwickelung der Stämme und die letztere durch acht Zellenreihen, eine nahezu gleiche Anzahl wie sie bei der neuseeländischen häufig vorkommt. Es wäre gewiss sehr wünschenswerth, diese mit der indischen näher zu vergleichen. Manche der von D'Orbigny beschriebenen Arten aus der Kreide sind ebenfalls nahe verwandt mit der neuseeländischen, dagegen kenne ich keine ähnliche aus den tertiären Schichten.

Busk schliesslich erwähnt (Quart. Journ. Geol. Soc. 1860, XVI, p. 261) von Süd-Australien eine *Pustulopora distans* und es ist nicht unwahrscheinlich, dass er den Namen auf die entferntstehenden Zellen bezogen haben will, was eigentlich der Hauptcharakter unserer Art ist.

Fundort: Tertiärschichten an der Orakei-Bucht bei Auckland; kommt sehr häufig, aber meist in kleinen Bruchstücken vor.

4. SPIROPORINA Stol.

Polyzoarium calcareum, ramosum; ramis cylindraceis; cellulis tubulosis, earumque orificiis ad intervalla annulate dispositis, peritomatibus elevatis circumdatis; superficie porosa; ramorum parte interiori vel centrali spongiosa, cellulis majoribus atque tubulis minimis impleta.

Stamm kalkig, aus rundlichen Ästen zusammengesetzt, an denen die Zellen in abgesonderten, mehr oder weniger von einander abstehenden Ringen münden.

Die ganze Oberfläche der Stämme ist stark porös und vielleicht waren selbst die
kleineren Poren etwas umrandet; sie sind rund oder zum grösseren Theile länglich,
schlitzförmig. Die ringförmigen Umrandungen der Mündungen sind zusammen-
hängend und häufig umgibt eine Reihe ähnlicher Poren jede einzelne Mündung.
Ob dies in der Regel vorkommt, muss vorläufig unentschieden bleiben; denn es
ist bekannt, dass Nebenporen bei Tubuliporiden stets eine Ausnahme sind. Nicht
blos äusserlich, sondern selbst die inneren Wandungen der Zellen sind durchaus
porös (siehe Fig. 7) und die Mitte der Äste besteht aus einer grossen Anzahl
kleiner, unregelmässig vertheilter und verästelter Röhrchen unter anderen grösseren Zellen.

Wie auf den ersten Blick zu sehen ist, bietet diese neue Sippe die grösste Verwandtschaft dar zu *Spiropora* Lamx. (= *Cricopora* Blain.) und steht in demselben Verhältnisse zu ihr, wie *Crisina* zu *Idmonea* oder *Hornera* zu *Filisparsa*. Der
Hauptunterschied liegt lediglich in der vollkommenen Porosität des ganzen
Stammes, so dass die in den Zellen lebenden Thiere nicht nur mit der Aussenwelt,
sondern auch alle mit einander durch starke Sprossencanäle in Verbindung standen.
Hiezu kommt die schwammige Structur des mittleren Theiles der Äste, so dass
man wohl auf eine ziemlich abweichende Organisation des Thieres von dem der
Spiropora schliessen kann. Es ist dies insbesondere auch desswegen wichtig, weil
D'Orbigny erwähnt, dass ältere Stämme von Spiropora am Querschnitte nicht
mehr als fünf c o n c e n t r i s c h e Reihen von Zellen zeigen können (siehe Pal. franç.
V, p. 706). Die Einführung eines neuen Sippennamens ist daher auf mehrere abwei-
chende Merkmale der neuseeländischen Art begründet.

Ähnliche Bryozoen, auf die wir verweisen, sind uns nur zwei bekannt. Es
sind *Entalophora punctata* und *obliqua* aus der französischen Kreide; D'Orbigny
Pal. franç. crét. V, pl. 623. Beide erwähnte Arten unterscheiden sich von der neuseeländischen nur durch die Anordnung der Zellen in schief zur Achse stehenden
Querringen. Nach dem, was D'Orbigny an einem anderen Orte (pl. 745, Fig. 14—19)
von *Spiropora antiqua* abbildet, lässt sich jedoch leicht begreifen (wenn anders
D'Orbigny's Beobachtung richtig ist), dass die Anordnung der Zellen in schiefen
oder zur Achse senkrechten Ringen kaum als eine generische Verschiedenheit
betrachtet werden kann, wenn sie nicht einmal bei einer und der nämlichen Species
sich constant bleibt. Um auf die oben citirten zwei D'Orbigny'schen Arten
zurückzukommen, so findet sich im Texte eine in der That kaum erklärliche Ver-

wirrung, die, man weiss nicht, von Willkür oder Misstrauen in eigene Arbeit herrührt. D'Orbigny führt die auf Tafel 623 abgebildete *Entalophora punctata* als
identisch an mit *Laterocavea punctata*, wofür er im Texte[1] p. 933 die Abbildung
auf Tafel 772, Fig. 15 und 17 gleichfalls citirt. Schlägt man die correspondirende
Tafel nach, so findet man zwei Figuren, die unmöglich mit den früheren und mit
der Beschreibung im Einklange stehen können, und man findet die Vertheilung der
Nummern eine ganz abweichende zu der im Texte verzeichneten. Da es sich höchst
wahrscheinlich um eine oder die andere echte *Spiroporina* handelt, kann ich diese
Stelle nicht übergehen, ohne wenigstens eine wahrscheinliche Lösung dieser Verwirrung zu versuchen. Ich muss im Voraus bemerken, dass ich den Nummern auf
der Tafel eine grössere Zuverlässigkeit zutraue, als denen im Texte.

Entalophora punctata D'Orb., abgebildet auf Tafel 623 halte ich für eine
Spiroporina.

Laterocavea punctata D'Orb. abgebildet auf Tafel 772, Fig. 11—12, ist
höchst wahrscheinlich eine *Reticalipora* und wohl identisch mit der *Idmonea cancellata* Goldf. von Mastricht. Sie ist nicht identisch mit der *Idmonea punctata*
Busk (Polyzoa 1859. p. 104, pl. XV, Fig. 5). Letztere ist dieselbe, wie sie auch im
Wiener Becken vorkommt und von Reuss 1851 (Zeitschrift der deutsch. geol.
Gesellschaft III, p. 171. Taf. 9, Fig. 19) *Idmonea (Crisina) foraminosa* genannt
wurde, nachdem früher fälschlich mit *Idmonea cancellata* Goldf. identificirt.
Ich habe die Art schon früher in Sitzungsberichten der Akademie vol. XIV, p. 80
erwähnt; sie ist eine *Crisina*. Ob die Sippe *Laterocavea*, wie sie D'Orbigny charakterisirt, bestehen soll, scheint etwas zweifelhaft, obwohl die *Lat. Dutemplana*,
die er gleichsam als den Typus der Sippe darstellt, eine etwas eigenthümliche Vertheilung der Zellenreihen besitzt. Mir ist die Art weiter nicht bekannt.

Semicellaria ramosa D'Orb. pl. 772. Fig. 13—16 (nicht 11—14, wie es im
Texte. p. 935 heisst). Es scheint die untere Figur 15 (vorstellend einen ästigen
Bryozoenstock in natürlicher Grösse) soll heissen 13; während die anderen Nummern bleiben, wie sie auf der Tafel angezeigt sind. Die Sippe *Semicellaria* mit der
typischen Art *S. ramosa* kann jedoch nicht bestehen; es ist wenigstens nicht einzusehen, wie sie sich von *Crisina* unterscheiden soll. Von weiteren Figuren auf
Tafel 772 scheint Nr. 13 (oben in der rechten Ecke) wahrscheinlicher zu *Multizo-
nopora Liggriensis* zu gehören, als zu der eben erwähnten *Semicellaria*. Figur 17 ist

---

[1] Der Text wurde ausgearbeitet, nachdem die Tafeln schon fertig waren.

bezeichnet als *Reteporidea Boyana*: im Texte heisst es 18; es ist schwer einzusehen, wie der Querschnitt zu der genannten *Reteporidea* gehören soll, wenn anders die vorstehenden Zellen an der Unterseite richtig angegeben sind.

Die zweite Art, welche als eine *Spiroporina* bezeichnet werden könnte, ist *Entalophora obliqua* D'Orb. (l. c. pl. 623, Fig. 18—21). Im Texte verweist D'Orbigny diese Art zur Sippe *Clausa* (p. 895), wofür er weiter keinen Grund angibt. Ich kann im Augenblicke aus Mangel an erforderlichem Materiale nicht sagen, ob die Sippe *Clausa* wird bestehen können; sicher ist, dass viele unter diesem Namen beschriebene Arten zu *Heteropora* gehören.

SPIROPORINA VERTEBRALIS Stol.

Taf. XVII. Fig. 6, 7.

Spir. polyzoarium ramosum: ramis crassis, cylindricis: cellularum orificiis in inter-vallis, parum distantibus, annulosis. singulis peristomate elevato circumdatis, rotundatis: superficie porosa; poris irregularibus atque inaequalibus, immersis, submarginatis.

Stämme dichotom verzweigt, rund und ziemlich stark. Die Zellen sind in kurz abstehenden Ringen angeordnet. Jeder Ring enthält gewöhnlich nicht mehr als zehn Zellen und jede einzelne der runden Mündungen ist mit einem erhöhten Rande umgeben. Die ganze Oberfläche ist mit unregelmässig vertheilten Poren bedeckt, von denen einzelne vertieft und selbst mit feinen Linien umgeben sind. Die inneren Wandungen der Zellen sind gleichfalls sehr stark porös und der mittlere Theil der Äste mit einer grossen Anzahl feiner Röhrchen angefüllt.

Die kurz abstehenden Ringe mit verhältnissmässig wenig Öffnungen und die Stärke der Stämme scheinen diese Art vor anderen auszuzeichnen.

Fundort: Tertiärschichten an der Orakei-Bucht bei Auckland; nur in wenigen Bruchstücken bisher bekannt.

5. HORNERA Lamouroux 1821.

Polyzoarium calcareum, erectum, rebus submarinis cum basi adfixum, ramosum seu retiforme explanatum; cellularum orificiis solum ad unam ramorum faciem ter-minantibus, irregulariter distributis, superficie anteriori atque posteriori porosa, plerumque fibrosa seu longitudinaliter sulcosa.

Die Sippe *Hornera* ist eine der sichersten und am leichtesten zu charakteri-sirenden, um so mehr stösst man dagegen auf Schwierigkeiten bei der Bestimmung der Arten. Die unbestimmte Anordnung der Zellen, welche nur an einer Seite münden und die zahlreichen Neben- und Zwischen-Poren lassen die Sippe nicht verkennen. Idmonea unterscheidet sich durch die zweizeilige Anordnung der Zellenreihen und Filisparsa durch den Mangel aller Nebenporen.

Einige sehr eigenthümlich entwickelte Zellen oder blasenartige Hohlräume kommen an der Rückseite der lebenden *Hornera frondiculata* Lamx. vor, wie ich selbe früher in einer Notiz der Verhandlungen des zoologisch-botanischen Vereines, Wien 1862. näher beschrieben habe. Obwohl ähnliche abnorme Organe (*Coelophyma* Reuss et Hagenow) bei manchen anderen Cyclostomen auch vorkommen, dürfte es jedoch möglich sein, dass sie eben mit den verschiedenen Sippen in Form und Stellung variiren und in diesem Falle sollten sie auch bei der generischen Bestimmung in Betracht gezogen werden.

Busk (Polyzoa of the Crag 1859, p. 94) theilt die Horneren in zwei Gruppen nach Art ihrer Verästelung: *Hornerae fenestratae et ramosae*. Obwohl diese Unterscheidung eine natürliche zu sein scheint, ist es doch ausserordentlich schwer, sie bei der Bestimmung von Bruchstücken, wie sie fossil gewöhnlich nur vorkommen, in Anwendung zu bringen; wir gehen desshalb auf dieselbe hier weiter nicht ein.

Drei Arten der Sippe *Hornera* finden sich unter dem von Hochstetter mitgebrachten Material von der Orakei-Bucht: *H. striata*, eine in Europa vielfach bekannte Art und zwei andere, die wir als neu bezeichnen, *H. pacifica* und *lunularis*.

Aus den Tertiärschichten Süd-Australiens benannte Busk (Quart. Journ. Geol. Soc. XVI, pag. 261, 1860) zwei Arten: *H. Gambierensis* und *H. rugulosa*: er lässt jedoch beide fraglich, wahrscheinlich in Folge mangelhafter Erhaltung.

HORNERA STRIATA M. Edw.

Taf. XVII. Fig. 8—11.

1838. Hornera striata M. Edw. Ann. sc. nat. IX. p. 21, pl. XI, Fig. 1.
1847.   „   „   Michelin, Iconographie p. 316, pl. LXXVI, Fig. 7.
1859.   „   „   Busk, Polyzoa of the Crag of England p. 103, pl. XV, Fig. 3, pl. XVI, Fig. 1.

Hor. polyzoarium ramosum, caespitosum; ramis subcylindricis; orificiis rotundatis, peristomate annulato circumdatis, antice atque postice poris accessoribus ornatis: cellularum seriebus plerumque longitudinaliter alternantibus; superficie anteriori

14*

atque posteriori reticulate fibrosa sulcis; poris immersis, ornatis, costulis rugosis vel granulosis: sectione ramorum subrotundata, saepe transversaliter elliptica.

Die Äste des vielfach verzweigten Zellenstockes besitzen einen beinahe runden oder quer-ovalen Durchschnitt. Die Zellen sind an der Vorderseite entweder unregelmässig oder häufiger in alternirenden Längsreihen angeordnet, mit deutlichen, ringförmigen Umrandungen umgeben. Die Oberfläche besteht an beiden Seiten aus zahlreichen, mannigfach verzweigten Fasern, die mit feinen Querleistchen oder Körnern bedeckt sind, während die Furchen zahlreiche Poren enthalten. In der Regel sind zwei Poren nahe der Öffnung, eine oberhalb, die andere unterhalb. Die Anzahl derselben und deren Grösse hängt sehr ab von dem Erhaltungszustande und mir scheint auch von dem Alter des Astes. Es ist eine bekannte Erscheinung in dieser und einigen anderen Sippen, wie *Eschara* und *Entalophora*, dass die unteren Theile des Stammes, wenn derselbe alt ist, an der Oberfläche mit einer gewissen Kalkmasse überzogen werden, so dass in Folge dessen nicht nur die Nebenporen sondern auch die Mündungen der Zellen selbst verklebt werden.

Ein Blick auf die gegebenen Figuren und die zugehörigen Erklärungen wird ein besseres Bild von der Veränderlichkeit der Stämme geben, als eine lange Beschreibung. Wenn die Fasern an der Rückseite der Äste etwas abgerieben sind, so treten die Reihen der Poren viel deutlicher auf, wie sie in Fig. 10 zu sehen sind.

Alle die Bruchstücke, die mir von Neu-Seeland vorliegen, stimmen mit den europäischen in jeder Beziehung so gut überein, dass kaum ein Zweifel über deren Identität existiren kann.

Fundort: Tertiärschichten an der Orakei-Bucht bei Auckland; eine der häufigsten Arten.

Weiteres Vorkommen: M. Edward und später Busk beschrieben die Art aus dem Coralline Crag und Michelin aus den Miocänschichten von Doué im Departement der Maine und Loire in Frankreich. Gar nicht selten findet sie sich gleichfalls in den Leithakalken verschiedener Localitäten des Wiener Beckens, wie mir aus früheren Untersuchungen bekannt ist, und wenn ich nicht irre, gehört das von Prof. Reuss (Polyp. des Wiener Beckens 1847, Taf. VI, Fig. 24) abgebildete Exemplar als *H. hippolyta* Defr. zu dieser Art.

HORNERA LUNULARIS Stol.

Taf. XVII. Fig. 12, 13.

Hor. polyzoarium ramosum, dichotomaceum: ramulis depressis, divaricatis; orificiis plerumque seminulatis, immersis, submarginatis atque in seriebus transversalibus obliquis dispositis: superficie anteriori reticulato-fibrosa et porosa, posteriori longitudinaliter obsolete lineata atque transversim minutissime striolata: sectione ramorum ovali, depressa.

Der Stamm verzweigt sich mit dichotomen Ästen, welche einen quer-ovalen Durchschnitt besitzen. Die Mündungen sind etwas unregelmässig in schiefen Querreihen angeordnet, in die Zellenmasse eingesenkt, schwach umrandet und in der Regel nahezu halbmondförmig; der untere Theil der Mündungen ist nämlich stets weniger gebogen als der obere. Seltener sind die Mündungen in Folge mangelhafter Erhaltung quer-oval. Die Vorderseite ist gewöhnlich mit einem Netzwerk von Fasern bedeckt und die Furchen besitzen eine grosse Anzahl zerstreuter und ungleicher Poren. Die Rückseite ist gleichfalls porös und bei guter Erhaltung mit feinen Längsfurchen versehen; dagegen sind immer feine, wellenförmige Querlinien an derselben wahrzunehmen.

Die einzige hinsichtlich der Form der Mündungen etwas verwandte Art beschreibt Busk (Polyzoa of the Crag 1859. p. 102, pl. XVI. Fig. 4) aus dem englischen Crag als *Hornera lunata*. Die gleichartige Oberflächenstructur an beiden Seiten, die viel zahlreicheren Zwischenporen und die stärkere Convexität der Vorderseite unterscheiden diese von der neuseeländischen.

Fundort: Tertiärschichten an der Orakei-Bucht bei Auckland; kommt ziemlich häufig vor.

HORNERA PACIFICA Stol.

Taf. XVII. Fig. 14.

Hornerae polyzoarium ramosum; ramis subcylindricis, rectis: cellularum orificiis irregulariter dispositis, subrotundatis, immersis, peristomate tenui circumdatis: superficie anteriori subrugulosa, porosa: posteriori longitudinaliter large-sulcata, sulcisque porosis; sectione ramorum subovali, superne convexiori quam inferne.

Seitenäste des Stammes, die senkrecht abgehen, scheinen einen netzförmig verzweigten Zellenstock anzudeuten. Die Zellen sind unregelmässig, manchmal in schiefen Reihen an der Vorderseite vertheilt, die Mündungen rund und schwach umrandet. Obzwar nicht sehr regelmässig findet sich sehr oft eine Nebenpore oberhalb und unterhalb der Mündung und ausserdem zahlreiche Zwischenporen an der etwas rauhen Vorderseite eingestreut. Die Rückseite, welche etwas weniger gewölbt ist, ist gleichfalls porös und mit breiten, etwas schiefen Längsfurchen versehen. Diese entstehen dadurch, dass von jeder Randzelle an der Vorderseite eine erhöhte Leiste nach rückwärts abgeht, bis sie nach einigem Verlaufe wieder den nächstfolgenden Platz macht.

Die Art ist charakterisirt hauptsächlich durch die feine, rauhe Oberfläche, wenig umrandeten, runden Mündungen und die eben erwähnten Längsfurchen an der Rückseite. Durch diese Merkmale ist sie leicht von anderen zu unterscheiden. In der Art der Oberflächenstructur hat sie einige Ähnlichkeit mit *H. humilis* aus dem englischen Crag. (Siehe Busk, Polyzoa of the Corall. Crag of England 1859, p. 100, pl. XIV, Fig. 5—6.)

Fundort: Tertiärschichten an der Orakei-Bucht bei Auckland; scheint nicht sehr häufig zu sein.

6. FILISPARSA D'Orb. 1852.

Polyzoarium calcareum, ramosum: ramis depressis cellularum orificiis ad unam faciem solum spectantibus, irregulariter dispositis; cellulis tubulosis, in superficie lineis longitudinalibus marginatis atque minutissime punctatis.

Die Sippe ist charakterisirt durch die unregelmässige Vertheilung der Zellen an der Vorderseite, wo sie alle münden. Sie unterscheidet sich, wie schon D'Orbigny (Pal. franç. V, pag. 815) erwähnt, von *Hornera* lediglich durch den Mangel aller Nebenporen. Es herrscht zwischen den zwei Genera ein ganz ähnliches Verhältniss, wie zwischen Idmonea und Crisina.

Die Zellen sind bei guter Erhaltung stark röhrenförmig verlängert und unterscheiden sich durch die unregelmässige Anordnung von *Idmonea*.

D'Orbigny zählt 18 Arten auf als zu dieser Sippe gehörig; von diesen müssen jedoch einige wegbleiben. So versetzt er unter anderen Defrance's *Hornerahippolyta* in diese Sippe, obwohl M. Edwards (Ann. sc. nat. 1838, IX, p. 212) ausdrücklich bemerkt: „. . . ou un pore situé au-dessus de chaque ouverture", was wohl mit *Hornera*, aber nicht mit *Filisparsa* übereinstimmt. Die sechs lebenden Arten, welche von D'Orbigny loc. cit. aufgeführt werden, sind bis auf die *Filisparsa foraminulata* Blainv. sp. neu von ihm benannt und nur durch kurze Notizen charakterisirt. Ich kenne zwei Arten aus dem adriatischen Meere, eine verschiedene von Rhodus und eine andere von den Küsten Australiens. In wiefern man hier D'Orbigny's Species wieder auffindet, ist eben eine der grossen Schwierigkeiten, die aus der unzureichenden Publication von Namen entstehen. Eine fossile Art wurde von mir früher aus den oligocänen Schichten von Latdorf beschrieben, (siehe Sitzungsb. d. Wien. Akad. XLV, p. 80, Taf. I. Fig. 5); hiezu kommen etwa zwei nordamerikanische Arten, so dass die Zahl der bekannten Arten von *Filisparsa* etwa 20 sein mag.

Von Neu-Seeland haben wir nur eine einzige Art, *F. Orakeiensis* zu erwähnen, die hier als neu beschrieben wird.

FILISPARSA ORAKEIENSIS Stol.
Taf. XVIII. Fig. 1, 2.

Fil. polyzoarium ramosum: ramis depressis, superficie anteriori cellulis decumbentibus ornata: cellulis globris, marginatis, minutissime punctatis; superficie posteriori subplana atque longitudinaliter lineata.

Der Zellenstock ist zusammengesetzt aus niedergedrückten Ästen, welche an der Vorderseite vier oder fünf unregelmässige Reihen von Zellen besitzen. Bei jungen und gut erhaltenen Stämmen (siehe Fig. 1) sind die Zellen sehr deutlich röhrenförmig, liegend, nur mit wenig verlängerter rundlicher Mündung, oft zu zwei zusammen oder ganz unregelmässig zerstreut: die Oberfläche ist mit sehr feinen, mikroskopischen Poren bedeckt.

Bei etwas älteren Ästen (Fig. 2) wird die Oberfläche gleichförmig, die Berührungsstellen der Zellen sind durch Linien markirt, die Mündungen verhältnissmässig gross und mit starkem Rande umgeben. Die Rückseite der Äste ist entweder flach oder nur schwach gewölbt und mit sehr zahlreichen, theilweise verästelten Längslinien versehen. Der Durchschnitt ist quer-oval, niedergedrückt von oben nach unten.

Etwas ältere Äste dieser Art haben Ähnlichkeit mit *Filis. verrucosa* Reuss.. sp. (Polyp. d. Wiener Beckens in Haidinger's Abhandlung. II, 1847, Taf. VI, Fig. 22). Von der mir bekannten australischen Art unterscheidet sich *F. Orak-iensis* durch die langen, niedergedrückten Zellen, die bei ersterer sich bald nach ihrem Erscheinen an der Oberfläche in freie Röhren verlängern. Eine Vergleichung dagegen mit der D'Orbigny'schen *F. Cauleana* (Pal. franç. V, p. 817) aus dem chinesischen Meere scheint mehr wünschenswerth zu sein.

Fundort: Tertiärschichten an der Orakei-Bucht bei Auckland; häufig.

7. CRISINA D'ORB. 1852

Polyzoarium calcareum, ramosum, liberum, ramulis dichotomis, triangularibus; antice angulatis, postice subconvexis vel planis: cellularum orificiis in seriebus trans-versalibus dispositis, ad carinam mediam alternantibus: superficie anteriori atque posteriori porosa, ultima plerumque etiam fibrosa in sulcis poris distantibus ornata.

Crisina unterscheidet sich von *Idmonea* lediglich durch die poröse Oberfläche. steht also in demselben Verhältnisse zur letzteren Sippe, wie *Hornera* zu *Filisparsa*. Ich glaube, dass dieser Unterschied hinreicht, um in den meisten Fällen einen sicheren Schluss zu erlangen. D'Orbigny's Charakteristik der Sippe in der Paléontologie française p. 912 ist sehr bestimmt und an einer anderen Stelle pag. 728 sagt er ausdrücklich: „ . . . tout en conservant le nom de Crisina aux especes dont la face inférieure est criblée de pores speciaux, qui manquent tout a fait dans le genre Idmonea proprement dit.“ Es ist daher nicht recht einzusehen, warum die Herren Gabb und Horn (Monograph of the Polyzoa of N. Amerika p. 174 Jour. Acad. Philadelph. V. part. II), die Sippe in einer ganz verschiedenen Weise auffassen, ohne hierüber weitere Erwähnung zu machen. Sie beschreiben eine Art *Cr. serrata* (l. c. p. 174, pl. 21. Fig. 66), die, ich sollte meinen, zu *Crisia* gehört. Vielleicht ist der Name *Crisina* nur ein unglücklicher Druckfehler!?

D'Orbigny kennt (l. c. p. 913) acht Arten, von denen jedoch einige geändert werden müssen. *Cr. disticha* d'Orb. soll heissen *Cr. tenuisulca*, Reuss. (vide Zeitsch. d. deutsch. geol. Gesellschaft 1851, III, p. 172, Idmonea id.) und die *Crisina fasciculata* D'Orb. (= *Apseudesia id.* Reuss, 1847. Polyp. des Wiener Beckens pl. VI, Fig 8) ist eher alles andere als eine *Crisina*.

Manches bleibt noch zu untersuchen übrig, um in dieser Abtheilung der Bryo-zoen eine Übereinkunft zu erlangen und die verschiedenen Arten in die gehörigen

Sippen einzureihen. Vielleicht ist es zweckmässig, die Arten mit netzförmigen, seitlich zusammengedrückten Stämmen als *Reticulipora* d'Orb. beizubehalten und die mit von vorne nach rückwärts niedergedrückten Ästen als *Reteporidea*. Letztere Gattung würde sich daher hauptsächlich durch die netzförmige Verästelung von *Hornera* unterscheiden; und, im Falle die partielle Anordnung der Zellen in Querreihen hier sich irgendwie constant bleibt, würde auch dieses Merkmal berücksichtigt werden können.

Aus den Tertiärschichten Neu-Seelands haben wir nur eine einzige, aber besonders interessante Art zu erwähnen, *Cr. Hochstetteriana* n. sp.

CRISINA HOCHSTETTERIANA Stol.
Taf. XVIII. Fig. 5.

Cris. polyzoarium ramosum; ramis subtrigonalibus; cellularum seriebus distantibus alternantibus; duobus singulis solum in seriebus; orificiis rotundatis, vix prominentibus; superficie porosa, poris inaequalibus atque irregulariter dispositis; superficie anteriori obtuse angulata, posteriori plana, longitudinaliter sulcata; sulcis porosis.

Stamm dichotom verzweigt, mit nahezu dreikantigem Querschnitte. Vorderseite in der Mitte stumpfkantig, zu jeder Seite mit kurzen, alternirenden Zellenreihen versehen. Gewöhnlich sind nur zwei Zellenmündungen in jeder Reihe nahe an einander, und nur in seltenen Fällen, meist, wenn die Oberfläche nicht gut erhalten ist, sieht man mehr als zwei. Die Mündungen sind rundlich, treten jedoch kaum etwas über die Oberfläche hervor, die ganz mit zahlreichen, unregelmässigen Poren bedeckt ist. Die Rückseite ist flach oder sehr schwach gewölbt, mit verzweigten Längsrippchen versehen, zwischen denen die Furchen porös sind.

Durch die Form der Ästchen und die Zahl der Zellen in jeder Reihe, die sehr nahe der Mittelkante liegen, ist diese Art leicht von den wenigen bekannten Crisinen zu unterscheiden.

Fundort: Tertiärschichten an der Orakei-Bucht bei Auckland; nicht sehr häufig.

8. IDMONEA Lamouroux 1821

Polyzoarium calcareum, erectum, ramosum; ramis lateraliter compressis, antice angulatis, postice convexis, planis vel excavatis, seu depressis; cellularum orificiis in seriebus transversalibus seu obliquis dispositis, ad carinam medianam alternantibus superficie glabra, cellulis plerumque lineis longitudinalibus marginatis atque minutissime punctatis.

Die vorherrschende seitliche Compression der Äste, die Ausmündungen der Zellen in schiefen zur Mitte der Vorderseite alternirenden Reihen und der Mangel aller Nebenporen machen den Charakter dieser Sippe aus.

Obwohl Lamouroux die Gattung zuerst gut beschrieb, hat man doch in der Zeit eine Menge, zum Theil sehr verschiedene Formen unter diesem Namen beschrieben, und selbst D'Orbigny hat im Anfange seiner Paléontologie française vol. V eine grosse Confusion angestellt, die er nachher (p. 728 etc.) wieder zu berichtigen bemüht war. Indessen, er führt unter den fossilen Arten mehrere als *Idmonea* an, die bestimmt nicht zu der Sippe gehören. So unter anderen: *Idmonea subcancellata* D'Orb., die früher Prof. Reuss *Idmonea foraminosa* nannte und die eine *Crisina* ist (siehe Sitzungsb. d. Wiener Akademie, Bd. XLV, p. 80); *Hornera seriatopora* Reuss, *Hor. Andegarensis* u. a. sind echte *Horneræ* und nicht Idmoneae; dagegen befriedigt er manche gute Arten aus der Mastrichter Kreide (siehe Hagenow's Monograph. d. Mastrichter Bryozoen 1851) mit der einfachen Bemerkung (l. c. p. 729): es seien blos „abgenützte und verkannte Individuen". Die lebenden Arten, die D'Orbigny anführt, existiren bis jetzt meist nur dem Namen nach. Ich kenne zwei aus dem Mittelmeere und drei aus dem süd-atlantischen Ocean, die alle von den hier beschriebenen verschieden sind.

Die Herren Gabb und Horn haben in ihrer Monographie der nordamerikanischen Bryozoen (Journ. Acad. Philadelph. vol. V, part. II, p. 167 u. s. w.) auf das Hauptmerkmal: die Vertheilung der Zellen in zur Mitte abwechselnden Reihen keine Rücksicht genommen und unter Anderen Formen beschrieben, die zu *Filisparsa* oder einigen nächst verwandten Sippen gehören. Ich kann nicht einsehen, was die Autoren zu dieser Verallgemeinerung des Charakters bewogen hat!

Im Quart. Journ. of the Geolog. Society of London 1860, vol. XVI, p. 261 citirt Busk zwei Arten fossil von Süd-Australien, die eine noch lebend. *Idm. Milneana* D'Orb. und eine zweifelhaft neue, *Idm. ligulata*. Ich kenne die erstere Art nicht und muss sehr bedauern, dass ich mir bis jetzt den zoologischen Theil von D'Orbigny's Voyage dans l'Amérique méridionale nicht verschaffen konnte. Vielleicht wäre eine Vergleichung mit einer oder der anderen hier beschriebenen Arten wünschenswerth.

Im Ganzen sind uns von Neu-Seeland vier Arten bekannt, zwei neue: *Idm. inconstans* und *Idm. serialis*, eine identisch mit der an der australischen Küste lebenden *Idm. radians* Edw. und eine früher von mir aus dem Oligocän von Latdorf in Bernburg beschriebene Art. *Idm. Giebeliana.*

IDMONEA GIEBELIANA Stol.

Taf. XVIII. Fig. 4—6.

1862. *Idmonea Giebeli* Stoliczka. Sitzungsb. d. Wiener Akad. vol. XLV. p. 81, Taf. I, Fig. 6.

Idm. polyzoarium ramosum, dichotomum; ramis depressis; cellularum seriebus obliquis ad medium alternantibus; 3 — 4 cellulis in seriebus; orificiis magnis, subrotundatis, peristomate elevato circumdatis; superficie anteriori atque posteriori minutissime punctata, ultima longitudinaliter dense sulcata; ramorum sectione transversaliter subelliptica.

Zellenstock von vorne nach rückwärts stark zusammengedrückt, an der Vorderseite mit schiefen, gebogenen und alternirenden Zellenreihen, die gewöhnlich an einer Seite aus drei, an den anderen aus vier Zellen bestehen. An vollständig erhaltenen Exemplaren waren die Zellen sicherlich röhrenförmig verlängert, während im fossilen Zustande gewöhnlich nur die starken Umrandungen erhalten blieben. Die Mündungen sind meist sehr gross und unregelmässig rund. Die Berührungsstellen der Zellen sind an der Vorderseite durch etwas erhöhte Linien bezeichnet; und ähnliche Linien, nur etwas stärker und dichter, befinden sich an der Rückseite; sie sind meist parallel und anastomosiren nur selten. Die ganze Oberfläche ist fein punktirt.

Ich habe diese Art früher (l. c.) aus den oberoligocänen Schichten von Latdorf beschrieben, und obwohl es manchem Leser auffallen dürfte, dass sich dieselbe fossil in Neu-Seeland vorfindet, kann ich doch die Identität beider nur bestätigen. Es ist dies nur in so weit ganz richtig, als es von Bruchstücken der Stämme erlaubt ist, Schlüsse zu ziehen; aber diese stimmen in allen Merkmalen vollständig überein.

Fundort: Tertiärschichten an der Orakei-Bucht bei Auckland; scheint ziemlich häufig zu sein.

Weiteres Vorkommen: Ober-Oligocänschichten bei Latdorf im Bernburgischen. Eine sehr ähnliche und, wie ich glaube, identische Art findet sich auch in den Tegelablagerungen von Baden bei Wien und Steinabrunn in Mähren und ebenfalls in denen von Lapugy in Siebenbürgen.

15 *

IDMONEA INCONSTANS Stol.

Taf. XVIII. Fig. 7, 8.

Id. polyzoarium ramosum: ramulis lateraliter compressiusculis, subtrigonalibus: cellu-
larum seriebus alternantibus: precipue solum 2 (rarissime 3) singulis in seriebus:
lineis in superficie marginatis; orificiis tubulosis, plus minusve prominentibus;
superficie posteriori convexa, longitudinaliter delicatissime lineata.

Der Stamm ästig, mit einem rundlich-dreiseitigen oder ovalen Querschnitte:
die Zellenreihen stehen abwechselnd an der erhöhten Vorderseite, meistens nur zu
zwei in einer Reihe; selten, und wie es scheint, nur ausnahmsweise zu drei, wie
man in Fig. 8, Taf. XVIII, bemerken wird. Die Zellen sind röhrenförmig verlängert
und, je nachdem sie abgebrochen sind, erscheinen die Mündungen regelmässig rund
oder oval. An der Vorderseite sind blos die Berührungsstellen der Zellen auf ihrer
Erstreckung durch Linien markirt, während an der convexen Rückseite sich ähnliche Längslinien befinden, nur viel gedrängter und zahlreicher, theilweise parallel,
theilweise verzweigt. Die Oberfläche erscheint bei bedeutender Vergrösserung fein
punktirt, und nur, wenn sie beschädigt ist, sieht man unregelmässige Lücken und
Poren (siehe den oberen Theil der Figur 7, b). Es haben in solchen Fällen die
Stücke leicht das Aussehen einer *Crisina*. Indessen eine genaue Betrachtung zeigt,
dass die Poren ganz unregelmässig in der Oberfläche eingebrochen sind und nur in
Folge eines mangelhaften Erhaltungszustandes dieses Aussehen besitzen, während
bei *Crisina* die Poren gleichmässig an der ganzen Oberfläche zwischen den Zellen
münden.

Fundort: In den Tertiärschichten an der Orakei-Bucht bei Auckland;
scheint ziemlich selten zu sein.

IDMONEA RADIANS Lamk. sp.

Taf. XVIII. Fig. 9, 10.

1816. *Retipora radians* Lamark, Anim. s. vertb. I. edit. II. vol. p. 279 (von Neu-Seeland).
1834. *Hornera radians* Blainville, Man. d'actinolog. p. 409.
1834. *Idmonea radians* M. Edwards, Ann. sc. nat. IX, p. 217 & 237, pl. XII, Fig. 4.
1852. „ „ D'Orbigny, Pal. franç. V, p. 731.

Idm. polyzoarium ramosum: ramis trigonaibus, antice angulatis, postice subpla-
nis: cellularum seriebus obliquis, transversalibus: 3—4 singulis in seriebus; ori-
ficiis rotundatis interdumqae oralibus; superficie anteriori glabra, minutissime
punctata, posteriori longitudinaliter dense lineata.

Nach M. Edwards bildet der Zellenstock vielfach verzweigte Äste, die mit
einer flachen, soliden Scheibe aufgewachsen sind. Der Querschnitt der einzelnen
Äste ist dreiseitig, mit einer mehr oder weniger scharfen Kante in der Mitte, zu
deren beiden Seiten die Zellen in abwechselnden, schwach gebogenen Reihen
angeordnet und durch feine Linien an der Oberfläche markirt sind. Die gewöhnliche Zahl in einer Reihe ist drei, sehr selten sieht man nur zwei, dagegen viel
häufiger vier Zellen; die letzte ist dann die kleinste. Die Mündungen sind bei den
fossilen Stücken meist beschädigt und haben daher einen lang-ovalen oder elliptischen, statt mehr kreisförmigen Umriss. Die Rückseite ist breit, wenig convex, mit
zahlreichen feinen Längslinien bedeckt und bildet mit den Seiten mehr oder
weniger scharfe oder abgerundete Kanten.

Die fossilen Exemplare von Neu-Seeland stimmen mit M. Edwards' Abbildung gut überein, so dass man nur unwesentliche Merkmale als unterscheidend
angeben könnte. Die Art ist hauptsächlich charakterisirt durch ihre dreieckigen
Stämme, nahe Berührung der Zellenreihen an der Mittelkante und einen breiten,
fast flachen Rücken. Selbst wenn sehr junge Stämme manchmal nur zwei Zellen
in einer Reihe besitzen, ist sie durch diese Merkmale leicht von *Idm. inconstans*
n. sp. zu unterscheiden, bei welcher besonders die Rückseite viel stärker entwickelt
ist. In M. Edwards' Abbildung (l. c.) sind die röhrenförmigen Zellen besser
erhalten und die ersten verdecken daher in der Vorderansicht (Fig. 4 a) die folgenden; an unseren Stücken sind dagegen die Röhrenzellen abgebrochen und desswegen auch die folgenden Mündungen zum Theile sichtbar. (Fig. 9.)

Fundort: Tertiärschichten an der Orakei-Bucht bei Auckland; sehr häufig.

Weiteres Vorkommen: Lamark beschrieb die Art zuerst lebend von den
Küsten Neu-Hollands, nach Exemplaren im Museum du jardin du roi, wozu M.
Edwards (l. c. p. 217) bemerkt, es seien einige Bedenken gegen die vollkommene
Sicherheit des Fundortes. Er erwähnt weiter nicht, worauf diese Bedenken
gegründet sind.

IDMONEA SERIALIS Stol.

Taf. XVIII. Fig. 11, 12.

Idm. polyzoarium dichotomum, ramosum: ramulis trigonalibus, cellularum seriebus numerosis, 4—5 singulis in seriebus; orificiis sublongatis; cellulis in superficie anteriori (i. e. in duobus lateribus declivis) lineis marginatis; superficie posteriori plana, glabra vel obsolete fibrosa.

Die ästigen Stämme dieser Art haben einen besonders scharfen, dreiseitigen Querschnitt, nahe an einander liegende Zellenreihen, die gewöhnlich aus vier, seltener aus fünf Zellenmündungen bestehen. Die Mittelkante ist scharf und die Zellen durch feine erhöhte Linien getrennt; Mündungen meist abgebrochen, länglich-oval. Die Rückenseite ist sehr dünn, wenig entwickelt, breit, beinahe ganz flach. Obwohl es wahrscheinlich ist, dass sie ursprünglich mit Längslinien bedeckt war, sieht man doch von diesen an einem ziemlich gut erhaltenen Exemplar kaum eine Spur (siehe Fig. 11 a). An einem anderen Bruchstücke, dessen Oberfläche etwas abgewittert ist, sind feine Längsfasern bemerkbar, welche den Verlauf der Zellen andeuten (Fig. 12 a).

Von *Idmonea radians* unterscheidet sich diese Art durch grössere Anzahl der Zellenreihen sowohl als der einzelnen Zellen und eine mehr flache Rückseite.

Fundort: Tertiärschichten an der Orakei-Bucht bei Auckland; scheint ziemlich selten zu sein.

9. HETEROPORA Blainville 1834.

Polyzoarium calcareum, erectum, ramosum; superficie aperturis duplis generis ornata, nempe cellularum orificiis rotundatis atque ostiolis vel poris minoribus, irregulariter distributis.

Die Zellen der Cerioporiden weichen ab von den langen Röhrenzellen der Tubuliporiden und bilden einen natürlichen Übergang zu denen der Cheilostomen. Der Hauptcharakter von *Heteropora* liegt in dem Vorhandensein von zahlreichen Nebenporen und kleinen Zwischenzellen, die oftmals eigens umrandet sind, wie die Zellen selbst. Wir verweisen hier auf Herrn Busk's Bemerkungen über diese Sippe: Polyzoa of the english Coral. Crag. 1859, p. 120. Busk trennt die incrustirenden und scheibenförmigen Arten ab und vereinigt dieselben in eine eigene Sippe. *Heteroporella*: wie es scheint mit gutem Grunde. Es ist kein Zweifel, dass D'Orbigny viel zu viele Genera unter den Cerioporiden begründete und dass manche Arten seiner *Cavea*, *Multicrescis* und andere in der That von *Heteropora* nicht getrennt werden können. In wie fern jedoch und ob D'Orbigny's neue Sippen behalten werden können, kann meiner Ansicht nach nur durch eine Untersuchung derselben oder gleichen Arten zweifellos entschieden werden.

Von Neu-Seeland ist uns nur eine einzige Art, *H. Grayana* bekannt geworden, die wir hier als neu beschreiben.

HETEROPORA GRAYANA Stol.

Taf. XIX. Fig. 1.

Het. polyzoarium ramosum: ramulis cylindraceis, clavatis, cellulis irregulariter in superficie distributis, prope aperturam lineis hexagonis seu polygonis marginatis: orificiis rotundatis; poris intermediis immersis, in superficie glabra intersparsis atque etiam lineis polygonatis et elevatis circumdatis.

Die Äste dieser Art sind rund, oder sehr schwach zusammengedrückt; die Zellen unregelmässig an der Oberfläche vertheilt, mit runden, schwach erhabenen oder umrandeten Mündungen, welche in kleiner Entfernung herum mit sechsseitigen oder polygonalen Linien umgeben sind. Die Oberfläche der Zellen ist sonst glatt mit einer Anzahl unregelmässig vertheilter Zwischenporen versehen, die selbst wieder umrandet sind (siehe Fig. 1 c). Häufig sind die Zwischenporen so vertheilt, dass vier um jede Zelle zu stehen kommen. Mikroskopisch kleine Poren sind nur in gewissen Erhaltungszuständen der Oberfläche sichtbar.

Die Äste enden, wie bei manchen Myriozoum-Arten sogar etwas verdickt, stumpf, und lassen daselbst die Begrenzungen der Zellen recht scharf wahrnehmen (siehe Fig. 1 a). Am Querbruche sind oft nur acht Zellen sichtbar, die eben so vielen alternirenden Reihen entsprechen (Fig. 1 b).

Die schwachen Umrandungen der Zellen und der Mündungen und die kleine Anzahl von Zwischenporen lassen diese Art leicht erkennen.

Fundort: Tertiärschichten an der Orakei-Bucht bei Auckland; bisher nur in wenigen Bruchstücken bekannt.

—

II. CHEILOSTOMATA.

10. CELLEPORA Fabricius 1780

Lepralia. Johnston, Busk. (Polyzoa of the Crag 1859. p. 37).

Polyzoarium adnatum, incrustans, e cellulis areolatis, contiguis, in strato unico irregulariter explanatis compositum.

Die Sippe, wie zuerst begründet von O. Fabricius in seiner *Fauna groenlandica* 1780, umfasst einschichtige, incrustirende Arten, die aus liegenden, krug-oder birnförmigen Zellen zusammengesetzt sind.

Wir denken, d'Orbigny hat mit Recht den alten Namen von Fabricius für diese Arten von Bryozoen beibehalten (Pal. franç. crét. V., p. 389), wie dies auch von den meisten Autoren am Continente schon früher geschah. Wir erwähnen hier blos Reuss' Polyparien des Wiener Beckens und Hagenow's Monographie der Mastrichter Bryozoen als die bedeutendsten neueren Publicationen neben der Paléontologie française.

Die englischen Autoren haben beinahe ausschliesslich Johnston's später veröffentlichten Namen *Lepralia* adoptirt; und ich selbst habe denselben in einer meiner letzteren Publicationen angenommen (siehe Sitzungsberichte der Wiener Akademie Bd. 45. p. 84). Indessen ich sehe ein, dass es eigentlich ganz und gar nicht nöthig ist, von dem alten Namen *Cellepora* abzuweichen. Es ist allerdings richtig, dass der Name vielleicht für mehr als ein Dutzend anderer nicht hierher gehörigen Sippen auch angewendet wurde und dass man bemüht war, neue Namen wie *Escharina, Discopora, Escharoides* u. a. einzuführen; doch das hat mit dem Namen selbst nichts zu thun und es lag blos an der Anwendung und Deutung

späterer Autoren, dass der Name so vielfach missdeutet wurde. Alle diese Schwierigkeiten wären längst behoben, wenn man die ursprünglichen von Fabricius
unter Cellepora beschriebenen Arten genauer berücksichtigt hätte. Dies geschah
auch am Continente seit vielen Jahren bereits und man findet bei Geinitz, Reuss
u. A. blos einige Arten der nächst verwandten *Celleporaria* und *Membranipora*
unter *Cellepora* beschrieben, obwohl diese stets in Unter-Abtheilungen eigends
bezeichnet sind. Wenn man jedoch, wie Busk sagt, einen Sippen-Namen desswegen
abschaffen wollte, weil unter demselben Arten fälschlich beschrieben worden sind,
dann fürchte ich, würden wir vielleicht kaum eine einzige der älteren Benen-
nungen in die neuere Literatur aufnehmen können. Dies ist selbst in England mit
Rücksicht auf die Sippe *Lepralia* nicht der Fall, und es wurden mehrere Arten
beschrieben, die eigentlich zu *Membranipora* gehören. Wir denken eine Vertheilung
der einschichtigen Sippen in der folgenden Weise würde nicht viele Schwierigkeiten
in der Bestimmung darbieten:

   a) cellulis urceolatis, cum seu sine poris accessoribus.

 1. *Cellepora* Fabr., *polyzoarium incrustans, cellulis contiguis, e strato unico
    compositum.*

 2. *Semicelleporaria* D'Orb., *polyzoarium incrustans vel partim liberum eleva-
    tum et contortum, e stratis numerosis superpositis compositum.*

 3. *Celleporaria* Lamx., *polyzoarium globosum vel ramosum, e cellularum
    stratis irregularibus compositum.*

   b) cellulis flustrinis, cum seu sine poris accessoribus.

 4. *Membranipora* Blainv., *polyzoarium adnatum, inconstans, strato unico.*

 5. *Reptocelleporaria* D'Orb., *polyzoarium adnatum seu partim liberum, cel-
    lularum stratis numerosis superpositis.*

 6.   ?[1]   *polyzoarium ramosum, cellularum stratis irregulariter super-
    positis atque confluentibus.*

Von weiterer Betrachtung und Specialisirung sind natürlich eine Menge ande-
rer, guter Sippen hierdurch nicht ausgeschlossen, wie *Lunulites, Parolunulites,
Stichopora, Stichoporina* u. m. A. Eben so verdienen noch manche andere Formen
Erwähnung, die durch die Gestalt des Zellenstockes eine freie Lebensweise auf
Seepflanzen und dgl. geführt zu haben scheinen. Ich meine einige kugelförmige

---

[1] Ich bin nicht sicher, ob nicht einige der von D'Orbigny beschriebenen *Notelea, Melaluoidea* u. A. hieher
gehören.

oder flach gedrückte Formen, wie ich für eine solche eigenthümliche Art früher den Namen *Orbitulipora* vorgeschlagen habe (siehe Sitzungsb. Wiener Akad. Bd. 45) und wie Busk. mehrere Arten von Süd-Australien benennt (siehe Wood's Geol. Observations in S. Australia 1862, plat. p. 73).

Natürlich können solche Formen, die Anfangs angeheftet waren, nachher aber durch Hin- und Herrollen kugelförmig wurden, wie das in der That am Strande noch heut zu Tage zu beobachten ist, stets nur mit Vorsicht beurtheilt werden.

Die echten zweischichtigen Sippen wird man unter *Eschara* erwähnt finden; denn ich glaube es liegt ein grosser Unterschied darin, ob eine Art zweischichtig ist in Folge von Überlagerung zweier Schichtengruppen oder in Folge des Aneinanderliegens derselben mit dem Rücken.

Von der in obiger Weise charakterisirten Sippe *Cellepora* ist uns nur eine einzige Art *C. inermis* bekannt, die wir als neu beschreiben.

CELLEPORA INERMIS Stol.

Taf. XIX. Fig. 2.

Cellulis parvis, ovatis, inflatis, decumbentibus; superficie glabra, ad margines cum una serie pororum ornata: orificiis transversaliter subovatis, labio inferiori recto, saepe inciso: ovicellulis magnis, subglobosis, supra orificia positis, clausis.

Die Zellen dieser Art bilden kleine Überzüge meist auf anderen Bryozoenstücken und sind in mehr oder weniger regelmässigen und divergirenden Reihen angeordnet. Die Form derselben ist eiförmig, nach unten etwas verschmälert und jede einzelne ist durch tiefe Furchen von den anliegenden getrennt. Die Zellendecke ist glatt, stark gewölbt und an den Rändern gewöhnlich mit einer Reihe von Poren umgeben. Die Mündung ist quer-oval, oft unregelmässig ausgebrochen; die Unterlippe ist beinahe gerade, häufig mit einem kleinen Einschnitte; die Oberlippe convex. Über der Mündung befindet sich oft eine runde, blasenartige Oberhöhle, die zwar im Innern mit der Mündung, aber nicht durch eine eigene Öffnung mit der Aussenwelt communicirt. Es ist indessen häufig der Fall, dass sowohl die Oberhöhlen als die Zellendecken durchbrochen werden und man erhält anstatt einer ursprünglichen Mündung in der Mitte drei unregelmässige Öffnungen, wodurch natürlich das ganze äussere Aussehen der Zellencolonie bedeutend geändert wird. Neue Zellenreihen beginnen mit einer flachen, ganz porösen, aber mit keiner selbstständigen Mündung versehenen Zelle. (Siehe *a* bei Figur 2.)

Die glatte Oberfläche und dabei ihre Dicke, Convexität und der gänzliche Mangel der Nebenporen sind die vorwiegenden Kennzeichen, welche diese Art auszeichnen.

Fundort: Tertiärschichten an der Orakei-Bucht bei Auckland nicht selten.

Mr. Mantell erwähnt von der Gegend bei Nelson auf Neu-Seeland eine in-crustirende Eschara (Quart. Journ. Geol. Soc. 1850, vol. VI, p. 329), die zu der Sippe *Cellepora* zu gehören scheint; es wäre jedoch gleichfalls möglich, wenn man nach der sehr mangelhaften Figur 8, pl. XXVIII urtheilen soll, dass sie eine *Membranipora* ist.

11. RETEPORA Imperato.

Retepora anterna; *Phidolopora* Gabb & Horn, 1862, Journ. Acad. nat. sc. Philadelph. V, part. II, p. 138.

Polyzoarium calcareum, erectum, retiforme explanatum atque saepe contortum, cellu-lis solum in una superficie gerentibus, urceolatis, decumbentibus, plerumque globris; orificiis postice saepe munitis, marginibus elevatis circumdatis, avicellulis supra positis, clausis seu orificiis parvis apertis.

Abgesehen von der sehr charakteristischen Verzweigung des Stammes, besitzt derselbe eine eigenthümlich dichte Structur, die einer Kieselschale gleicht, und wo-von man selbst kleine Bruchstücke sehr leicht erkennen kann. Die Zellen sind meist platt, liegend, nur an einer Seite sichtbar, die Mündung ist rundlich, sehr häufig mit einem Einschnitte an der Unterlippe, die in sehr vielen Fällen mit einem erhöhten Rande umgeben ist, welcher an den Seiten der Mündung vorsteht. Über derselben oder oftmals an der Seite befindet sich in der Regel eine Oberhöhle, die entweder geschlossen oder mit einer kleinen Öffnung versehen ist. In Folge der verschiedenen Entwickelung dieser Oberhöhlen und manchmal auch Zwischenzellen verlieren die ursprünglichen Zellen sehr bedeutend an ihrer eigentlichen Form, und wenn noch dazu die Oberfläche beschädigt ist, was sehr häufig vorkommt, so hat es die grösste Schwierigkeit eine specifische Bestimmung der Bruchstücke vorzuneh-men. Die Rückseite ist mehr oder weniger stark entwickelt und besitzt gewölmlich unregelmässig netzförmig verzweigte Furchen, die oftmals recht charakteristisch sind.

16*

Es ist schwer zu begreifen, was die Herren Gabb und Horn bewogen hat, für eine so charakteristische *Retepora*, als sie beschreiben, einen neuen Sippennamen *Phidalopora* einzuführen, und für dieselbe sogar, neben einer anderen nicht weniger überflüssigen Sippe *Oligostresium* (G. & H. nov. gen. loc. cit. p. 139) eine neue Familie *Phidoloporidae* zu begründen.

Nur eine einzige in Europa sehr bekannte Art, die *R. Beanina*, ist uns von Neu-Seeland vorgekommen.

RETEPORA BEANIANA King.

Taf. XIX. Fig. 3—5.

1846. *Retepora Beaniana* King., Ann. mag. nat. hist. vol. XVIII. p. 237.
1859. Busk., Polyzoa of the Crag, p. 75, pl. XII Fig. 2 & 5—7.

Retep. polyzoarium ramulis depressis, cellulis decumbentibus, glabris: orificiis integris rotundatis; subtubulosis, plerumque solum postice marginatis atque immersis: cellularum marginibus obsoletis eorumque superficie interdum irregulariter porosa: oricellulis magnis supra positis, clausis seu apertis; superficie posteriori subconvexa, lineis impressis, obliquis atque subreticulatis signata.

Nach Beobachtungen, die Busk an dieser Species gemacht hat, bildet der Zellenstock kleine, zahlreiche morschige Stämme. Die Zellen, wenn vollständig entwickelt, sind liegend, schwach gewölbt, am oberen Ende mit einer runden, etwas vorstehenden Mündung versehen, welche unterhalb eine kleine Nebenpore trägt. Der Rand bleibt jedoch in vielen Fällen nur unterhalb als eine hufeisenförmige Erhöhung erhalten, die statt der Pore mit einem kleinen Schlitz versehen ist. Oberhalb oder etwas an der Seite der Mündung entwickeln sich verschieden gestaltete Oberhöhlen, die entweder geschlossen sind oder eine längliche, schlitzförmige Öffnung tragen. Wenn diese Oberhöhlen oder Ovizellen (wie Busk sie nennt) durchbrochen werden, erhält die Oberfläche ein ganz abweichendes Aussehen (siehe Fig. 4), so dass man eigentlich kaum die Species wieder erkennen kann. Wir müssen hier auf die zahlreichen Abbildungen verweisen, welche Busk von den verschiedenen Erhaltungszuständen dieser Art gibt. Die Rückseite ist sehr schwach gewölbt, wenig in der Dicke entwickelt und die vertieften Linien bilden sehr weite, unregelmässige Maschen (Fig. 5). Die Ähnlichkeit der neuseeländischen Stücke mit den europäischen ist so gross, das wir es nicht rathsam finden würden, sie als eigene Art zu bezeichnen. Wenn gut erhalten (siehe Fig. 3), sind die Zellen ganz übereinstimmend (Busk's Fig. 2); sonst liegt der Unterschied nur in der Erhaltung.

Fundort: Tertiärschichten an der Orakei-Bucht bei Auckland; nicht selten.

Weiteres Vorkommen: Die Art kommt jetzt noch lebend an den Küsten Englands, Norwegens und der nördlichen Meere vor; vielleicht dürfte sie auch in den südlichen Meeren noch zu finden sein. Fossil kommt sie schon im Coralline Crag Englands vor, woher sie Busk beschrieb. Es ist nicht unmöglich, dass Rev. Woods. (Geol. Observations in S. Australia 1862) dieselbe Art auf S. 74 abbildet.

12. FILIFLUSTRELLA d'Orbigny 1852.

Polyzoarium calcareum, erectum, dichotomaceum, ex uno cellularum strato compositum; cellulis ovatis, in uno latere spectantibus et in seriebus longitudinaliter alternantibus distributis, orificiis sine seu cum poris accessoribus ornatis; superficie posteriori glabra, ad utrumque latus cum una serie cellularum minorum ornata.

Bruchstücke von Ästen dieser Sippe ähneln sehr denen von Semiflustrella, da sie Zellen blos auf einer Seite tragen. Diese sind echte Cheilostomen-Zellen, in alternirenden Längsreihen vertheilt, mit der Mündung am oberen Ende und äusserlich wegen der stärkeren Entwickelung der Zellenmasse nicht besonders scharf markirt, wie etwa bei Retepora, zu der die Sippe in Betreff ihrer Structur eine grosse Verwandtschaft hat. Nahe der Mündung sind manchmal einige Nebenporen sichtbar, oder sie fehlen ganz. Der Hauptunterschied von Filiflustrella und anderen verwandten Sippen scheint in dem Vorhandensein zweier Zellenreihen an der Rückseite zu liegen. Die Zellen weichen in Form etwas ab von denen an der Vorderseite, enden an den Rändern und scheinen die Wohnsitze eigenthümlich entwickelter Individuen gewesen zu sein.

D'Orbigny (Pal. franç. cret. V. p. 562) begründete die Sippe für die einzige Art *F. lateralis* aus der Senonen Kreide von Saintes (Charentes-Inférieures). Er beschränkt daher dieselbe wo möglich anpassend für diese einzige Art. Die Form der Zellen der neuseeländischen weicht nicht sehr wesentlich ab von denen der französischen, bei der blos die Öffnungen unverhältnissmässig grösser sind; dagegen finden sich bei *F. pacifica* (n. sp.) sehr häufig, wenn auch nicht immer, zwei Nebenporen über der Mündung. Unter anderem legt D'Orbigny das grösste Gewicht auf das Vor-

handensein von nur drei Reihen alternirender Zellen. Dies ist offenbar nicht so
genau zu erwarten: denn wenn der Stamm beginnt zu wachsen, hat er wohl kaum
augenblicklich drei Reihen, und wie soll man eine Vergrösserung und ein Wachsthum der Zellencolonie erklären, wenn man eine Vermehrung der Zellen so sehr
beschränkt! Wir beobachten bei der neuseeländischen Art von 2—5 alternirende
Reihen.

So weit mir die Literatur zugänglich ist, kenne ich neben der französischen
Kreideart und der neuseeländischen keinen weiteren Repräsentanten der Sippe.

FILIFLUSTRELLA PACIFICA Stol.
Taf. XIX, Fig. 6—9.

*Filif. polyzoarium ramosum; ramis depressis, cellulis decumbentibus; glabris, convexis
orificiis terminalibus, postice atque lateraliter marginibus elevatis circumdatis,
supra saepissime poris duobus accessoribus ornatis; cellularum seriebus longitudinaliter alternantibus, 2—5; superficie posteriori prope plana, lineis impressis
irregulariter signata atque ad utrumque marginem cellularum orificiis rotundatis ornata.*

Zellenstock ästig, stark von vorne nach rückwärts niedergedrückt; Zellen an
der Vorderseite in 2—5 alternirenden Längsreihen, glatt, liegend und schwach
gewölbt. Mündungen klein, unterhalb und seitlich mit erhabenen Rändern umgeben
und oberhalb in einiger Entfernung sehr oft mit zwei kleinen Poren versehen. Der
Rand um die Mündung ist stärker oder schwächer und die Zellen selbst näher oder
entfernter von einander gelegen. Die Rückseite ist nahezu flach, mit einigen vertieften Linien markirt, die sehr an die von Retepora erinnern. An jeder Seite
befindet sich eine Reihe rundlicher Mündungen, die oft verhältnissmässig ziemlich
gross sind. Manchmal, wenn die Stämme etwas dicker sind, liegen diese Mündungen
an den Seiten, so dass sie an der Rückseite kaum sichtbar sind (Fig. 7 a). Der
Durchschnitt ist quer-oval, mehr oder weniger niedergedrückt, entsprechend der
Compression der Äste. Bei der grossen Verwandtschaft dieser Art zu Retepora entsteht die Frage, ob der Stamm netzförmig verzweigt war oder nicht. Alle die uns
vorliegenden Exemplare sind dichotom, so dass, wenn ja eine netzförmige Verzweigung stattfand, die Maschen sehr weit in die Länge gezogen sein mussten.

Durch die Art der Mündung erinnert *Filif. pacifica* an *Retepora elegans* Reuss
(Polyp. 1847, Taf. VI, Fig. 38) aus dem Wiener Becken. Es ist mir nie gelungen,

diese letztere Art selbst zu beobachten, so dass ich deren Zugehörigkeit zu oder Verschiedenheit von *Filiflustrella* nicht angeben kann. D'Orbigny begründet für dieselbe eine neue Sippe *Sparsiporina* (Pal. franç. l. c. p. 439), die er gleichfalls in einer solchen Weise beschränkt, dass sie nur für die einzige Art existiren könnte.

Fundort: Tertiärschichten an der Orakei-Bucht bei Auckland; scheint recht häufig, aber stets nur in kleinen Bruchstücken vorzukommen.

13. SEMIESCHARIPORA D'ORBIGNY 1852.

Hemeschara Busk. 1859.

Polyzoarium calcareum, ramosum seu foliaceo-explanatum et contortum, e strato cellularum unico compositum; cellulis urceolatis, decumbentibus; orificiis terminatibus; cum seu sine poris accessoribus.

Die Sippe ist charakterisirt durch die Form der krugförmigen Zellen, welche nur an einer Seite eines verzweigten oder blattförmig ausgebreiteten Zellenstockes ausmünden. Sie entspricht durch die oben erwähnte Charakteristik vollständig dem Sinne der D'Orbigny'schen Sippe *Semiescharipora* und vertritt *Eschara* unter den einschichtigen, frei entwickelten Colonien. D'Orbigny sagt, sie bilde eine Parallele zu *Escharifora,* er beschreibt jedoch keine Art, die wir als identisch in Betreff der Zellenform mit *Escharifora* angeben könnten. Sollte dies der Fall sein, dann bleibt der Name *Semiescharifora* frei. Es ist kein Grund einzusehen, warum man D'Orbigny's Benennung, die durch so viele Abbildungen und Beschreibungen klar dargestellt ist, abschaffen und dafür wieder eine neuen einführe soll. Jeder, der einige Arten der Eschariden untersucht hat, wird einsehen, dass die Sippe wie sie D'Orbigny aufgefasst hat, nicht bestehen kann, dass aber diese und viele andere mit sehr kleinen Änderungen in der Charakteristik behalten werden können. So ist es ein ähnlicher Fall mit *Semiescharipora,* die als vollkommen ident mit *Hemeschara*[1] Busk (Crag. Polyzoa 1859, p. 77) betrachtet werden muss und, wie erwähnt, sich hauptsächlich durch echte Urceolat-Zellen unterscheidet. Unter *Semieschara,* welche Busk mit einigen anderen Sippen ganz ignoriren will, vereinigt D'Orbigny blos Arten mit flustrinen Zellen, und wir glauben, dass die Sippe in dem Sinne gleichfalls bestehen soll und eine Parallele zu *Biflustra* bildet.

[1] Es ist nicht zu leugnen, dass Busk's Benennung, an und für sich betrachtet, vorzuziehen wäre; doch kann man, denke ich, nicht so weit das Prioritätsrecht hintansetzen.

Semiescharellina (= Semiescharinella) vertritt unter den einschichtigen die Sippe *Escharellina*, *Semiporina* die Sippe *Porina*, *Semiflustrella* die Sippe *Flustrella* u. s. w. Bezüglich der verschiedenen Form der Zellen müssen wir hier auf das verweisen, was bei Gelegenheit der Sippe *Eschara* gesagt wird.

Zwei Arten, *Semieschar. porosa* und *marginata* sind bisher auf Neu-Seeland gefunden worden, sie sind beide neu.

SEMIESCHARIPORA POROSA Stol.

Taf. XIX. Fig. 10—13.

Sem. polyzoarium ramosum; ramis compressis: cellulis in seriebus longitudinalibus seu saepe irregulariter distributis, porosis, subplanis: orificiis magnis subrotundatis seu semilunatis, peristomate elevato circumdatis; labio inferiori crasso, subrecto; superficie posteriori plana, porosa.

Die Zellen sind ursprünglich in Längsreihen, doch manchmal auch unregelmässig vertheilt, dicht an einander liegend und mit kaum bemerkbaren Rändern umgeben. Die Zellendecke ist ziemlich flach und beinahe ganz porös. Die ursprüngliche Form der Zellen scheint die in Fig. 13 dargestellte zu sein. Die Mündung ist gross, halbmondförmig und der mittlere Theil der Zellendecke unterhalb stark entwickelt, glatt, etwas erhaben und an dem Rande mit einer grösseren oder kleineren Anzahl Poren bedeckt; einige von ihnen nach unten zu sind grösser als die anderen.

Wenn die Zellendecke durch Abwitterung etwas beschädigt ist (siehe Fig. 12), werden die halbmondförmigen Windungen mehr rund, der glatte mittlere Theil wird kleiner und die Poren zahlreicher. Als eine noch etwas entfernter stehende Varietät kann das Exemplar, welches in Fig. 10 dargestellt ist, bezeichnet werden. Obwohl es besser erhalten ist, als das vorige, weicht es noch mehr ab von der ursprünglichen Form. Die Mündungen sind gross, rund, die ganze Zellendecke mit Poren von verschiedener Grösse versehen und der mittlere glatte Theil der Zellendecke ist auf ein Minimum reducirt.

Eine Vergleichung der drei gegebenen Figuren wird ein klares Bild von der Veränderlichkeit der Art verschaffen. Die Rückseite ist flach und porös.

Fundort: Tertiärschichten an der Orakei-Bucht bei Auckland; kommt recht häufig vor.

SEMIESCHARIPORA MARGINATA Stol.
Taf. XIX. Fig. 14.

Sem. polyzoarium ramosum: ramis compressis: cellulis in seriebus alternantibus lon-
gitudinalibus positis, elongatis, planis, laevigatis atque cum serie unica pororum
marginatis: orificiis terminalibus, vix elevatis, rotundatis, postice subincisis:
superficie posteriori subplana, porosa.

Die Zellen bilden alternirende Längsreihen, sind stark verlängert, flach, glatt
und an den Rändern mit einer Reihe Poren versehen. Die Mündungen liegen am
oberen Ende, sind sehr schwach umrandet, rundlich und unterhalb mit einem sehr
schwachen Einschnitte versehen. Die Rückseite ist ziemlich flach und stark porös,
die Poren verhältnissmässig gross und länglich.

Die sehr langgestreckten und blos mit einer Porenreihe begrenzten Zellen
unterscheiden diese Art sehr leicht von *Sem. porosa.* Dem ganzen Charakter nach
gleichen die Zellen sehr denen von *Eschara monilifera* und man könnte leicht beide
Arten verwechseln, wenn man nicht die Rückseite in Betracht zieht.

Fundort: Tertiärschichten an der Orakei-Bucht bei Auckland; sehr selten.

14. ESCHARA Ray 1724.

Eschara et Escharella D'Orb, partim.
Escharifora et Escharellina D'Orb.
Eschara, auctorum.

Polyzoarium calcareum, erectum, ramosum vel foliaceum, rebus submarinis basi ad-
fixum; cellularum seriebus longitudinalibus atque alternantibus in utraque facie
terminantibus: lamina sejunctis; cellulis urceolatis, decumbentibus, glabris vel
porosis, orificiis ad terminationes superiores positis, sine seu cum poris accesso-
ribus ornatis.

Der Name *Eschara*, wie eben charakterisirt, ist hier beschränkt nur auf solche
zweischichtige Formen, bei denen die Zellen krugförmig sind, mit den Mündungen
am oder sehr nahe dem oberen Ende versehen und in alternirenden Längsreihen
angeordnet. In diesem Sinne wurde die Sippe von den meisten früheren Autoren
aufgefasst.

Die von D'Orbigny beschriebenen Escharen gehören einer grossen Anzahl
nach zu *Escharinella* und *Biflustra.* Seine Unterscheidung der Sippen nach einer

oder zwei oder mehreren Nebenporen ist gewiss eine unhaltbare, desshalb auch *Escharella*, *Escharellina* und *Escharipora* nicht bestehen können. Ganz das nämliche gilt von der ganzen oder partiellen Porosität oder Fältelung der Zellen. Ich
brauche hier lediglich die *Eschara monilifera* M. Edw. zu erwähnen und neben
andern auf die trefflichen Abbildungen hinzuweisen, die Busk (Polyzoa 1859, pl. XI)
von dieser Art gibt. Wenn man grosse Stücke der erwähnten *Eschara* untersucht,
wie ich vor Kurzem Gelegenheit hatte, so wird man Folgendes beobachten. Die
Zellen haben entweder gar keine Nebenporen, gehören also zu *Escharella*; oder
es ist nur eine Nebenpore unterhalb oder an der Seite der Mündung, die Art gehört
desswegen zu *Porina*; oder endlich es sind je eine Nebenpore an der Seite und eine
unterhalb der Mündung, was die Species zu einer *Escharipora* macht. Es würde
demnach ein und derselbe Bryozoenstock zu drei verschiedenen Genera gehören.
Ich denke, wenn eine Trennung der ursprünglichen, sehr umfangreichen Sippe
Eschara in mehrere zweckmässig sein soll — wie sie nöthig erscheint, — so soll
die Unterscheidung nur auf die verschiedene F o r m der Zellen begründet sein.
Das Vorhandensein oder Fehlen gewisser accessorischer Poren und damit entspre-
chender Organe kann dann immerhin in der Classification von Unterabtheilungen
und Arten benützt werden. Mit dieser Berücksichtigung der Form der Zellen
würden wir die folgende Eintheilung vorschlagen. Wir setzten als gemeinschaft-
lichen Charakter voraus einen ästigen oder blattförmig frei erhabenen Zellenstock,
der aus zwei Schichten von Zellen besteht, die mit dem Rücken an einander liegen:

a) Cellulis urceolatis.

Eschara Ray: *cellulis urceolatis, decumbentibus, orificiis vel prope terminationes superiores positis, in seriebus longitudinaliter alternantibus distributis;
orificiis cum vel sine poris accessoribus ornatis.*

Porina D'Orb.: *cellulis inflatis, plerumque porosis, orificiis in vel prope
medium positis, rotundatis, subtubulosis; cum vel sine poris accessoribus
seu aliis intermediis intersparsis ornatis.*

Escharipora D'Orb.: *cellulis rhomboidalibus seu angulatis, depressis vel
subelevatis, in V-formibus seriebus dispositis; orificiis (precipue) impressis,
transversaliter extensis; sulcis cellulas marginantibus plerumque porosis.*

Flustrella D'Orb.: *ramis compressis vel cylindraceis; cellulis crassis, confluentibus vel submarginatis, subovatis, convexis; orificiis immersis, elon-*

gatis, postice plerumque denticulatis seu rotundate elevatis; cum seu sine poris accessoribus ornatis.

Myriozoum Donati: *cellulis urceolatis, depressis, angulate submarginatis atque cum poris intermediis in superficie ornatis, irregulariter distributis; orificiis positis in cellularum medio vel excentricis, saepe rotundatis interdumque poris accessoribus ornatis.*

Bei *Myr. truncatum* Ehr. sind die Enden der Äste stumpf, wie abgebrochen und die Vertheilung der Zellen ist radienartig. Ob dies zum Charakter der Sippe gehört, bedarf noch weiterer Beobachtungen. D'Orbigny's Sippe *Foricula*, glauben wir, kann bestehen, wenn sie auf den flustrinen Charakter der Zellen begründet ist. Indessen wir denken, dass der eigentliche Platz im Systeme für *Myriozoum* unter den Eschariden ist, und nicht, wie allgemein angenommen wird, unter den Cyclostomen (*Centrifugines* D'Orb.); was übrigens auch D'Orbigny (Pal. franç. V. p. 661) schon vermuthet.

Escharinella D'Orb.: *cellulis depressis subplanis, marginatis; orificiis prope seu ad terminationes superiores positis, plerumque peristomate circumdatis; sine seu cum poris accessoribus superpositis ornatis: cellularum seriebus longitudinaliter alternantibus.*

Als Typus dieser Sippe könnte man etwa *Esch. Argia* D'Orb. (Pal. franç. crét. V, pl. 666, Fig. 10—12) betrachten. Es ist mir allerdings nicht unbekannt, dass D'Orbigny in der obigen Weise die Sippe nicht aufgefasst hat, man findet vielmehr die meisten hieher gehörigen Arten beschrieben unter *Eschara*. Indessen seine Sippe *Escharinella* enthält einige sehr charakteristische Formen, wie *Eschara inaequalis, simplex* u. a.; aus diesem Grunde und, weil es auch die erste Sippe ist, die D'Orbigny von *Eschara* abtrennt, würde es vielleicht zweckmässiger sein, diesen Namen einem andern vorzuziehen, da ja einmal eine Abtrennung wünschenswerth ist.

b) *Cellulis flustrinis.*

Milicerita M. Edw.: *Cellulis depressis vel concavis, marginatis, cum seu sine poris accessoribus vel aliis intermediis ornatis: orificiis in seu prope medium positis; cellularum seriebus transversalibus.*

Biflustra D'Orb.: *Cellulis depressis, flustrinis, marginatis, cum seu sine poris accessoribus: orificiis magnis, apertis: cellularum seriebus longitudinaliter alternantibus.*

17*

Bis auf die Sippe *Escharinella* und *Myriozoum* sind glücklicher Weise alle die übrigen durch eine oder die andere Art vertreten, so dass wir für weitere specielle Bemerkungen auf die Beschreibung der Arten verweisen können.

ESCHARA MONILIFERA M. Edw.

Taf. XIX. Fig. 15, 16.

1836. *Eschara monilifera* M. Edwards, Ann. sc. nat. II. ser. VI, p. 7, pl. XI, Fig. 1.
1843. „ *punctata* Philippi, Tertiärversteinerungen p. 38, Taf. I, Fig. 19.
1845. „ *monilifera* Michelin, Iconograph. p. 327, Taf. 78, Fig. 10.
1846. „ *punctata* Reuss, Haidinger's Abhandlungen, II; Polyp. d. Wiener Beckens, p. 69, Taf. VII, Fig. 25.
1859. „ *monilifera* Busk, Polyzoa of the english Crag, p. 68, pl. XI, Fig. 1—3.
1862. „ *id* Stoliczka, Sitzungsb. der Wiener Akademie, Bd. XLV, p. 88.

Esch. polyzoarium pedunculatum, ramosum, palmatum seu multiforme; cellulis elongatis, subpyriformibus, planis vel subconvexis, marginatis; ad margines pororum serie unica ornatis; orificiis subrotundatis seu transversaliter ellipticis, labio inferiori poro accessori ornato vel inciso, poris accessoribus ad utrumque latus saepe gerentibus.

Oricellulis nullis: cellulis fertilibus (?) magnis, immersis, irregulariter inter vulgares sparsis (Busk).

Grosse Stämme dieser Art, wie sie besonders schön im Coralline Crag Englands vorkommen, zeigen nebst der ästigen auch eine blattförmige Ausbreitung; ja man beobachtet sogar einschichtige Partien an der Stelle, wo der ganze Stamm zu wachsen beginnt, und wo er an fremde Gegenstände angeheftet ist. Die Zellen sind gewöhnlich in abwechselnden Längsreihen angeordnet, langgestreckt, nach unten etwas schmäler und durch gemeinschaftlich erhöhte Leisten getrennt, die besonders dann schärfer zu sehen sind, wenn die Oberfläche etwas abwittert. Die Zellendecke ist entweder flach oder nur schwach gewölbt, und ringsum am Rande mit einer Reihe von Poren versehen. Die Mündung liegt am oberen Ende, rund oder etwas quer oval, unterhalb mit einer Nebenpore oder einem Schlitz oder seltener mit beiden. Sehr häufig — jedoch nicht immer — findet sich je eine Nebenpore zu jeder Seite der Mündung, wie man sie bei den von Busk gegebenen Abbildungen bemerken wird. (Siehe Polyzoa of the Crag, 1859, pl. XI, Fig. 1.)

Es ist gewiss von grossem Interesse, diese für die oberen und mittleren Tertiärschichten Europa's so sehr charakteristische Art wieder auf Neu-Seeland fossil

anzutreffen. Es ist dies ein weiterer Beweis zu der vor wenigen Jahren von mir
gemachten Bemerkung hinsichtlich der grossen Verbreitung dieser Art. (Siehe
Wiener Akad. Sitzungsberichte, Bd. XLV, p. 88.) Dass die neuseeländischen Stücke
wirklich mit den europäischen identisch sind, wird wohl die hier gegebene Figur
und eine Vergleichung derselben mit den schon bekannten hinreichend verau-
schaulichen.

Fundort: Tertiärschichten an der Orakeï-Bucht bei Auckland; bis jetzt nur
in einigen Bruchstücken bekannt.

Weiteres Vorkommen. In den miocänen und oberen Tertiärschichten
durch beinahe ganz Europa: im Cor. Crag von England, im Falunien von Frankreich, im Oligocän von Deutschland, im Miocän der Schweiz und Österreichs
(Wiener, ungarischen, siebenbürgischen und galizischen Becken), in den Subapen-
ninen-Bildungen Italiens, im oberen Tertiär von Sicilien u. s. w. Ich habe früher
(a. a. O.) bemerkt, dass dieselbe Art auf Rhodus mit etwa 90 Percent lebenden
Mollusken vorkommt; es ist aber bisher noch nicht gelungen, sie lebend zu beobachten, obwohl es grosse Wahrscheinlichkeit hat, dass sie bis jetzt noch im Mittelmeere lebt.

ESCHARA AUCKLANDICA Stol.

Taf. XIX. Fig. 17—19.

Esch. polyzoarium ramosum, ramis compressiusculis; cellulis in seriebus alternan-
tibus dispositis, planis, in superficie porosis, sulcis obsoletis seu parum distinctis
marginatis; orificiis rotundatis, peristomate solido circumdatis, postice poro
avicularío ornatis.

Stämme ästig, mehr oder weniger zusammengedrückt und flach ausgebreitet,
Zellen in alternirenden, oft etwas unregelmässigen Längsreihen, flach, nur undeutlich durch Furchen von einander getrennt und an der ganzen Oberfläche mit Poren
versehen. Mündung rundlich, vertieft, mit starkem, glattem Rande umgeben und
unterhalb meistens mit einer Nebenpore geziert. Diese letztere ist häufig durchbrochen und tritt in Communication mit der Mündung selbst. Das Aussehen dieser Art
wechselt stark mit den verschiedenen Graden der Erhaltung. Bei Fig. 18 sind die
Zellen und Mündungen deutlich und letztere besonders stark umrandet. Das Bruchstück ist gut erhalten. Das Exemplar, welches Figur 17 vorstellt, ist etwas abge-

rieben, die Zellen sind durch feine Leisten und theilweise durch Furchen begrenzt
die Nebenporen sind alle unterbrochen, wodurch an der Mündung eine Art Schlitz
entsteht, und viele von den Poren, namentlich um die Mitte der Zellendecke herum,
sind grösser und unregelmässig. In Figur 19 ist ein etwas dickerer Ast abgebildet.
woran in Folge mangelhafter Erhaltung die Begrenzungen der Zellen fast gar
nicht mehr wahrzunehmen sind. Besonders bemerkenswerth ist auch bei diesem
Stücke die grosse Entfernung der einzelnen Zellen in einer Reihe.

Von *Esch. monilifera* unterscheidet sich diese Art sehr leicht durch die Porosität der ganzen Oberfläche der Zellen und durch deren weniger verlängerte Form.
Mehr Ähnlichkeit bietet dagegen die neuseeländische Art mit *Esch. porosa* M. Edw.
(Busk Polyzoa of the Crag, p. 66, pl. XI, Fig. 4). Sie unterscheidet sich von
dieser letzteren gleichfalls durch die überwiegende Porosität und den Mangel einer
zahnartigen Avicularienpore. Indessen es wäre jedenfalls eine genaue Vergleichung
zahlreicher Exemplare wünschenswerth, wozu mir vorläufig das Material fehlt.

Fundort: Tertiärschichten an der Orakei-Bucht bei Auckland; die Art
ist selten.

15. PORINA d'Orbigny 1852.

Polyzoarium calcareum, erectum, ramosum: ramis compressiusculis, cellulis quicun-
tialibus, in utraque facie gerentibus, lamina in medio sejunctis: cellulis inflatis, in
superficie submarginatis, plerumque porosis, orificiis rotundatis, prominulis, in
seu ad medium positis; poris accessoribus variis seu nullis.

D'Orbigny legt den Hauptcharakter dieser Sippe in das Vorhandensein
Einer Nebenpore unterhalb oder neben der Mündung. Ich habe schon früher
(Sitzungsb. d. Wiener Akad. Bd. 45, p. 90) bemerkt, dass bei *Porina (Eschara)*
porulosa sich in der Regel eine Nebenpore nahe der Mündung oder an der Zellen-
oberfläche befindet, dass es jedoch an demselben Aste Zellen gibt, die gar keine
Nebenpore besitzen. Es ist daher klar, dass dieser Charakter, wie ihn D'Orbigny
auffasst, nicht bestehen kann; dass aber alle hieher gehörigen Arten sich durch eine
sehr charakteristische, aufgeblasene Form der Zellen auszeichnen, deren Begrenzungen schwach oder oft gar nicht markirt sind und deren Mündungen constant
rund, oftmals etwas röhrenförmig vorstehend sind. Ein Blick auf die von D'Orbigny
abgebildeten Repräsentanten dieser Sippe wird dies klar machen ; das nämliche

gilt von der eben erwähnten *Porina porulosa* Stol.; dagegen muss ich bezüglich der vom Herrn Römer beschriebenen fünf Arten aus den norddeutschen Tertiär-ablagerungen (siehe Dunker's Palaeontograph. vol. IX) auf meine Notizen in Bronn's Jahrbuch für 1864 verweisen. Eben so muss man es vorläufig unentschieden lassen, ob die anderen von D'Orbigny (Pal. franç. crét. V, p. 434) angeführten Porinen zu der Sippe, wie sie hier aufgefasst wird, gehören oder nicht.

Porina Dieffenbachina ist die einzige Art, welche uns bisher von Neu-Seeland bekannt wurde.

PORINA DIEFFENBACHIANA Stol.

Taf. XIX. Fig. 20.

Por. polyzoarium ramosum; ramis crassis, subfoliaceis; cellulis in seriebus obliquis dispositis, subinflatis, vix marginatis; orificiis peristomate elevato atque rotundato circumdatis, prope medium terminantibus; superficie porosa; poris accessoribus majoribus atque minoribus interspursis ornata.

Die Äste dieser Art sind stark und dick, manchesmal etwas blattförmig aus-gebreitet. Die Zellen sind in schiefen oder V-förmigen Reihen angeordnet, blasen-förmig erhöht und nur durch sehr schwache Furchen gegen einander abgegrenzt. Die Mündungen liegen beinahe in der Mitte, von einem stark erhabenen Rande umgeben. Die ganze Oberfläche ist dicht porös und einzelne der Poren, entweder nahe der Mündung oder an der Zellendecke zerstreut, sind grösser als die anderen.

Eine sehr nahe stehende Art, die sich blos durch die quere Anordnung und etwas schärfere Begrenzung der Zellen unterscheidet, ist die schon erwähnte *Porina porulosa* aus dem Oligocän von Latdorf im Bernburgischen. (Siehe Sitzungsb. Wien. Akad. 45, p. 89, Taf. III, Fig. 3.)

Fundort: Tertiärschichten an der Orakei-Bucht bei Auckland; ist nicht besonders selten.

16. ESCHARIFORA D'Orbigny 1852.

Polyzoarium calcareum, erectum, ramosum seu foliaceum; cellulis subplanis, rhom-boidalibus seu angulatis, sulcis plerumque porosis, sejunctis, in seriebus V-formi-bus vel in medio divergentibus atque curvatis dispositis; orificiis immersis, saepe transversaliter elongatis, in seu prope medium superficiei; cellulis rare poris accessoribus gerentibus.

Alle die Arten, welche D'Orbigny als *Escharifora* beschreibt und abbildet, tragen den obigen Charakter, obgleich D'Orbigny in seiner Angabe etwas abweicht. Die Form der Zellen ist in der Regel rhombisch, in gebogenen V-förmigen Reihen angeordnet und meist durch poröse Furchen gegen einander abgegrenzt. Die Mündung ist oft quer verlängert, eingesenkt und nur selten mit Nebenporen versehen; dagegen finden sich oft accessorische Poren an der rauhen Oberfläche. Die Anzahl der Poren, worauf D'Orbigny das ganze Gewicht legt, kann wohl bei Bestimmung der Arten berücksichtiget werden, aber nicht bei der Sippe selbst. Die Äste der meisten hieher gehörigen Arten sind blattförmig ausgebreitet, wie dies bei der Art aus der Kreide und auch bei der neuseeländischen Art zu beobachten ist.

Neben den als *Escharifora* beschriebenen Arten gehören einige von seinen Escharen hieher, wie *Esch. axis* et *Danae*, *Escharella Argus*, *Biflustra rhomboidalis* u. a. m. Wenn einmal eine gute Revision der D'Orbigny'schen Arten, von denen viele, wie ich aus Erfahrung weiss, nur auf verschieden erhaltenen Exemplaren beruhen, stattgefunden hat, wird es leichter sein die Anzahl der Eschariforen festzustellen. Reuss (Polyp. d. Wien. Beckens, 1847, pl. VIII, Fig. 33 und 35) beschrieb zwei: *Esch. tessulata* und *polystomella*. Hagenow bemerkt zahlreiche aus der Mastrichter Kreide (Monographie 1851), obwohl auch deren Zahl reducirt werden muss; es sind: *Esch. Jussieui, Peisonelli, semistellata, Desmaresti, polystoma, Verneuili, striata, rhombea, Solandri*. Ich selbst beschrieb eine Art von Ladtorf als *Eschara ornatissima* (Sitzungsb. d. Wien. Akad. Bd. 45, p. 86, Taf. II, Fig. 7).

Escharifora Lawderiana ist die einzige Art, die uns aus den glaukonitischen Schichten bei Auckland bekannt wurde.

ESCHARIFORA LAWDERIANA Stol.

Taf. XX. Fig. 1.

Esch. polyzoarium foliaceum, explanatum; cellulis planis, obsolete marginatis, inaequaliter porosis, rhomboidalibus: orificiis parvis, rotundatis utrimque poro accessori atque infra aviculario clauso, globoso, ornatis; labio posteriori inciso.

Stamm blattartig ausgebreitet, ästig, verbogen. Zellen rhombisch in bogenförmigen, zur Mitte divergirenden Reihen angeordnet, sehr wenig erhöht, porös und durch undeutliche Furchen von einander begrenzt. Die Mündung ist klein, beiderseits mit einer Nebenpore versehen, unterhalb mit einem kleinen Schlitz; unterhalb ist die Zellendecke etwas gewölbt. Diese letztere ist häufig durchbrochen und wenn auch dasselbe mit den Seitenporen stattfindet, erhält die Mündung eine sehr unregelmässige Gestalt. Dasselbe gilt in Betreff des Erhaltungszustandes der ganzen Oberfläche, wie man dies leicht einsehen wird, wenn man die zwei gegebenen Figuren 1 *a)* und 1 *b)* vergleicht, von denen jede eine Seite desselben Astes vorstellt. Es ist dies ein besonders klarer Beweis, welche Vorsicht bei Bestimmung mehrerer Arten nothwendig ist, um wenigstens bis zu einem gewissen Grade Richtigkeit zu erlangen.

Ich habe diese Art nach dem Artist A. W. Lawder benannt, der die mühevolle Arbeit unternahm, alle die hier abgebildeten Arten im vergrösserten Massstabe zu zeichnen.

Fundort: Tertiärschichten an der Orakei-Bucht bei Auckland; kommt verhältnissmässig nur selten vor und meist schlecht erhalten.

17. FLUSTRELLA D'Orbigny 1852.

Flustrella, Flustrina et Eschara D'Orb. (in parte).

Polyzoarium calcareum, erectum, ramosum; ramis compressis vel subcylindricis; cellulas ad utramque faciem gerentibus earumque seriebus longitudinaliter alternantibus, cellulis crassis, confluentibus, submarginatis; orificiis immersis, obliquis, saepissime prolongatis, postice denticulatis seu rotundate elevatis; poris accessoribus ornatis seu nullis; poris intermediis saepe in superficie sparsis.

Als Typus dieser Sippe würde ich *Flustrella irregularis* und *Flustrina compressa* D'Orb. betrachten. Eine specielle Charakteristik der Zellen zu geben ist äusserst schwierig; indessen sie besitzen stets ein eigenthümliches Aussehen, das sie nicht verkennen lässt, so dass eine Trennung der Sippe nothwendig erscheinen sollte. Die Begrenzungen der Zellen sind gewöhnlich in Folge starker Entwickelung der Zellenmassen wenig oder gar nicht sichtbar, die Mündungen liegen tief eingesenkt, meist in der Richtung der Längsaxe etwas verlängert; unterhalb mit erhabener Zellendecke, die an der Unterlippe sehr oft eine zahnartige Verlängerung bildet, welche über die Mündung vorsteht und dieselbe theilweise verdeckt. In vielen Fällen befindet sich an dieser Vorragung eine kleine Öffnung. Eine gewisse dichte, kieselähnliche Structur der Zellenmasse, wie sie sehr oft bei *Reto-pora* vorkommt, lässt selbst kleine Bruchstücke dieser Sippe nicht leicht verken-nen. D'Orbigny unterscheidet *Flustrella* mit einer und *Flustrina* mit zwei oder mehreren Nebenporen; eine Unterscheidung, die wie es scheint überflüssig ist. Wir beschreiben hier Beispiele von beiden; *Fl. denticulata* wäre eine echte *Flustrella*, dagegen sollte *Fl. clavata* zu *Flustrina* gezogen werden, weil sie in der Regel zwei Nebenporen über der Mündung besitzt. Indessen man kann bei letzterer Species Zellen beobachten, die in allen übrigen Charakteren übereinstimmen und nur eine Nebenpore besitzen, und andererseits bei *Fl. denticulata* solche, die manchmal zwei haben. Die Nebenporen sind überhaupt nicht sehr regelmässig. Wir behalten *Flu-strella* für beide und unter einer etwas veränderten Form als D'Orbigny die Sippe aufgefasst hat. Zahlreiche von seinen *Flustrellen* und *Flustrinen* mit weiten, offenen Zellen müssen zu *Biflustra* gerechnet werden, um die ohnehin schon so grosse Zahl der Arten derselben noch zu vermehren!!

FLUSTRELLA DENTICULATA Stol.

Taf. XX, Fig. 2.

Flust. polyzoarium ramosum: ramis compressiusculis; cellularum seriebus irregulariter alternantibus; cellulis glabris, subelevatis; orificiis immersis, parvis, infra denti-culatis, supra aviculariis singulis ornatis; superficie interdum porosa.

Stamm wenig zusammengedrückt, oftmals rundlich, mit unregelmässig alter-nirenden und ziemlich weit abstehenden Zellen, deren Begrenzungen an der Ober-fläche sehr undeutlich wahrzunehmen sind. Die Mündungen sind vertieft, unterhalb von einem scharf vorragenden Rande umgeben und theilweise verdeckt, oftmals mit einem kleinen Einschnitt; oberhalb befindet sich in der Regel eine Nebenpore; sehr selten sind deren mehr. Ausserdem ist die ganze Oberfläche mit mikroskopisch feinen Poren versehen. Nur wenn die Oberfläche der Zellen durch Abwitterung beschädigt wurde, treten mehrere, unter anderen etwas grössere Poren auf, jedoch in keiner regelmässigen Anordnung.

Durch die starke zahnartige Verlängerung unterhalb der Mündung und eine einzige accessorische Pore oder einen Einschnitt unterhalb unterscheidet sich diese Art von *Fl. clavata* n. sp.

Fundort: Tertiärschichten an der Orakei-Bucht bei Auckland; ist nicht sehr häufig.

FLUSTRELLA CLAVATA Stol.
Taf. XX. Fig. 3—5.

Fl. polyzoarium ramosum: ramis cylindricis vel subcompressis, terminationibus truncatis seu interdum clavatis; cellularum seriebus alternantibus; cellulis elevatis, convexis; orificiis parvis rotundatis, ad margines inferiores tribus poris accessoribus ornatis; superficie subrugosa, irregulariter porosa; duobus poris accessoribus saepe supra orificia ornatis.

Äste rund oder etwas zusammengedrückt, an den Enden stumpf oder keilförmig verdickt. Die Zellen bilden alternirende Längsreihen und sind etwas erhaben und unterhalb der Mündung gewölbt, mit einer wenig rauhen oder unebenen Oberfläche. Die Mündungen sind verhältnissmässig klein, rund, unterhalb in der Regel mit drei Nebenporen geziert, worauf eine Einsenkung folgt. Werden die Nebenporen durchbrochen, so erlangt die Mündung ein unregelmässiges Aussehen. Manchmal finden sich zwei Poren oberhalb der Mündung, indessen treten sie nicht ganz regelmässig auf; oft ist nur eine vorhanden; eben so ist es der Fall mit zwei anderen Poren, von denen je eine (seltener mehr) an der Seite der Mündung zwischen zwei Zellen häufig zu sehen ist (siehe Fig. 3). Es gibt Zellen, — manchmal auf einem und demselben Aste, — welche über der Mündung nur eine oder zwei Nebenporen besitzen und andererseits solche, die ganz unregelmässig mit Poren von verschiedener Grösse bedeckt sind (siehe Fig. 5). so dass eine stricte Regel sich in Betreff derselben nicht aufstellen lässt.

Fundort: Tertiärschichten an der Orakei-Bucht bei Auckland; kommt ziemlich häufig vor.

18. CELLEPORARIA Lamouroux 1821.

Celleporina et Celleporaria D'Orb. 1852; Cellepora Busk 1859.

Polyzoarium calcareum, spongiosum, incrustans, globosum seu ramosum; erectum, e cellulis urceolatis irregulariter superpositis seu conjunctis compositum.

Die Form des Zellenstockes ist eine ungemein wechselnde und ändert sich nach der Gestalt des Gegenstandes, woran derselbe angeheftet ist. Man findet ästige und kurze oder kugelförmige Stämme. oft theilweise hohl, indem die Zellen sich sehr häufig um Seepflanzen herumlegen. Unter den Zellen herrscht keine bestimmte

Anordnung, sie bilden oftmals eine Art überliegender Schichten, meist sind sie aber am Querbruche unregelmässig vertheilt. Bezüglich des Unterschiedes von *Cellepora* wird man die nöthigen Bemerkungen daselbst finden. Lamouroux war der erste, welcher die Sippe *Celleporaria* in obiger Weise von *Cellepora* abtrennte, und ich denke, dass D'Orbigny in dieser Hinsicht mit vollem Rechte den älteren Namen beibehält.

Von Neu-Seeland sind uns zwei Arten bekannt geworden: *Cell. globularis* Bronn., eine durch ganz Europa in den oberen Tertiärschichten vorkommende Art, und *Cell. Gambierensis* Busk, die vor wenigen Jahren Rev. Woods am Berge Gambier in Süd-Australien auffand.

CELLEPORARIA GLOBULARIS Bronn sp.

Taf. XX. Fig. 6.

1834. *Cellepora globularis* Bronn, Reise nach Italien, II, p. 654, Leth. geognost. II, p. 877, Taf. 35, Fig. 15 *a, b.*
1847.   „   „   Reuss, Polyp. d. Wiener Beckens, p. 76, Taf. IX, Fig. 11—15.

Das Material, welches wir von Neu-Seeland zu dieser Art verweisen, besteht aus einigen kleinen, kugelförmig oder flach abgerollten Zellencolonien, deren Zellen glatt sind und nur manchmal eine kleine Höhlenpore besitzen. Ähnliche kleine kugelige Körper, die im Leithakalke des Wiener Beckens zugleich mit grösseren kugeligen und ästigen Stämmen derselben Art gefunden werden, kommen in den Mittel- und Ober-Tertiärschichten von beinahe ganz Europa vor. Ich hatte vor wenigen Jahren ganz ähnliche Formen aus den oligocänen Schichten von Latdorf angezeigt (Sitzungsb. d. Wiener Akad. Bd. XLV, p. 90, *Cell. globus* Römer 1863 in Dunker's Palaeontograph. vol. IX, Taf. 36, Fig. 22), und daselbst der grossen Verbreitung dieser Art Erwähnung gethan. Ich kann nicht anders, als diese runden Zellencolonien von Neu-Seeland abermals unter dem alten Bronn'schen Namen anführen, da ich in der That keine Verschiedenheit in der Form und Structur der Zellen erkennen kann. Allerdings ist es wahr, dass man an kaum zwei Exemplaren die Zellen identisch in ihrer Form findet, indessen sie behalten doch immer einen gewissen Charakter in der Anordnung, der gewöhnlich wieder zu beobachten ist. Ich kenne solche Formen von wenigstens 50 verschiedenen Localitäten, die ich im Wiener k. k. Mineraliencabinete untersucht habe.

Wenn die über der Mündung befindliche Oberhöhle durchbrochen ist, ändert sich das Aussehen der Oberfläche sehr bedeutend und man hat oft viel Mühe, die Zellen nur annäherungsweise zu erkennen. Es ist sehr begreiflich, wie ungemein leicht solche kugelförmige Körper am Strande von den Wellen hin- und hergerollt und selbst in entfernte Gegenden getragen werden. Es dürfte daher um so weniger auffallen, dieselbe Art in europäischen und südlichen Meeren anzutreffen. Es war dies besonders dann leichter bewerkstelligt, wenn die Communication vielleicht eine mehr offene war, als sie heut zu Tage ist.

Busk hat unter den tertiären Bryozoen von Süd-Australien (Quart. Journ. Geol. Soc. Lond. 1860, XVI, p. 261) mehrere kugelige und halbkugelige Arten benannt, und es wäre sehr möglich, dass sich auch diese unter ihnen mit einem Namen verzeichnet findet. Gewiss wäre es sehr wünschenswerth, bezüglich der von Busk neu benannten sechs Arten in's Klare zu kommen, da manche unter ihnen durch ihre eigenthümliche Form ein besonderes Interesse zu besitzen scheinen.

Fundort: Tertiärschichten an der Orakei-Bucht bei Auckland; nicht häufig.

CELLEPORARIA GAMBIERENSIS Busk. sp.

Taf. XX. Fig. 7.

1860. Cellepora Gambierensis Busk. Quart. Journ. Geol. Soc. Lond. XVI, p. 260.
1862. „ „ Woods. Geol. Observ. in S. Australia p. 74 et p. 85.

Cellep. polyzoarium ramosum: ramis subcylindricis: cellulis irregulariter in super-ficie dispositis, ventricosis, glabris, ad margines interdum punctatis, majoribus atque minoribus intersparsis, orificiis subrotundatis, peristomate plerumque con-tinuo seu posterius interrupto circumdatis.

Einige Bruchstücke von Ästen, welche von dieser Art vorliegen, sind rundlich, bestehend aus unregelmässig vertheilten kleineren und grösseren Zellen, die an der Oberfläche convex, glatt und an den Rändern manchmal mit einigen Poren geziert sind. Da die Zellen sehr dicht an einander liegen und von allen Seiten ge-drückt sind, so ist deren ursprünglich krugförmige Gestalt nur selten wahrzuneh-men; viele von ihnen besitzen einen mehr polygonalen Umriss. Die Mündungen sind rundlich oder etwas verlängert der Quere nach, meist unregelmässig ausgebrochen, schwach umrandet und an der Unterlippe manchmal mit einer Andeutung eines kleinen Einschnittes.

Busk hat diese Art zuerst nach dem Berge Gambier in Süd-Australien benannt und Rev. Woods hat in seinen Geological Observations (1862) zwei Abbildungen derselben gegeben. Allerdings stimmt die Vergrösserung der Zellen, die Rev. Woods auf Seite 74 gibt, nicht so genau mit der neuseeländischen; indessen ist der Charakter der Zellen ein sehr ähnlicher, so dass ich es für unnütz erachten würde, abermals einen Namen mehr einzuführen. An den Küsten Neu-Seelands findet sich noch lebend, auf Muscheln aufsitzend oder Seegräser überziehend, eine vielästige Art, die grosse massige Zellenstöcke bildet, und deren Zellen sehr ähnlich denen der fossilen sind; sie besitzen oftmals eine Oberhöhle.

Es ist äusserst schwer, irgend welche Merkmale anzugeben, woran man die neuseeländischen Stücke von der *Cell. coronopus* Wood. (vide Busk's Polyz. of the Crag 1859, p. 57, pl. IX, Fig. 1—3) unterscheiden soll. Ich muss gestehen, dass ich mich kaum bedenken würde, sie dieser letzteren Art unterzuordnen, wenn nicht der von Busk gegebene Name existiren möchte. Es wäre jedenfalls von grossem Interesse, eine genauere Vergleichung beider anzustellen, nachdem man sich mehr Exemplare von der neuseeländischen und australischen Art verschafft hat.

Fundort: Tertiärschichten an der Orakei-Bucht bei Auckland; bisher nur in wenigen Bruchstücken bekannt.

Weiteres Vorkommen: Tertiär am Berge Gambier in Süd-Australien und wahrscheinlich noch jetzt lebend an den Küsten Australiens und Neu-Seelands.

19. CELLARIA et SALICORNARIA.

Cellaria Ell. & Sol. *Polyzoarium erectum, calcareum, ramosum, articulatum: articulationibus fibrosis, flexuosis: ramulis cylindraceis: cellulis urceolatis, decumbentibus, orificiis subtubulosis seu rotundate marginatis, poris accessoribus seu nullis.*

Salicornaria Cuv. *Polyzoarium calcareum, erectum, dichotomaceum, articulatum, articulationibus (semper?) incrustatis; ramulis cylindraceis seu angulatis; cellulis flustrinis [1]) (i. e. depressis), marginibus et cutis circumdatis: orificiis subangulatis, plerumque semilunatis, poro accessori rotundato vel unidentoto superposito ornatis.*

---

[1] Wir wenden wegen der Kürze des Ausdruckes den Namen Flustrin für alle flachen oder niedergedrückten Zellen, im Gegensatze zu den krugförmigen Zellen an.

Einer der ersten Autoren in Bryozoen sagt in seiner Monographie der fossilen Polyzoen des englischen Crag, indem er die Sippe *Salicornaria* bespricht: „die oben citirte Synonymie wird zeigen, dass eine grosse Confusion existirt hat." Leider scheinen auch durch die eingehenden Untersuchungen des englischen Autors die Schwierigkeiten nicht behoben zu sein. Die Verwirrung ist und war schwer zu lösen, weil es in den wenigsten Fällen einem Beobachter ermöglicht ist, sich an guten und typischen Exemplaren von der ersten Anwendung und Bedeutung des Sippen-Namens mit hinreichender Sicherheit zu überzeugen. Obwohl wir mit Recht befürchten, dass unsere Bemerkungen etwas zu lang erscheinen werden, so halten wir es doch beinahe für unvermeidlich, die Sache von Anfang an aufzunehmen und sie kritisch, so weit als möglich, durchzuführen. Zu diesem Zwecke müssen wir die folgenden Sippen in Betracht ziehen:

Cellaria Ellis et Solander 1787, Corll; Lamk. 1801 et 1816. An. s. vertb. II. p. 133. Lamouroux, 1821. Exp. méthodique.

Salicornaria Cuvier, 1817, Regn. animl. IV. p. 75.

Glauconome Münster, 1827. Goldf. Petref. Germ. I.

Vincularia Defrance, 1829, Dict. sc. nat. vol. LVIII, p. 214.

Margaretta Gray 1843, in Dieffenbach's New-Zealand vol. II, p. 293.

Tubucellaria D'Orbigny, 1852. Pal. franç. cret. V, p. 335.

Onchopora Busk, 1855, Quart. Journ. Microsp. Soc. nomb. XII. p. 320.

Wir schliessen einige andere Sippen, wie *Farcimia* Flem., *Cellularia* Pallas u. a. hier von weiterer Betrachtung aus, da deren Identität mit einer oder der anderen schon längst erwiesen ist.

1. Cellaria. Diese Sippe wurde zuerst angewendet 1787 von Solander für einige gegliedert ästige Bryozoenstöcke, früher unter anderen beschrieben von Pallas als *Cellularia*. Ellis und Solander haben eine typische *Cellaria* (die *C. cervoides*[1]) beschrieben. (Corall. 1787, pag. 26, Taf. 5, Fig. b. *B. C. D, E*).

Der Name *Cellaria* wurde für gliederästige Formen beibehalten von Bruguière 1791. Lamark 1801 behielt gleichfalls den Namen bei, beschrieb jedoch 1816 (Anim. s. v. II, p. 133 u. s. w.) eine grosse Anzahl ganz verschiedener Arten unter diesem Namen, so dass spätere Forscher immer glaubten, nur durch neue Namen die Verwirrung lösen zu können. Indessen Lamark hat an dem

---

[1] Oder *C. opuntioides* die für identisch gehalten werden.

Begriffe *Cellaria* nichts geändert, er hebt die vollständige Gliederung des Stammes hervor und hielt auch alle die Arten, die er beschrieb, für gegliedert, wenn auch manche in der That es nicht sind. Alle die Arten zu ermitteln, bleibt bis jetzt und noch lange vielleicht ein frommer Wunsch. Im Jahre 1821 hat Lamouroux (Exp. méth.) eine bessere Charakteristik von *Cellaria* gegeben als je früher, er schliesst alle ungegliederten Formen davon aus und machte zugleich auf die Verschiedenheit der Zellen bei verschiedenen Arten aufmerksam, indem er auf die schon früher von Lamark erwähnten zwei Abtheilungen der *Cellariae cereoides* und *C. barbatae* hinweist. Zu ersteren zählt er die Arten mit krug- oder röhrenförmigen Zellen, also die jetzige echte Sippe *Cellaria*: zu letzteren jene mit flach niedergedrückten oder flustrinen Zellen, die jetzige Sippe *Salicornaria*.

2. *Salicornaria*. Cuvier bezeichnet mit diesem Namen ebenfalls gegliederte Arten und bezeichnet als typische Art die *Cell. salicornaria* Ellis. Im IV. Bande seines *Regne animale* p. 75 sagt Cuvier ausdrücklich . . . , celles qui ont des articulations cylindriques". Während einige Autoren die Sippe anerkannten, andere theilweise, wie unter *Cellaria*, ganz verschiedene Formen darunter beschrieben, betrachteten sie mehrere Autoren als vollkommen identisch mit *Cellaria* und gewährten ihr keine Anerkennung. Es ist aber offenbar, dass durch die Aufstellung der Sippe *Salicornaria* die zwei Gruppen, die schon Lamark erwähnte, hinreichend bezeichnet sind, die *Cellariae cereoides* als echte *Cellaria*, die *Cellariae barbatae* als *Salicornaria*.

3. *Glauconome*. Der Name wurde von Münster ausschliesslich für solche Formen begründet und angewendet, deren Typus die weiter unten näher beschriebene *Sal. marginata* bildet. Bei keiner der Münsterschen Arten sind die Zellen krugförmig, die Sippe hat also mit *Cellaria* gar nichts zu thun.

D'Orbigny hat in seiner Paléontologie française terr. cret. V. p. 58 und 59 sich sehr bemüht, die Nichtigkeit des Namens *Glauconome* zu beweisen; dabei aber eine Willkürlichkeit entwickelt, deren Gleichen man auch nur in demselben Bande Beispiele findet. Das Ganze dreht sich darum, Münster's Publication ins Jahr 1829 zu versetzen, wodurch der Name *Glauconome* schon im Jahre 1828 von Gray für einen Acephalen vergeben ward und natürlich auch keine Priorität vor *Vincularia* Defr. 1829 besitzt! Ich habe schon bemerkt, dass *Glauconome* identisch ist mit *Salicornaria*; indessen ich führe das Beispiel an, nur um zu zeigen, wie D'Orbigny manchesmal verfuhr, um Prioritätsrechte zu wahren!! Münster's Publication geschah 1827, und dass sie Gray und Defrance 1828 et 1829 unbekannt blieb, ist wohl nicht nöthig nach beinahe 30 Jahren durch eine unbillige Vertheidigung entschuldigen zu wollen.

Münster's Bemerkung, dass der Stamm der *Glauconome* sich nicht verästelt, beruht lediglich auf der Unvollständigkeit der von ihm untersuchten Exemplare.

4. *Vincularia*. Defrance stellte die Sippe auf für seine *Vincularia fragilis*, die wahrscheinlich eine *Salicornaria* ist. Ich kenne die Art aus eigener Anschauung nicht. Indessen von früher her hat man den Namen stets nur für ungegliederte Formen mit flustrinen Zellen angewendet, wie deren D'Orbigny mehrere beschreibt und es scheint daher unzweckmässig, den Namen weiter zu ändern oder abzuschaffen.

5. *Margaretta*. Die Sippe wurde von Gray für eine Art von Neu-Seeland und dem Cap der guten Hoffnung begründet, die er mit *Cell. cereoides* und *hirsuta* Lamx. identificirt. Gray gibt eine kurze Charakteristik der Sippe in Beziehung ihrer Zellenform und sagt, dass sich *Salicornaria* durch flache und sechsseitige Zellen unterscheidet.

Es ist mir nicht klar, was Gray bewogen hat, für die typische *Cellaria* einen neuen Namen einzuführen; er blieb auch den meisten Autoren so entlegen, dass ich ihn nirgends citirt finde und ich selbst muss gestehen, ich traf ihn nur ganz zufällig an.

6. *Tubucellaria*. D'Orbigny charakterisirt die Sippe als bestehend aus gliederästigen Bryozoenstöcken, deren einzelne Segmente durch hornige Fasern zusammenhängen, deren Zellen krugförmig, meist porös sind und eine röhrenförmig verlängerte Mündung besitzen; die ganze Charakteristik stimmt vollkommen mit *Cellaria* überein und er führt auch die *Tub. opuntioides* Pallas (*C. cereoides* E. et Sol.) gewissermassen als Typus an. Zwei andere lebende Arten *T. barbata* Lam., *T. fusiformis* D'Orb. und eine fossile von Dax, *T. clarata* D'Orb., sind die einzigen vier Arten, die er zu dieser Sippe zählt.

7. *Onchopora*. Busk begründete diese Sippe ganz mit derselben Charakteristik, wie D'Orbigny seine *Tubucellaria* und es ist eigentlich schwer einzusehen, wie Busk der D'Orbigny'sche Name entgehen konnte. Busk hebt gleichfalls den Unterschied in der Form der Zellen im Gegensatze zu *Salicornaria* hervor.

Ich war lange im Zweifel, in welcher Weise es am sichersten wäre, die bedeutenden Meinungsverschiedenheiten auszugleichen und war daher bemüht, mir lebende Arten zu verschaffen. Glücklicher Weise fand ich unter meiner Sammlung gerade die zwei typischen Repräsentanten der Sippen *Cellaria* und *Salicornaria*, beide lebend aus dem adriatischen Meere; es ist *Salicornaria (Vincularia) farcimi-noides* Johnston (Busk Catalogue of marine Polyzoa 1852, I, p. 16, pl. LXIV, Fig. 1 — 3, und pl. LXV, Fig. 5) und *Cellaria Michelini*[1] Reuss (Haidinger's Ab-handlungen II, 1847, Polyp. des Wiener Beckens p. 61, Taf. VIII, Fig. 1 — 2) = *Onchopora tubulosa* Busk 1855. Quart. Journ. Mikroskop. Soc. nom. XII, p. 320, pl. IV, Fig. 1).

Ich will nun eine Beschreibung jeder einzelnen dieser Arten, gegründe tauf un-mittelbare Beobachtung, geben und daraus dann die nöthigen Schlüsse für jede der Sippen ziehen:

Cellaria Michelini Reuss besitzt einen vielästigen Stamm, woran die einzelnen Äste ohne bestimmte Anordnung aus der Mündung einer vorhergehenden Zelle mittelst einer hohlen, hornigen und biegsamen Faser entspringen. Bei ganz jungen Zweigen ist nur eine einzige solche Faser vorhanden, später entspringen mehrere, um die Anheftung des stärkeren Astes zu sichern. Der ganze Stamm ist durch eine Menge ähnlicher Fasern an unterseeische Gegenstände angeheftet und hat in dieser Beziehung die grösste Ähnlichkeit mit einer Pflanze, die Wurzelfasern entsendet, um sich durch dieselben zu fixiren. Die Äste sind rundlich, nach unten gewöhnlich etwas mehr verdünnt als nach oben, oft enden sie keilförmig. Die Zellen stehen gewöhnlich in 4—8 (selten mehr) alternirenden Längsreihen, sind länglich-krug-förmig, die Zellendecke porös; die Mündung rund, etwas röhrenförmig vorstehend und nach aussen umgebogen, unterhalb gewöhnlich mit einer Nebenpore; die Zellen entspringen jede an der Unterseite der oberen Hälfte der vorhergehenden Zelle derselben Reihe.

Salicornaria farciminoides Johnst. hat ebenfalls einen gliederästigen, mit hornigen Fasern angehefteten Zellenstock, der sich jedoch nur am Ende jedes Astes verzweigt, und zwar in der Regel nur dichotom. Die neuen Äste entspringen gleich-falls aus den älteren des vorigen durch hornige Fasern, welche jedoch mit Kalk-

---

[1] Ich behalte hier vorläufig Prof. Reuss' Benennung, weil sie vollkommen zuverlässig ist; während ich bis jetzt nicht in der Lage war mir Ellis und Solander's Publicationen vollständig zu verschaffen und daher nicht versichern kann, ob diese Art mit der ursprünglichen *Cell. opuntioides* oder *cereoides* identisch ist, was wohl wahr-scheinlich ist, da sonst keine häufig vorkommende Art im Mittelmeere anzutreffen ist, die Ellis und Solander leicht erhalten konnten.

substanz überzogen sind, so dass äusserlich eine feste Verbindung beider hergestellt ist. Mit dieser Verkalkung hört offenbar die vollkommene Flexibilität auf, und tritt nur dann wieder in höherem Masse ein, wenn dieser Kalküberzug wegbricht, was nicht selten bei dieser lebenden Art der Fall ist. Die Form der Äste ist in Folge ihrer Verzweigung stets eine keilförmige, d. h. die Äste enden stumpf. Die Zellen stehen in alternirenden Längsreihen, sind niedergedrückt, flach, meistens verlängert sechsseitig oder rhombisch und jede mit einem erhöhten Rande umgeben. Die Zellendecke ist glatt, besitzt in der oberen Hälfte eine halbkreisförmige Mündung, mit der Unterlippe gewöhnlich etwas vorragend und oberhalb in der Regel eine kleine Nebenpore.

Übereinstimmung und Verschiedenheiten der beiden Arten. Beide stimmen in dem gliederästigen Baue überein; bei *Cellaria* ist jedoch die Gliederung vollständig und die Verzweigung findet an jedem Theile eines vorigen Astes statt; bei *Salicornaria* sind die Glieder ursprünglich verkalkt und die Verzweigung ist eine dichotome, d. h. sie findet statt nur am Ende jedes vorigen Astes. Es ist schwer zu entscheiden, ob diese Art der Verästelung eine charakteristische und ausnahmslose ist; aber man hat gewiss Recht, sie als solche zu betrachten, denn alle bekannten, lebenden Salicornarien besitzen sie. (Siehe Busk's Catalogue of the marine Polyzoa 1852, I, pl. 65.) Was die Verkalkung der Glieder anbelangt, die Busk (Monograph of the Polyzoa of the Crag, 1859, p. 21) „rigid anchylosis‟ nennt, hat es dieselbe Schwierigkeit. Busk sagt, dass sie nur ausnahmsweise vorkommt und merkwürdiger Weise so häufig bei den fossilen *Sal. crassa* und *sinuosa* aus dem Crag (vide l. c. pl. XIII). Ich sollte meinen, dass diese Verkalkung mehr eine regelmässige ist und dass sie desswegen selbst im fossilen Zustande oftmals erhalten blieb. Bei der *Salic. farciminoides* ist sie durchgängig zu beobachten, meistens ist aber die Kalkschichte sehr dünn, bricht ab, die Glieder werden los, fallen nachher aus einander und werden in diesem Zustande fossil gefunden. Man findet dann allerdings solche Bruchstücke sehr oft nach einer Richtung hin verdünnt und schliesst daraus auf eine völlständige Gliederung und nennt die Art *Cellaria*. Dieser Schluss ist ein möglicher Weise richtiger, jedoch, wie aus dem Vorhergehenden sich ergibt, nicht unbedingt nothwendiger. Dies ist auch der Grund, warum Münster von seiner *Glauconome* dachte, dass sich deren Stämme nie verästeln. Abgesehen von der Verästelung des Stammes liegt der Hauptunterschied der beiden oben beschriebenen Arten in der Form der Zellen und es ist meiner Ansicht nach ein grosser Fehler, dass man auf die allgemeine Form der einzelnen Zellen bei der Classification der Bryozoen so wenig Gewicht gelegt hat, oder wenigstens weniger, als auf den Bau der Zellencolonie. Es ist klar, dass sich von einer Verschiedenheit der Form der Zelle auf eine Verschiedenheit in der Organisation gewisser Theile des Thieres schliessen lässt, was umgekehrt nicht nothwendigerweise folgt. Denn gleich organisirte Thiere können ganz verschiedene Zellencolonien aufbauen; dagegen können ganz verschieden organisirte Thiere sehr ähnliche Zellenstöcke bauen. Ich hatte allerdings bis jetzt nie Gelegenheit, die Thiere von *Cellaria* und *Salicornaria* zu beobachten. ich zweifle jedoch nicht im Geringsten, dass beide sehr verschieden sein müssen und dass man mit Recht den Hauptunterschied zwischen *Cellaria* und *Salicornaria* in die Form der Zellen legt. Nach diesen Bemerkungen über die zwei erwähnten Arten scheint es angemessen, die Sippen *Cellaria* und *Salicornaria* beizubehalten und zwar würde, wie in den früher angeführten Charakteren bemerkt ist, umfassen:

Cellaria (mit der typischen Art *Cell. opuntioides* Pall. sp. = *Cell. cereoides* E. und Sol.; an *Cell. Michelinii* Reuss) alle jene unregelmässig verästelten und gegliederten Bryozoenstöcke, die aus krugförmigen oder *arceolat*-Zellen zusammengesetzt sind; dagegen

Salicornaria (mit der typischen Art *Cell. salicornaria* E. und Sol. = *Salicornaria farciminoides* Johnst.) Arten mit dichotomer Verzweigung, unvollständiger Gliederung und flustrinen Zellen.

Was die letztere Sippe anbelangt, so ist jede weitere Bemerkung bezüglich deren Beibehaltung unnöthig, denn sie wurde bereits von unseren besten Autoren wie Busk u. a. in nahezu demselben Sinne aufgefasst und charakterisirt.

Man wird gleichfalls aus dem früheren ersehen, dass *Glauconome* Münster identisch ist mit *Salicornaria*, und dass es zweckmässig erscheint, die Sippe *Vincularia* in der herrschenden Auffassung beizubehalten. Es unterliegt wohl keinem Zweifel, dass viele der jetzigen Vincularien echte Salicornarien sind, indessen scheinen andere, wie *V. excavata* D'Orb. (l. c. pl. 654), *V. concinna, lepida* D'Orb. (l. c. pl. 657) u. a. nicht unwesentliche Unterschiede in der Art der Verästelung darzubieten, wenn auch die Form der Zellen Ähnlichkeit besitzt. Ob es irgend einen Vortheil darbietet, die von D'Orbigny (Pal. franç. crét. V) als *Cellaria, Quadricellaria* und *Planicellaria* beschriebenen Arten generisch von *Salicornaria* zu trennen. kann ich leider nicht versichern, denn ich kenne keine von diesen Arten aus eigener Beobachtung. Aus diesem Grunde will ich es auch nicht versuchen, anzugeben, welche Arten zu *Salicornaria* gehören und welche auszuschliessen sind, da ein solcher Versuch von mir nothwendig ein sehr unvollständiger bleiben würde.

In Betreff der Sippe *Cellaria* wird man eben so aus dem früher Gesagten ersehen, dass *Margaretta* Gray, *Tubucellaria* D'Orb. und *Onchopora* Busk vollkommen mit der typischen *Cellaria opuntioides* übereinstimmen und daher deren Verbleiben nicht gerechtfertigt werden kann. Busk hat in seiner letzten Monographie (Polyzoa of the Crag 1859, p. 21) und früher im Microscopical Journal (1855, numb. XII. p. 321) eine sehr scharfe Einwendung gemacht gegen die Sippe *Cellaria* und vorgeschlagen, dieselbe ganz und gar fallen zu lassen. Indessen der Name wurde für eine typisch gegliederte Art aufgestellt, er wurde seit 1787 bis in die neueste Zeit (siehe Dunker's Palaeontograph. 1863, vol. IX) in diesem Sinne stets angewendet, und ich sehe nicht den geringsten Grund ein, warum man ihn jetzt aus der Literatur streichen soll. Dass man mit der Zeit unter diesem Namen andere Formen beschrieb, ist nur die Schuld der späteren Autoren und man hätte wohl früher die Verwirrung zu lösen sich bemühen sollen, bevor man eine Menge neuer Namen einführte. Wenn alle Petrefacte uns im vollständigen Zustand überliefert würden, so wären allerdings mehrere solcher Zweifel viel leichter erklärt!

Von *Cellaria* ist uns bisher kein fossiler Repräsentant von Neu-Seeland bekannt, obwohl Busk eine lebende Art von da mit der *Cell. hirsuta* Lamx. identificirt (Microscop. Journ. 1855, XII, p. 320), wohl dieselbe Art, welche Gray in Dieffenbach's Travels in New-Zealand 1843, II, p. 293 als *Margaretta cereoides* beschreibt. Eine neue Art, lebend in Neu-Seeland, beschreibt Busk als *Onch. Sinclairii* (Microscop. Journ. 1856, XIX, p. 172, pl. 15, Fig. 1—3). Von Süd-Australien benennt Busk eine Art *Cell. (Onchopora) pustulosa.* (Quart. Journ. 1860, XVI, p. 260.)

Von *Salicornaria* haben wir dagegen aus den Tertiärschichten an der Orakei-Bucht zwei Arten zu erwähnen, *Sal. marginata* Münst. sp. und *Sal. ovicellosa*; die erstere ist identisch mit der beinahe durch ganz Europa bekannten tertiären Art, die letztere neu. Busk (Quart. Journ. Geol. Soc. Lond. 1860, vol. XVI, p. 260) citirt aus den Tertiärschichten Süd-Australiens ebenfalls zwei Arten, *Sal. sinuosa* Hassall, die der *Sal. marginata* Münst. = *Sal. crassa* Wood am nächsten steht, und die zweite benennt er neu *Sal. Parkeri.* Wir bedauern sehr, dass uns von dieser letzteren weiter nichts bekannt ist als der blosse Name!

SALICORNARIA MARGINATA Münst. sp.

Taf. XX. Fig. 11—13.

1827. *Glauconome marginata* Münster in Goldf., Petraef. Germ. I, p. 100, Taf. 36, Fig. 5.

1844. *Cellaria crassa* Wood, Ann. Mag. nat. hist. I. ser. vol. XIII, p. 17.

1847. „ *marginata* Reuss, Polyparien d. Wiener Beckens, p. 59, Taf. VII, Fig. 28—29 in Haidinger's Naturw. Abhandlung vol. II.

1859. *Salicornaria crassa* Busk, Polyzoa of the Corr. Crag, p. 22, pl. XXI, Fig. 4 & 6.

1863. *Vincularia marginata* Römer, in Dunker's Palaeontograph. vol. IX, p. 203.

Salis. polyzoarium ramosum, dichotomaceum, internodiis subcylindricis seu elevatis, polygonatis; cellulis hexagonis vel rhomboidalibus, elongatis, in medio depressis, glabris; marginibus elevatis atque sulcis minimis separatis; orificiis excentricis, semilunatis, postice late-labiatis, antice atque lateraliter submarginatis; poro accessori supra posito, rotundato seu interdum postice denticulata; cellularum seriebus longitudinaliter alternantibus.

Der Zellenstock besteht aus nahezu cylindrischen oder keulenförmigen Gliedern, die sich dichotom verzweigen. Die Äste sind nur in kleinen Bruchstücken erhalten oder meist ganz weggebrochen. Die Zellen sind nur in alternirenden Längsreihen angeordnet, an jungen Ästen beinahe rhombisch oben und unten zugespitzt, an älteren meist sechsseitig. Der Rand jeder einzelnen Zelle ist erhaben und durch eine feine Furche von der nächst folgenden abgetrennt, was allerdings nur bei guter Erhaltung der Stücke sichtbar ist (Fig. 13), sonst hat es den Anschein, als wenn der erhöhte Rand den anstossenden Zellen gemeinschaftlich wäre. Die Zellendecke ist vertieft, glatt und besitzt die halbmondförmige Öffnung im oberen Theile. Die Unterlippe der Mündung ist etwas vorstehend, während der obere convexe Theil schwach umrandet ist. Wenn die Unterlippe beschädigt wird, erscheinen an ihrer Stelle oftmals zwei einragende Zähne und etwas ähnliches findet manchmal statt an der Oberlippe. Über der Mündung befindet sich in der Ecke gewöhnlich eine kleine Nebenpore, die entweder rund ist oder unterhalb ein Zähnchen trägt. Selten findet sich eine ähnliche Nebenpore auch in der unteren Ecke der Zellendecke.

Die Art wurde zuerst von Münster aus den Ober-Oligoeänschichten von Astrupp beschrieben. Noch während meiner Anwesenheit in Wien verglich ich diese mit der im Wiener Becken so häufig vorkommenden Art und fand beide identisch; dasselbe kann ich bezüglich der aus dem englischen Crag als *S. crassa* beschriebenen Art versichern. Und so viel mir erinnerlich ist, konnte ich die etwas schlankere *Sal. sinuosa* Hass.

(siehe Busk, Polyzoa l. c.) nie recht unterscheiden; ich würde fast glauben, dass zwischen beiden kein wesentlicher Unterschied besteht. Mr. Alder versichert die Selbstständigkeit der *Sal. sinuosa* gegen *Sal. farciminoides* (siehe Mikroscop. Journ. 1857. N. XX, p. 249). Wiener Exemplare hatte ich auch jetzt mit den neuseeländischen verglichen und ich gestehe, dass ich kein einziges Merkmal angeben kann, wonach man beide unterscheiden könnte.

Fundort: Tertiärschichten an der Orakei-Bucht bei Auckland; kommt sehr häufig vor.

Weiteres Vorkommen: In den Miocänschichten des Wiener und der angrenzenden östlichen Becken; in den Tertiärschichten von Asti, Castell' arquato, Sicilien u. a.; in den Oligocänschichten von Freden, Luithorst u. a. L. in Deutschland und im englischen Coralline-Crag. Vielleicht gehören auch die Stücke vom Berge Gambier in Süd-Australien, wo sie Rev. Woods sammelte und in seinen Geological Observations (1862, Fig. 5 auf Tafel bei p. 72) abbildet, zu dieser Art.

SALICORNARIA OVICELLOSA Stol.

Taf. XX. Fig. 9, 10.

Sal. polyzoarii fragmenta subcylindrica, rotundata; cellularum seriebus longitudinaliter alternantibus; cellulis magnis distantibus, ovatis atque marginibus crassis circumdatis; orificiis excentricis, prope marginem superiorem positis, submarginatis, postice labiatis, superne convexis; poro accessori interdum supraposito, minuto.

Bruchstücke des Stammes zeigen eine Verdünnung nach unten oder sind beinahe walzenförmig. Die Zellen stehen in wenigen, alternirenden Längsreihen, sind eiförmig, mit starken Rändern umgeben und ziemlich entfernt eine von der anderen. Die Zellendecke ist stark vertieft, glatt; die Mündung halbmondförmig, liegend in der oberen Hälfte, mit schwach erhabenem Rande umgeben und unterhalb mit einer kurzen Unterlippe. Eine kleine Nebenpore ist manches Mal über der Mündung sichtbar und liegt dann ganz nahe oder an dem erhöhten Rande der Zelle selbst.

Die elliptische Form der Zellen und deren grosser Abstand unterscheiden diese Art von allen bisher bekannten Salicornarien. Die Verästelung der Art ist nicht bekannt, doch der Charakter der Zellencolonie lässt wenig Zweifel übrig, dass sie zu dieser Sippe gehört.

Fundort: Tertiärschichten an der Orakei-Bucht bei Auckland; nur in wenigen Bruchstücken bekannt.

20. VINCULARIA Defr. 1829.

Polyzoarium calcareum, ramosum: ramis cylindraceis, non articulatis: cellarum seriebus longitudinalibus: cellulis alternantibus, planis, plus minusve distincte marginatis: orificiis precipue in cellarum parte superiori positis, subrotundatis vel semilunatis.

Zellenstock aus runden ästigen Stämmen zusammengesetzt, die nicht gegliedert und deren Zellen flach und ohne alle Nebenporen sind. Durch den Mangel der Gliederung unterscheidet sich die Sippe hauptsächlich von *Salicornaria*, so wie höchst wahrscheinlich auch durch den Mangel an Nebenporen. Das letztere Merkmal — wenn wirklich haltbar — gilt als Hauptunterschied von *Vincularina* D'Orb.

Wir verweisen hier auf das, was bezüglich der Gattung früher unter *Cellaria* und *Salicornaria* gesagt wurde. Obwohl es nämlich vorläufig zweifelhaft bleibt, ob die erste unter dem Namen *Vincularia* von Defrance beschriebene Art eine wirkliche *Vincularia* ist in dem Sinne, in welchem die Sippe jetzt aufgefasst wird, ist der Name doch stets nur für ungegliederte Formen mit flustrinen Zellen angewendet worden und ich denke die Sippe wird auch innerhalb dieser Grenzen zu verbleiben haben.

D'Orbigny führt *Glauconome* Münst. 1827 als identisch mit *Vincularia* Defr. 1829 an, was nicht der Fall ist, wie früher bei *Cellaria* auseinander gesetzt wurde.

Von Neu-Seeland ist uns nur eine einzige Art, *Vin. Maorica* sp., bekannt, die wir auch wegen der unvollständigen Erhaltung nur mit Zweifel hierher ziehen können. Die Verästelung ist nämlich nicht bekannt, dagegen machen es die anderen Merkmale, wie die Vertheilung der Zellen und der Mangel der Nebenporen wahrscheinlich, dass die Art eine echte *Vincularia* ist.

VINCULARIA MAORICA Stol.

Taf. XX. Fig. 8.

Vinc. polyzoarium octangulatum, cellularum seriebus longitudinalibus, octo: cellulis alternantibus, planis, obsolete (sixangulatim) marginatis: orificiis magnis, subrotundatis, immersis: peristomatibus decliris, planis.

Zellen flach und glatt, in acht alternirenden Längsreihen vorhanden, von denen jede durch eine mehr oder weniger scharfe Kante von der nächst anliegenden Reihe getrennt wird. Eine Begrenzung der Zellen ist nur theilweise sichtbar, sie scheint einen sechsseitigen Umriss gehabt zu haben. Mündungen sehr gross, etwas ausserhalb der Mitte der Zellendecke gelegen und beinahe rund. An einigen sieht man die untere Lippe etwas mehr gerade, so dass sie wohl ursprünglich einen mehr halbmondförmigen Umriss besassen. Der Rand fällt ringsherum in die Öffnung ab, unterhalb etwas sanfter als oberhalb. Der Durchschnitt ist achtseitig und lässt die Begrenzungen der Zellen scharf erkennen; sie vereinigen sich alle im Centrum zu einer dünnen, soliden Axe. Zwischen den grossen Zellen sieht man an der Pheripherie Durchschnitte von kleinen Hohlräumen, denen keine sichtbare Mündung an der Oberfläche entspricht.

Durch Form und Anordnung der Zellen schliesst sich die neuseeländische Art zunächst an einige Kreidearten an; von denen D'Orbigny in seiner Paléontologie française vol. V mehrere beschreibt.

Fundort: Tertiärschichten an der Orakei-Bucht bei Auckland; die Art ist nur auf das abgebildete Bruchstück, das sonst ziemlich gut erhalten ist, begründet.

21. BIFLUSTRA D'Orbigny 1852.

Polyzoarium calcareum, ramosum seu foliaceum, cellularum seriebus ad utramque faciem spectantibus, longitudinaliter alternantibus: cellulis flustrinis, planis vel concaris, apertis, marginatis; stratis atque seriebus cellularum facile dissolventibus.

Die Sippe, wie sie von D'Orbigny begründet wurde, ist jetzt allgemein angenommen. (Siehe Busk's Polyzoa 1859 p. 71, Stoliczka Sitzungsb. d. Wiener Akad. 1862. Bd. 45, p. 85; Römer in Dunker's Palaeontog. 1863, vol. IX, p. 209.)

Sie umfasst Arten mit einem stark zusammengedrückten, ästigen oder blattförmig ausgebreiteten Stamm, der aus zwei Schichten flustriner Zellen zusammengesetzt ist, die in alternirenden Längsreihen angeordnet sind. Es ist eine besondere Eigenthümlichkeit der hierher gehörigen Zellenstöcke, dass sowohl die Zellenschichten, als auch die einzelnen Zellenreihen von einander losgelöst werden. Busk (l. c. p. 72) legt auf diese Trennung ein besonders starkes Gewicht, und es verdient gewiss bemerkt zu werden, dass eine gute Anzahl der von D'Orbigny als *Semieschara, Flustrellaria* und vielleicht auch als *Membranipora* beschriebenen Arten nichts weiter als solche getrennte *Biflustra* sein mögen. Indessen vieles hängt vom Erhaltungszustande ab und man findet eben so gut Arten, deren Zellenschichten nicht weniger fest an einander liegen als die der *Escharen.* D'Orbigny beschreibt eine, wie es scheint, all' zu grosse Zahl von *Biflustren* aus der französischen Kreide und viele gewähren keine wesentlichen Unterschiede von anderen; die Arten bedürfen sicherlich einer guten Revision.

Biflustra papillata n. sp. ist die einzige, die wir von Neu-Seeland zu erwähnen haben, und diese ist sehr selten.

BIFLUSTRA PAPILLATA Stol.

Taf. XX. Fig. 14.

Bifl. polyzoarium valde compressum, ramosum seu foliaceum: cellulis elongate sexagonis, marginibus elevatis circumdatis atque sulcis angustis sejunctis: orificiis magnis elongatis, superne obtusis, postice subrotundatis, angustioribus.

Die Art zeichnet sich aus durch besonders stark zusammengedrückte Äste, an denen die Zellen in etwas unregelmässigen Reihen angeordnet sind; die Form derselben ist deutlich sechsseitig, etwas verlängert, mit erhöhten Rändern umgeben und durch feine Furchen von einander getrennt .Die Mündungen sind langeiförmig, oben abgestumpft, unterhalb verschmälert und zugerundet. Bisweilen sieht man hie und da kleine Zwischenzellen eingestreut. Die Form der Zellen und Mündungen und der Mangel jeder Zähnelung lassen diese Art sehr leicht von *B. delicatula* Busk unterscheiden, eine Art, die noch jetzt lebend an den Küsten Australiens vorkommt und die fossil aus dem englischen Crag von Busk beschrieben wurde. (Polyzoa 1859, p. 72, pl. I, Fig. 1, 2 & 4 und pl. II, Fig. 7.)

Fundort: Tertiärschichten an der Orakei-Bucht bei Auckland, sehr selten.

22. MELICERITA M. Edwards 1836.

1852. *Latereschara* D'Orb.

Polyzoarium calcareum, ramosum seu foliacee-explanatum: cellulis flustrinis, ad utramque faciem spectantibus, cum seu sine poris accessoribus ornatis; cellularum stratis lamella tenui in medio sejunctis earumque seriebus transversalibus.

Neben der Anordnung der Zellen in Querreihen bildet der flustrine Charakter derselben ein wichtiges Merkmal dieser Sippe. Sie ist daher viel mehr verwandt mit *Biflustra*, von der sie durch die Lage der Zellen allein abweicht, als mit *Eschara*, mit der sie früher stets verwechselt wurde. Wir müssen indessen hier darauf verweisen, was bezüglich der Eintheilung der zweischichtigen Sippen bei Eschara gesagt wurde.

D'Orbigny (Pal. franç. crét. V, p. 425) führt *Melicerita* in der Familie der *Escharinellidae* auf, deren Zellen unveränderlich eine Nebenpore über der Mündung besitzen sollen; dies gilt allerdings bezüglich der von ihm einzig citirten Art *Mel. Charlesworthii* Edw., kann aber nicht zum generischen Unterscheidungsmerkmal erhoben werden. Es würde gewiss kein Grund anzugeben sein, warum man sowohl die hier beschriebene Art, als auch die *Mel. Achates* D'Orbigny (Pal. franç. V, pl. 662, Fig. 7—9) nicht *M. Acasta*, wie Busk, *Polyzoa*, 1859, p. 70 citirt, von dieser Sippe ausschliessen soll. D'Orbigny bleibt sich in diesem Falle consequent und begründet im Texte (l. c. p. 345) für die *M. Achates* eine neue Sippe *Latereschara*, wobei er bemerkt, dass sie in demselben Verhältnisse steht zu *Eschara*, wie *Melicerita* zu *Escharinella*. Indessen kann ich versichern, dass die Nebenporen allein einen Unterschied der Sippe wenigstens in diesem Falle nicht abgeben können. Es gibt, wie an der neuseeländischen Art zu beobachten ist, einzelne Zellen, die eine solche Nebenpore besitzen, unter anderen, die keine haben.

Ich kenne neben den zwei schon bekannten und der *M. angistaloba* keinen weiteren Repräsentanten der Sippe.

MELICERITA ANGUSTILOBA Busk.
Taf. XX, Fig. 15—18.

1860. *Melicerita angustiloba* Busk, Quart. Journ. Geol. Soc. Lond. XVI, p. 261.
1862. - - Woods, Geol. Observat. in S. Australia, Fig. 1, on the plat. p. 73.

Mel. polyzoarium ramosum: ramis valde compressis; cellulis hexagonis, in medio depressis, margines versus elevatis atque sulcis minutis sejunctis; superficie glabra interdumque minutissime porosa: orificiis immersis, semilunaris, angustis, postice labiosis; rarissime poro accessori supra orificia posito.

Der Zellenstock besteht aus stark zusammengedrückten, manchmal blattförmig ausgebreiteten Ästen, die beiderseits scharfe Kanten besitzen, so dass am Querschnitte spitze Ecken zum Vorschein kommen. Die Zellen sind sechsseitig, in etwas gebogenen, nur selten unterbrochenen Querreihen; sie liegen mit flachen Seiten dicht an einander, sind in der Mitte vertieft, gegen die Ränder zu erhaben und durch sehr feine Furchen von einander abgetrennt (Fig. 17). Sowohl die Zahl der Zellen ändert mit der Breite und Grösse des Stammes, als auch deren Form, wie man aus der Vergleichung der beigegebenen Figuren ersehen wird. Die Oberfläche der Zellen erscheint gewöhnlich ganz glatt und nur in einem gewissen Stadium der Zersetzung tritt eine feine Porosität auf (siehe Fig. 18). Die Mündung liegt im oberen Theile der Zelle, ist halbmondförmig, schmal und mit einer vorragenden Unterlippe versehen. Nebenporen sind in der Regel keine wahrzunehmen und nur in seltenen Fällen befindet sich eine über der Mündung.

Es ist wohl wenig Zweifel vorhanden — nach der, wenn auch mehr nur schematischen Figur des Rev. W o o d s zu urtheilen —, dass B u s k die nämliche Art von Süd-Australien mit dem obigen Namen belegt hatte.

F u n d o r t: Tertiärschichten an der Orakei-Bucht bei Auckland; eine häufige Art.

W e i t e r e s   V o r k o m m e n: Tertiärschichten am Berge Gambier in Süd-Australien.

23. STEGINOPORA d'Orbigny 1852.

Polyzoarium calcareum, incrustans seu partim liberum, ex duobus cellularum stratis superpositis compositum; cellulis strati inferioris urceolatis, precipue oratis, strati superioris majoribus, depressis; orificiis apertis atque saepissime cum duobus vel etiam pluribus poris accessoribus ornatis.

Die Familie der Steginoporiden (mit den beiden D'Orbigny'schen Sippen *Steginopora* und *Disteginopora*) ist eine der eigenthümlichsten unter den Bryozoen, so dass es in der That schwer fällt, nach dem, was wir von der Organisation der

Thierclasse wissen, sich einen richtigen Begriff von dem Thiere zu machen. Der Zellenstock besteht nämlich aus zwei Lagen über einander liegender Zellen, die in ihrer Bildung verschieden sind: die unteren haben gewöhnlich die regelmässige Form der liegenden Urccolat-Zellen mit kleinen Mündungen und beiderseits häufig mit einer Nebenpore, welche sich röhrenförmig fortsetzt und an der Mündung der darüber liegenden Zelle endet. Diese letztere ist gross, meist mit flacher, poröser Oberfläche und einer weit offenen Mündung, um welcher sich mehrmals Nebenporen befinden.

Disteginopora unterscheidet sich durch zwei Lagen solcher Zellenschichten, die mit dem Rücken an einander liegen; D'Orbigny kennt nur eine einzige Art von *Disteginopora*, führt jedoch vier an von *Steginopora* (l. c. p. 500); alle gehören der Kreideformation Frankreichs an. Von den Hagenow'schen Celleporen von Mastricht (siehe seine Monographie, Taf. X) kann ich *Cellepora ornata* Goldf. sp. als eine zuverlässige *Steginopora* angeben, die ich aus früheren Bestimmungen Mastrichter Bryozoen kenne; dagegen sind mir die anderen *Cell. signata*, *dentata* und *Faujasii* nicht mehr ganz erinnerlich.

Wir führen eine Art an, *Steg. atlantica*, aus Neu-Seeland und es ist uns weiter kein Beispiel bekannt, ob irgend ein Repräsentant dieser Sippe aus der Tertiärformation früher beschrieben wurde.

STEGINOPORA ATLANTICA Stol.

Taf. XX. Fig. 19.

Steg. polyzonrium crassum: cellulis quinenuctialibus, inferioribus parvis, ovatis, sublaevigatis; superioribus multo majoribus, planis, in superficie confluentibus: orificiis permagnis, peristomate elevato atque 2—5 poris accessoribus ornatis: poris minoribus nonnullis in superficie posteriori porosa, cellularum margines sulcationibus signatis.

Die untere Lage besteht aus kleinen, eiförmigen und porösen Zellen, während die oberen gross und an der Oberfläche beinahe flach sind. Die Mündungen dieser letzteren sind sehr weit, rundlich, mit einem starken Rande umgeben, an welchem zwei oder mehr Poren münden. Ausserdem sind eine Menge kleinerer Poren an der Oberfläche unregelmässig zerstreut. An der Rückseite sind die Begrenzungen der Zellen durch feine Furchen angezeigt und die Oberfläche ist gleichfalls porös.

Das abgebildete Bruchstück ist das einzige, welches bisher gefunden wurde, es ist ein Theil eines wellig verbogenen und wie es scheint theilweise freien Überzuges. Obwohl manches bezüglich der Erhaltung wünschenswerth bleibt, wollten wir es des Interesses der Sippe und ihres Vorkommens in der Tertiärformation wegen hier nicht ganz übergehen.

Fundort: Tertiärschichten an der Orakei-Bucht bei Auckland.

———

V.

DIE FORAMINIFEREN

DER TERTIÄREN MERGEL

DES

WHAINGAROA-HAFENS

(PROVINZ AUCKLAND).

VON

Dr. GUIDO STACHE,

SECTIONS-GEOLOGEN DER KAIS. KÖN. GEOLOGISCHEN REICHSANSTALT IN WIEN.

———

MIT 4 TAFELN (XXI - XXIV).

Einleitung.

Mein Freund Dr. F. v. Hochstetter übergab mir vor längerer Zeit zur genaueren Untersuchung auf kleinere Thierformen und insbesondere auf Foraminiferen eine Anzahl von Gesteinen, welche er während seines Aufenthaltes in Neu-Seeland an verschiedenen Punkten gesammelt hatte.

Dieselben gehören durchaus der Tertiärformation an, und zwar jener Reihe von marinen Schichten, welche Dr. v. Hochstetter in der im geologischen Theile gegebenen Übersicht der Schichtenfolge als oberes Glied der älteren Tertiärablagerungen Neu-Seelands aufführt.

In Bezug auf ihre petrographische Beschaffenheit sind unter denselben drei verschiedene Gruppen von Gesteinen vertreten: Sandsteine, Kalksteine und Mergel. Nur die Sandsteine und Mergel lieferten eine so lohnende Ausbeute, dass sie zum Gegenstande besonderer Arbeiten gemacht werden konnten. Über die mikroskopische Fauna der Kalksteine lässt sich nur sehr wenig sagen.

a) Der Kalkstein von Mangawhitikau (vgl. geol. Abth. S. 48) ist sehr dicht und zum Theile krystallinisch-körnig. Auf angeschliffenen Flächen lässt sich zwar erkennen, dass er neben kleinen Bruchstücken von Molluskenschalen, Strahlthieren, kleinen Korallen und einzelnen Fischzähnen vorzugsweise aus einem dichten Gemenge von Foraminiferen und Bryozoen besteht, aber bestimmbare Formen dürften darunter kaum zu entdecken sein.

In dem Kalkstein von Papakura (vgl. geolog. Abth. S. 42) bemerkt man auf angeschliffenen Flächen ausser zahlreichen anderen, verschiedenen Foraminiferendurchschnitten auch deutlicher erkennbare Durchschnitte von Formen aus der Familie der Nummulitideen, die durchaus der Gattung *Amphistegina* angehören.

b) Unter den meist sehr glaukonitreichen, grünlichen Sandsteinschichten gab uns der schon für das unbewaffnete Auge als eine wirkliche Amphisteginenschicht erkennbare Sandstein der Orakei-Bay bei Auckland nach öfterem Schlemmen eine reichliche Ausbeute auch an anderen Foraminiferen und an Bryozoen (vgl. geolog. Abth. S. 41). Die Bearbeitung dieser Fauna übernahmen meine geehrten Freunde, die Herren F. Karrer in Wien und Dr. F. Stoliczka noch vor seiner Abreise nach Calcutta. Die diesen Schichten geologisch völlig gleichwerthigen und petrographisch sehr ähnlichen Sandsteine von Papakura und von der Westküste südlich vom Waikato führen sehr sparsam wohl auch Foramininiferen- und Bryozoen-Reste; jedoch lässt ihre ungeeignete Erhaltungsweise eine genauere Bestimmung nicht zu.

c) Unter den thonigen Mergeln, welche von der Westküste der Provinz Auckland (Whaingaroa-, Aotea- und Kawhia-Hafen) stammen, hatte Hochstetter besonders in einer Schicht des Whaingaroa-Hafens, auf welche ihn die Auffindung einer grösseren schon in die Augen fallenden Foraminiferenform, der bereits in seinem „Neu-Seeland" und in der geologischen Abtheilung dieses Bandes (S. 44) angeführten *Cristellaria Hausti* Stache aufmerksam machte, einen grösseren Reichthum von Foraminiferen vermuthet.

Schon bei der oberflächlichen Untersuchung einiger weniger kleiner Gesteinsstücke aus demselben Niveau und eines einzelnen grösseren Handstückes von ähnlichem Mergel aus einem etwas tieferen Niveau derselben Schicht, welche mir zu Gebote standen, fand sich in der That ein so überraschender Reichthum an Foraminiferen, dass diese locale Fauna allein zum Gegenstande einer besonderen Abhandlung gewählt werden konnte.

Bei der genaueren Inangriffnahme der Arbeit jedoch ergaben sich Schwierigkeiten, welche schon die mechanische Vorarbeit zu einer sehr mühsamen und langwierigen machten. Diese Schwierigkeiten liegen theils in der Beschaffenheit des Materials und damit im Zusammenhang in der Erhaltungsweise der Foraminiferenschalen, theils in der ausserordentlich grossen Mannigfaltigkeit von entweder wirklich seltenen Formen oder doch von solchen Arten, welche nicht in dichterer Anhäufung in gewisser Tiefenstufe und an bestimmten Punkten auftreten, sondern schon in zerstreuterer Verbreitung gelebt haben.

In Bezug auf den ersten Punkt war schon das Aufweichen und das Schlemmen des Materials mit Schwierigkeiten verbunden. Nur sehr langsam und allmählich lösten sich die Mergel so weit, dass man zum Schlemmen und Aussuchen schreiten konnte. Nun aber folgten noch unangenehmere Hindernisse. Für eine verhältniss-mässig kleine Menge von Material ist die Masse der darin bewahrten Individuen ausserordentlich gross und fast staunenswerther noch die Menge verschieden-artiger Formen. Ausserordentlich klein dagegen ist die Anzahl von Exemplaren, welche man ohne vorheriges öfteres Waschen und Reinigen mit der Nadel so rein erhält, dass sie für die Abbildung und Erkennung aller Charaktere geeignet sind. Kieselkörnchen und Kalkkörnchen haften meist so fest an den Schalen, dass sie leicht zu Irrungen führen können oder doch wenigstens wichtige Charaktere verdecken.

Die mechanische Vorarbeit der Präparation für die Abbildung war daher eine ziemlich langwierige und dennoch häufig nicht befriedigende.

Die zweite Schwierigkeit, die bedeutende Mannigfaltigkeit an seltenen und ganz vereinzelt vorkommenden Formen wirkt gleichfalls ziemlich hinderlich und störend, da zweifelhafte und zufällige Charaktere eines Exemplars nicht durch andere controlirt werden konnten.

Ich will daher hier durchaus nicht für alle neu benannten Arten Unumstöss-lichkeit beanspruchen. Es liegt auch weniger im Zweck der Beschreibung einer Localfauna in ausgedehnter Weise, kritische und vergleichende Studien über jede Form zu machen, als die Gruppirung der Fauna in grösseren Zügen heraus zu finden und dieselbe in ihrer ganzen Mannigfaltigkeit möglichst genau darzustellen. Bei nicht sehr vollständigem und nicht sehr reichlichem Material zu viel zu iden-tificiren dürfte nachtheiliger sein, als eine selbst etwas weit gehende Distinction. Es bleibt die Arbeit des specielleren Systematikers bei Behandlung einer Gattung oder einer Familie das zu viel getrennte, unter festeren Gesichtspunkten zusammen zu fassen.

In diesem Sinne versuche ich ein möglichst vollständiges Bild der interessanten und reichhaltigen Fauna der Mergel des Whaingaroa-Hafens zu geben. Ich glaubte selbst unvollständig erhaltene Formen, wenn sie bestimmte Charaktere zeigten, nicht ganz vernachlässigen zu dürfen. Die Abbildungen wurden in ihren Umrissen und Hauptcharakteren möglichst genau mit 20—30 und 50facher Vergrösserung direct durch eine mit dem Mikroskop verbundene *Camera lucida* gezeichnet. Die Grössenverhältnisse sind dadurch möglichst genau fixirt worden. Zur Reinigung und um verdeckte, innere Charaktere schärfer beobachten zu können, wurde Gly-cerin besonders bei kleinen, dünnen Formen mit Erfolg angewendet.

21*

Es folgt zunächst die Beschreibung der vertretenen Arten, so weit ich das von mir ausgesuchte Material bewältigen konnte. Der Umstand, dass unter dem schon aus wenigen kleinen Handstücken erlangten Material an freien Foraminiferen ausser der grossen Anzahl der hier abgebildeten und beschriebenen Formen, noch eine ziemlich bedeutende Anzahl von Formen mir selbst bekannt ist, die zur Abbildung noch nicht gebracht werden konnte, weil ihre Erhaltungsweise noch eine längere zeitraubende Präparation und Reinigung nothwendig machen würde, sollte zur weiteren Ausbeutung dieser interessanten Schicht anregen.

In Bezug auf die systematische Eintheilung im Grossen, so wie in Bezug auf die Begrenzung der Gattungen ist der Stoff ganz und gar nach dem Prodrôme einer Systematik der Rhizopoden angeordnet, welchen unser Meister des Faches in den Sitzungsberichten der Wiener Akademie veröffentlicht hat. Muss im Allgemeinen schon jeder, der mit localen Arbeiten in diesem Fache sich beschäftigt, den grossen, die Arbeit erleichternden Fortschritt dankend anerkennen, der durch die Einführung eines chemisch-physiologischen Hauptprincips und die Durchführung einer Gliederung in natürliche Familien von A. Reuss gegeben wurde, so ist es mir überdies noch eine besonders angenehme Pflicht, diesem verehrten Freunde für die mannigfachen freundlichen Auskünfte und Mittheilungen, mit denen er mich im Verlaufe der Arbeit unterstützte, meinen vorzüglichsten Dank abzustatten.

Als zweiter Theil schliesst sich an die systematische Übersicht eine Zusammenstellung der allgemeineren, sich auf die Foraminiferen-Fauna der thonigen Mergel des Whaingaroa-Hafens und ihrer Äquivalente beziehenden Resultate.

Eines der Hauptresultate muss ich hier schon erwähnen, da bei der Beschreibung der Arten mehrfach darauf Bezug genommen ist. Für zwei petrographisch und nach Hochstetter's Angabe auch in Bezug auf die Fundstelle und Lage ein wenig verschiedene Mergelproben jenes Fundortes ergab die genaue Untersuchung auch eine nicht unbedeutende Verschiedenheit in der Ausbildung der Foraminiferen-Fauna. Es sind demnach nur zwei, wenig verschiedene Tiefenstufen bezeichnende Faunen aus ein und derselben Zeit des Tertiärmeeres der Antipoden, deren Formenreichthum in den folgenden Blättern beschrieben wird. Die Ausdrücke „in den Mergeln des tieferen oder des höheren Niveaus" sind daher nur in diesem Sinne und nicht als auf ein geologisch verschiedenes Alter bezüglich zu deuten.

Systematische Übersicht und Beschreibung der Arten.

I. Foraminiferen mit sandig-kieseliger Schale.

Taf. XXI.

Familie LITUOLIDEAE.

LITUOLA Lam.

HAPLOHRAGMIUM Rss.

HAPLOPHRAGMIUM INCISUM Stache.

Taf. XXI. Fig. 1.

H. subovatum, compressum, nautiliforme, callose-umbilicatum, arcuatis suturis pro-
funde insectum, tenerrimis granulis siliceum. Loculi 8—9, multo crescentes
arcuato-convexi. Apertura incerta.

Diametros maxima vel verticalis 2·1 mm. Rarissimum in marnis inferioribus.

Das zur vollkommenen Spirale eingerollte Gehäuse zeigt 8—9, durch
tief eingesenkte Nathlinien getrennte Kammern. Die vollkommener ausgebildeten letzten Kammern bilden schmale und spitz ausgezogene Segmente mit
schwach S-förmig gebogenen Seiten. Die Seitenflächen der Kammern sind gegen
die vordere Septalfläche zu etwas verdickt und gewölbt, gegen die hintere Septalfläche zu flach oder schwach eingesenkt. Der Rücken ist stumpf und zeigt
schwachwellige Einsenkungen, entsprechend den Kammergrenzen.

Die Schalenoberfläche ist weisslich und sehr feinkörnig. Wenn nicht der
gänzliche Mangel von Poren und die durch Säure wenig angreifbare Beschaffenheit der Schale dafür spräche, würde man nach dem blossen Aussehen die Form
kaum für eine kieselige halten.

Das einzige aufgefundene Exemplar zeigt die Mündung nicht deutlich genug, um sicher entscheiden zu können, ob die Art zu der Abtheilung (α. Reuss) mit Nonioninenöffnung oder zu der Abtheilung (β. Reuss) mit einfacher Öffnung über der Mitte der Septalfläche (*D'Orbignyna* von Hagenow) gehört. Das Erstere ist jedoch wahrscheinlicher.

Grössenverhältuiss: Höhe 2·1 Millim., Breite 1·5 Millim.

Vorkommen: Sehr selten in den tieferen Mergeln.

HAPLOPHRAGMIUM MAORICUM Stache.

Taf. XXI. Fig. 2.

H. orbiculatum, utroque latere convexum et anguste umbilicatum, obtuse undulato-dorsatum, circiter 10 loculis angustioribus compositum. Suturae tenerae, strigiformes, sulcis radiantibus dorsum versus dilatatis incurvatae. Apertura ignota.

Diametros maxima 1·8—2·0 mm. Rarissimum in marnis inferioribus nec non in superioribus.

Diese Art stimmt mit der vorbeschriebenen in Bezug auf die feinkörnige aber kieselige Beschaffenheit der Schale ganz überein. Ein in ziemlich starke Salzsäure gelegtes Exemplar reagirte nur schwach auf kohlensauren Kalk und behielt endlich vollkommen seine Festigkeit und sein äusseres Aussehen bei. In Bezug auf die Gestalt und die Formencharaktere der Schale sind die Unterschiede bedeutend genug zur Absonderung von *H. incisum*.

Die Schale ist, abgesehen von der überragenden Stirn der letzten Kammer, nahezu kreisförmig, beiderseits convex und in der Mitte mit einer schwachen nabelartigen Vertiefung versehen. Die Kammern sind schmäler. Die somit näher auf einander folgenden Nathlinien sind schwach, verlaufen jedoch beiderseits in tiefere radiale Einsenkungen, welche auswärts vom Nabel beginnen und gegen den Rücken hin sich erweitern. Durch diese flachen Furchen erscheinen die Seitenflächen und der Rücken der Schale schwach wellig. Die letzte Kammer der beiden aufgefundenen Exemplare war verbrochen und zerdrückt; daher auch hier die Mündung nicht beobachtet werden konnte.

Grössenverhältniss: Höhe 1·8—2·0 Millim., Breite 1·6 Millim.

Vorkommen: Sehr selten in den oberen und in den unteren Mergeln.

FAMILIE UVELLIDEAE.

CLAVULINA D'ORB.

CLAVULINA ANTIPODUM STACHE.

TAF. XXI. FIG. 3—8.

Cl. quibusdam formae characteribus et grano silicis admodum variabilis sed omnes varietates formis transitoriis bene conjungens — iuvenilis ex una vel duabus, adulta vero tribus ex partibus bene distinctis consistens. Pars inferior pluribus loculis angustioribus, glomeratis vel irregulariter alternantibus composita, paucum inflata, non raro subarcuata — pars media cylindrica, perpendicularis, loculos circiter 1—3, suturis horizontalibus conspicue constrictos continens — pars superior solo ultimo loculo altiore et incrassato facta, conice acuminata. Apertura plus minusve excentrica, in pluribus polygona et stellata.

Diametros verticalis 1·7—2·35 mm. Diam. horizontalis 0·5—0·7 mm.

Wie fast alle Clavulinen so wechselt auch diese Art sehr mannigfaltig ab in Bezug auf gewisse Charaktere der Form und der kieseligkörnigen Beschaffenheit. Alle bedeutenderen Abänderungen aber, welche sich zu dieser Art vereinigen, sind durch allmähliche Übergänge so mit einander verbunden, dass eine Trennung in besondere Arten nicht statthaft erschien.

Die allgemeine Form ist fast immer gestreckt walzenförmig oder cylindrisch, mit etwas verdicktem aber am Ende sich zuspitzendem oberem und unterem Theil. Der untere meist nur schwach verdickte Theil besteht aus einer Anzahl von unregelmässig zusammengehäuften oder alternirenden, kleineren Kammern, deren Nathlinien wegen der starken Kieselkörnigkeit selten scharf hervortreten. Er ist meist deutlich abgeschnürt und nicht selten auch entgegengesetzt der Mündung ein wenig abgebogen. Der mittlere Abschnitt stellt einen regelmässig perpendiculär stehenden Cylinder vor mit 1—3, selten mehr, unter sich sowie nach oben und unten durch fast horizontale Einschnürungen getrennten Kammern.

Der obere, fast durchgängig deutlich verdickte Theil besteht allein aus der letzten, die früheren an Grösse übertreffenden Kammer. Dieselbe läuft oben konisch zu und endet mit einer stumpfen Spitze, in welcher die Mündung liegt. Die Mündung liegt gewöhnlich etwas excentrisch, selten ganz seitenständig oder ganz central. Dieselbe zeigt gewöhnlich eine polygonale, sternförmig ausgezackte, seltener eine abgerundete Form.

Die Farbe der Kieselkörnchen ist häufiger hellgelblich-grau oder bräunlich, seltener dunkelbraun bis schwarz. Bei manchen Exemplaren sind stellenweise schwarze, stellenweise helle Flecken zu beobachten. Die schwarzen Varietäten zeigen nicht selten einen weisslichen Fleck um die Mündung. Bei den helleren Varietäten scheint das kalkige Bindemittel etwas reichlicher zu sein. Überdies sind die schwarzfarbigen Abänderungen im Durchschnitt dichter und gröber körnig. während die helleren Formen entweder durchaus feinkörnig sind oder nur zerstreut innerhalb der feinkörnigeren Masse vereinzelte, grobe Körnchen oder Körnchengruppen zeigen.

Verwandtschaft: Diese Art hat die nächste Verwandtschaft mit *Clavulina rostrata* Reuss in lit. aus dem marinen Tegel von Möllersdorf des Wiener Beckens. Die Zuspitzung, in welcher die Mündung liegt, ist bei dieser Art jedoch scharf abgesetzt, nicht allmählich aus der konischen Gestalt des oberen Theiles der Endkammer verlaufend, wie bei den neuseeländischen Formen.

Grössenverhältniss: Höhe 1·7—2·35 Millim., Breite 0·5—0·7 Millim.

Vorkommen: *Cl. antipodum* ist eine der häufigsten Formen der oberen Mergel, jedoch auch in den tieferen Mergeln nicht selten.

Die auffallendsten Abänderungen, welche auch die Taf. XXI, Fig. 3—8 zeigt. sind:

Var. α. Fig. 3. — Eine sehr regelmässig gewachsene, zierliche Form, nach unten schwach gekrümmt und stumpf ausgespitzt. Oben und unten etwas verdickt, die drei Theile deutlich über einander abgesetzt. Der mittlere Abschnitt zweikammerig. Die letzte Kammer ziemlich hoch und nach oben mit concaver Einbuchtung zuspitzend. Mündung fast central, klein, viereckig. Farbe schwarz, nur um die Mündung weisslich. Kieselkörnchen, mittelgrob, scharfkantig, dicht und regelmässig vertheilt, von ziemlich gleichartiger Grösse. Höhe 1·75 Millim. Grösste Kammerbreite 0·51 Millim. Untere Mergel. Selten.

Taf. β. Fig. 4.— Eine an die äussere Gestalt mancher Marginulinen erinnernde gestreckte Form. Der obere und untere Theil kurz und schwach verdickt und gegen das Mittelstück abgesetzt. Mittelstück aus zwei deutlich getrennten, grossen

Kammern. Die Zuspitzung der letzten Kammer schief, seitwärts gerichtet, daher die Mündung ganz excentrisch, fast seitenständig. Mündung sternförmig. Farbe bräunlich. Kieselkörnchen gröblich. Höhe 2·35 Millim. — Grösste Kammerbreite 0·58 Millim. Obere Mergel. Selten.

Var. γ. Fig. 5. — Die drei Theile deutlich abgesetzt, der untere schwächer als der obere, unten abgerundet. Die ganze Form etwas gebogen. Die letzte Kammer regelmässig konisch zulaufend, mit ziemlich weiter, viereckiger, zuweilen wenige Strahlen aussendender Mündung. Farbe hellgraulich. Kieselkörnchen unregelmässig vertheilt, gröbere vereinzelt zerstreut unter den überwiegend feinen. Höhe 2·2 Millim. Grösste Kammerbreite 0·62 Millim. Obere Mergel. Häufig.

Var. δ. Fig. 6. — Fast ganz cylindrisch, selten schwach gekrümmt. Obere Kammer deutlich abgesetzt und schwach verdickt, stumpf konisch auslaufend, mit schwach convexer, seitlicher Wölbung. Die Mündung fast oder ganz central, in der Mitte der stumpfen Spitze, eckig, oblong bis spaltenförmig, häufig mit Strahlung. Der mittlere Theil aus 2 — 4 niedrigen Kammern bestehend. Farbe weisslich. Feinkörnig oder zerstreut grobkörnig. Höhe 1·7 Millim. Breite 0·51 Millim. Obere und untere Mergel. Häufig.

Var. ε. Fig. 8. — Ein kurz gedrungenes, jugendliches Exemplar mit sehr verdicktem Ober- und Untertheil und kurzem, schmälerem, nur aus einer Kammer bestehendem Mittelstück, welches jedoch wieder einige besondere Abweichungen zeigt. Abgesehen von einer marginula-artigen Krümmung und einer unregelmässig eckigen fast sternförmigen, etwas seitlich gerückten Mündung ist diese Varietät durch besonders grobe Körnelung und den Wechsel von schwarzen und weisslichen Körnchengruppen charakterisirt. Höhe 1·4 Millim., Breite der obersten verdickten Kammer 0·7 Millim.

Fig. 7. Jugendform mit nur zwei Abtheilungen. Höhe 1·42 Millim., Breite 0·6. Überdies sind auch ganz kurze rundliche kieselige Formen sehr häufig, die nur den untersten Theil und somit ein noch früheres Entwickelungsstadium derselben Art überhaupt repräsentiren.

CLAVULINA ROBUSTA Stache.
Taf. XXI. Fig. 9, 10.

Cl. lata, incrassata, in conspectu solum bipartita, tenero grano silicea. Loculi ampli sed depressi, obscuris tantum suturis linearibus notati. Pars inferior loculis alter-

nantibus composita, oblique acuminata, a parte superiori circulo angustiore separata. Pars superior latitudine paullatim crescens. Loculus ultimus fere cylindricus, cono regulari acuminatus. Apertura centralis, polygona, non stellata.

Diametros verticalis 1·65—2·4 mm. Diam. horizontalis 0·75—0·9 mm.

Der vorbeschriebenen steht diese Art zwar sehr nahe, jedoch sind ihre Dimensionsverhältnisse ganz verschieden und Übergänge in dieser Beziehung nicht nachweisbar. Bei gleicher Höhe übertrifft sie an Breite selbst die stärksten Exemplare von *Cl. antipodum* um nahezu das Doppelte. Überdies sind nur zwei Theile, nicht drei, wie bei jener, deutlich von einander abgesetzt. Die mittleren Kammern nämlich sind sowohl unter einander als von der letzten grösseren Kammer durch keinerlei Einschnürung getrennt, sondern verlaufen sehr allmählich an Breite zunehmend in einander und sind nur durch sehr schwache, bei Behandlung mit Glycerin etwas deutlicher sichtbare Nathlinien von einander getrennt. Die Kammern sind niedrig im Verhältniss zur Breite. Die letzte Kammer ist höher, kurz cylindrisch, mit niedrigem, aber regelmässig zuspitzendem Kegel endend. Die Mündung liegt central, ist einfach polygonal, gewöhnlich fünfeckig und ungestrahlt. Der untere Theil ist durch eine deutliche Abschnürung von dem oberen getrennt. Er ist jedoch gewöhnlich etwas weniger breit und nach unten schief nach der Seite ausspitzend. Die wenig regelmässig alternirenden Kammern sind äusserlich gleichfalls nur durch wenig deutliche einfache Nathlinien angedeutet. Die Farbe ist weisslich, die Kieselkörnchen fein, mit ziemlich regelmässig zerstreuten, gröberen untermischt.

Grössenverhältnisse: Höhe 1·65—2·4 Millim. Grösste Breite 0·75 bis 0·9 Millim.

Vorkommen: Selten in den oberen und unteren Mergeln.

GAUDRYINA d'Orb.

Die Gattung Gaudryina ist durch eine Reihe von Formen vertreten, welche eine ganz neue Unterabtheilung innerhalb der Gattung bilden. Die dreireihige Schale des Jugendzustandes entwickelt sich hier nämlich statt zur gewöhnlichen Textilarienform zu einer ungleichreihigen, dreiseitig-dreikantigen Textilaria vom Typus der *Textilaria atlantica* Bail., einer Form, welche durch die mikroskopische Untersuchung der Tiefenproben der atlantischen Küste der vereinigten Staaten durch Professor J. W. Bailey bekannt wurde [1]. Die Figuren 38—41 der dieser Arbeit

[1] Smithsonian Contributions to Knowledge-Microscopical Examination of Soundings made by the U. S. Coast-Survey of the Atlantic Coast of the U. S. by Prof. F. W. Bailey 1850, Taf. Fig. 38—43, p. 12—15.

beigegebenen Tafel zeigen eine dreiseitige Textilaria mit flachem Rücken, aber zweiflächiger und gekielter Bauch- oder Frontalseite.

Unter den neuseeländischen Gaudryinen ist diese Art der Ausbildung die vorherrschende. Allein ausserdem kommen daselbst Arten vor, welche die umgekehrte Form der Ausbildung zeigen, nämlich eine flache Frontseite und eine gewölbte, mit einer kielartigen Haupt- oder Mittelkante versehene Rückseite.

Die *Textilaria atlantica* Bail. wurde nach Angabe des Autors nur in grösseren Tiefen, und zwar am häufigsten in den Proben aus 89 Faden Tiefe gefunden[1].

Da alle diesem Textilarien-Typus ähnlichen Formen vom Whaingaroa-Hafen kieselig sind und unten dreizeilig, so müssen sie als zu einem dreikantigen Plecanium entwickelte Gaudryinen aufgefasst werden.

a) Dreiseitig dreikantige Gaudryinen mit flacher Bauch- und zweiflächiger, gekielter Rückenseite.

GAUDRYINA REUSSI Stache.

Taf. XXI. Fig. 11 a, b, c, d.

G. testa grano siliceo, triquetra, tricarinata, fere aeque lateralis, satis elongata et erecta, deorsum versus paullo diminuta denique obtuse acuminata, sursum versus paullum incrassata supraque pyramidata. Carina dorsalis magis exacuta, prominula, ad summum loculi ultimi prolongata. Loculi utriusque ordinis circa 5—6, suturis leviter tantum insectis notati, — anteriores inaeque applanati et incurvati, — posteriores declives, acuminato-squamaeformes, paucum inflati. Loculus ultimus cordato-pyramidatus. Apertura magna, lata sed depressa, fere lunulata rugose marginata.

Diametros verticalis 2·25 mm. Diam. horizontalis - major 1·2 mm., - minor 1·1 mm. Rara in marnis inferioribus.

Abgesehen von anderen, weniger wichtigen Unterschieden, weicht diese Art von allen übrigen Arten der ganzen Gruppe wesentlich ab durch die genau in der Mitte der flach ausgebildeten Bauchseite fixirte Stellung der Mundöffnung und durch die gekielt-dreiseitige Form der Schlusskammer. Im Übrigen ist diese Art kürzer und gedrungener, die kleinste der Gruppe und fast gleichseitig in Bezug auf die Breite der drei Seitenwände. Die oberen Rückenkammern sind zu

---

[1] P. 13. l. c. „It appears to exist only in the deap soundings and is particularly abundant in those marked G, No. 8 — 89 fathoms.

beiden Seiten der scharf gekielten Rückenkante, welche bis auf die Spitze der Schlusskammer zu verfolgen ist, etwas stärker aufgeblasen als die übrigen Kammern.

Die seitlichen Kanten sind stumpfer gekielt. Die Nathlinien sind sowohl
im unteren dreireihigen als im oberen zweireihigen Theil deutlich, wenn auch
nicht sehr tief eingeschnitten. Die ursprüngliche Dreitheilung ist zuweilen selbst
noch in dem obern Theil durch eine mittlere Einsenkung in den Kammern der
Bauchseite angedeutet. Die Mündung ist breit gezogen, niedrig, zuweilen ausgezackt. Die Farbe der Schale ist gewöhnlich hellbräunlich oder grau; die Kieselkörnchen sind fein, aber deutlich und ziemlich regelmässig vertheilt.

Der Hauptcharakter der Art liegt in der besonderen, gekielten Gestalt
der letzten Kammer.

Grössenverhältnisse: Höhe 2·25 Millim.; grösste Breite der flachen Vorderseite 1·1 Millim.; grösste Breite der beiden Rückseiten 1·2 Millim.

Vorkommen: Ziemlich selten in den Mergeln des unteren Niveaus.

GAUDRYINA OBLIQUATA Stache.
Taf. XXI. Fig. 12 a, b.

*G. triquetra, spissis granulis silicea, inaequelateralis, elongata, subtus acuminata,
supra late detruncata. Facies anterior sive ventralis angustata, irregulariter
applanata. Facies posterior sive dorsalis inflata, acute carinata, bilateralis. Tritesta pars inferior paucum distorta. Ultimus loculus depressus, retroque decliris.
Apertura semilunaris, sinistrorsum obliquata.*

*Diametros verticalis 3·24 mm. Diam. horizontalis-major 1·40 mm., -minor
1·1 mm. Rarissima in marnis inferioribus.*

G. obliquata ist eine der längsten und schlankesten Formen der ganzen Abtheilung. Sie ist zwar dreiseitig und dreikantig wie die vorige Art, aber abgesehen von
dem in der Stellung und Form der Mündung und Schlusskammer liegenden specifischen Hauptcharakter ist auch schon die ganze äussere Gestalt verschieden und
schliesst sich den folgenden Arten näher an. Sie ist nämlich nicht nahezu gleichseitig wie jene, sondern ungleichseitig, und zwar sind die beiden in der stärker
gewölbten und schärfer gekielten Hauptkante oder im Rückenkiel (Dorsalkante)
sich vereinigenden Seitenflächen (Dorsalflächen) breiter und gewölbter, dagegen
die dritte der Rückenkante gegenüber und zwischen den Seiten- und Lateralkanten
liegende Seite oder Bauchseite (Ventralfläche) bei weitem schmäler und flacher. Der

untere dreireihige Theil ist kurz, zugespitzt, etwas seitwärts gebogen und deutlich gegen den oberen Theil abgesetzt. Die Kammern des oberen Theiles sind durch tief eingeschnittene Näthe, die auf der platten, schmalen Seite wie tiefe Längsgruben erscheinen, markirt. Die Kammern der Rückenreihe sind zu beiden Seiten der Rückenkante etwas aufgeblasen und greifen auf der Höhe der Kante selbst mit ihren abwärts ausgezogenen Spitzen wie dachziegelförmig über einander. Die Färbung ist schwärzlich, mit Ausnahme der Gegend um die Mündung, die Kieselkörnchen dicht und ziemlich gross. Die Mündung ist mittelgross und etwa halbmondförmig.

Der Hauptcharakter dieser Species liegt in der niederen, plattgedrückten nach der Rückenkante zu abschüssigen Form der letzten Kammer und in der von der Mittellinie der platten Ventralseite halblinks gedrehten, fast über der linken Lateralkante liegenden Stellung der Mündung.

Grössenverhältnisse: Höhe 3·24 Millim.; grösste Breite der flachen Vorderseite 1·1 Millim.; grösste Breite der gewölbten Rückflächen 1·40 Millim.

Vorkommen: Selten in den Mergeln des unteren Niveaus.

b) Dreiseitig dreikantige Gaudryinen mit zweiflächiger gewölbter und gekielter Frontal- oder Bauchseite und flacher Rückenseite.

GAUDRYINA MEGASTOMA Stache.
Taf. XXI. Fig. 13 a, b.

G. triquetra, elongata, supra lata et incrassata, subtus acuminata, paucum arenata, magnis granulis silicea. Facies anterior loculis inflato-convexis consistens, acuta carina media bilateralis. Loculus ultimus anterioris ordinis rotundatus, latus, non carinatus. Facies posterior vel dorsalis paucum angustata et incarata, loculis magis complanatis consistens. Loculus ultimus posterioris ordinis antice depressus, postice inflatus et dilatatus. Loculi utriusque ordinis circa 9, sensim crescentes, suturis conspicuis sed non nimis profunde insertis notati. Tritesta pars inferior magna, paucum retorta et incrassata. Apertura maxima, lunulata, non alta sed lata, circa tertiam partem latitudinis loculi ultimi adaequans.

Diametros verticalis 3·1 mm. Diameter horizontalis-major 1·30 mm., -minor 1·15 mm. Rarissima in marnis superioribus.

Diese, so wie die noch folgenden Gaudryinen der Gruppe mit dreikantigem Plecanium-Typus unterscheiden sich von den beiden eben beschriebenen Arten schon wesentlich durch die von der platten Seite direct abgekehrte und sonst genau über der gewölbten scharfen Haupt- oder Mittelkante fixirte Lage der Mündung und die kugelich zugerundete Form der letzten oder der beiden letzten Kammern.

Im Übrigen zeigt die Art noch folgende Eigenthümlichkeiten. Die allgemeine Form ist weniger schlank im Vergleiche zu der vorigen Art, als auch im Vergleiche zu allen übrigen Species mit kantenständiger Mündung, sondern bedeutend weiter und verdickter. Besonders ist die flache, fast concav eingebauchte Dorsalseite sehr breit, erreicht aber doch nicht ganz die Breite der beiden stark gewölbten, in der stark convexen Mittelkante sich vereinigenden Seitenflächen. Der untere, dreikantig zugespitzte, dreireihige Theil ist deutlich markirt durch seine Wendung nach seitwärts und eine starke Verdickung der Rückenseite. Die Bauchkante läuft aus bis zu ¹/₃ der ganzen Höhe der den ganzen unteren Mündungssaum bildenden, breiten Kammer. Die Farbe ist schwärzlich. Die eckigen Kieselkörnchen sind weniger dicht, aber grösser als bei der vorigen Art.

Der Hauptcharakter dieser Species liegt in der grossen zu ¹/₃ oder mehr der ganzen Kammerbreite ausgezogenen Mündung und in der im Verhältnisse sehr niedergedrückten, aber gleichfalls breiten, abgerundeten Form der Schlusskammer.

Grössenverhältnisse: Höhe 3·1 Millim.; Breite der centralen Seitenfläche 1·30 Millim.; Breite der Dorsalfläche 1·15 Millim.

Vorkommen: Selten in den Mergeln des oberen Niveaus.

GAUDRYINA NOVO-ZELANDICA Stache.

Taf. XXI. Fig. 14 a, b.

G. triquetra, elongata, erecta, procera, subtus acuminata, supra bullata, teneris granulis silicea. Facies anterior sive ventralis arcuata, prominente carina media bilateralis, loculis conspicue squamatim ordinatis, inflatis et latis composita. Loculus ultimus anterioris ordinis ipse quoque carinatus. Facies posterior vel dorsalis satis angustata et fere verticalis, loculis fere complanatis, vel paullum convexiusculis consistens. Loculus ultimus posterioris ordinis globosus, antice aliquanto prominens. Loculi utriusque ordinis circiter 7. gradatim crescentes, suturis satis acute insectis separati. Tritexta pars inferior parcus, non bene distinctus. Apertura media, exigua, arcuata, magis alta quam lata.

Diametros verticalis 3·0 mm. Diam. horizontalis-major 1·35 mm., -minor 0·9 mm. Rara in marnis superioribus.

Diese Art ist zwar nicht die grösste, aber die am meisten gerad gestreckte Form unter den dreikantigen, ungleichreihigen Gaudryinen dieser Abtheilung. Die Rücken-fläche ist schmäler als bei den übrigen Arten und sehr schmal im Verhältnisse zu der Breite der beiden Seiten der Frontfläche; überdies flacht dieselbe ziemlich perpendiculär ohne bedeutendere Einbuchtung nach unten ab und selbst der unterste dreireihige Theil ist nur klein und kaum vorspringend. Die randlichen Kanten enden unterhalb der Schlusskammer, sind etwas verdickt und treten unten zu einer ziemlich scharfen Ausspitzung zusammen. Die von denselben begrenzten Kammerflächen liegen etwas eingesenkt zwischen ihnen und werden durch deutlich einschneidende, etwas geschwungene, aber fast horizontale und parallele Nath-linien angedeutet. Die Schlusskammer ist schärfer abgesetzt, rundlich aufgeblasen und gewölbt.

Die Vorderfläche ist stark bogenförmig gewölbt und mit einem deutlichen mittleren Kiel versehen. Ihre beiden gleichartigen Seitenflächen sind oben gegen rückwärts durch die fast senkrechten Seitenkanten, nach vorn durch die nach oben stark ausbauchende Mittelkante begrenzt, daher oben sehr breit, nach unten bis zur Ausspitzung verschmälert. Sie zeigen, je weiter nach oben, desto deutlicher das alternirende Ineinandergreifen der Grenzlinien der hinteren und vorderen Kammer-reihe. Gegen diese zickzackförmig, fast parallel mit der rückwärtigen Kante ver-laufende Nathlinie flachen die beiderseitigen Kammerreihen etwas ab, so dass diese ganze Nathgegend etwas vertiefter erscheint, sowohl gegen die wenig verdickten kleinen, seitlichen Dreieckflächen der hinteren Kammerreihe, als besonders gegen die stark gewölbten und durch tief einschneidende Näthe von einander getrennte Flächen der vorderen Kammerreihe. Unmittelbar gegen den Mittelkiel, zu dem sie sich vereinigen, sind sie wieder eingebuchtet, so dass derselbe um so schärfer her-vortritt. Die directe Frontalansicht zeigt, dass die Kammern der vorderen Reihe mit etwas schief abwärts verlaufenden, geschwungenen Nathlinien an einander grenzen und auf der Höhe der Kante zu abwärts gerichteten, etwas verdickten Spitzen ausgezogen sind, so dass sie wie dachziegelartig über einander zu greifen scheinen. Der Kiel setzt hier noch deutlich über den grösseren Theil der letzten Kammer der Vorderreihe fort.

Hauptcharaktere der Art: Die kleine, enge spitzbogenförmige, etwas vertieft in der Mittellinie der Vorderfront und am unteren Rande der Schlusskammer liegende Mündung und die hoch und kugelig gewölbte, die letzte Kammer der Frontseite bedeutend überragende, gerad gestellte, rückenständige Schlusskammer.

Grössenverhältnisse: Höhe 3·0 Millim., grösste Breite der Rückenfläche 0·9 Millim., grösste Breite der frontalen Seitenflächen 1·35 Millim.

Vorkommen: Wahrscheinlich weniger selten als die übrigen Arten in den Mergeln des unteren und oberen Niveaus.

GAUDRYINA CAPITATA Stache.

Taf. XXI. 15. a. b.

G. triquetra, paulo magis abbreviata et incrassata, subtus obtuse acuminata, supra valde inflata, teneris granulis silicea. Facies anterior loculis minus inflatis consistens. Loculus ultimus anterioris ordinis maxime inflatus, globosus, non carinatus. Facies posterior subter loculum ultimum complanata vel ipsa paullum incurata. Loculus ultimus posterioris ordinis maxime inflatus, globosus. Loculi utriusque ordinis 7—8, exceptis ultimis, suturis leviter tantum insectis notati. Tritexta pars inferior magis inflata. Apertura angusta, arcuata.

Diametros verticalis 2·85 mm. Diam. horizontalis-major 1·3, -minor 1·05 mm. Rara in marnis superioribus.

Diese Form ist etwas kürzer und dicker als die vorbeschriebene Art, unten stumpf zugespitzt, aber stark aufgeblasen. Die Kammern der gekielten Bauchseite sind weniger stark convex bis auf die letzte Kammer, welche sich durch ihre breite, kuglig abgerundete Form und den Mangel des Mittelkieles auszeichnet. Die Rückenfläche ist ziemlich breit und etwas eingebaucht. Nur die grosse Schlusskammer ist stark aufgeblasen und abgerundet und springt sehr augenfällig gegen die abgeflachten, unteren Kammern der Rückseite hervor. Der dreireihige, untere Theil ist grösser und deutlicher verdickt. Die Mündung klein und eng, ähnlich wie bei dem vorbeschriebenen Typus.

Der Hauptcharakter liegt in der aufgeblasenen Form der beiden Schlusskammern und dem Mangel des Kieles bei der vordern Schlusskammer.

Grössenverhältnisse: Höhe 2·85 Millim., Breite der Seitenflächen der Bauchseite 1·3 Millim.; Breite der Rückseite oder Dicke 1·05 Millim.

Vorkommen: Selten in den Mergeln des oberen Niveaus.

GAUDRYINA INSECTA Stache.

Taf. XXI. Fig. 16 a, b, c, d.

G. teneris granulis silicea, fortiori arcu recurvata, infra acutius acuminata, supra rotundata et valde inflata. Facies anterior sive ventralis convexa, media carina crassiore et leviter curvata bilateralis, loculis maxime incrassatis, squamatim ordinatis consistens. Facies posterior sive dorsalis incarata, loculis convexiusculis interdum fere complanatis composita. Loculi utriusque ordinis circiter 7—8, suturis profundis et acute insectis separati, multo crescentes. Tritexta pars inferior paucum distorta retroque incrassata. Loculus ultimus anterioris ordinis supra rotundatus, subtus carinatus. Loculus ultimus proprius sive dorsalis maximus, globosus. Apertura alta et lata, fere semicircularis.

Diametros verticalis 2·75 mm. Diam. horizontalis-major 1·15 mm., -minor 1·0 mm. Rarissima in marnis inferioribus.

Schon in den allgemeinen Umrissen der Gestalt unterscheidet sich diese Art von den vorbeschriebenen durch ihre kürzere, gedrungene, überdies aber nach unten scharf zuspitzende und deutlich rückwärts gebogene Form, ihre concav eingebuchte Rückseite, und durch den gedrehten und abgesetzten Bau und die Grösse des unteren zugespitzten, dreireihigen Theiles. Noch auffallender fast als dieses ist das tiefe Einschneiden aller Nathlinien, besonders aber der der grossen aufgeblasenen Kammern der Vorderreihe und die fast rinnenförmige Einsenkung der zickzackförmigen Suturlinie der beiden Kammerreihen.

Die obersten 2—3 Kammern beider etwa 6—7kammerigen Reihen sind besonders gross und stark erweitert, die unteren werden schnell niederer und enger. Die Näthe der Hinterseite verlaufen in schwach gebogenen, fast horizontalen Linien, die vordere Kammerreihe zeigt beiderseits sehr schief nach abwärts verlaufende, stark geschwungene Linien, welche auf der Höhe der scharf abgesetzten Mittelkante in einer langen schmalen Spitze ausgehen. Dieser scharfe, mittlere Kiel verläuft nicht gerade, sondern in deutlich geschwungener Linie. Im Sinne dieser Linie sind auch die Ausspitzungen der Kammern gedreht. Der Kiel verläuft zur mittleren Höhe der letzten Frontkammer, welche weiter aufwärts gegen die Mündung abgerundet und gewölbt erscheint. Die letzte Rückenkammer ist seitlich und nach hinten stark aufgeblasen und gewölbt. Nach vorne fällt sie flacher ab. Die Färbung ist etwas dunkler als bei der vorigen Art, die Kieselkörnigkeit der Schale noch feiner.

Hauptcharaktere der Art sind: die ziemlich weite und hohe halbkreisförmige Mündung; die Grösse und die nach rückwärts gebogene Form des
unteren spitzen, dreireihigen Abschnittes — endlich die scharfe Sonderung der
Kammern durch das tiefe Einschneiden der Nathlinien.

Grössenverhältnisse: Höhe 2·75 Millim.; grösste Rückenbreite 1·0 Millim.; grösste Breite einer Frontalseite 1·15 Millim.

Verwandtschaften zeigt die Art zumeist mit den beiden vorbeschriebenen
Formen desselben Typus. Alle drei Formen dürften sich vielleicht vereinigen
lassen und nur als Varietäten zu betrachten sein, wenn ein hinreichendes Material
zu Gebote stände, um Übergangsformen heraus zu finden.

Vorkommen: Selten in den Mergeln des tieferen Niveaus.

PLECANIUM Rss.

PLECANIUM KARRERI Stache.

Taf. XXI. Fig. 17 a. b.

*Pl. granulis magnis siliceum, subcordatum, subtus rotundatum, supra duobus majoribus
loculis ultimis globosis magis inflatum. Loculi utriusque ordinis 3—4, rotundati,
multo crescentes, suturis conspicue incavatis sejuncti. Apertura satis elevata,
supra arcuata, fere semicircularis.*

*Diametros verticalis 1·5 mm. Diam. horizontalis maxima 0·9 mm. Frequens in
marnis superioribus, rarius in marnis inferioribus.*

Die allgemeine Form dieser Art ist ungleich herzförmig von den Breitseiten
aus gesehen, lang-eiförmig von der Front- und Rückenseite. Die letzten beiden
Kammern sind kugelig gerundet, nehmen die Hälfte der ganzen Schale oder mehr
ein und sind durch schärfere Einschnürung der Nathlinien getrennt. Die unteren
Jugendkammern, etwa drei in jeder Reihe, nehmen von unten nach oben deutlich
an Grösse und Abrundung zu. Ihre Nathlinien sind weniger scharf. Die Schale
ist deutlich und ziemlich gleichmässig kieselig-körnig.

Grössenverhältnisse: Höhe 1·5 Millim., grösste Breite der Vorderfläche
0·9 Millim., grösste Breite der Seitenflächen 1·2 Millim.

Vorkommen: Häufig in den Mergeln des oberen Niveaus; seltener in denen
des unteren Niveaus.

PLECANIUM GRANOSISSIMUM Stache.

Taf. XXI. Fig. 18 a, b.

Pl. magnis et confertis granulis siliceum, abbreviatum, supra inflatum et rotundatum subtus obtuse acuminatum. Loculi utriusque ordinis 4—5, multo crescentes, duo ultimi dilatati, globosi, inferiores complanati. Apertura magna, lunulata, magis lata quam alta.

Diametros verticalis 1·1 mm. Diam. horizontalis-major 0·8 mm.,-minor 0·67 mm.

Eine kleine, durch ziemlich grosse und dicht gedrängte, eckige Kieselkörnchen rauhe Schale von sehr kurzer, oben breiter, kugelig abgrundeter, unten stumpf zugespitzter Form. Die Kammern, etwa 3—4 in jeder Reihe, wachsen stark an. Die beiden letzten überwiegen so bedeutend an Grösse, dass sie etwa ²/₃ der ganzen Schale ausmachen, sie sind überdies kugelig zugerundet und durch schärfere Näthe getrennt. Die unteren Kammern zeigen flachere Seiten und wenig deutliche, schwache, abwärts geneigte Nathlinien. Die Mündung ist gross, etwa ¹/₃ der Kammerbreite, aber nicht hoch, etwa mondsichelförmig.

Grössenverhältnisse: Höhe 1·1 Millim., grösste Breite der Seitenflächen 0·8 Millim., grösste Breite der Frontseite 0·67 Millim.

Vorkommen: Häufig in den Mergeln des oberen Niveaus; seltener in denen des unteren Niveaus.

PLECANIUM EURYSTOMA Stache.

Taf. XXI. Fig. 19 a, b.

Pl. granulis magnis siliceum, infra quadrilaterale et obtuse pyramidatum, supra duobus ultimis loculis maxime inflatis et prominentibus valde dilatatum et globosum. Loculi utriusque ordinis 4—5. — ultimi duo soli suturis profundius insectis separati, inferiores depressi et tantum obscuris lineis texti. Apertura latissima sed anguste depressa, fissiformis.

Diametros verticalis 2·30 mm. Diam. horizontalis maxima 1·5 mm. Rarum in marnis inferioribus.

Im Ganzen ist die Form der Schale vierseitig, oben breit angeschwollen, unten stumpf abgerundet und platt, als vierseitige stumpf gespitzte Pyramide auslaufend. Die beiden letzten Kammern sind zu solcher Höhe und Breite erweitert und so

23 *

dick angeschwollen, dass sie ½—¾ der ganzen Schale bilden. Sie sind überdies allein durch schärfer einspringende Nathlinien abgesondert. Die unteren 3—5 Kammern jeder Reihe sind niedrig, abgeplattet und nur durch äusserlich schwach markirte Nathlinien getrennt. Die Mündung bildet eine schwach gebogene, sehr breite, aber enge, etwa ⅔ der Kammerbreite erreichende, vertieft liegende Spalte am unteren Rande der breiten Fontseite der letzten Kammer. Die Farbe ist heller braun oder schwärzlich; die Kieselkörnchen sind zum Theil sehr gross, aber nicht gleichmässig.

Grössenverhältnisse: Höhe der grossen ausgewachsenen Form 2·30 Millim. Breite der Frontseite in der Linie der Mündung 1·5 Millim. Breite der Seitenflächen 1·8 Millim.

Verwandtschaft: Erinnert gleich den vorbeschriebenen Arten einigermassen an die dick aufgeblasenen, gekörnten Textilarienformen, welche d'Orbigny abbildet, besonders an *T. abbreviata* durch die breite Mündung. Unsere grosse Form (Fig. 19) steht dem vorbeschriebenen, kleinen *Plec. granosissimum* sehr nahe, jedoch ist die Mündung doch zu abweichend, um dieselbe, zumal auch Grössenzwischenstufen fehlen, damit vereinigen zu können.

Vorkommen: Sehr selten in den Mergeln des oberen Niveaus.

II. Foraminiferen mit kalkiger Schale.

A. Mit porenloser Kalkschale.

FAMILIE MILIOLIDEAE.

a) CORNUSPIRIDEAE.

CORNUSPIRA Schltz.

CORNUSPIRA ARCHIMEDIS Stache.

Taf. XXII. Fig. 1 a. b.

C. tenuissima, disciformis, utroque latere leviter tantum excavata. Singuli spirae anfractus circiter 10, fere regulariter circulares, angustissimi, paulo tantum crescentes, extra obtuse carinati, intra levi canali excavati. Superficies laevis, albida, striis tenerrimis et satis remotis notata. Apertura trigonalis, acuminata, paucum obliquata.

Diametros maxima 1·1 mm. Rarissima in marnis inferioribus.

Diese zarte und zierliche *Cornuspira* hat eine scheibenförmige Gestalt mit sehr seichter, aber auf beiden Seiten nicht ganz gleich starker schüsselförmiger Vertiefung. Die Peripherie des letzten Umganges so wie die inneren Windungen der Spirale sind nahezu kreisrund. Der Radius der kleinen Scheibe schneidet etwa 10 spirale schmale und enge Umgänge. Die Umgänge sind sehr wenig umfassend und nehmen so regelmässig und langsam an Breite zu, dass der letzte gegen die inneren durch grössere Breite kaum absticht. Die Grenzen der Umgänge sind auf beiden Seiten der Schale durch deutliche Tiefenlinien markirt, so dass die zwischenliegenden Umgangsflächen schwach convex erscheinen. Die Rückenseite des letzten Umganges der Schale ist ziemlich spitz convex. Die Furche oder canalartige Vertiefung der Innenseite der einzelnen Umgänge, welche die Rückenlinien des je vorhergehenden Umganges aufnimmt, ist eng und seicht. Gegen die Mündung zu ist das Ende des letzten Umganges etwas seitlich zusammengedrückt, so dass die Öffnung nach oben spitzwinkeliger erscheint, als der normale Umgangsdurchschnitt ist. Der Mündungsrand ist überdies gegen die vertieftere Scheibenseite etwas stärker herabgezogen.

Die Schalenoberfläche ist weiss, porzellanartig glänzend und zeigt wenigstens auf dem äusseren Umgange noch deutlich sehr zarte, in ziemlich weiten und regelmässigen Abständen auf einander folgende Anwachsringe.

Grössenverhältnisse: Durchmesser der Scheibe 1·1 Millim. Dicke des letzten Umganges 0·08—0·1 Millim.

Verwandtschaft: Die nächste verwandte Art ist *C. polygyra* Reuss aus dem tertiären Septarienthon von Offenbach.

Vorkommen: Sehr sparsam; ein Exemplar aus den Mergeln des tieferen Niveaus.

CORNUSPIRA ELLIPTICA Stache.

Taf. XXII. Fig. 2 a, b.

C. elliptica, paucum incrassata, profundius excavata. Spirae anfractus 8—10 inaequales, interiores angustissimi, exteriores latiores et magis incrassati. Superficies alba, porcellanea, striis conspicuis et multo minus remotis notata. Apertura arcuata, subdepressa.

Diametros maxima 1·05. Rarissima in marnis inferioribus.

Von den vorbeschriebenen ist diese Art noch immerhin gut zu trennen, trotz ihrer im Allgemeinen ähnlichen scheibenförmigen, beiderseits leicht tellerförmig vertieften Gestalt. Abgesehen von der elliptischen Form der Peripherie und der die kleine Scheibe zusammensetzenden acht Spiralwindungen, zeigt dieselbe auch noch andere abweichende Charaktere, auf welche eine Trennung begründet werden kann. Die beiden letzten Umgänge treten durch grössere Dicke und Breite gegen die inneren Umgänge bedeutender hervor. Die mittlere Vertiefung der kleinen Schale ist daher beiderseits stärker in die Augen fallend als bei der vorbeschriebenen Art und der Rücken des letzten Umganges erscheint breiter und flacher gewölbt. Überdies ist die Mündung durch allmähliche Abplattung des letzten Umgangstückes niedergedrückt. Endlich zeigt die weissliche, porcellanartige Oberfläche bei weitem deutlichere und schärfere und fast doppelt so eng an einander gerückte Anwachslinien als die vorige Art.

Grössenverhältnisse: Grösster Durchmesser 1·05 Millim., kleinster Durchmesser 0·8 Millim., Dicke des letzten Umganges 0·13—0·17 Millim.

Vorkommen: Sehr sparsam; ein Exemplar aus den Mergeln des tieferen Niveaus.

b) MILIOLIDEAE GENUINAE.

QUINQUELOCULINA D'Orb.

Taf. XXII. Fig. 3 a, b, c.

Die eigentlichen Miliolideen sind wahrscheinlich etwas reichlicher vertreten als nach den abgebildeten Formen zu schliessen ist. Es wurden aber von denselben deutliche und vollkommen erhaltene Reste so gut wie gar nicht vorgefunden. Selbst die hier abgebildeten vollständigsten Exemplare von Quinqueloculinen, welche sich dem Typus von *Quinqueloculina Juleana* D'Orb, *Q. contorta* D'Orb oder *Q. Rudolphina* D'Orb. am meisten nähern, sind verbrochen und weder hinreichend erhalten, um sie mit Sicherheit mit irgend einer bekannten Species identificiren zu können, noch auch zeigen sie so besonders klare Charaktere, dass man dieselben als besondere Merkmale hervorheben und eine neue Art darauf gründen könnte.

B. Mit fein und einfach poröser Kalkschale.

FAMILIE RHABDOIDEAE.

LAGENIDEAE.

LAGENA FLEM.

LAGENA ANOMALA STACHE.

TAF. XXII. FIG. 4 a, b.

L. globosa, asperula, tenerrimis liniis hexagonalibus reticulata, infra breviter mucronata, supra prominente collo cylindrico stipitata. Collus in summo convexus, striisque teneris multiradiatus. Apertura in summo collo medio posita, ovalis, paucum profundata, non omnino aperta sed cribrosa, sexpunctata.

Diametros verticalis 0·85 mm. Diam. horizontalis 0·6 mm. Rarissima in marnis inferioribus.

Eine Lagenenform von fast kugeliger Körperform und von rauher, fein gekörnelter, durch ein Netz von sechsseitigen Maschen gezierter Oberfläche. Die Netzlinien sind sehr fein und schwach. Unten endet die kugelige Schale mit einer kleinen kurzen Zuspitzung; oben sitzt ihr ein ziemlich hervorragender, cylindrischer Hals auf. Derselbe ist oben durch eine convexe, sehr fein radial gestrahlte Fläche abgeschlossen, in deren Mitte eine rundliche Einsenkung liegt, die von etwa sechs symmetrisch geordneten punktförmigen kleinen Löchern wie durchstochen erscheint. Es kommt also bei *Lagena* in ähnlicher Weise neben der einfachen Form der Mündung auch die mehrfach durchbrochene oder siebartig durchstochene Form vor, wie dies in neuerer Zeit von den Herren Reuss und Karrer auch bei Quinqueloculinen beobachtet wurde. Da nur ein Exemplar vorlag, lässt sich Nichts darüber sagen, ob hier diese Ausbildung der Mündung constant oder zufällig ist.

Grössenverhältnisse: Die Höhe der ganzen Schale misst 0·85 Millim., die grösste Breite oder der Durchmesser des grössten Kreises 1·65 Millim.

Vorkommen: Sehr selten in den Mergeln des tiefern Niveaus.

LAGENA TENUISTRIATA Stache.

Taf. XXII. Fig. 5 a, b.

L. bullata et rotundata, infra obtusissime acuminata supra in collum ampulaceum elongata, levissimis costulis et satis remotis vix conspicue ornata. Apertura centralis, minima, oralis.

Diametros verticalis 0·60 mm. Diam. horizontalis 0·40 mm. Rarissima in marnis inferioribus.

Eine kleine Lagena mit aufgeblasenem, ballonförmigem Körper, welcher in einen ziemlich langen Hals ausgeht. Wenn man den flaschenförmig verlängerten Hals nach unten kehrt, zeigt dieselbe fast die Form eines Luftballons ohne Gondel. Sie erscheint überdies durch seichte Längsfurchen schwach gestreift. Die Streifung wird gegen den Hals und die unten stumpfe Schlussspitze zu noch schwächer und verschwindet ganz. Der Hals selbst scheint gleichfalls gestreift zu sein; jedoch ist seine Form und Beschaffenheit an dem einzigen zu Gebote stehendem Exemplare, wie auch die Zeichnung zeigt, stark verdeckt. Die kleine mittlere Mündung ist einfach, ungestrahlt, von ovaler Form.

Grössenverhältnisse: Höhe 0·6 Millim. — Der Durchmesser des grössten Kreises 0·4 Millim.

Vorkommen: Selten in den Mergeln des unteren Niveaus.

GLANDULINIDEAE.

GLANDULINA D'Orb.

GLANDULINA ANNULATA Stache.

Taf. XXII. Fig. 6 a, b.

Gl. laevis, globosa, infra liniis paullum arcuatis acuminata, supra brevi collo stipitata leviqve annulo circa collum depresso instructa. Loculi 4—5, magnitudine admodum differentes, septorum liniis vix conspicue notati. Ultimus loculus maximus, totam testae partem globosam circumplectens. Apertura incerta.

Diametros verticalis 1·20 mm. Diam. horizontalis maxima vel circuli maximi 0·85 mm. Rara in marnis inferioribus.

Eine glatte, oben stark aufgeblähte, kugelige Form mit kurz angesetzter Zuspitzung nach unten und einem kurzen, abgestutzten Hals nach oben. Die untere

Zuspitzung wird von 3—4 Jugendkammern gebildet, während die letzte Kammer den ganzen kugeligen 0·85 Millim. im Durchmesser zählenden Haupttheil bildet. Die die Kammern trennenden Nathlinien sind sehr schwach und fein. Die Grenzlinien zwischen dem Halse und der kugeligen letzten Kammer sind durch einen schwachen, aber deutlichen ringförmigen Absatz markirt. Die obere Abstutzungsfläche des dickwandigen Halses zeigt in der Mitte eine ziemlich weite, verzogene, sechsseitige Öffnung. Es ist nicht sicher zu entscheiden ob dieser Hohlschnitt des Halses der wirklichen Mündung entspricht.

Grössenverhältnisse: Höhe 1·20 Millim.; Durchmesser des grössten Kreises 0·85 Millim.

Vorkommen: Sehr selten in den Mergeln des tieferen Niveaus.

GLANDULINA SUBOVATA STACHE.

Taf. XXII. Fig. 7 a, b.

Gl. laevis, tenuis, subovata, inferiore parte plus quam supra inflata, brevissimo collo crasso, non impresso stipitata, infra rectis liniis breviter acuminata. Loculi 3—4, liniis levissimis distincti. Ultimus loculus maximus, ovatus, altitudinis totius testae tres partes complectens.

Diametros maxima verticalis 0·95 mm. Diam. horizontalis 0·70 mm. — Rara in maruis inferioribus.

Eine ebenfalls glatte, aufgeblasene und der vorbeschriebenen sehr verwandte Form, welche gleichfalls nur aus 3—4 Kammern besteht, von denen die letzte allein etwa ³/₄ der Höhe der ganzen Schale einnimmt und für die ganze Gestalt derselben in der Hauptsache bestimmend ist. Die Form der letzten Kammer ist auch nicht kugelrund, sondern deutlich oval; die ganze Schale mehr gestreckt. Die Näthe der einzelnen Kammern sind durch deutlichere und schärfer eingeschnittene Linien markirt. Die untere Zuspitzung ist etwas kürzer und stumpfer. Der kurze Hals ist von der Schlusskammer durch keinen Absatz getrennt, sondern verläuft allmählich. Der Hals ist gleichfalls kurz abgestutzt, ist aber dünnwandiger und zeigt einen unvollkommen fünfseitigen Durchschnitt mit zwei abgerundeten und dreispitzig gezogenen Ecken. In der etwas tiefer liegenden, die innere Halsweite schliessenden Kalkwand der letzten Kammer ist nur ein enger, offener Spalt zu beobachten. Ob dieser die Stelle der wirklichen Mündung vertritt, ist, da auch hier nur ein Exemplar zu Gebote stand, nicht sicher zu bestimmen.

Grössenverhältnisse: Höhe 0·95 Millim. — Durchmesser des grössten Kreises 0·70 Millim.

Verwandtschaft: Erinnert an *Gl. globulus* Reuss[1] und an *Gl. abbreviata* Neugeb.[2]

Vorkommen: Sehr selten in den Mergeln des tieferen Niveaus.

GLANDULINA NAPAEFORMIS Stache.

Taf. XXII. Fig. 9 a, b.

Gl. laevis, napaeformis, infra tenui acumine elongata, supra brevi collo cylindrico et crassius marginato stipitata. Apertura media, oralis, profundata, intus tenerrimis striis radiata.

Diametros verticalis 0·70 mm. Diam. horizontalis circuli maximi 0·42 mm. Rarissima in marnis inferioribus.

Die Gestalt dieser kleinen, zierlichen *Glandulina* erinnert an die Form einer kleinen Rübe. Die Oberfläche ist glatt. Die Zahl der deutlich sichtbaren, durch feine Nathlinien getrennten Kammern beträgt fünf. Nach unten läuft die Schale in eine längere, feine Spitze mit eingebuchteten Grenzlinien aus. Oben trägt die grosse, etwa $^2/_3$ der Höhe einnehmende, eiförmig aufgeblasene letzte Kammer einen kurzen, aber ziemlich dicken, geradaufgesetzten und cylindrischen Hals, der oben wulstförmig verdickt ist. Der Umfang des oberen verdickten Theiles ist sechsseitig, mit abgerundeten Ecken. In der Mitte der in diesem Theile eingesenkten, napfförmigen Vertiefung liegt die rundliche Mündung. Dieselbe ist von feinen Strahlen umgeben, welche aber nur an der inneren Wandung der Vertiefung hinaufreichen und nicht über den Aussenrand fortsetzen.

Grössenverhältniss. Die Höhe ist 0·70 Millim.; der Durchmesser des grössten Kreises beträgt 0·42 Millim. und fällt in die Mitte der Endkammer und in $^2/_5$ der Höhe nach oben.

Vorkommen: Selten in den Mergeln des tieferen Niveaus.

---

[1] Sitzungsb. d. kais. Akad. d. Wissensch. in Wien. Math.-naturw. Classe, Bd. XLVIII. Taf. VIII, Fig. 95, pag. 66. Reuss Beiträge zur tertiären Foraminiferen-Fauna II. Folge.

[2] Denkschriften d. kais. Akad. d. Wissensch. in Wien. Math.-naturw. Classe, Bd. XII. Neugeboren Foraminiferen aus der Ordnung der Stichostegier Taf. I, Fig. 1, pag. 68.

GLANDULINA SYMMETRICA Stache.

Taf. XXII. Fig. 9 a, b.

Gl. laevis, in speciem fusi medio inflata et utroque fine symmetrice attenuata. Loculi 4 fortiter aucti et fere crenulatis suturis perspicuis separati. Ultimus loculus maximus, dimidium testae complectens, summo apice duodecim costulis tenerrimis radiatus. Apertura terminalis, minima, ovalis radiata.

Diametros verticalis 1·05 mm. Diam. horizontalis vel circuli maximi 0·55 mm. Rara in marnis inferioribus.

Diese ebenfalls glatte, der allgemeinen Form nach dickspindelförmige *Glandulina* ist durch die gleichartige, symmetrische Ausbildung ihrer oberen und unteren Hälfte ausgezeichnet. Die grösste Breite oder der grösste kreisförmige Durchschnitt fällt genau in die mittlere Höhe und ist zugleich die durch eine deutliche Nathlinie markirte Grenze zwischen der grossen Schlusskammer und den drei unteren Jugendkammern. Die allmähliche, convex zulaufende Ausspitzung der Jugendkammern nach unten ist ganz gleichförmig mit der oberen gegen die Mündung auslaufenden Gestalt der Zuspitzung. Die Nathlinien der Kammern treten deutlich hervor und erscheinen meist schwach gezähnelt. Die die oberste Spitze durchbohrende kleine Mündung hat eine ovale Form und ist durch 12 feine, eine kurze Strecke abwärts verlaufende, radiale Rippchen gestrahlt.

Grössenverhältniss. Höhe 1·05 Millim.; der Durchmesser des grössten Kreises 0·55 Millim.

Verwandtschaft: Am nächsten steht diese Art der *Gl. elliptica* Reuss aus dem oligocänen Septarienthon von Offenbach. (Vergl. Sitzungsb. d. kais. Akad. d. W. in Wien, Bd. XLVIII, Taf. III, Fig. 30; p. 47.) Erinnert auch an die viel schlankere *Gl. ovalis* Neugeb. (l. c. Taf. 1, Fig. 3.)

Vorkommen: Selten in den Mergeln des tieferen Niveaus.

GLANDULINA RIMOSA Stache

Taf. XXII. Fig. 10 a, b.

Gl. aspera, in medio testae inflata, fere globulosa, subtus tenui apice magis magisque attenuata, crebris rimulis longitudinalibus et transversalibus scarificata. — Aper-

24 *

tura media, irregulariter pentagonalis, insectis rimulis longitudinalibus quasi radiata.

Diametros verticalis 1·00 *mm. Diam. horizontalis* 0·70 *mm. Rarissima in marnis inferioribus.*

Diese Art unterscheidet sich von den vorbeschriebenen schon durch die rauhe anscheinend unregelmässig längs- und quergeriefte Beschaffenheit ihrer Oberfläche. Es lassen sich bei genauerer Betrachtung deutlicher stärkere. parallele. peripherische Horizontal- und von der Mündung radial abwärts laufende Längsstreifen von feineren unregelmässig kreuz- und querverlaufender Einschnittslinien unterscheiden, welche der Schale das rauhe, fast körnige Aussehen geben. Die Horizontalriefen erschweren das Erkennen der eigentlichen Kammernäthe. Bei genauerer Untersuchung erst ist man sicher, dass man es nicht mit einer *Lagena*, sondern mit einer *Glandulina* zu thun hat. Es lassen sich im unteren, scharf zugespitzten weniger rauhen Theile etwa drei deutlichere Nathlinien als Kammergrenzen erkennen. Die stark aufgeblasene letzte Kammer läuft nach oben convex gewölbt, allmählich in eine kleine, warzenförmige Erhöhung aus. Nach unten verlängert sich die Form in den Jugendkammern allmählich zu einer feinen Spitze. Die kleine, obere Mündungswarze ist entsprechend den radial abwärts laufenden Einschnittslinien eingekerbt. Die in derselben eingesenkte, ziemlich weite Öffnung hat eine unregelmässig fünfseitige Form.

Grössenverhältniss: Höhe 1·00 Millim.; der grösste Kreis mit einem Durchmesser von 0·70 Millim. fällt über die halbe Höhe der Schale nach aufwärts.

Vorkommen: Selten in den Mergeln des tieferen Niveaus.

GLANDULINA APERTA Stache.

Taf. XXII. Fig. 11 a, b und c.

Gl. laevigata, erecta, pusilla, trilocularis, subtus rotundata, supra altiore verruca obtusa acuminata. Loculi 3, suturis circularibus conspicue insectis sejuncti, — inferiores paurum depressi. Ultimus loculus, elatior et magis inflatus supra in verrucam convexam, medio excavatum attenuatus. Apertura media, quadragona, dorsum canaliculis curvatis, deorsum subter verrucam evanescentibus, radiata.

Diametros verticalis 0·65. *Rarissima in marnis inferioribus.*

Eine kleine, kurzgestreckte, glatte *Glandulina* mit Nodosarientypus. Sie zeigt drei durch deutlich eingeschnürte Suturlinien gegen einander abgesetzte breite Kammern. Die beiden unteren Kammern sind gedrückt, niedriger als breit, die unterste überdies kugelig zugerundet. Die oberste ist kugelig, so hoch oder fast höher als breit und verschmälert sich zu einer oben gerundeten, breiten, warzenförmigen Spitze. In der Mitte der oberen abgerundeten Fläche liegt wenig eingesenkt die viereckige Mündung. Von derselben strahlen etwa zehn bogenförmig geschwungene, dickere, vertiefte Furchen aus, welche über die Wölbung der Schlusswarze fortsetzen und gegen die Grenze der eigentlichen Kammerwölbung zu allmählich verschwinden.

Grössenverhältniss: Höhe 0·65 Millim.

Vorkommen: Sehr selten in den Mergeln des tieferen Niveaus

GLANDULINA ERECTA Stache.

Taf. XXII, Fig. 12 a, b, c.

*Gl. laevigata, erecta, elongata, subtus obtuse acuminata, supra acutiore apice atte-
nuata. Loculi 5—6 suturis circularibus, conspicue incisis bene distincti, convexi,
sectione horizontali circulares, paullatim crescentes, inferiores paucum tantum
depressi. Ultimus loculus non multo auctus, interdum ipse paullo coarctatus.
Apertura terminalis, media, minima, circularis, decem circiter striis abbreviatis
radiata.*

*Diametros verticalis 0·8—0·9 mm. Non nimis rara in marnis inferioribus
nec non in superioribus.*

Eine glatte, langgestreckte *Glandulina* mit Nodosarientypus. Die 5—6 rundlichen, durch deutliche Septallinien eingeschnürten Kammern erscheinen breiter als hoch und nehmen an Breite und Höhe nur in den ersten Jugendkammern, dann aber nur wenig oder gar nicht zu. Die letzte Kammer allein erscheint durch ihre allmähliche Ausspitzung zu der Mündung etwas höher, aber kaum breiter als die vorhergehenden. Die Gestalt im Ganzen ist daher die eines schlanken, mehrfach eingekerbten, unten stumpfen, oben etwas spitzen, kegelförmig auslaufenden Cylinders. Die terminale und centrale Mündung ist klein, rund, kurz gestrahlt und zwar meist etwa zehnstrahlig.

Grössenverhältnisse: Höhe 0·8—0·9 Millim. Breite 0·25—0·30 Millim

Verwandtschaft: Am meisten erinnert diese Art an *Gl. elongata* Reuss aus der westphälischen Kreideformation und an *Gl. mutabilis* Reuss[2] aus dem obersten Hils Norddeutschlands.

Vorkommen: Weniger selten sowohl in den Mergeln des oberen als des unteren Niveaus.

LINGULINA D'ORB.

LINGULINA INTUSTRIATA Stache.

TAF. XXII. FIG. 13 a, b.

Gl. laevis, subovata, infra acuminata, supra sensim angustata et rotundata. Loculi 4—5, septis conspicue notati. Loculus ultimus, subinflatus, dimidiam vel majorem partem altitudinis testae complectens. Apertura media magna, fissiformis, extrema margine intus extraque conspicuis liniis radiantibus striata.

Diametros verticalis 0·65 mm. Diam. horiz. vel. circ. max. 0·47 mm. Rara in marnis inferioribus.

Eine kleine, glatte, eiförmige, nach oben stumpfer und abgerundeter, nach unten schärfer in eine feine Spitze auslaufende Form. Die Nathlinien der 4—5 Kammern treten deutlich hervor. Die letzte Kammer nimmt etwas mehr als die Hälfte der ganzen Höhe der Schale ein. Der wesentliche Hauptcharakter der Art liegt in der Gestalt der Mündung. Die letzte Kammer verschmälert sich nach oben allmählich zu einem stumpfen Ende ohne Spur eines Absatzes. In der Mitte der ovalen, abgerundeten obersten Fläche liegt eine kleine, längliche Einsenkung und im Grunde derselben ein deutlicher, länglicher, an beiden Enden durch sternförmige Ausspitzungen erweiterter Spalt. Von diesem Spalte gehen ringsum Strahlenlinien aus, welche von innen über den Rand der Einsenkung oder den Mündungssaum nach aussen fortsetzen und sich auf der Aussenseite allmählich verlieren.

Grössenverhältnisse: Höhe der Schale etwa 0·65 Millim. bei einer grössten, etwa in die halbe Höhe fallenden Breite von 0·47 Millim.

Vorkommen: Sehr selten in den Mergeln des tieferen Niveaus.

[1] Reuss. Die Foraminiferen der westphälischen Kreideformation. Sitzungsb. d. kais. Akad. der Wissenschaften in Wien. Bd. XI. Taf. IV. Fig. 2, pag. 190. 1860.

[2] Reuss. Die Foraminiferen des norddeutschen Hils und Gault. Sitzungsb. d. kais. Akad. der Wissenschaften in Wien. Bd. XLVI. Taf. V, Fig. 7—11, pag. 58. 1862.

LINGULINA GLANS Stache.
Taf. XXII. Fig. 14.

L. laeris, fere glandiformis, paucum compressa, supra subtusque acuminata. Loculi 4 — suturis satis insectis bene distincti, altitudine et latitudine valde aucti. Ultimus loculus maxime inflatus, superne acuminatus. Apertura fissiformis, tenuistriata, paullo sub summum apicis posita.

Diametros verticalis 0·58 mm. Rarissima in marnis inferioribus.

Eine glatte, kurzgestreckte *Lingulina*, deren allgemeine Form an die Gestalt einer Eichel erinnert. Die Schale ist nur nach oben und unten etwas schärfer ausgespitzt und nicht kreisrund im Umfang, sondern etwas zusammengedrückt und daher oval. Die vier sichtbaren Kammern sind durch ziemlich scharf einschneidende Nathlinien markirt und nehmen von unten sehr rasch an Höhe und Breite zu, so dass jede folgende die vorhergehende nahezu doppelt an Höhe und fast um ⅓ an Breite übertrifft. Die letzte breite Kammer spitzt nach oben ziemlich scharf aus. Ihre Nathlinie liegt fast genau in der halben Höhe. Die kleine spaltenförmige, schwach gestrahlte Mündung liegt nicht ganz auf der Höhe der schwach verdickten Spitze, sondern ein wenig abwärts nach der einen Breitseite zu.

Grössenverhältnisse: Höhe 0·58 Millim.; grösste Breite und Höhe der letzten Kammer 0·29 Millim.

Verwandtschaft: In der Gestalt sehr ähnlich manchen Abänderungen der oben citirten *Glandulina mutabilis* Reuss aus dem norddeutschen Hils l. c. Fig. 10 und 11.

Vorkommen: Sehr selten in den Mergeln des tieferen Niveaus.

LINGULINA PROPINQUA Stache.
Taf. XXII. Fig. 15 a, b, c, d.

L. laerigata, lanceolata, subtus rotundata vel obtuse acuminata, supra compressa, dilatata et in modum acutae lingulae attenuata. Loculi 3—4, suturis insectis bene distincti, valde aucti. Loculus ultimus maximus. Apertura summo apice in excaratione elliptica posita, fissurata, marginata, extra marginem multiradiata.

Diametros verticalis 0·76 mm. Rara in inferioribus nec non in marnis superioribus.

Diese gleichfalls glatte, aber grössere *Lingulina* unterscheidet sich von der vorbeschriebenen wesentlich schon durch ihre ganze Gestalt. Unten ist dieselbe zugerundet oder stumpf ausgespitzt und verdickt; oben breiter, stärker zusammengedrückt und lanzettlich oder zungenförmig ausgehend. Die drei bis vier Kammern sind durch deutliche, scharflineare Näthe getrennt und nehmen ziemlich bedeutend und regelmässig an Grösse zu. Die letzte Kammer nimmt völlig oder nahezu die Hälfte der ganzen Schale ein.

Die Mündung (Fig. 16 b, Vergr. 50) liegt in einer queren, elliptischen Vertiefung der schmalen äussersten Zuspitzungsfläche. Dieselbe ist ziemlich gross, spaltenförmig, zunächst von einem schmalen, glatten, elliptischen Rand und erst ausserhalb desselben von dichtem Strahlenkranz umgeben.

Grössenverhältnisse: Höhe 0·76—1·00 Millim. Grösste Breite der letzten Kammer wechselnd von 2·60—0·35 Millim.

Vorkommen: Nicht häufig in dem unteren und oberen Niveau.

LINGULINA RIMOSA Stache.

Taf. XXII. Fig. 16 a, b.

L. elongata, lata, subcompressa, paullum arcuata, multis rimulis transversalibus et longitudinalibus aspera. Loculi circa 5—7, latitudine satis crescentes, suturis insculis distincti. Apertura magna, transversa, late fissurata.

Diametros verticalis fragmenti 4 loculorum 1·50 mm. Diam. horizontalis maxima loculi ultimi 0·75 mm. Rarissima in marnis inferioribus.

Das grösste und beste der von dieser Form aufgefundenen Bruchstücke zeigt die oberen vier Kammern mit einer deutlichen, terminalen Mündung. Nach der Form und Art der Grössenabnahme der vorhandenen Kammern zu urtheilen, dürfte das vollständige Exemplar aus 6—7 Kammern bestanden haben. Die ganze Schale ist verlängert, breit aber nicht dick, sondern zusammengedrückt, so dass Querschnitte durch die Kammern oder Nathgegenden eine elliptische oder länglich-ovale Form haben. Sie ist nicht völlig gerade gestreckt, sondern schwach gebogen. Die Kammern sind durch nicht sehr tiefe, aber deutliche Nathlinien getrennt, ziemlich hoch, nach oben regelmässig und deutlich an Breite, aber nur wenig an Höhe zunehmend, auf der einen concaven Seite etwas flacher als auf der convexen Seite der ganzen Schale. Die letzte Kammer ist die grösste und schliesst

oben mit einer quer gestellten, länglichen Warze oder Wulst ab. Auf dieser End-
warze, jedoch nicht ganz in der Mitte und auf der Höhe derselben liegt die längliche, spaltenförmige bis lanzettförmige Mündung eingesenkt. Die Oberfläche ist
sehr rauh und in ähnlicher Weise wie bei *Glandulina rimosa* von Längs- und
Querriefen durchfurcht und in rauhe, körnige, polyedrische Figuren zerschnitten.
Die Rauhheit kommt hier übrigens, wie eine Probe mit Säure ergab, nicht von
einer etwaigen kieselkörnigen Beschaffenheit, durch welche sich die Form an
Haplostiche Rss. anschliessen würde, sondern von der krystallinischen Beschaffenheit der Kalkschale.

Grössenverhältnisse: Höhe der vier obersten Kammern 1·50 Millim.,
daher die Höhe der ganzen Form über 2 Millim. zu schätzen. Breite der letzten
Kammer 0·75 Millim.

Vorkommen: Sehr selten in den Mergeln des tieferen Niveaus.

LINGULINA DECIPIENS Stache.

Taf. XXII. Fig. 17 a, b.

*L. abbreviata, lata; pyriformis sed compressa, subtus rotundata et laevigata, superne
angustata, in summo testae obtusata, excavata et striis tenuissimis deorsum evanescentibus multiradiata. Loculi 3—4, suturis in superficie testae vix conspicuis notati.
Apertura media excavatione in summo loculi ultimi posita, parva, fissurata.*

*Diametros verticalis 0·80. Diam. horizontalis major 0·70 mm., minor
0·40 mm. Rarissima in marnis inferioribus.*

Man hält diese Form bei wenig genauer Untersuchung leicht für eine *Fissu-
rina*, da die Kammernäthe äusserlich nur sehr schwach angedeutet und nur bei
stärkerer Vergrösserung und bei geeignetem Auffallen des Lichtes deutlich zu
erkennen sind. Die vier bemerkbaren Kammern sind fast ganz umfassend. Die
Gestalt ist fast so breit als hoch, aber zusammengedrückt, kaum die Hälfte so dick
als breit. Von der breiten Seite gesehen, sieht sie einem sehr gleichmässig gewach-
senen Kürbis oder einer Birne ähnlich. Der untere, breiter gerundete Theil ist
glatt, der obere verschmälerte ist auf der Höhe vertieft und durch feine, von der in
der Vertiefung liegenden Mündung ausgehende und über den Rand herablaufende
Strahlenlinien verziert. Die kleine Mündung ist eine in der Mitte ausgeweitete, in
der Richtung der Breitseite beiderseits spitz ausgezogene Spalte.

Grössenverhältnisse: Höhe 0·80 Millim., grösste Breite 0·70 Millim.. grösste Dicke 0·45.

Vorkommen: Sehr selten in den Mergeln des tieferen Niveaus.

NODOSARIDEAE.
NODOSARIA d'Orb.
NODOSARIA sp. indet.
Taf. XXII. Fig. 18.

Die sehr regelmässig zugespitzte Schlusskammer einer fast glatten. glasig glänzenden *Nodosaria* mit rundlichen und langgestielten Kammern. Die Form, zu der dieses Bruchstück gehört. dürfte der *N. stipitata* Reuss[1] am nächsten stehen, obgleich bei derselben die Kammerhälse sichtlich länger und dünner sind.

Höhe der Kammer sammt dem Stiel 0·3 Millim.

Vorkommen: Selten in den Mergeln des tieferen Niveaus.

NODOSARIA ANTIPODUM Stache.
Taf. XXII. Fig. 19 a, b, c, d. e.

N. laevigata, testa tenui et vitrea instructa, loculosa. Loculi globosi, paullatim crescentes, brevissimo tantum et lato collo sejuncti. Loculus ultimus acuminatus circiter 0·25 mm. altus.

Diametros verticalis 4—5 loculorum circiter 1·05 mm. Non rara sed imperfecte tantum serrata in marnis inferioribus.

Eine glatte, vielkammerige Schale. Die Kammern sind kugelig, wachsen sehr allmählich an und sind durch einen sehr verkürzten, breiten Hals von einander getrennt. Die letzte Kammer verschmälert sich zu einer feinen, mittelständigen Spitze und misst ungefähr 0·25 Millim. Aus der Form und dem allmählichen Wachsthum der 4—5kammerigen Bruchstücke (Fig. 20 a, b, c), von denen das grösste 1·05 Millim misst, ist auf eine ziemlich bedeutende Länge der ganzen Schale zu schliessen. Fig. 2 zeigt ein Bruchstück mit etwas schneller anwachsenden und noch gedrängteren Kammern, welches jedoch kaum zu einer anderen Art gehören dürfte.

---

[1] Reuss. Beiträge zur tertiären Foraminiferen-Fauna 2. Folge. Sitzb. d. k. Akad. d. Wissensch. in Wien. Bd. XLVIII, Taf. VII, Fig. 88, pag. 65 und Reuss 1850 i. d. Denkschriften der k. Akad. d. Wissensch. I, p. 366. Taf. 46 (I), Fig. 4.

Der ganze Typus dieser gestreckten Form stimmt sehr überein mit dem Typus der weiterhin beschriebenen *Dentalina pomuligera* Fig. 31.

Bei weiterer Fassung des Gattungsbegriffes und bei dem auf Grundlage eines grösseren Materials leicht möglichen Nachweis von Übergängen, müssten dieselben zu einer Art vereinigt werden.

Grössenverhältniss: Die Höhe der beiden vier- und fünf-kammerigen Bruchstücke *a* und *c* beträgt etwa 1·05 Millim.

Verwandtschaft: Nur in Bezug auf die Form des kurzen die Kammer trennenden Halses zeigt diese Art einige Analogie mit *Dent. scabra* Reuss.[1]

Vorkommen: Nicht selten in den Mergeln des tieferen Niveaus.

NODOSARIA sp. indet.
Taf. XXII. Fig. 20.

Die beiden kugeligen, durch einen dicken, aber ziemlich langen Hals verbundenen Kammern sind dickwandiger als die Kammern der vorbeschriebenen Art und haben überdies eine rauhe Oberfläche. Sie gehören jedenfalls einer anderen stärker gebauten Art an.

Grösse der zwei Kammern mit dem mittleren Stiele 0·8 Millim.

Verwandtschaft: Mit den oberen Kammern von *N. conspurcata* Reuss[2] hat der Bau dieses Fragmentes noch die grösste Analogie.

Vorkommen: Sehr selten in den Mergeln des oberen Niveaus.

NODOSARIA SUBSIMILIS Stache.
Taf. XXII. Fig. 21.

N. elongata, loculosa, subtus acuminata, 8 costulis longitudinalibus, teneris, sutis distantibus, non interruptis, levissime undulatis ornata. Loculi paullatim crescentes, valde depressi, suturis tenuissimis notati. Apertura ignota.

Fragmenti secuti 11 loculorum diam. verticalis 1·9 mm., diam. horizont. maxima 0·34 mm. Rara in marnis superioribus.

Diese langgestreckte Nodosarienform ist besonders ausgezeichnet durch die Form ihrer Kammern und ihre Verzierung. Die zahlreichen Kammern sind sehr

---

[1] Reuss, 1850. Denkschriften d. k. Akad. d. Wissenschaften I, p. 367. Taf. 46 16, Fig. 7.

[2] Reuss. Beiträge zur tert. Foraminiferen-Fauna 2. Folge l. c. Taf. 11, Fig. 10–12, p. 45.

niedrig, an Breite zunehmend und nur durch zarte Näthe schwach abgeschnürt. Das erhaltene Fragment von 1·9 Millim. Höhe zählt 11 Kammern. Die Verzierung besteht in acht schmalen, ziemlich weit von einander abstehenden Längsrippen, welche geradlinig gegen die Endspitze auslaufen und nur durch schwache Verdünnung und Einsenkung an den Nathstellen wellig erscheinen. Der Durchmesser der breitesten oberen Kammer beträgt etwa 0·34 Millim.

Grössenverhältnisse: Die Höhe des mit Ausnahme der letzten Kammer gut erhaltenen Exemplares mit eilf Kammern misst 1·9 Millim., die grösste Breite 0·34 Millim.

Verwandtschaft: In der Berippung hat die Art einige Ähnlichkeit mit *Dent. Marcki* Reuss aus der westphälischen Kreide.[1] Auch an die viel grössere und schärfer gerippte *N. polygona* Rss.[2] erinnert unsere Art durch die Form der Kammern und ihre Verzierung.

Vorkommen: Selten in den Mergeln des oberen Niveaus.

NODOSARIA SUBSTRIGATA Stache.
Taf. XXII. Fig. 22 a, b, c.

N. recta, bacillata, 6—8 costis regularibus, longitudinalibus, crassis, substrigatis, vix undulatis ornata, subtus cono obtuso acuminata. Loculi aequales, paullo magis alti quam lati, suturis vix conspicuis notati. Apertura ignota.

Diametros verticalis fragmenti 5 loculorum 0·78 mm. Diam. horizontalis 0·18 mm.

Eine Nodosarienform mit meist acht geraden, in den Nathstellen wenig eingebuchteten, gefurchten Längsrippen. Die Kammern sind nicht viel niedriger als hoch. Die Abschnürung durch die Näthe ist schwach. Die Schale ist fast ganz gerade stabförmig, nur unten stumpf konisch zugespitzt. Die Rippen setzen bis zur äussersten Endspitze fort. Die vom Haupttypus Fig. 22 a etwas abweichenden Formen Fig. 22 b und c dürften davon kaum als besondere Arten zu trennen sein.

Grösse: Höhe von fünf Kammern 0·78, Breite ziemlich gleichmässig von unten bis oben 0·18 Millim.

Vorkommen: Selten in den Mergeln des tieferen und des höheren Niveaus.

[1] Reuss d. Foram. d. westph. Kreide. Sitzungsb. d. k. Akad. d. Wissensch. in Wien. Bd. XL, 1860, Taf. II. Fig. 7. pag. 188.

[2] Reuss. Ein Beitrag zur genaueren Kenntniss der Kreide-Gebilde Mecklenburgs. Zeitsch. d. deutsch. geol. Ges. VII. Bd. 1855, p. 265, Taf. VIII. Fig. 7—8.

NODOSARIA CALLOSA Stache.

Taf. XXII. Fig. 23.

N. maxima, callosa, cylindrica, multilocularis, asperula, interrupte costata. Loculi latiores paullo quam alti, 12—14 costulis longitudinalibus, crassis, rotundatis, suturam versus attenuatis, denique fere evanescentibus ornati, breiter tantum excavatis suturarum annulis separati. Apertura ignota.

Majoris loculi diam. horiz. 0·95 mm., diam. vertic. 0·80 mm. Rarissima in marnis superioribus.

Von dieser grossen und dickwandigen Nodosarienform liegt nur ein Bruchstück von vier Kammern vor. Die Gestalt ist dick walzenförmig. Die einzelnen Kammern sind breiter als hoch und im Umkreise durch 12—14 dicke Längswülste verziert, welche gegen die Nathlinien zu schwächer werden und über den schwachen Einsenkungen nur noch undeutlich angedeutet sind. Durch dieses Auslassen der dicken Längsrippen sind die sonst wenig vertieften Kammergrenzen deutlicher markirt.

Grössenverhältnisse: Die ganze Form dürfte sehr lang sein, die 4½ vorhandenen Mittelkammern messen 3·5 Millim. in der Höhe, 0·95 in der Breite. Die grösste Kammer ist 0·80 Millim. hoch.

Vorkommen: Sehr selten in den Mergeln des oberen Niveaus.

NODOSARIA OBLIQUECOSTATA Stache.

Taf. XXII. Fig. 24.

N. maxima, 14—16 costis longitudinalibus, obliquis, crassis, complanatis ornata. Loculi alti, paullum inflati, satis excavatis suturarum annulis constricti, fere aequales. Costae suturam versus attenuatae sed continuae, media loculorum facie latae, applanatae, strigis angustis sed profunde insectis separatae. Apertura ignota.

Fragmenti maximi 4 loculorum diam. verticalis 2·40 mm., diam. horizontalis 0·65 mm. Satis rara in marnis superioribus.

Diese Nodosarienform wurde zwar gleich der vorbeschriebenen nur in einzelnen Bruchstücken gefunden, aber ihre Oberflächencharaktere sind in noch höherem Grade als bei jener geeignet zur Begründung einer Species. Das besterhaltene Stück, welches die Abbildung gibt, zeigt vier mittlere Kammern, welche deutlich, wenn auch nicht sehr tief gegen einander abgeschnürt sind. Über alle Kammern hinweg laufen in schiefer, fast diagonaler Richtung von oben nach unten 14 scharf eingeschnittene rinnenförmige Linien, durch welche entsprechend viele breitere, platte, nur schwach abgerundete Rippen getrennt werden. Bei vollständigen Exemplaren muss sich die schräge Richtung dieser Linien zu einem wirklichen spiralen Verlauf entwickeln. Sowohl die Rinnenlinien als die Rippen setzen ununterbrochen über die Einschnürungsstellen fort.

Grössenverhältnisse: Die Ausbildung der aufgefundenen Fragmente spricht für eine bedeutende Länge der vollständigen Exemplare. Die Höhe des besterhaltenen Stückes mit vier Kammern erreicht 2·10 Millim., die durchschnittliche Breite 0·65 Millim.

Verwandtschaft: Einige Analogie in der Berippung mit *Dent. polyphragma* Reuss [1] aus der westphälischen Kreide.

Vorkommen: Selten in den Mergeln des oberen Niveaus.

NODOSARIA STRIATISSIMA Stache.

Taf. XXII. Fig. 25 a, b, c, d, e, f.

N. minima, gracillima, vitrea, fere pellucida, 16—20 teneris costulis longitudinalibus non interruptis ornata, perpendicularis vel paullum arcuata, subtus non raro cristellata et calcarata. Loculi 6—8, globulosi, depressi, suturis horizontalibus vel paullum obliquis, conspicue incisis distincti. Ultimus loculus variabili modo constrictus et rostratus. Apertura minima, circularis.

Diam. verticalis 0·64—1·08 mm. Diam. horizontalis maxima loculi ultimi 0·15—0·24 mm. Frequens in marnis inferioribus.

Diese zarte, zierliche und äusserst kleine Nodosarienform ist durch eine reiche Anzahl feiner aber sehr scharf hervortretender Rippen verziert, welche vom Halsansatz der letzten Kammer abwärts bis zur ersten Kammer verlaufen. Die feinen Rippen, 16—20 im Umkreis, sind bedeutend schmäler als die glatten Stellen, die sie zwischen sich lassen und folgen meist in sehr gleichmässigen Abständen auf einander. Sie setzen auch ununterbrochen, jedoch meist mit etwas welliger Einbiegung über die nicht sehr tief, aber deutlich eingeschnürten Kammergrenzen oder Kammernäthe hinweg und zeigen nur selten Dichotomie. Für den Nodosarien-

---

[1] Reuss. Die Form. d. westph. Kreideform. Sitzungsb. d. k. Akad. d. Wissensch. in Wien. Bd. XL. 1860 Taf. III. Fig. 1, pag. 189.

typus ist die Form im Ganzen kurz, jedoch an sich schlank zu nennen. Ausgewachsene Exemplare zeigen gewöhnlich 7 oder 8, selten weniger oder mehr Kammern. Die Kammern sind bedeutend breiter als hoch; der Durchschnitt derselben sowohl an den verengten Nathstellen, wie in dem grössten Durchmesser kreisförmig. Die Mündung ist fast ganz oder doch nahezu central, wenigstens niemals ganz randständig.

Diese Charaktere sind durchweg bei allen hierher gerechneten Formen zu beobachten. Dagegen treten andere Charaktere auf, welche weniger constant sind, sich daher nur zur Unterscheidung von Varietäten eignen, während sie wegen der constanten Gleichartigkeit im Haupttypus und wegen mehrfach auftretender verbindender Zwischenformen nicht zur Begründung besonderer Arten hinreichen.

Diese Variationen liegen in der Form und Ausbildung der letzten Kammer und der Mündung, ferner in der Verzierung mit einem feinen durchsichtigen Kamm und einer Endspitze, und endlich in dem Grad der Abweichung von der verticalen Streckung.

Die auffallendsten Abänderungen sind folgende.

Var. α. Fig. 25*a*. Schlanke, sehr schwach gekrümmte Form mit acht regelmässigen, durch horizontale Nathlinien getrennten, an Breite und Höhe allmählich zunehmenden Kammern. Die letzte Kammer ist nicht verdickt, sondern eher etwas verschmälert und schwach seitwärts geneigt. Sie verläuft in einen dünnen glatten Hals, der sich aber wieder zu einem kleinen kreisrunden verdickten Rand napfförmig erweitert. Die untersten Kammern sind auf zwei Seiten von einem schmalen, glasigen Kamm umgeben, welcher sich nach unten in eine dreizackige Spitze verlängert. Höhe 1·08 Millim., Breite 0·20. Kann als am vollkommensten ausgebildete Form als Haupttypus gelten.

Var. β. Fig. 25*b*. Ist der vorigen Form zunächst stehend durch die Form des Halses und der Mündung. Sie ist verschieden von derselben durch die kürzere, in der Mitte verdicktere Form der ganzen Schale bei derselben Anzahl von Kammern und die unregelmässige, zum Theil schiefe Stellung der Jugendkammern. Überdies ist der Hals etwas dicker und verkürzter und der Kamm und die Endspitze sind verkümmert oder fehlen. Höhe 0·66 Millim., grösste Breite der vorletzten Kammer 0·18 Millim., der letzten 0·15 Millim.

Var. γ. Fig. 25*c*. Weicht am meisten vom Haupttypus und allen anderen Mittelformen ab und könnte noch am ersten als besondere Art abgetrennt werden. Es ist die kleinste Form, zeigt nur sechs Kammern, welche von der zweiten regelmässig an Grösse zunehmen und durch parallele horizontale Nathlinien getrennt sind. Die ersten Kammern sind schwach abgebogen. Die erste derselben ist kugelig, etwas grösser als die nächstfolgende und von einem schmalen Kamm umgeben, der nach unten in eine Spitze ausläuft, nach oben sich verschmälert und etwa an der vierten Kammer verschwindet. Die Schlusskammer ist deutlich, dicker als die vorhergehenden und in eine einfache, vollständig centrale Spitze ausgezogen, welche noch fein gestreift erscheint und durch die feine rundliche Mündung durchbohrt ist. Höhe 0·64 Millim., grösste Breite der Schlusskammer 0·15 Millim.

Var. δ. Fig. 25d. Diese Form ist gerade gestreckt, fast vertical, nur die rundliche erste Kammer etwas seitlich gebogen. Acht allmählich anwachsende aber durch meist schiefe Nathlinien getrennte Kammern. Letzte Kammer nach oben breit gewölbt. Der kurze Hals ganz central, scharf gegen die breite obere Kammerwölbung abgesetzt. Von der Schlusskammer an ist die ganze Schale beiderseits gegen abwärts mit einem schmalen, nach unten erweiterten Kamm umgeben, der am Ende in einen ziemlich langen Spitz oder Sporn ausgeht. Höhe 0·81 Millim., grösste Breite der Schlusskammer 0·17 Millim.

Var. ε. Fig. 25e. Diese Abänderung steht der vorigen ziemlich nahe. Sie ist jedoch grösser, stärker und gekrümmt. Sie zeigt sieben ziemlich stark anwachsende Kammern, von denen die unterste kugelig aufgeblasen, schärfer abgeschnürt ist und in einen einfachen Spitz endet. Die Kammernäthe sind ziemlich regelmässig horizontal und etwas stärker eingeschnürt als bei den anderen Abänderungen. Die letzte Kammer ist wie bei Var. γ breit gewölbt, endet jedoch mit einem deutlich excentrischen Halse. Höhe 0·92 Millim., grösste Breite der Schlusskammer 0·24 Millim.

Var. ζ. Fig. 25f. Ist ausgezeichnet durch einen sehr regelmässigen Bau. Die Schale ist ganz vertical, der Hals mit der Mündung central. Acht Kammern nehmen von der ersten bis zur letzten regelmässig und allmählich an Breite und Höhe zu und grenzen mit deutlich eingeschnittenen und horizontalen Nathlinien. Der Kamm und die untere Zuspitzung sind schwach oder fehlen.

Höhe 0·79 Millim., Breite der letzten Kammer 2·2 Millim.

Die Grössenverhältnisse schwanken zwischen einem Maximum von 1·08 Millim. und einem Minimum von 0·64 Millim. an Höhe und einem Maximum der Breite der Schlusskammer von 0·24 Millim. und einem Minimum von 0·15 Millim.

Verwandtschaft zeigt die Art nur entfernt mit *N. badenensis* d'Orb.[1], jedoch trennt sie von derselben schon die grössere Anzahl und die niedrigere, weniger scharf abgeschnürte Form der Kammern. Die Varietät *f* erinnert im Bau der Schale an die grössere und leichter gerippte *N. multicosta* Neugeb.[2] aus dem tertiären Tegel von Ober-Lapugy in Siebenbürgen. Auch an die der *N. badenensis* sehr nahe stehende *N. Münsterana* Gümb.[3] wird man durch unsere Form erinnert.

Vorkommen: Ziemlich häufig in den Mergeln des unteren Niveaus.

NODOSARIA SUBRHOMBICA Stache.
Taf. XXII. Fig. 26.

N. laevigata, elongata. Loculi altissimi multo minus crassi quam lati, marginem versus acutius attenuati, sectione horizontali rhombici, sursum versus suturam paullum incrassati. Loculi terminales ignoti.

Diametros verticalis singuli loculi 0·70 mm. Diam. horizontalis 0·30 mm. Rarissima in marnis superioribus.

Ein Rest von nur zwei Kammern. Die Form derselben ist jedoch so charakteristisch, dass sie, im Falle sie identisch mit einer schon bekannten Art wären, darnach allein bestimmbar sein müsste. Die Kammern sind glatt und lang, nach den zwei gegenüberliegenden Kantenlinien der Breitseite zu spitzwinkelig zugeschärft, nach den Enden der darauf senkrechten Axe, welche die grösste Dicke zeigt, jedoch stumpf zulaufend, also im Querdurchschnitt rhombisch. Der Längsdurchschnitt ist abgestumpft lanzettlich oder schmal blattförmig, nach oben breiter als nach unten und gegen die Nathstelle schwach eingebogen. Der Quere nach ist die Nathstelle schärfer eingeschnürt.

Grössenverhältnisse: Die zwei Kammern mit 1·1 Millim. Höhe bei einer grössten Breite von etwa 0·3 Millim. sprechen für eine sehr lange, schlanke und zierliche Gestalt der vollständig erhaltenen Schale.

---

[1] A. d'Orbigny, Foram. Foss. du bass. tert. de Vienne, Taf. I, Fig. 34, 35, pag. 48.

[2] Neugeboren, die Foram. v. O. Lapugy. Stichostegier. Denkschriften d. k. Akad. d. Wissensch. in Wien, Taf. I, Fig. 12, pag. 78.

[3] Gümbel, die Streitberger Schwammlager und ihre Foraminiferen-Einschlüsse.

202 Dr. G. Stache.

Verwandtschaft: Die Kammern zeigen nur einige Analogie mit *N. quadrata* d'Orb.[1]

Vorkommen: Sehr selten in den Mergeln des oberen Niveaus.

NODOSARIA DUBIOSA Stache.

Taf. XXII. Fig. 27.

N. laevigata, recta, bacilliformis, subtus mucronata, superne cono obtuso acuminata. Loculi 6—7 elongati, subcylindrici vel paullum convexi, suturis arcuatis, horizontalibus, perspicue incisis separati. Apertura centralis, simplex, circularis.

Diametros verticalis 1·85 mm. Diam. horizontalis ult. loculi 0·8 mm.

Eine etwas zweifelhafte Form, deren unterer Theil gebrochen war und in Verlust gerieth. Die Schale ist glatt, stabförmig, gerade, von unten nach oben sehr allmählich dicker werdend. Die unterste Kammer endet mit langer Spitze. Die obere ist stumpf konisch zugespitzt und trägt eine centrale runde Mündung. Die 6—7 Kammern sind langgestreckt, cylindrisch, zum Theile etwas unregelmässig seitlich vertieft. Die Kammernäthe sind wellig gebogen, scharf einschneidend.

Grösse: Höhe 1·85 Millim., Breite 1·8 Millim.

Vorkommen: Selten in den Mergeln des oberen Niveaus.

DENTALINA.

DENTALINA VERTICALIS Stache.

Taf. XXII. Fig. 28 a, b.

D. laevigata, directa, vix arcuata, elongata, loculosa. Loculi alti, convexiusculi, acutis suturis sejuncti, sursum versus latitudine sensim crescentes. Apertura minima, inornata.

Diametros verticalis fragmenti 4 loculorum 1·3—1·45 mm. Rara in marnis inferioribus.

Eine glatte, sehr geradgestreckte *Dentalina*, mit fast horizontalen Nathlinien und fast centraler Mündung auf der einfachen, regelmässigen, kurzen Zuspitzung der Schlusskammer. Die Kammern sind länger als breit, schmal tonnenförmig, durch deutliche, weite, nicht sehr tiefe, kreisförmige Nathlinien abgeschnürt und

---

[1] d'Orbigny l. c. Taf. I, Fig. 28, 29, p. 36.

wachsen ziemlich gleichmässig nach oben an. Die letzte Kammer ist einfach, lang ausgespitzt, wie Fig. *b*, ein unteres Stück eines anderen grösseren Exemplares dieser Art, zeigt. Es ist jedenfalls eine schon stark zum Nodosarientypus neigende Form.

Grössenverhältnisse: Die vier Kammern des Exemplares mit der Schlusskammer erreichen 1·3 Millim. Höhe; die unteren 3½ Kammern des anderen Exemplares 1·45 Millim.

Verwandtschaft: Einige Ähnlichkeit mit *D. consobrina* d'Orb., jedoch nur in der Form der mittleren Kammern. Noch grössere Ähnlichkeit zeigen die langtonnenförmigen Kammern mit denen von *D. filiformis* Reuss[1] aus der westphälischen Kreide.

Vorkommen: Selten in den Mergeln des unteren Niveaus.

DENTALINA SOLUTA Reuss.

Taf XXII. Fig. 29.

Diese schöne und zierliche *Dentalina* mit weisser, fein glasiger, glänzender Schale steht der *D. soluta* Reuss[2] aus dem Septarienthon Norddeutschlands so nahe, dass sie wohl damit vereinigt werden kann. Einzelner kleiner Abweichungen wegen lässt sich die neuseeländische Form höchstens als eine Varietät dieser Species betrachten. Die einzelnen, kugeligen Kammern erinnern in Form und Gestalt an Perlen. Sie sind ziemlich gross und nehmen nach oben regelmässig an Grösse zu. Die Einschnürungen oder kurzen Halsringe der oberen Kammern sind ziemlich dick, werden aber nach unten zu gleichmässig mit dem Kleinerwerden der Kammern dünner, statt dicker wie bei der Hauptform. Die letzte Kammer ist allmählich zu einem etwas längeren, dünnen, fast centralen Schnabel ausgespitzt, welchen die feine, rundliche Mündung durchbohrt.

Grössenverhältnisse: Höhe des grössten erhaltenen Fragmentes von drei Kammern 1·13 Millim. Nach den Wachsthumsverhältnissen zu schliessen, dürften ausgewachsene Exemplare nicht mehr wie 4—5 Kammern haben. Grösster Breitendurchmesser der letzten Kammer 0·3 Millim.

Verwandtschaft: Die nächstverwandte, besonders nur durch den dünneren und kürzern Hals verschiedene Form ist *D. guttifera* d'Orb.[3] In der Form der

[1] Reuss l. c. Taf. III, Fig. 8, pag. 188.

[2] Reuss, Über die fossilen Foraminiferen und Entomostraceen der Septarienthone der Umgegend von Berlin. Zeitsch. der deutschen geol. Ges. 1851, Heft 1, Taf III, Fig. 4, pag. 60.

[3] d'Orbigny l. c. Taf. II, Fig. 11—13.

Kammern und Abschnürungen stimmt sie am meisten mit der nur viel grösseren *Nodosaria soluta* Born.[1] überein.

Vorkommen: Ziemlich selten in den Mergeln des tieferen Niveaus.

DENTALINA sp. indet.

Taf. XXII. Fig. 30.

Drei Kammern einer glatten Form, welche aus regelmässig gewölbten, länglich-ovalen Kammern besteht, die kaum sichtlich an Grösse zunehmen und durch einen ziemlich starken, aber mit allmählicher Einbuchtung abgeschnürten, dicken und kurzen Hals von einander getrennt sind. Da sowohl die dazu gehörige untere Endspitze als die letzte Kammer mit der Mündung fehlt, so lässt sich weder eine sichere Vergleichung mit bekannten Arten, noch die Begründung einer besondern Art durchführen.

Vorkommen: Selten in den Mergeln des tieferen Niveaus.

DENTALINA POMULIGERA Stache.

Taf. XXII. Fig. 31.

D. laevigata, elongata, arcuata, subtus mucronata, supra obtuse acuminata, loculosa. Loculi 9—10 globulosi, regulariter aucti, latiores quam alti, pomiformes, crassis collis brevibus sed acute coartatis separati. Apertura nuda, rotundata.

Diam. tres verticalis 1·14 mm. Diam. horizontalis maxima ultimi loculi 0·2 mm.

Non rara in marnis inferioribus.

Eine glatte, langgestreckte und in schwachem Bogen gekrümmte *Dentalina*, ausgezeichnet durch eine grosse Anzahl, 9—10 oder mehr, apfelförmig kugeliger Kammern, welche durch kurze, breite, aber mit scharfen Absatzlinien eingeschnürte Halsringe von einander getrennt sind. Sie nehmen ziemlich stark und regelmässig an Grösse zu. Die unterste Kammer endet mit einer kurzen, nicht scharfen Spitze. Die obere Kammer endet kurz geschmälert und rundlich abgestumpft. Die Mündung ist rundlich.

Grössenverhältnisse: Höhe 1·14 Millim.; grösster Breitendurchmesser der letzten Kammer 0·2 Millim.

Vorkommen: Nicht besonders selten in dem tieferen Niveau.

---

[1] Bornemann. Die mikroskopische Fauna des Septarienthones von Hermsdorf bei Berlin. Zeitsch. d. deutsch. geol. Ges. Bd. VII, 1855, p. 322. Taf. XII, Fig. 12.

DENTALINA DEFORMIS Stache.

Taf. XXII. Fig. 32.

D. laevigata, elongata, irregulariter arcuata, subtus tenuissime acuminata, supra rotundata, loculosa. Loculi 14—15-dissimiles, acutis suturis obliquis non parallellis separati. — inferiores regulares, paullatim crescentes, suturis linearibus distincti, — superiores inaequales, alternatim attenuato-exarati et inflati. Ultimus loculus globosus, supra rotundatus paullumque excavatus. Apertura minima, incavata, circularis, non omnino centralis.

Diametros verticalis 1·95 mm. Rara in marnis superioribus.

Diese unregelmässig ausgebildete, glatte *Dentalina* dürfte vielleicht nur die Missform einer etwa der *D. Verneuilii* d'Orb. verwandten Art sein. Sie ist unten scharf und fein zuspitzend, oben kuglig abgerundet. Von den 15 Kammern, aus denen sie besteht, wachsen etwa die unteren 5—6 regelmässig und allmählich an und sind durch fein eingeschnittene, fast horizontale Kammernäthe getrennt. Die oberen Kammern sind abwechselnd bald verdünnt und concav einspringend, bald verdickt und convex ausspringend und durch schiefe, nicht parallele, tief schneidende Näthe getrennt. Die letzte Kammer ist kuglig, etwas schief gestellt, fast in der Mitte der geneigten Wölbungsfläche vertieft und von einer kleinen einfachen rundlichen Mündung durchbohrt.

Grösse: Höhe 1·95 Millim.; Breite der letzten Kammer 0·32 Millim.

Vorkommen: Selten in den Mergeln des oberen Niveaus.

DENTALINA ROTUNDATA Stache.

Taf. XXII. Fig. 33.

D. laevigata, irregulariter recurvata, loculosa, supra subtusque rotundata. Loculi depressi, lati, paullo crescentes, suturis fere regulariter horizontalibus et parallelis, perspicue sed paullum insectis separati. Loculus infimus globulosus, supremus rotundatus. Apertura nulla, vix excentrica.

Diametros verticalis 1·2 mm.

Eine ebenfalls glatte, und durch breite, fast gleichmässig horizontale Parallelnäthe in zahlreiche Kammern getheilte Form. Die Kammern sind hier jedoch niedrig, weniger hoch als breit, kaum über die Einschnürung der Nathlinie hervortretend. Sie nehmen nach oben zu deutlich, aber nicht ganz regelmässig an Dicke zu. Die erste Jugendkammer ist kugelig abgerundet. Die Schlusskammer ist nach oben gleichfalls ohne Spitze, nur stumpf zugerundet. Die runde glatte Mündung liegt wenig excentrisch. Die Form ist überdies meist unregelmässig gebogen.

Grössenverhältnisse: Das neunkammerige abgebildete Exemplar hat 1·2 Millim. Höhe.

Verwandtschaft: Erinnert am meisten an *D. tenuicollis* Reuss [1].

Vorkommen: Selten in den Mergeln des oberen und des unteren Niveaus.

DENTALINA VAGINA Stache.
Taf. XXII. Fig. 31.

D. laevigata, elongata, tenui testa vitrea instructa, leviter arcuata, in modum vaginae gladii compressa, loculosa. Loculi 12-parallelis suturis linearibus, vix obliquis, leviter incisis notati, sectione verticali fere quadragoni, sectione transversali ovales, — inferiores depressi, latiores quam alti, — superiores elati, altiores quam lati, in ceteris regulariter et paullatim crescentes. Loculus ultimus maximus, brevi apice obtuso acuminatus. Apertura minima, circularis, non ornata.

Diametros verticalis 1·36 mm., Diam. horizontalis ultimi loculi 0·20 mm. Rara in marnis inferioribus.

Eine glatte, etwas seitlich zusammengedrückte *Dentalina*, mit gleichmässig gekrümmter, ohne Unterbrechung durch stärkere Einschnürungen wie eine lange Säbelscheide sich nach unten langsam verschmälernder und stumpf ausspitzender Form. Die Kammern sind sehr zahlreich (12), sitzen mit ihrer ganzen Breite auf einander und erscheinen äusserlich nur durch schwache Nathlinien von einander getrennt. Das abgebildete Exemplar zeigt die Kammern besonders deutlich, weil es innerlich mit einer schwärzlichen Substanz ausgefüllt ist und die Schale auf der einen Seite zerfressen oder stärker abgerieben erscheint. Im Querdurchschnitte sind die Kammern oval, im Verticalschnitte viereckig, rhombisch oder trapezförmig. Die unteren Kammern sind niedriger als hoch, die oberen höher als breit, im Übrigen nehmen sie regelmässig und allmählich an Grösse zu. Die letzte Kammer geht in eine seitenständige, stumpf abgerundete, kurze Spitze aus. Die Mündung ist klein und kreisförmig, ungestrahlt.

Grössenverhältnisse: Höhe 1·36 Millim.; Breite der letzten Kammer 0·20 Millim.

---

[1] Reuss. Ein Beitrag zur genaueren Kenntniss der Kreidegebilde Mecklenburgs. Zeitsch. d. deutsch. geol. Ges. VII. Bd. 1855, p. 267, Taf. VIII. Fig 11.

Verwandtschaft: Einige Analogie mit *D. inornata* d'Orb.[1] wie sie Reuss[2] aus dem Septarienthon von Offenbach abbildet.

Vorkommen: Selten in den Mergeln des unteren Niveaus.

DENTALINA MARGINATA Stache.
Taf. XXII. Fig. 35 a.

D. laevigata, acute marginata, subtus mucronata, superne acute acuminata, paullum arcuata. Loculi suturis leviter incuratis notati, paullatim crescentes, elongati. Apertura minima.

Diametros verticalis 4 loculorum 1·0 mm. Rara in marnis superioribus.

Eine glatte, schwach gebogene Form, mit etwa 5—6 regelmässig an Grösse zunehmenden, länglichen, nur durch schwache, wellige Einbiegungen und zarte Nathlinien von einander getrennte Kammern. Sie ist ringsum scharfrandig, breiter als dick, daher im Querschnitte linsenförmig. Die Zugehörigkeit der Fig. *b.* als unterer Theil zu derselben Art ist unsicher.

Grössenverhältnisse: Höhe 1·0 Millim.

Vorkommen: Selten in den Mergeln des tieferen Niveaus.

DENTALINA OBLIQUESUTURATA Stache.
Taf. XXII. Fig. 36.

D. abbreviata, laevigata, leviter arcuata. Loculi 5 convexiusculi, aliquanto crescentes, suturis oblique incisis sejuncti. Loculus ultimus magis incrassatus, apice summo marginali oblique acuminatus. Apertura minima, circularis.

Diametros verticalis 1·35 mm., Diam. horizontalis maximus loculi ultimi 0·3.

Eine kurze, fünfkammerige an *Vaginulina* erinnernde *Dentalina* mit glatter Oberfläche und sehr schief verlaufenden und scharf eingeschnittenen Nathlinien. Die Form ist etwas gekrümmt und wächst ziemlich regelmässig und stark an. Die unterste Kammer ist länglich-eiförmig, eher abgerundet als zugespitzt, höher als breit, eben so die nächstfolgende. Die mittleren Kammern sind breiter als lang. Die letzte Kammer ist die grösste, ziemlich so hoch als breit, im Durchschnitte fast rhombisch, ganz randständig zugespitzt. Die Mündung an der äussersten Spitze ist sehr klein und rund.

Grössenverhältnisse: Höhe 1·35 Millim.; grösste Kammerbreite 1·3.

---

[1] d'Orbigny l. c. Taf. I, Fig. 50, 51.

[2] Reuss. Zur tert. Foram. Fauna I. s. c. Taf. II. Fig. 18, pag. 45.

Verwandtschaft: Erinnert durch die schiefen Näthe an *D. legumen* Rss. [1] aus der westphälischen Kreide oder auch an *D. colligata* Rss. [2] aus dem senonischen Grünsande von Neu-Jersey.

Vorkommen: Selten in den Mergeln des oberen Niveaus.

DENTALINA OBSCURA Stache.
Taf. XXII. Fig. 37.

D. fere laevigata, sparsim tantum tenuistriata, leviter arcuata, fustiformis. Loculi (? 9—10) altiores quam lati, vix paullatim crescentes, levissimis suturis horizontalibus notati, ultimus loculus obtusato-attenuatus. Apertura rotundata, striisque teneris radiata.

Diametros verticalis fragmenti 6 loculorum 1·53 mm. Diam. horizontalis maxima ultimi loculi 0·2 mm. Rara in marnis inferioribus nec non in superioribus.

Eine stockförmige, wenig gekrümmte Form, mit fast glatter, nur schwach und sparsam längsgestreifter Oberfläche. Die Kammern sind durch fast horizontale und wenig deutlich markirte Nathlinien bezeichnet und wachsen sehr langsam in Höhe und Breite. Sie sind durchweg höher als breit, und nach der Zunahme des sechskammerigen Fragmentes lässt sich annehmen, dass die ganze Form wenigstens 9 — 10 Kammern gehabt haben müsse. Die letzte Kammer ist in stumpfer Spitze abgerundet und trägt die rundliche, seitenständige, feingestrahlte Mündung.

Grössenverhältnisse: Höhe des Fragmentes 1·53 Millim.; Breite 0·2 Millim.

Vorkommen: Selten in den Mergeln des obern und untern Niveaus.

DENTALINA STRIATISSIMA Stache.
Taf. XXII. Fig. 38.

D. elongata, fustiformis, 14—16 obliquis costulis longitudinalibus tenerrimis, non interruptis striata. Loculi elongati, paullum crescentes, suturis levissimis notati. Apertura ignota.

Diametros verticalis fragmenti trium loculorum 0·93 mm.

Trotz des fragmentarischen Zustandes, in dem diese Form bekannt wurde, ist sie wegen der schiefen Art des Verlaufes der feinen, dichten und zahlreichen Längs-

[1] Reuss l. c. Taf. III, Fig. 5, pag. 187.

[2] Reuss, Paläont. Beitr. Sitzungsb. d. kais. Akad. der Wissenschaften in Wien, Bd. XLIV, Taf. VII, Fig. 1.

rippen hinreichend gekennzeichnet, um sie als besondere Art aufzuführen. Sie ist wahrscheinlich lang gestreckt und stabförmig. Die vorhandenen hohen Kammern nehmen nur langsam an Höhe und Breite zu und sind nur durch schwache Einsenkungen der Nathlinien, über welche die Rippen ohne wesentliche Verschmälerung fortgehen, markirt.

Grössenverhältnisse: Die Höhe des dreikammerigen Fragmentes beträgt 0·93 Millim.

Verwandtschaft: Trotz der Analogie mit *D. obliquestriata* Reuss aus dem Septarienthon von Hermsdorf durch die schiefe Streifung ist sie mit dieser Art wegen der abweichenden Form der Kammern nicht leicht zu vereinigen.

Vorkommen: Selten in den Mergeln des tiefern Niveaus.

DENTALINA sp. indet.
Taf. XXII. Fig. 39.

Drei untere Kammern einer *Dentalina* mit einer längeren feinen Endzuspitzung, welche durch sehr wenig scharf eingeschnürte Kammernäthe und eine Verzierung mit etwa zehn mittelstarken und an den schwachen concaven Grenzringen der Kammern sich verschmälernden gerade herablaufenden Längsrippen charakterisirt ist.

Grösse der drei unteren, allein erhaltenen Kammern 1·0 Millim.: Breite 0·2 Millim.

Vorkommen: Selten in den Mergeln des untern Niveaus.

DENTALINA SCARIFICATA Stache.
Taf. XXII. Fig. 40.

D. fere laevigata, tenerrimis lineis verticalibus scarificata, !loculosa. Loculi superiores magni, paullatim crescentes, elongato-rotundati, fere citriformes, collo crasso, leviter coartato separati, — loculus ultimus breviter et vix paullum oblique acuminatus. Apertura magna, circularis, multiradiata.

Diametros verticalis fragmenti duorum loculorum 0·88 mm. Diam. horizont. 0·35 mm.

Auch diese Form zeigt trotz der fragmentarischen Erhaltung noch hinreichende Charaktere zu ihrer genaueren Fixirung. Die Oberfläche ist fast glatt, nur durch feine und weitstehende, wie mit der Nadel eingerissene Längsritzen uneben. Die Kammern sind gross, lang-oval oder citronenförmig und grenzen mit breiten Septalflächen an einander. Die halsartige Abschnürung ist deutlich, aber kurz und seicht. Die letzte Kammer ist einfach zugespitzt und wird oben von einer runden, ziemlich weiten und vielstrahligen Mündung durchbohrt.

Grössenverhältnisse: Höhe der zwei letzten Kammern 0·88 Millim., Breite 0·35 Millim.

Vorkommen: Ziemlich selten in den Mergeln des obern und untern Niveaus.

DENTALINA sp. indet.

Taf. XXII. Fig. 41.

Zwei obere langgestreckte Kammern einer glatten *Dentalina*. Die deutliche, aber nicht tiefe und etwas schiefe Abschnürung und die längliche, walzenförmige, schwach convexe Form der Kammern erinnert noch am meisten an *D. inornata* d'Orb.

Vorkommen: Selten in den Mergeln des tiefern Niveaus.

FRONDICULARIDEAE.

FRONDICULARIA.

FRONDICULARIA WHAINGAROICA Stache.

Taf. XXII. Fig. 43.

F. minima, tenuissima, fere pellucida, elongata, lanceolata, laevigata. Loculi 9-angustissimi, utraque parte paullum convexi, acuto angulo equitantes, valde complexi, suturis tenuis, acutis, subflexilibus notati. Apertura incerta.

Diam. verticalis 0·76 mm. Rarissima in marnis inferioribus.

Eine ausserordentlich kleine, papierdünne, fast glasig durchsichtige Schale von lanzettlicher Form, nach unten fein ausspitzend, nach oben in etwas breiterem Spitzbogen zulaufend, auf der Höhe des Bogens ein wenig abgestutzt. Die Kammern sind stark umfassend, mit langen, scharf ausspitzenden, engen, schwach convexen Schenkeln und reiten sehr spitzwinklig auf einander. Die erste Jugendkammer ist spitzlanzettlich nach oben und unten und wird von den nächsten beiden schmalen Kammern noch ganz umfasst. Die Nathlinien sind zart aber deutlich und verlaufen in etwas geschwungenem Bogen.

Grössenverhältnisse: Höhe 0·76 Millim.

Verwandtschaft: Die meiste Ähnlichkeit im Bau der Kammern zeigt diese Form mit der von F. Karrer beschriebenen, aber unverhältnissmässig viel grösseren 5 Millim. langen *Fr. Badenensis*[1].

Vorkommen: Sehr selten in den Mergeln des untern Niveaus.

FAMILIE CRISTELLARIDEAE.

CRISTELLARIA.

a) Gestreckte Formen mit geringer Neigung zur spiralen Stellung der untersten Kammern und entgegengesetzt zur Einrollungsrichtung gestellter Mündung.

Subgen. **MARGINULINA.**

MARGINULINA DURACINA Stache.

Taf. XXII. Fig. 12.

M. laevigata, elongata, crassa, oblique suturata, supra breviter rostrata, ? loculosa. Loculi incrassati, aequales, valde convexi, suturis profunde incisis separati, vix aucti, sectione transversa fere circulares, sectione verticali rhombici. Loculus ultimus paullum diminuatus, brevi rostro crasso, obliquo, omnino marginali attenuatus. Apertura circularis, sparsim radiata.

Diametros verticalis fragmenti trium loculorum 1·55 mm. Diam. horizontalis loculi ultimi 0·55 mm. Rara in marnis superioribus.

Eine glatte, dickschalige, wahrscheinlich lange Form mit schiefen, tief einschneidenden Kammernäthen und stark convex gewölbten Kammern. Die Kammern sind sehr gleichartig und wachsen, wenigstens in dem oberen erhaltenen Theile, kaum sichtlich an. Die letzte Kammer ist sogar ein wenig schwächer als die vorhergehenden. Der Hauptcharakter, welcher bei dem Mangel der Jugendkammern ausser dem allgemeinen Habitus für die Zustellung zu *Marginulina* spricht, liegt in der kurzen, dicken, schnabelartigen, ganz randständigen Ausspitzung der letzten Kammer. Die am äussersten Ende derselben liegende Mündung ist kreisförmig und schwach gestrahlt.

---

[1] F. Karrer, Über das Auftreten der Foraminiferen in dem marinen Tegel des Wiener Beckens. Taf. I. Fig. 3. pag. 443. Sitzungsber. d. kais. Akad. d. Wissensch. in Wien, mathem.-naturh. Cl. XLIV. 1861.

Grössenverhältnisse: Höhe 1·55 Millim.; Breite 0·55 Millim.

Vorkommen: Selten in dem obern Niveau.

MARGINULINA CRISTELLATA Stache.

Taf. XXII. Fig. 44.

M. elongata, lata subcompressa, subarcuata, antice tenui crista serrata, postice carina simpliciter crenulata ornata. Loculi 10-, suturis obliquis paucum arcuatis et perspicue incisis, separati. Apertura incerta.

Diametros verticalis 2·13 mm. Diam. horizontalis loculi ultimi 0·50 mm.

Eine grosse aber etwas zweifelhafte Form. Die Schale ist glatt, breiter als dick, lang gestreckt, unten schwach gekrümmt, ringsum zu einem feinen Kiel ausgeschärft, welcher sich vorn zu einem breiteren Kamm erweitert und an den Grenzen der Kammern häufig ausgezackt ist. Die Kammernäthe verlaufen schief, etwas bogenförmig und sind in dem obern Theile ziemlich scharf einschneidend. Die Kammern sind auf den breiten Seiten schwach convex, auf den schmalen zugeschärft, also im Durchschnitt fast lenticulär. Sie nehmen langsam in Breite und Höhe zu. Die letzte Kammer ist schief randständig ausgespitzt, jedoch unvollkommen erhalten. Die Mündung ist nicht deutlich zu beobachten. Wegen der Neigung der ersten 4—5 Kammern zur spiralen Stellung wohl eher zu *Marginulina* als zu *Dentalina* gehörig.

Grössenverhältnisse: Höhe 2·13 Millim., Breite der letzten Kammer 0·50 Millim.

Vorkommen: Selten in den Mergeln des obern Niveaus.

MARGINULINA INTERRUPTA Stache.

Taf. XXII. Fig. 45 a, b.

M. erecta, excepto ultimo quovis loculo costulis longitudinalibus, bis — ter interruptis vel quasi elongatis granulis verticaliter ordinatis ornata. Loculi 7-depressi sed lati, sectione transversa orales, suturis supra acutius insectis separati, — loculi inferiores vix paullum in spiram inclinati. Ultimus loculus laevigatus, paullatim in brevem rostrum marginalem oblique attenuatus. Apertura minima, radiata.

Diametros verticalis 1·33 mm. Diam. horizont. maxima 0·37. Rarissima in marnis superioribus.

Diese fast völlig gerade, gestreckte Form zeigt in den unteren Kammern nur eine schwache Neigung zur spiralen Stellung. Im Ganzen zählt man etwa 7—8 durch deutliche, aber unten wenigstens nicht sehr tief einschneidende Nathlinien abgegrenzte Kammern, die von unten nach oben allmählich aber nicht ganz regelmässig an Höhe und Breite zunehmen. Die Form der Kammern ist schwach convex gewölbt, breiter als hoch und von länglich-ovalem Querschnitt. Durch die unterste rundliche Jugendkammer endet die Schale nach unten verjüngt und abgerundet. Die Schlusskammer spitzt allmählich schief zu einem kurzen randständigen Schnabel aus, dessen abgerundetes Köpfchen in der Mitte die kleine runde Mündung trägt. Dieselbe ist etwa zehnstrahlig. Die Strahlen sind blattartig erweitert, der Strahlenkranz durch einen feinen bogig eingekerbten Rand umsäumt. Die ganze Oberfläche der Schale ist mit Ausnahme der letzten Kammer, welche vollkommen glatt ist, durch schmale, fast geradlinige, aber regelmässig und wiederholt unterbrochene, parallele Längsrippchen verziert. Ausser der regelmässigeren Unterbrechung jeder Rippe an den Nathlinien zählt man meist noch zwei, wenigstens aber noch eine deutliche Unterbrechungsstelle auf jeder Kammer. In den mittleren Kammern sind sie am stärksten, nach unten und oben sind die so entstehenden Längsknötchen schwächer. Die glatten Zwischenstreifen sind bedeutend breiter als die Rippen oder Knotenlinien, von denen etwa 20 auf den Umkreis kommen.

Grössenverhältnisse: Höhe 1·33 Millim., grösste Breite der stärksten, vorletzten Kammer 0·57 Millim.

Vorkommen: Selten in den Mergeln des tieferen Niveaus.

MARGINULINA ANGISTOMA Stache.
Taf. XXII. Fig. 46 a, b.

M. laevigata, subtus et supra simili modo acuminata, in medio textae subinflata, loculis inaequalibus composita. Loculi 7-inferiores depressi, initium spirae efficientes, superiores alti, inflati, obliquis et satis profundis suturis separati. Apertura terminalis, minima, fissiformis, inaeque radiata.

Diametros verticalis 1·56 mm. Diam. horizontalis maxima 0·49 mm.

Eine glatte, längliche, in der Mitte erweiterte, unten und oben zugespitzte Form, welche etwa sieben schiefe, durch deutliche und ziemlich tief eingesenkte Nathlinien abgeschnürte Kammern zeigt. Der untere stumpf zugespitzte Theil ist dentlich rückwärts gebogen und besteht aus etwa vier niedrigen, schnell anwachsenden, zur Spiralstellung neigenden Kammern. Der mittlere Theil besteht aus zwei höheren und stärker aufgeblasenen Kammern. Die Schlusskammer ist etwas schwächer und läuft allmählich in eine kurze, schwach nach vorne geneigte Spitze aus. Die Mündung ist fein und eng, spaltenförmig und liegt in der Mitte der kleinen nach vorne geneigten Schlusswarze eingesenkt. Von dem feinen Spalt gehen einzelne tiefer eingeschnittene Strahlen aus, die aber bald sehr schwach werden oder ganz verschwinden und nur hier und da noch in schwachen Bogenlinien weiter abwärts fortsetzen.

Grössenverhältnisse: Höhe 1·56 Millim., grösste Breite der vorletzten Kammer 0·49 Millim.

Verwandtschaft: Zeigt ziemlich viel Analogie mit der ebenfalls glatten, glänzenden *M. inaequalis* Rss. aus der westphälischen Kreide [1].

Vorkommen: Selten in den Mergeln des tiefern Niveaus.

MARGINULINA OPACA Stache.

Taf. XXII. Fig. 47 a, b.

M. abbreviata, laevigata, lata, subcompressa, subtus arcuata, supra oblique acuminata. Loculi 4—5 lati, sectione transversa elliptici, suturis levissime incavatis distincti, — inferiores initium anfractus spiralis simulantes — ultimus loculus maximus paullum inflatus sed minus latus, breviter acuminatus, superne obtusatus. Apertura magna, ovalis, marginata, intus denticulata.

Diametros verticalis 0·80 mm. Diam. horizontalis major subtus 0·40 mm., superne 0·34 mm. Rarissima in marnis inferioribus.

Diese *Marginulina* zeigt eine kurze und breite, etwas seitlich zusammengedrückte Form mit völlig glatter Oberfläche. Die Grenzlinien der Kammern sind nur schwach durchscheinend und äusserlich nur durch sehr seichte und breite Einsenkungen angedeutet. Sie ist nach oben schief zugespitzt, nach unten erweitert und kreisförmig abgerundet. Der Querschnitt ist elliptisch. Von den vier bemerkbaren Kammern ist nur die grösste gestreckt und ganz frei, die unteren sind spiral geneigt. Die letzte Kammer ist auf der Spiralseite bauchig gewölbt und nach oben

---

[1] Reuss l. c. Taf. V, Fig. 3. pag. 207.

spitz zulaufend, auf der Rückseite fast senkrecht abfallend. Oben ist dieselbe durch die weite, randständige Mündung etwas schief abgestutzt. Die Mündung ist fast oval und mit schmalen, nach innen zu mit in drei deutlichen, kleinen Zähnchen vorspringendem Rande versehen. Sie erinnert an die Mündung mancher *Bulimus-* oder *Clausilia*-Arten.

Grössenverhältnisse: Höhe 0·80 Millim. Grösste Breite unten 0·40 Millim., oben 0·34 Millim.

Verwandtschaft: Erinnert einigermassen an *M. lata* Reuss aus der westphälischen Kreide [1].

Vorkommen: Selten in den Mergeln des tiefern Niveaus.

MARGINULINA MUCRONULATA Stache.
Taf. XXII. Fig. 48.

M. minuta, leviter arcuata, subtus mucronata, supra brevi rostro excentrico, marginato terminata. Loculi 6 — convexi, suturis acute incisis bene distincti — ultimus loculus paullum inflatus, supra fere horizontaliter applanatus. Apertura in medio rostro excavato posita, subrotundata, marginata, non ornata.

Diametros verticalis 0·87 mm., Diam. horizontalis loculi ultimi 0·29 mm.

Diese kleine, völlig glatte *Marginulina* besteht aus sechs durch ziemlich scharf einschneidende Nathlinien getrennten Kammern, von denen die vier unteren eine deutliche Neigung zur spiralen Anordnung zeigen. Die erste Jugendkammer ist rundlich, etwas aufgeblasen und endet mit einer scharf abgesetzten, in der Richtung der Spiralkrümmung des ganzen unteren Theiles geneigten Spitze. Die zunächst folgenden Kammern nehmen an Breite zu, bleiben aber niedrig. Die beiden letzten Kammern und besonders die Schlusskammer sind höher und stärker aufgeblasen, nehmen aber gegen die nächstvorhergehenden kaum an Breite zu. Die letzte Kammer biegt oben in eine fast horizontale Linie um und endet mit einem scharf abgesetzten, gegensinnig zur unteren Spitze geneigten, ganz randständigen, kurzen cylindrischen, oben schwach napfförmig erweiterten Schnabel. In der Erweiterung liegt die rundliche verdickt umrandete, ungestrahlte Mündung eingesenkt.

Grössenverhältnisse: Höhe 0·87 Millim., Breite der aufgeblasenen letzten Kammer 0·29 Millim.

---

[1] Reuss l. c. Taf. V, Fig. 7, pag. 206.

Verwandtschaft: Steht der *M. bullata* Reuss aus der westphälischen Kreide ziemlich nahe [1].

Vorkommen: Selten in den Mergeln des tieferen Niveaus.

MARGULINA APICULATA Stache.

Taf. XXII. Fig. 49.

M. minuta, sublaevigata, remotis lineis longitudinalibus, arcuatis, tenuissime striata. Loculi 5-, convexi, inaequales — primus globosus et mucronatus, — medii irregulares et inaeque oblique suturati, — ultimus inflatus et in rostrum excentricum porrectus. Apertura rotundata, inornata.

Diametros verticalis 0·94 mm.

Diese der vorbeschriebenen sehr nahe stehende, fünfkammerige Form unterscheidet sich von derselben vorzugsweise nur durch eine sehr feine Längsstreifung mit sehr schwachen, weit aus einander stehenden und gebogenen Linien und durch die grössere Unregelmässigkeit in der Form und Stellung der Kammern. Besonders ist die erste Kammer auffallend durch ihre kugelige Form, ihre stärkere Abschnürung und die entgegengesetzte Richtung ihrer scharfen Endspitze. Die letzte Kammer läuft mehr allmählich mit schiefer Endfläche in den Mündungsschnabel aus. Im Übrigen sind die Formen ziemlich übereinstimmend.

Grössenverhältnisse: Höhe 0·94 Millim., Breite der letzten Kammer 0·32 Millim.

Verwandtschaft: Steht der vorbeschriebenen Art sehr nahe und ist vielleicht eine Varietät derselben.

Vorkommen: Selten in den Mergeln des tieferen Niveaus.

MARGULINA SPINULOSA Stache.

Taf. XXII. Fig. 50.

M. spinulis confertis asperrima. Loculi superiores rotundati, suturis acute insectis separati — loculus ultimus paullo auctus, brevi rostro marginali acuminatus, — loculi inferiores ignoti. Apertura minima, circularis.

Diam. verticalis loculi ultimi 0·38 mm., horizontalis 0·42 mm.

Zwei oberste, stark gerundete, mit breit-ovaler, fast kreisförmiger Septalfläche an einander grenzende, durch scharf einschneidende Nathlinien getrennte Kammern

---

[1] Reuss l. c. Taf. VI, Fig. 4—5. pag. 205.

einer durch dichtgedrängte, kleine Stachelfortsätze der Schale ausgezeichneten *Marginulina*. Die letzte Kammer ist in einen kurzen, randständigen Schnabel ausgezogen mit kleiner rundlicher Mündung.

Grössenverhältnisse: Die beiden erhaltenen Kammern haben zusammen eine Höhe von 0·7 Millim., davon die stärkere letzte Kammer etwa 0·38 bei einer grössten Breite von 0·42 Millim.

Verwandtschaft: Erinnert sehr an *M. armata* Reuss [1], weniger auch an die dieser verwandtem *M. hirsuta* d'Orb. [2]

Vorkommen: Sehr selten in den Mergeln des tieferen Niveaus.

MARGINULINA PELLUCIDA Stache.

Taf. XXII. Fig. 51.

M. tenuissima testa vitrea et fere pellucida instructa, laevigata, erecta, paullum arcuata. Loculi 5-inflati, suturis acute insectis separati inferiores 8—10 striis obliquis tenuissime striati et angusta crista vitrea ornati loculus ultimus maxime inflatus, globosus, rostratus. Apertura magna, rotundata, marginata, non ornata.

Diametros verticalis 0·9 mm., Diam. horizontalis maxima loculi ultimi 0·26 mm. Rarissima in marnis inferioribus.

Eine *Marginulina* mit äusserst dünner, fast durchsichtig glasiger Schale und fast glatter Oberfläche. Die Schale ist schwach zurückgebogen und zählt etwa fünf Kammern, die letzten Kammern neigen nur wenig zur Spiralstellung. Alle Kammern sind mehr oder weniger kugelig aufgeblasen und durch scharf eingeschnittene Nathlinien abgesondert. Mit Ausnahme der letzten Kammer, welche ganz glatt ist, sind auf allen Kammern 8—10 sehr schiefe und wenig gebogene, feine Längsstreifen zu bemerken. Die unteren Kammern sind überdies zu beiden Seiten mit einem schmalen Kamm verziert, welcher bogenförmig auch die unterste kugelige Kammer umgibt. Die Schlusskammer ist am stärksten aufgeblasen und läuft mit allseitiger, bogenförmiger Einbuchtung in einen entgegengesetzt der Biegung der unteren Kammern vorgestreckten und geneigten randständigen Schnabel aus. Der Schnabel erweitert sich oben etwas napfförmig. Die darin eingetieft liegende Mündung ist rundlich und weit, schwach umrandet, ungestrahlt.

[1] Reuss l. c. Taf. VII, Fig. 7, pag. 209.

[2] d'Orbigny Foram. du. bass. tert. de Vienne. Taf. III, Fig. 17, 18, pag. 69.

Grössenverhältnisse: Höhe 0·9 Millim., grösste Breite der Schluss-kammer 0·26 Millim.

Verwandtschaft: Steht den vorbeschriebenen Arten (Fig. 48 und Fig. 49) ziemlich nahe.

Vorkommen: Sehr selten in den Mergeln des unteren Niveaus.

MARGINULINA TRICUSPIS Stache.
Taf. XXII. Fig. 52 a, b.

M. aspera, recta, fere verticalis, sursum versus sensim incrassata, superne rotun-data et rostrata, media parte magis magisque rotundato-triquetra, denique tricarinata, subtus attenuata et cuspidata. Loculi circa 6-suturis obscuris, paullum tantum incisatis notati, paullatim crescentes, — inferiores carinis irregulariter denticulatis tricarinati, granose striati — loculus ultimus rotundatus, simpliciter granulosus, rostro crasso, omnino marginali terminatus. Apertura magna, poly-gona (non omnino certo).

Diametros verticalis 1·20 mm., Diam. horizontalis ultimi loculi 0·34 mm.

Eine durch ihre dreiseitige Gestalt etwas abweichende Marginulinenform, gleichsam eine *Marginulina* mit Hinneigung zum Typus von *Tritaxia*. Die Gestalt der Schale ist im Ganzen fast völlig gerade gestreckt, nach unten zugespitzt, nach oben allmählich verdickt. Die Kammern nehmen langsam an Höhe und Breite zu und sind äusserlich nur durch schwache, undeutliche Einschnürung der Nathlinien begrenzt. Die Oberfläche ist im Allgemeinen rauh und körnig. Die Front- und Rückenlinie ist durch eine schmale, unregelmässig ausgezackte, an den beiden unteren Kammergrenzen aber mit stärkeren Dornen hervorspringende, kammartige, Kante markirt. Die unteren Kammern sind durch undeutliche, wellige Rippenlinien verziert, von denen auf der einen Seite die mittlere so stark vorspringt, dass sie wie eine dritte Kante erscheint und dem unteren Theil eine dreiseitige Gestalt verleiht. Alle drei Kantenlinien vereinigen sich zu einem dreikantigen Schlussdorn. Derselbe erscheint durch die seitlichen kleineren Dornen der ersten Kammer als dreizackige Endspitze. Die letzte Kammer ist rund gewölbt und endet mit einem dicken, scharf abgesetzten, fünfkantigen, ganz randständigen Schnabel. Derselbe ist oben schief abgestutzt, wahrscheinlich zerbrochen, zeigt aber innen eine abgerundet fünfeckige Öffnung.

Grössenverhältnisse: Höhe 1·20 Millim., grösste Breite der letzten Kammer 0·34 Millim.

Verwandtschaft zeigt diese Art nur mit der hier zunächst folgenden Art.

Vorkommen: Sehr selten in den Mergeln des tieferen Niveaus.

MARGINULINA ASPROCOSTULATA Stache.
Taf. XXII. Fig. 53.

M. subgranulosa, costulis 14—16 angustis, subasperis ornata, erecta, vix paullum arcuata, supra breviter rostrata, subtus cuspidata. Loculi 5—6 minus alti quam lati, rotundati, paullatim crescentes, suturis conspicue excavatis separati — inferiores utroque latere angusta crista irregulariter denticulata et deorsum cuspide terminali conjuncta ornati — loculus ultimus magis inflatus, globosus, brevirostratus. Apertura magna, circularis, margine incrassato circumdata.

Diametros verticalis 1·28 mm. Diam. horizontalis ultimi loculi 0·36 mm. Rara in marnis inferioribus.

Die Form steht der vorbeschriebenen ziemlich nahe. Sie unterscheidet sich von derselben jedoch hinreichend durch die gerundete, regelmässigere Form der Kammern, durch die regelmässige Verzierung aller, auch der letzten Kammer mit schwachen, aber rauhen Rippen, durch das deutlichere Einschneiden der Nathlinien und endlich durch den kürzeren Schnabel und die deutliche, runde, mit verdicktem Rande umgebene Mündung.

Die Ausbildung eines kammartigen, unregelmässig ausgezackten Kieles längs der Front und Rückenseite, so wie der starke Schlussdorn am unteren Ende der ersten Kammer ist ganz ähnlich wie bei der vorbeschriebenen Form.

Grössenverhältnisse: Höhe 1·28 Millim., Durchmesser der dicken letzten Kammer 0·36 Millim.

Vorkommen: Selten in den Mergeln des unteren Niveaus.

MARGINULINA ELATISSIMA Stache.
Taf. XXII. Fig. 54 a, b.

M. gracili et elata forma excellens, subaspera, antice et postice attenuata, majore parte superiori paene directa, subtus in spiram recurvata, rotundata et conjuncta

28*

*crista dorsali et ventrali excuta, 12—14 costulis tenuissimis, undulatis, longi-
tudinaliter striata, supra inornata rostroque elongato instructa. Loculi sectione
transversa acuminato-ovati, latitudine vix aucti, altitudine soli primi spirales
aliquanto crescentes, superiores fere aequales. Suturae non acute sed satis
perspicue incavatae, exceptis infimis fere horizontales. Loculus ultimus rotundatus, rostro gracili, frontem versus inclinato acuminatus, annulo incrassato
coronatus. Apertura facie extrema media convexa rostri incavata, pentagona,
striisque inaeque tenvis radiata.*

*Diametros verticalis 1·46. Diam. horizontalis loculi ultimi 0·30 mm. Rara
in marnis inferioribus.*

Diese eben so zierliche als charakteristische *Marginulina* ist ausgezeichnet
durch ihre schlank gestreckte Gestalt, durch die besondere Art ihrer Verzierung
und durch den Bau der letzten Kammer und Mündung. Die schlanke, nur sehr
sanft S-förmig gebogene Form besteht ausgewachsen aus sieben Kammern mit im
Mittel spitz-eiförmigem Querschnitt, von denen die oberen drei oder vier eben so
hoch oder höher als breit sind. Die unteren Kammern sind überdies seitlich etwas
flacher, die oberen gewölbter. Die Kammern sind durch deutliche, nicht scharfe
und tiefe, sondern breitere, flache Suturringe geschieden. Die unteren drei Kammern sind deutlich rückwärts gebogen und bilden den Anfang einer Spiralwindung.
Die nächstfolgenden Kammern erheben sich fast senkrecht darauf mit immer
weniger schrägen Grenzlinien. Die letzte Kammer zeigt eine fast horizontale Nathlinie. Die Rückseite läuft schon oben zu einer mittleren Kante zusammen, die
nach unten sich sogar zu einem fast schneidigen Kamm zuschärft. Dieser scharfe
Kiel umzieht auch den unteren, eingerollten Theil und setzt auf der sich breiter
wölbenden Frontseite fort, bis er sich unterhalb der letzten Kammer allmählich verliert. Die Oberfläche der Schale im Ganzen ist etwas rauh.

Verziert ist nur die Oberfläche der unteren, spiral gestellten und der zwei
zunächst aufwärts folgenden Kammern. Die unteren Kammern sind beiderseits
durch etwa sieben deutliche, aber feine, ihrer Biegung folgende Parallelripp-
chen geziert. Auf den oberen Kammern sieht man die Berippung nur noch durch
äusserst zarte, zunächst nach vorn und wieder nach rückwärts umbiegende Linien
angedeutet. Die letzte Kammer ist etwas höher, aber nicht breiter als die zunächst
vorhergehenden und verschmälert sich mit stärkerer vorderer und schwächerer
hinterer Einbuchtung zu einem ziemlich langen, etwas nach rückwärts geneigten

Hals. Dieser trägt am Ende einen schmalen, ringförmigen Randwulst, auf welchem sich eine kleine, niedrige, rundliche Warze erhebt, in deren Mitte die strahlig-fünfeckige Mündung liegt. Von den Enden derselben gehen stärkere Strahlen aus, welche mit 2—3 schwächeren, dazwischen liegenden wechseln. Die Strahlen setzen bis über den ringförmigen Rand fort und lassen diesen noch schwach gekerbt erscheinen.

Grössenverhältnisse: Höhe 1·24 Millim., Breite 0·25.

Vorkommen: Selten in den Mergeln des tieferen Niveaus.

MARGINULINA HOCHSTETTERI Stache.

Taf. XXII, Fig. 55 a, b.

M. permagna, multilocularis, verrucis magnis in series parallelas dispositis ornata, antice et postice in cristam angustam subtus continuam contracta. Loculi 14 —, depressi, non crassi sed latiores — loculus ultimus paullum coartatus, convexiusculus, laevigatus, in speciem rostri brevis oblique angustatus. Apertura paullum incurvata, annulo calloso cincta, stellata.

Diametros verticalis 3·55 mm. — Diam. horizontalis major 0·85 mm., minor 0·65 mm. Rarissima in marnis superioribus.

Eine durch ihre bedeutende Grösse, so wie durch ihre äussere Verzierung in die Augen fallende und gut gekennzeichnete Art. Die Gestalt ist sehr lang und gerade gestreckt, ziemlich breit aber nicht dick, sondern seitlich etwas zusammengedrückt, und zeigt einen ovalen bis linsenförmigen Durchschnitt. Rücken wie Bauchseite sind abwärts von der oberen Kammer kantig zugeschärft und gehen nach unten in einen schmalen Kamm über, der auch den untersten sehr schwach gebogenen und nur wenig verschmälerten Theil bogenförmig umzieht. Von unten nach oben nimmt die Form nur langsam und wenig an Breite und Dicke zu. Völlig ausgewachsene Exemplare wie das vorliegende zählen etwa 14 niedrige, schiefstehende Kammern, von denen die obersten durch feine, ziemlich parallele Näthe von einander getrennt sind, während sich die unteren zu einer schwach angedeuteten Spiralstellung neigen. Die Oberfläche ist verziert durch reihenförmig und parallel mit den Nathlinien am Grunde der Kammern angeordnete, grosse und breite Wärzchen. Auf jeder Breitseite zählt die Reihe etwa 5—6 solcher Warzen. In den Mittelreihen sind die Warzen am stärksten. Die letzte Kammer ist etwas verschmälert, aufwärts von der letzten, schwächeren Warzenreihe mehr glatt und läuft allmählich in einen randständigen, der Spiralwindung der letzten Kammern abgewendeten Hals aus. Derselbe endet mit einem schwach verdickten Knopf oder wulstartigen Ring, in dessen mittlerer, rundlicher Vertiefung die sternförmige Mündung eingesenkt liegt.

Grössenverhältnisse: Höhe 3·55 Millim.. — grösste Kammerbreite mit der kammartigen Zuschärfung 0·9 Millim., ohne dieselbe 0·85 Millim., — grösste Dicke 0·65 Millim.

Vorkommen: Sehr selten in den Mergeln des oberen Niveaus.

b) Halbspirale Formen mit kurzer rundlicher oder eckiger Mündung.

Subgen. HEMICRISTELLARIA.

HEMICRISTELLARIA PROCERA Stache.

Taf. XXIII. Fig. 1 a, b.

HC. laevigata, elongata, erecta, subarcuata, subcompressa, dorso obtuse carinato et fronte paullum incacata vel ex parte applanata instructa, sectione verticali lanceolata, sectione transversa subovata. Loculi 9—10, suturis linearibus paullum arcuatis bene distincti, inferiores 5—6 aliquanto crescentes, in hemispiram dispositi, superiores liberi, paullatim tantum aucti et erecti. Ultimus loculus acute acuminatus, facie frontali vix inflatus. Apertura inornata, minima, rotundata, in summo apice posita.

Diametros verticalis 1·6 mm.. Diam. horiz. major 0·55 mm., minor 0·44 mm.

Eine glatte, lange, gerad gestreckte, unten schwach gebogene, seitlich zusammengedrückte Schale mit nur stumpf zugeschärftem Rücken und einer nur schwach-concaven, zum Theil fast plattflächigen Frontalfläche. Der Längsschnitt und die Frontansicht zeigt eine lang lanzettliche oder zungenförmige, der Querschnitt und die Ansicht von oben eine abgerundete, dreieckige, bis spitz-eiförmige Gestalt. Das Bruchstück zeigt 7 Kammern, zur Vervollständigung des Exemplars fehlen noch 2—3 Kammern. Die Kammernäthe erscheinen äusserlich in Form schwach geschwungener und schwach eingeschnittener Linien. Die 5 unteren Kammern wachsen schnell an und bilden kaum eine halbe Spiralwindung. Die oberen 4 stehen frei und gestreckt, wachsen nur langsam und grenzen mit schief geneigten Septalflächen und Nathlinien gegen ein-

ander. Die letzte Kammer ist zu einer fast völlig rückständigen, feinen Spitze verlängert, in welcher die kleine rundliche Mündung liegt.

Grössenverhältnisse: Höhe 1·6 Millim., grösste Breite 0·55 Millim.,
grösste Dicke 0·44 Millim.

Verwandtschaft: Zeigt die meiste Ähnlichkeit mit *C. inclinata* Reuss
aus dem Septarienthon von Offenbach [1].

Vorkommen: Selten in den Mergeln des tieferen Niveaus.

HEMICRISTELLARIA CORCULUM Stache.

Taf. XXIII. Fig. 2 a, b.

*HC. hemispiralis, laevigata, pusilla, abbreviata, media parte dilatata, deorsum attenuata,
sursum tenuissime mucronata, acuto dorso arcuato et lata fronte inflata instructa.
Loculi 4—5, multo crescentes, omnes in dimidiatum fere spirae circuitum
redacti, loculus ultimus maximus, antice tumidus, tenui apice acuminatus et
perverse cordiformis. Apertura circularis, minima, terminalis.*

Diametros verticalis 0·75 mm., Diam. horizontalis major 0·55, minor 0·5 mm.

Eine sehr kleine und kurze, glatte, halbspirale Cristellarienform. Dieselbe ist
ausgezeichnet durch eine im mittleren Theil sehr erweiterte, nach unten zugeschärfte,
nach oben in eine feine Spitze ausgehende Form der Schale, einen scharfkantig
gekielten, bogigen Rücken und eine breite, aufgeblasene Frontal- oder Bauchseite.
Die 4—5 Kammern nehmen rasch an Grösse zu, sind nur durch scharfe, bogige
Nathlinien getrennt und stossen alle zu etwa einer halben Spiralwindung zusammen.
Die letzte Kammer ist besonders gross und dickbauchig, unten schwach ausgeschnitten und in der Mittellinie schwach eingedrückt, zeigt also eine umgekehrt
herzförmige, nach oben scharf ausgespitzte Frontal- oder Mündungsfläche. Die
Mündung ist sehr klein, rund und ungestrahlt, endständig.

Grössenverhältnisse: Höhe 0·71 Millim., grösste seitliche Breite 0·53
Millim., grösste Breite der Front oder Dicke 0·5 Millim.

Verwandtschaft: Zeigt einige Analogie mit *Cr. pygmaea* Reuss aus dem
Septarienthon von Offenbach [2].

Vorkommen: Selten in den Mergeln des tieferen Niveaus.

---

[1] XLVIII. Bd. d. Sitzungsbd. kais. Akad. d. Wissensch. in Wien 1863. Reuss, Beitr. zur tert. Foram. Fauna.
p. 50, Taf. IV. Fig. 45.

[2] l. c. p. 49, Taf. IV, Fig. 44.

HEMICRISTELLARIA EXCAVATA Stache.

Taf. XXIII. Fig. 3 a, b.

HC. laevigata, elongata, erecta, subcompressa, exarationibus longitudinaliter dispositis inaequalis, subtus arcuata et paullum attenuata, superne obtuse acuminata, obtusato dorso et fronte irregulariter incavata instructa. Loculi circiter 10. — inferiores aliquanto crescentes et plus quam dimidiatum spirae anfractum formantes — superiores tres liberi, obliquis suturis magis incisi et impressionibus fortioribus notati, vix aucti. Apertura terminalis, rotundata, teneris striis breviter radiata.

Diametros verticalis 1·4 mm. *Diam. alt. loc. horizontalis major* 0·55 mm., *minor* 0·45 mm. *Rarissima in marnis superioribus.*

C. *exarata* ist eine ähnlich der C. *procera* gebaute Form, verlängert, gestreckt, mit glatter Oberfläche und seitlich flach gedrücktem, lanzettlichem Längsschnitt und Frontalansicht. Die Unterschiede sind jedoch hinreichend zur Trennung einer besonderen Species. Die Oberfläche der Kammern ist zwar glatt, aber uneben durch regelmässige, ziemlich parallel mit der Bogenlinie des Rückens verlaufende Längsvertiefungen und ähnliche Vertiefungen an den Grenzen der Frontflächen. Der Bogen und die Einrollung der ersten Kammer ist etwas stärker gekrümmt, aber weniger zugeschärft, eben so ist der ganze Rücken mehr zugerundet und die Zuspitzung der Schlusskammer stumpfer. Die Kammern, 10 an der Zahl, sind durch tiefer einschneidende Nathfurchen getrennt, besonders die letzten drei freien, an Grösse wenig verschiedenen; die 7 ersten Kammern wachsen rasch an und bilden mehr als eine halbe Spiralwindung. Die Mündung ist endständig frontal, rundlich und kurz gestrahlt.

Grössenverhältnisse: Höhe 1·4 Millim., grösste Breite der letzten Kammer 0·85, grösste Dicke der letzten Kammer 0·45 Millim.

Vorkommen: Selten in den Mergeln des oberen Niveaus.

HEMICRISTELLARIA INFRAPAPILLATA Stache.

Taf. XXIII. Fig. 1 a, b.

HC. papillis rotundatis ornata, compressa, in toto circuitu fere cristato-carinata, subtus arcuata, supra acuminata. Loculi 4—5, inferiores 3—4 initium tantum spirae simulantes, non multo crescentes, suturis obliquis et paullum incisis separati, crista crassa et papillis 3—5 utroque latere ornati. Papillae ad margines versus

et in series suturis parallelas dispositae. Crista incrassata, irregulariter denti-
culata et undulata. Loculus ultimus non multo auctus, laeriusculus, non papil-
latus, sola dorsali parte tenui crista carinatus, supra acuminatus. Facies frontalis
lenticularis, marginata, applanata vel paullum incarata. Apertura minima.
trigonalis, brevissime radiata, paullo sub summo frontis posita.

Diametros verticalis 1·1 mm. Diam. horizontalis — major 0·56 mm. — minor
0·40 mm.

Eine durch ihre charakteristische Verzierung sowohl, wie durch ihre Gestalt
ausgezeichnete Form. Die Seitenansicht *a* zeigt eine länglich-rhombische Figur
mit spitz ausgezogenem obersten und rundlich abgestumpften unteren Winkeln. Die
Frontansicht *b* stellt eine schmale, säulenartige Figur mit länger gestreckter und
spitzerer, oberer und kürzerer, schwach abgestumpfter, pyramidaler unterer Zuschärfung dar. 4—5 breite, nicht hohe und seitlich stark zusammengedrückte Kammern
sind durch schiefe, sanft geschwungene, deutlich vertiefte Nathlinien getrennt. Dieselben zeigen eine deutliche Neigung zur Spiralstellung und nehmen nicht bedeutend an Grösse zu. Die unteren Kammern sind durch dicht über den Näthen sich in
parallelen Reihen erhebende, rundliche, starke Warzen verziert, welche gegen die
Front- und Rückenkante zu ein wenig an Grösse abnehmen. Die letzte Kammer
ist glattflächig. Der zugeschärfte, schwach bogige Rücken, so wie die schwach einwärts geschwungene Bauchkante ist von einem etwas verdickten, unregelmässig
gezähnelten Kamme umgeben, welcher an der letzten Kammer schwächer wird
und fast verschwindet. Die Frontalfläche der letzten Kammer ist lenticular, leistenförmig umrandet, flach und nach unten zu eingetieft. In dem obersten Ausspitzungswinkel derselben liegt die kleine, kurz dreieckige, schwach und kurz gestrahlte
Mündung.

Grössenverhältnisse: Höhe 1·1 Millim., grösste Breite der letzten
Kammer 0·56 Millim., Dicke sammt den Warzen 0·40 Millim.

Verwandtschaft: Erinnert noch am meisten an *Cr. decorata* Rss. aus der
Kreide von Basdorf in Mecklenburg [1]. Ist jedoch schon durch die geringere
Anzahl der Kammern, die Art der körnigen Verzierung und die kammartige
Ausbildung des Kieles hinlänglich verschieden.

Vorkommen: Sehr selten in den Mergeln des tieferen Niveaus.

---

[1] Reuss: Ein Beitrag zur genaueren Kenntniss der Kreidegebilde Mecklenburgs. Zeitschrift d. deutsch. geol.
Ges. VII. Bd., p. 269—270, Taf. VIII. 16, Taf. IX, 1, 2.

HEMICRISTELLARIA VERRUCOSA Stache.

Taf. XXIII. Fig. 5 a, b.

HC. lata, fere oblongo-rhombica, supra laevigata et parum attenuata, subtus modice incrassata, verrucosa et angusta crista circumdita. Loculi 7—8 depressi, sub-arcuati, vix aucti. — superiores duo laevigati, vix paullum declives, — inferiores crebris verrucis supra in series ordinatis, subtus irregularibus inaequalis. — infimi soli ad dispositionem spiralem inclinati et aliquanto crescentes. Crista irregulariter denticulata, callosa. Apertura tetragona, sub summo angulo faciei frontalis rhombicae, subconvexae disposita.

Diametros verticalis 4·25 mm. Diam. horiz. — major 0·75 mm. — minor 0·50 mm. Rara in marnis superioribus.

Eine ungleichmässig verzierte, seitlich zusammengedrückte, in der Seitenansicht breite, lang-rhombische, in der Frontalansicht obeliskenartig nach oben sich verschmälernde Form mit oberer und unterer kurzer pyramidaler Zuschärfung. Die Kammern, etwa 7—8 an der Zahl, sind breit, aber niedrig und durch vier wenig schief verlaufende, tief einschneidende Nathlinien getrennt, nur schwach zur Spiralstellung geneigt. Die zwei obersten Kammern sind glatt, die unteren rauh, höckerig und verdickt, durch etwas tiefe, enge Längsfurchen in auf jeder Seite die ganze Kammerhöhe einnehmende Warzen zerschnitten. Nur bei den obersten dieser Kammern bemerkt man eine regelmässigere, reihenförmige Anordnung der Warzen nach den Nathlinien. In den unteren werden selbst die Nathlinien undeutlich durch die Gedrängtheit und Unregelmässigkeit der Warzen. Der nur unten bogig verlaufende Rücken, so wie die Bauchseite ist stumpf gekielt, jedoch mit einem deutlich abgesetzten, etwas verdickten und gezähnelten Kamme zugeschärft, welcher in eine untere Spitze ausgeht, nach oben jedoch an den glatten Kammern absetzt. Die letzte Kammer ist niedrig, fast horizontal, nach vorne abgerundet, nach hinten zu einem kleinen, kurzen Höcker ausgespitzt. Die Frontfläche derselben ist rhombisch und schwach convex. Die Mündung liegt im äussersten Winkel derselben unmittelbar unter dem kleinen Höcker, sie scheint abgerundet vierseitig und vierstrahlig zu sein.

Grössenverhältnisse: Höhe 1·25 Millim., Breite des unteren Theiles der Schale mit der Christa 0·75 Millim., grösste Dicke des unteren Theiles über der Zuschärfung 0·50 Millim.

Vorkommen: Sehr selten in den Mergeln des oberen Niveaus.

e) Halbspirale Formen mit langgezogener, strich- oder spaltenförmiger Mündung

Subgen. **HEMIROBULINA.**

HEMIROBULINA ARCUATULA Stache.

Taf. XXIII. Fig. 6 a, b.

H. laevigata, elongata, graciliter arcuata, subtus attenuata, superne acuminata, media parte leviter inflata, acuto dorso carinata. Loculi 9, gradatim crescentes, curvatis suturis linearibus separati — inferiores sex in hemispiram dispositi, superiores tres liberi, erecti — ultimus loculus maximus, acumine tenui terminatus. Facies frontalis perverse elongato-cordata et satis inflata. Apertura tenuis, fissurata, in summa fronte posita.

Diametros verticalis 1·15 mm. Diam. horiz — major 0·50 mm. — minor 0·50 mm. Rara in marnis inferioribus.

Eine glatte, verlängerte, zierliche, füllhornartig gebogene Schale mit allmählicher Zuschärfung nach unten und schärferer Zuspitzung nach oben, bei deutlicher, aber nicht sehr starker mittlerer Aufschwellung und Erweiterung. Der gebogene Rücken ist ziemlich scharfwinklig gekielt, die Bauchseite ausserhalb der Frontflächen der letzten Kammer schwach concav. Die Kammern, 9 an der Zahl, nehmen nicht unbedeutend, aber regelmässig zu und erscheinen auf der Oberfläche durch bogenförmig gekrümmte, schwach vertiefte, feine Nathlinien getrennt; die unteren 6 sind zu einem halben Spiralumgang vereinigt, die oberen 3 gestreckt und frei. Die letzte Kammer übertrifft die früheren ziemlich bedeutend an Grösse, ist nach vorne breit und stark convex, nach dem Rücken zu einer feinen Ausspitzung zusammengezogen. Die Frontfläche erscheint daher im Umrisse lang ausgezogen, umgekehrt herzförmig. Die Mündung ist ein enger, verticaler Ritz auf der Frontseite der äussersten Spitze.

Grössenverhältnisse: Höhe 1·5 Millim., grösste Breite am unteren Theile der Schlusskammer 0·50 Millim., grösste Dicke über der Nathlinie der Schlusskammer 0·50 Millim.

Verwandtschaft: Steht der Gestalt nach der *Cristellaria arcuata* d'Orb.[1] am Nächsten, unterscheidet sich von derselben jedoch schon hinreichend durch die spaltenförmige Mündung.

Vorkommen: Selten in den Mergeln des tieferen Niveaus.

HEMIROBULINA GALEOLA Stache.

Taf. XXIII. Fig. 7 a, b.

HR. laevigata, pusilla, graciliter in modum galeolae vel floris aconiti arcuata, subtus arcu exacuta attenuata, supra mucrone tenui acuminata, dorso acute carinato et media fronte valde dilatata instructa. Loculi 5—6, omnes plus quam ut dimidiatum spirae anfractum conjuncti, multo aucti, — ultimus loculus maximus, facie frontali, admodum inflata et perverse cordiformi excellens. Apertura fissiformis, in summa fronte posita.

Diametros verticalis 0·73 mm. Diam. loc. ult. horizontalis — major 0·43 mm., — minor 0·42 mm. Rarissima in marnis inferioribus.

Eine sehr kleine, gleichfalls sehr glatte, zierlich gekrümmte, an die helmförmige Blüthe des Eisenhuts erinnernde Schale. Die Zuschärfung des unteren bogigen Theiles, so wie des ganzen Rückens ist sehr fein, eben so die obere Endspitze, bei sehr bedeutender mittlerer Breite und Dicke. Die 5—6 stark und rasch anwachsenden Kammern sind alle zu mehr als dem halben Theil eines spiralen Umganges eingerollt und nur durch feine, schwachbogige, lineare Näthe getrennt. Die letzte Kammer ist besonders gross, breit und nach der Frontseite stark ausgebaucht. Die Frontfläche derselben nimmt fast die ganze Bauchseite ein und stösst unmittelbar an den schneidigen Rücken der innersten Kammer; dieselbe zeigt einen sehr scharf zugespitzten, umgekehrt herzförmigen Umriss. Die Mündung ist eng spaltenförmig mit schwach verdickten Seitenrändern und einer schwachen Andeutung von Strahlung und liegt im äussersten Winkel der Frontalfläche.

Grössenverhältnisse: Höhe 0·72 Millim., grösste Breite der letzten Kammer 0·43 Millim., grösste Dicke wenig oberhalb der Nathlinie 0·42 Millim.

Vorkommen: Sehr selten in den Mergeln des tieferen Niveaus.

---

[1] d'Orb. l. c. p. 87, Tab. III, Fig. 34—36.

HEMIROBULINA COMPRESSA Stache.

Taf. XXIII. Fig. 8 a. b.

HR. laevigata, tenuis, compressa, subtus acuto aren attenuata, supra acuminata, dorso arcuato et satis acuto sed fronte applanata fere perpendiculari instructa. Loculi 14—15, angusti, simplicibus saturis linearibus notati, initio paulatim, superne vix conspicue crescentes, — superiores circa 6 liberi, calide declives. — inferiores plus quam dimidiatum anfractum spiralem formantes. Apertura fissiformis, in summa facie frontis posita.

Diametros verticalis 1·25 mm. Diam. horizontalis — major 0·56 mm., — minor 0·30 mm. Rarissima in marnis superioribus.

Die glatte, dünne, seitlich stark zusammengedrückte Schale von breit säbelförmig gekrümmter Gestalt ist oben schmäler und endlich zugespitzt, unten etwas breiter und verdickter und allmählich zuschärfend. Der Rücken ist ziemlich stark zugeschärft und gekrümmt. Die Bauchseite fast gradlinig. Die zahlreichen Kammern, etwa 14—15, sind sehr niedrig, durch einfach lineare, kaum gekrümmte seichte Näthe getrennt. Die unteren Kammern wachsen allmählich an und sind zu mehr als der Hälfte eines Spiralumganges vereinigt. Die oberen 6 etwa sind fast gleich, frei, sehr schief gegen den Mittelpunct der Spirale geneigt. Die Mündung ist lang-spaltenförmig, ungestrahlt, im obersten Ausspitzungswinkel der schmal-lanzettlichen Frontfläche gelegen.

Grössenverhältnisse: Höhe 1·25 Millim., grösste Breite 0·86 Millim., grösste Dicke 0·30 Millim.

Verwandtschaft: Hat in der Gestalt manches Analoge mit *Robulina lata* Reuss aus dem Septarienthon von Offenbach[1].

Vorkommen: Selten in den Mergeln des oberen Niveaus.

d) Ganz spirale Formen mit kurzer, rundlicher oder polygonaler Mündung

Subgen. **CRISTELLARIA** s. str.

CRISTELLARIA COLORATA Stache.

Taf. XXIII. Fig. 9 a, b.

C. ovalis, symmetrice et incrassato-lenticularis, non nimis lata crista pellucida carinata. Loculi 6, simplicem spirae anfractum formantes, arcuato-trigonales, multo

---

[1] Reuss l. c. Taf. V, Fig. 57, p. 52.

crescentes, incurvatis suturis in modum ligamenti angusti incrassatis separati. Facies frontalis loculi ultimi elata, dimidium altitudinis testae adaequans, trigonalis, tenuis callis marginata, supra acute angulata, subtus incisura cristae loculi primi rotundato-lobata. Apertura minima, stellata, in summa fronte posita.

Diametros verticalis 0·60 mm. Diam. horizontalis — major 0·60 mm., — minor 0·36 mm. Rarissima in marnis inferioribus.

Der Umfang dieser zierlichen Form ist oval-kreisförmig, die Frontansicht und der Verticalschnitt zeigt eine symmetrische und fein ausgespitzte, mitten stark convex ausgebauchte, linsenförmige Gestalt. Der Rand ist scharf gekielt und zu einem nicht sehr breiten, aber deutlichen und fein durchsichtigen Kamm ausgebreitet. Die Schale besteht aus sechs stark anwachsenden, weiten, dreieckigen Kammern mit bogenförmigen Grenzlinien. Dieselben sind durch vertieft liegende feine, von aussen nach innen an Breite zunehmende, fast sichelförmig gekrümmte Nathschwielen getrennt, welche sich zu einer mittleren, kleinen flachen Aufschwellung vereinigen. Der Rand der Schale ist entsprechend der Kammerabschnürung schwach eingekerbt, der äusserste Rand der Kammern nur sehr leicht wellig. Die Mund- oder Frontalfläche der letzten Kammer ist hoch, wenigstens die Hälfte der ganzen Schalenhöhe erreichend und sehr spitzwinklich dreieckig, unten durch Eingreifen des Kammes der ersten Kammer zu zwei abgerundeten Lappen scharf ausgeschnitten, überdies beiderseits von einem schmalen Leistchen umrandet und nicht sehr eingetieft. Die Öffnung ist sehr klein und sternförmig. Die äussere Schale ist sehr fein, glatt, hell und lässt an mehreren Stellen eine intensiv braunrothe Färbung durchscheinen.

Grössenverhältnisse: Höhe 0·86 Millim., grösste Breite 0·60 Millim., grösste Dicke (in der Mitte der Höhe) 0·36 Millim.

Verwandtschaft: Mit *Cr. prominula* Rss., so wie auch mit *Robulina megalopolitana* Rss. aus der Kreide von Mecklenburg zeigt die Art einige Ähnlichkeit durch die Form der Kammern und des Kieles [1].

Vorkommen: Selten in den Mergeln des tieferen Niveaus.

---

[1] Reuss: Ein Beitrag zur gen. Kenntn. d. Kreidegebilde. Mecklenburgs l. c. p. 271 u. 272. Taf. IX, Fig. 3 u. 5.

CRISTELLARIA HAASTI Stache.[1]

Taf. XXIII. Fig. 10 a, b.

C. magnitudine et figura testae inter omnes excellens, sectione peripherica late ovalis vel semicircularis, sectione frontali angusta, elongata, inaeque lanceolata, sursum sensim attenuata, deorsum paulum incrassata denique acuminata, laevigata disco parca vix prominente umbilicata, angusta carina exarata distincte marginata, loculosa. Loculi 18 non late, sed elongati, triquetri. — interiores gradatim crescentes, exteriores vix aucti, suturis subfalcatis in modum costularum angustarum prominentibus incrassati. Facies frontalis loculi ultimi angusta sed alta, dimidiatam testam altitudine superans, lanceolata vel elongato-lingulata, tenui margine incrassato septa, leviter convexa, subtus incisura acuta non alta inaequelobata. Apertura rotundata, fere circularis, duodecim circiter radiis coronata.

Diametros verticalis 4·7 mm. Diam. horizontalis — major 3·32 mm., — minor 0·40 mm. Rarissima in marnis superioribus.

Diese durch ihre Grösse wie durch die Form und den Bau der Schale gleich ausgezeichnete *Cristellaria* stellt eine breit-ovale oder mehr als halbkreisförmige, in scharf einspringendem Winkel ausgeschnittene, vielrippige, fast glatte, schwach convexe Scheibe dar. Dieselbe hat kaum mehr als einen Spiralumgang und zeigt 18 schnell anwachsende, niedrige aber lang ausgezogene, bogig begrenzte Dreieckkammern. Die Kammernäthe sind durch gestreckt sichelförmig gebogene, scharfe Rippen bezeichnet, die im spitzen Winkel zusammenlaufen und sich zu einer verhältnissmässig kleinen und kaum erhabenen Nabelscheibe zusammenwickeln. Der Rand der Schale ist mit einem nicht breiten, aber scharfen und gegen den schwach convex ansteigenden Schalenkörper deutlich abgesetzten Kiel umgeben. Der Verticalschnitt und die Frontalansicht zeigen eine langgestreckt lanzettliche, nach unten bis zum Absatz der Randzuschärfung sich schwach verdickende Form. Die Mundfläche der letzten Kammer ist gleichfalls lanzettlich oder lang zungenförmig nach oben verschmälert, nach unten scharf durch den einspringenden Kiel der ersten sichtbaren Kammer ausgeschnitten, mit schmaler Leiste umrandet, in der Mitte schwach convex.

Der Ausschnitt ist bei dem einzigen aufgefundenen Exemplar etwas ungleich, die Mundfläche daher nach unten in zwei ungleich lange, spitze Lappen aus-

---

[1] Cf. Hochstetter Neuseeland.

zackend. Dies dürfte jedoch kaum constant sein. Die Mündung liegt auf der höchsten Spitze der Front. Sie ist rundlich, scharf begrenzt und von einem ziemlich weiten, etwa 12strahligen Kranz umgeben.

Grössenverhältnisse: Höhe 4·7 Millim., grösste Breite unter dem Spiralknoten 3·32 Millim., Breite an der Verengung über dem Knoten am Grunde der letzten Kammer 3·25 Millim., grösste Dicke 0·40 Millim.

Verwandtschaft: Schliesst sich im Typus der Form am nächsten an *Rob. Beyrichi* Born. und *Rob. angustimargo* Reuss aus dem Septarienthon von Hermsdorf [1]. Jedoch trennt sie allein schon die grosse Anzahl und das scharfe Hervortreten der Nathleisten und die entschieden runde Cristellarienmündung hinlänglich davon.

Vorkommen: Sehr selten in den Mergeln des oberen Niveaus.

CRISTELLARIA LARVA Stache.

Taf. XXIII. Fig. 11 a, b.

C. minima, laevigata, sectione horizontali fere orbicularis, sectione frontali regulariter lenticularis, satis aperte evoluta, margine angusto acute carinata. Loculi anfractus externi 9, sensim crescentes angusti, fere lunulati, convexiusculi, suturis leviter falcatis et incaratis perspicue separati. Loculus ultimus satis auctus, breviter mucronatus. Facies frontalis alta, trilobato-triquetra, paulum convexa, supra mucrone terminali prominula, subtus breviter excisa. Apertura rotundata, in summo apice incarata, non radiata.

Diametros verticalis 0·92 Millim.

Eine sehr kleine zierliche, im Verticalschnitt und der Frontalansicht regelmässig linsenförmige, im Hauptschnitt, abgesehen von der kurz schnabelartig verlängerten letzten Kammer, nahezu kreisförmige Schale. Der Hauptcharakter der Art liegt in dem etwas evoluten Charakter der Spirale und der Gestalt der Mündungs- und der Frontalfläche der letzten Kammer. Die äussere Spiralwindung zählt 9 Kammern und lässt noch ganz deutlich einen fast vollständigen inneren Umgang frei mit einem sehr kleinen, kaum vorragenden Nabel-

---

[1] Bornemann: Die mikroskopische Fauna des Septarienthones von Hermsdorf bei Berlin. Zeitschr. der deutsch. geol. Gesch. p. 332, Taf. XIV, Fig. 8 und Fig. 6, 7.

knopf. Die Kammern wachsen allmählich an und sind durch sichelförmig gebogene, deutlich vertiefte Nathlinien getrennt, so dass sie selbst eine nahezu viertelmondförmige Gestalt haben. Der Rand ist deutlich, aber nicht sehr scharf gekielt. Die letzte Kammer ist kurz schnabelförmig ausgespitzt. Die etwa die Hälfte der Schalenhöhe erreichende Frontfläche ist im Ganzen zwar spitzwinklig dreieckig, aber durch schwaches Einschneiden des Kieles in die Basis und durch je einen Einschnitt in den Seiten seicht dreilappig, überdies ist dieselbe schwach convex und nach innen geneigt. Die rundliche Öffnung ist in einer etwas vertieften, von Gestalt rhombischen oder dick-linsenförmigen Einsenkung des oberen vorspringenden Abschnittes gelegen.

Grössenverhältnisse: Höhe 0·92 Millim., grösste Dicke 0·46 Millim.

Vorkommen: Selten in den Mergeln des tieferen Niveaus.

CRISTELLARIA ROTULA Stache.

Taf. XXIII. Fig. 12 a, b.

C. laevigata, paulum tantum evoluta, sectione peripherica orbicularis, sectione verticali rhombica, disco magno convexo umbonata, margine magis incrassato obtuse carinata. Loculi anfractus externi circa 9, intra parum tantum, extra vix conspicue aucti, triquetri vel trapezoidales, satis ampli et convexi, suturis leviter arcuatis, extrorsum magis magisque rectis et incavatis bene distincti. Loculus ultimus vix auctus brevi mucrone obtusato et incrassato terminatus. Facies frontalis lata et alta, hastato-triquetra, incavata, teneris callis marginata, superne obtusata, subtus alte et acute excisa. Apertura minima, terminalis, rotundata, rara et breviter radiata.

Diametros maxima 1·1 mm. Diam. horizontalis — major 0·86 mm., — minor 0·55 mm. Satis rara in marnis inferioribus nec non in superioribus.

Eine Schale von im Horizontalschnitt fast kreisrunder, im Verticalschnitt und der Frontalansicht abgerundet rhombischer Gestalt mit mittlerer, ziemlich grosser und stark convexer, aber nicht sehr scharf abgesetzter Nabelscheibe. Der vollständig sichtbare äusserste Umgang wird zuletzt ein wenig evolut und lässt zwischen der Nabelscheibe und seinen letzten Kammern noch die Kammernäthe von zwei bis drei Kammern eines innern Umgangs sehen. Von den 9 Kammern der äussern Windung nehmen nur etwa die ersten drei sichtlich zu; die übrigen sind fast gleich. Sie sind durch deutlich eingeschnittene, gegen aussen immer schwächer bogige Suturfurchen abgetheilt und gehen so aus sichelförmigen mehr und mehr in trapezoidale Figuren über. Der Rand der Schale ist schwach und stumpf gekielt. Die Mundfläche der letzten Kammer ist vertieft, von schwach geschwungenen Randleisten begrenzt, im Ganzen breit-pfeilspitzförmig. jedoch nach oben durch eine warzenförmige Verdickung abgestumpft, nach unten jedoch gestreckt zweizackig. Die Mündung liegt in der verticalen rundlichen Verdickung, ist klein, rundlich und kurzgestrahlt.

Grössenverhältnisse: Höhe 1·1 Millim., Breite 0·86 Millim., grösste Dicke in der Mitte 0·55 Millim.

Vorkommen: Ziemlich selten in den Mergeln des oberen und des unteren Niveaus.

CRISTELLARIA CILO Stache.

Taf. XXIII. Fig. 13 a, b.

C. minima, vitrea, pellucida, sectione peripherica late ovalis, sectione frontali rhombice lenticularis, acute carinata, paulum evoluta, disculo minimo umbilicata, fronte prominente loculi ultimi quasi rostrata. Loculi circiter 10, falciformes, sensim crescentes, tenerrimis lineis incavatis saturati, — loculus ultimus multo auctus, proclinatus, prominente rostro prolongatus. Facies frontalis ultimi loculi cordata, inflato-convexa, subtus parum excisa, superne acuminata, introrsum inclinata. Apertura minima, rotundata, terminalis.

Diametros verticalis vel maxima 0·6 mm. Diam. horizontalis-major 0·46 mm., — minor 0·24 mm. Rara in marnis inferioribus.

Eine äusserst kleine *Cristellaria* mit feiner glasiger, fast durchsichtiger Schale. Der Umriss der Seitenansicht ist breit-oval, jedoch mit stark vorspringender Stirn der letzten Kammer. Der Umriss der Frontansicht ist rhomboidal-linsenförmig mit gleichförmig spitziger oberer und unterer Zuschärfung. Der Rand ist scharf gekielt. Der aus etwa 10 Kammern bestehende äussere Umgang ist etwas evolut, so dass fast noch ein ganzer innerer Umgang sichtbar wird und eine kleine mittlere Nabelscheibe. Die Kammern sind schwach sichelförmig gebogen und nehmen bis zur letzten Kammer ziemlich regelmässig an Grösse zu. Die feinen, sichelförmig gebogenen Suturlinien sind schwach vertieft. Die letzte Kammer ist besonders gross, nach vorne geneigt und ausgebaucht und in eine kleine schnabelartige Spitze ausgezogen. Die Frontalfläche der Schlusskammer ist fast umgekehrt herzförmig, unten wenig ausgeschnitten, oben zugespitzt, dabei convex und nach einwärts geneigt. Die Mündung ist klein, rundlich, randständig.

Grössenverhältnisse: Höhe 0·6 Millim., Breite 0·46 Millim., Dicke 0·24 Millim.

Verwandtschaft: Erinnert an *Cr. galeata* Rss. aus dem Septarienthon von Hermsdorf. [1]

Vorkommen: Selten in den Mergeln des tieferen Niveaus.

CRISTELLARIA LACTEA Stache.

Taf. XXIII. Fig. 14 a, b.

C. pusilla, laevigata, opaca, lactea, sectione peripherica fere ovalis, sectione frontali inaeque lenticularis et quidem deorsum versus magis abbreviata et obtusata, sursum versus magis prolongata et altiori arcu exacuta, acute carinata. Loculi 6, sphaerice triquetri, ampli, aliquanto crescentes, tenerrimis suturis falcatis notati. Suturae peripheriam versus paulum incrassatae, ex carinae parte dorsali in modum squamularum, ex parte frontali vero in modum brevium spinularum prominentes. Loculus ultimus multo auctus, breviter acuminatus. Facies frontalis trigona, aequis lateribus gothico arcu fastigiata, angusto margine septa, paulum incurvata, supra in modum tholi constricta, subtus arcu minus acuto excisa. Apertura, circularis, minima, in medio annulo tholi posita.

Diametros verticalis vel maxima 1·0 mm. Diam. horizontalis-major 0·8 mm., - minor 0·5 mm.

Eine glatte, kleine *Cristellaria* mit kaum durchscheinender, milchweisser Oberfläche. Die Seitenansicht und der Hauptschnitt nähert sich einem Oval, der Verticalschnitt und die Frontalansicht hat eine ungleiche, nach unten verkürzte und stumpfer zugespitzte, nach oben verlängerte und in spitzem Bogen zulaufende lenticulare Form. Der Rand ist scharf gekielt. Der Umgang zählt 6 weite, ziemlich stark anwachsende Kammern, welche sphärische Dreiecke darstellen und von zarten, sichelförmig geschwungenen Nathlinien begrenzt sind. Die Nathlinien sind gegen den Rand zu schwach verdickt und endigen mit schuppenartigen oder bei den inneren Kammer selbst mit dornförmigen, über den Kiel hervorragenden Fortsätzen. Die Schlusskammer übertrifft die früheren sichtlich an

[1] Reuss l. c. p. 66, Taf. IV, Fig. 20.

Grösse und endet mit kurz zugespitztem Vorsprung, die Frontalfläche derselben ist schwach vertieft, von einem verdickten, schmalen Band umsäumt, dreiseitig. Sie läuft nach oben spitzbogenförmig zu und endet durch eine Einschnürung in Form einer nach oben stumpf zugespitzten, rundlichen Kuppel, nach unten ist sie bis zu etwas mehr als ein Drittel ihrer Höhe spitzbogenförmig ausgeschnitten. Die Mündung ist klein, kreisrund, ungestrahlt und liegt in der Mitte der kuppelartigen Abschnürung eingetieft.

Grössenverhältnisse: Höhe oder Verticaldurchmesser 1·0 Millim., grösste Breite 0·8 Millim., Dicke 0·5 Millim.

Vorkommen: Selten in den Mergeln des tieferen Niveaus.

CRISTELLARIA CALLIFERA Stache.
Taf. XXIII. Fig. 15 a. b.

C. pusilla, callosa, asperula, obtuse carinata, sectione peripherica ovalis, sectione frontali inaeque lenticularis et quidem deorsum fere recto angulo brevius acuminata, sursum vero alto arcu gothico acute fastigiata. Loculi 6—7, paulatim crescentes, falciformes, in modum callorum convexorum incrassati, suturis falcatis profunde incisis separati. Facies frontalis ultimi loculi elatissima, arcu acuto terminata, subtus ultra dimidium altitudinis excisa, satis incavata et margine incrassato circumdata. Apertura incerta.

Diametros verticalis 0·90 mm. Diam. horizontalis — major 0·70 mm., — minor 0·55 mm. Rara in marnis inferioribus.

Eine sehr kleine, dickschalige *Cristellaria* mit etwas rauher Oberfläche. Im Horizontalschnitt oval, im Frontalschnitt sehr ungleich linsenförmig und zwar in der Mitte ziemlich breit, unten kurz und mit stumpferem Winkel zugespitzt, nach oben aber in einen hohen, fast gothischen Spitzbogen auslaufend. Der Rand ist deutlich, aber nicht breit und scharf gekielt. Die 6—7 Kammern wachsen nur wenig und langsam an Breite, jedoch bedeutender an Länge, sie sind C-förmig gekrümmt, zu stark convexen Schwielen aufgetrieben und getrennt durch tief einschneidende, sichelförmig gekrümmte Nathlinien. Die Frontalfläche der letzten Kammer ist sehr hoch, ziemlich breit und spitzbogenförmig, durch die innerste sichtbare Kammer über die Hälfte der Höhe ausgeschnitten. Die Mündung terminal, klein, unsicher (?).

Grössenverhältnisse: Höhe 0·95 Millim., Breite 0·70 Millim., Dicke 0·55 Millim.

Vorkommen: Selten in den Mergeln des tieferen Niveaus.

CRISTELLARIA DURACINA Stache.

Taf. XXIII. Fig. 16 a, b.

C. asperula, callosa, sectione peripherica orbicularis, sectione frontali inflato-lenticularis, depressa carina acute marginata, magno disco umbilicali instructa. Loculi 5, ampli, elongati, sphaerice triquetri, paullo aucti, convexi, suturis linearibus levissime arcuatis et vix incavatis notati. Facies frontalis loculi ultimi alta et ampla, perverse cordata, angulato-incavata, marginata. Apertura incerta. Diametros verticalis 1·05 mm. Diam. horizontalis — major 0·90 mm., — minor 0·70 mm. Rara in marnis inferioribus.

Eine kleine dickschalige *Cristellaria* vom Typus der *Cr. crassa* d'Orb., jedoch von dieser hinreichend verschieden. Die Gestalt der Schale ist im Umriss fast kreisrund mit schwacher Abstutzung der Frontseite, im Frontalschnitt kurz und dick bombirt und nicht ganz regelmässig linsenförmig. Die Oberfläche ist nicht ganz glatt, sondern etwas rauh durch verschieden verlaufende Bogenlinien. Der Rand ist zu einem niedrigen, aber deutlich abgesetzten Kiel zugeschärft. Die grosse runde, weissliche Nabelscheibe ist stark convex, aber nur wenig gegen die convexen Kammerflächen abgesetzt und in der Mitte der Höhe aber gegen die Front vorgerückt gelegen. Etwa 5 ziemlich weite, sphärisch dreieckige, an Grösse wenig verschiedene Kammern sind nur durch schwache, flach gebogene, bis fast gerad gestreckte Nathlinien getrennt. Die letzte Kammer übertrifft die vorangehenden wenig an Grösse. Die Frontfläche derselben ist ziemlich breit und hoch, von verkehrt herzförmigem Umriss, aussen eingefasst durch einen schwach verdickten Randsaum, nach innen mit einspringendem Winkel vertieft. Die Mündung unsicher, wahrscheinlich rund, ungestrahlt, eingetieft, wenig oberhalb des Kieleinschnittes des inneren Umganges gelegen.

Grössenverhältnisse: Höhe 1·05 Millim., Breite 0·90 Millim., Dicke 0·70 Millim.

Verwandtschaft: Erinnert noch am meisten an *Cr. crassa* d'Orb. [1]

Vorkommen: Selten in den Mergeln des unteren Niveaus.

---

[1] d'Orb. l. c. pag. 90, Taf. IV, Fig. 1—3.

CRISTELLARIA BUCCULENTA Stache.

Taf. XXIII. Fig. 17 a, b.

*C. rugosa, callosa, sectione peripherica orbicularis, sectione frontali buccis lateralibus
influta, supra subtusque obtuso et rotundato margine attenuata, in conspectu
quasi solo umbone medio, maximo, disciformi, utrinque convexo et annulo marginali latissimo, calloso, rotundato consistens. Loculi numero et figura incerti,
7—8 recurvatis lineis radiantibus, certo ordine scarificatis satis obscure significati. Facies frontalis alta, hastato-triquetra, alte excisa. Apertura rotundata,
non radiata, fere in summa fronte posita.*

*Diametros verticalis 1·3 mm. Diam. horizontalis-major 1·2 mm., — minor
0·8 mm. Rarissima in marnis inferioribus.*

Eine gleichfalls sehr dickschalige und dickleibige Form von noch rauherer
Beschaffenheit der Oberfläche wie die vorige Art. Der Hauptschnitt und die
Seitenansicht sind beinahe vollkommen kreisförmig. Der Frontalschnitt ist breit,
bausbackig und abgestumpft linsenförmig. Die ganze Schale scheint gleichsam
nur aus einer mittleren grossen, etwa zwei Drittheil des Durchmessers breiten
und stark convex aufgeblasenen Nabelscheibe und einem diese umgebenden,
aber davon durch eine fast rinnenförmige Einsenkung scharf abgesetzten, dicken,
abgerundeten Randwulst zu bestehen. Die Zahl und Form der Kammern ist nicht
sicher zu beobachten. Vielleicht dürften dieselben angedeutet sein, durch etwa
8 aus dem mittleren, verwickelten Knäuel von sich kreuzenden Linien, stärker
hervortretende, rissige Furchenlinien, welche radial mit schwacher Biegung nach
einwärts über die convexe mittlere Scheibe verlaufen und sich in der Grenzfurche
mit dem Randwulst bogenförmig gegen auswärts krümmen. Die Frontalfläche der
letzten Kammer ist ziemlich hoch und breit, von breit-pfeilspitzähnlicher Gestalt,
tief, aber mit abgerundeter Spitze ausgeschnitten, mit einwärts gekrümmten,
gelappten Rändern. Die Mündung ist rund, ungestrahlt, im Gipfelwinkel der
Frontfläche gelegen.

Grösse: Höhe 1·3 Millim., Breite 1·2 Millim., Dicke 0·8 Millim.

Vorkommen: Selten in den Mergeln des tieferen Niveaus.

CRISTELLARIA BUFO Stache.

Taf. XXII. Fig. 18 a, b.

C. callosa, verrucosa, valde inflata, sectione peripherica late ovalis, sectione frontali latissime lenticularis sed inaeque incrassata et quidem supra altius et acutius fastigiata, subtus magis dilatata, breviter et obtusius acuminata, conspicuo annulo calloso, marginem versus attenuato carinata. Loculorum numerus et figura nec non suturarum modus non conspicui. Loculus ultimus quasi terminali verruca mucronatus. Facies frontalis lateribus introrsum curvatis hastato-triangularis. Apertura mucrone terminali incavata, rotundata, breviter radiata.

Diametros verticalis 1·55 mm. Diam. horizontalis-major 1·2 mm.. — minor 1·0 mm. Rara in marnis inferioribus.

Eine äusserst dickschalige und stark aufgeblasene *Cristellaria* mit rauher, rissiger, unregelmässig mit kleinen Warzen und Auswüchsen bedeckter Oberfläche. Der Umriss ist breit-oval oder hält etwa drei Viertel eines Kreises, der Frontalschnitt ist oben und unten nicht gleichförmig ausgebildet, aber im Ganzen stark aufgeblasen und kurz zugespitzt linsenförmig. Die untere Hälfte ist etwas stärker und breiter aufgeblasen und mit kürzerer und stumpferer Zuspitzung endend; die obere Hälfte läuft mit schwächerer Convexität in einen länger gestreckten, spitzeren Gipfel aus. Die ganze Schale zeigt auf der Oberfläche keinerlei Andeutung von regelmässig verlaufenden Nathlinien, aus denen man auf Form und Zahl der Kammern schliessen könnte, sie besteht vielmehr ganz in ähnlicher Weise wie bei der vorbeschriebenen Species anscheinend nur aus einem mittleren stark aufgeblasenen Theil, der aber hier viel weniger den Charakter einer stark aufgetriebenen Nabelscheibe hat und einem deutlich abgesetzten Randwulst, der hier jedoch schmäler ist und weniger scharf gegen den bombirten, mittleren Theil abgegrenzt erscheint. Der convexe Theil zeigt eine regelmässig polygonale Zeichnung durch ein Netz feiner Furchenlinien. Der Rand ist unregelmässig radial rissig. Die Frontfläche ist dreieckig-dreistrahlig mit nach einwärts gebogenen Basal- und Seitenlinien. Die eigentliche vertiefte Dreierkfläche ist klein, aber sowohl der Gipfelwinkel wie die Basalwinkel sind noch zu langen Strahlen ausgezogen. Die gardinenartig geschwungenen Seitenränder sind stark wulstförmig verdickt. Diese und der randliche Kiel vereinigen sich zu der vorspringenden, warzenartigen Gipfelspitze der letzten Kammer. Die Mündung liegt an dieser äussersten Spitze, ist rundlich und kurz gestrahlt.

Grössenverhältnisse: Höhe 1·55 Milim., Breite 1·2 Milim., Dicke 1·0 Millim.

Vorkommen: Selten in den Mergeln des tieferen Niveaus.

CRISTELLARIA FALCIFER Stache.

Taf. XXIII. Fig. 19 a, b.

C. laevigata, opaca, albescens, sectione frontali rhombice lenticularis, sectione peripherica fere orbicularis, disco medio modico instructa, obtusato margine albida carinata. Loculi 9, sensim crescentes, lunati, paulum incavati, falcatis suturis in modum albarum costularum leviter incrassatis terminati. Discus umbilicaris satis prominulus, non tantum forma convexa quam colore albida distinctus. Facies frontalis ultimi loculi alta, triquetra, fere dimidiatam testae altitudinem adaequans, margine parum incrassato circumdita, supra acumine paulum rotundato terminata, subtus obtusato arcu non alte excisa. Apertura summa facie frontali posita, stellata.

Diametros verticalis 1·25 mm. Diam. horizontalis — major 1·15 mm., — minor 0·05 mm. Rara in marnis inferioribus.

Eine glatte, weissliche, kaum durchscheinende Schale mit fast kreisförmigem Umriss und rhombisch-lenticularem Frontalschnitt. Dieselbe zeigt eine fast mittelständige, nicht grosse, aber durch ihre Convexität und weissliche Farbe gut hervortretende Nabelscheibe und einen schmalen, weisslichen, schwach und nicht scharf gekielten Rand. Die Kammern, 9 an der Zahl, nehmen sehr wenig, aber regelmässig an Grösse zu, sie sind fast mondsichelförmig gekrümmt, ziemlich breit, aber nicht hoch. Die sichelförmigen, dieselben trennenden Nathlinien sind zu weisslichen, schmalen und nicht sehr scharf hervorragenden kleinen Rippen oder Leisten verdickt. Die letzte Kammer ist wenig vergrössert; ihre Frontfläche ist ziemlich hoch dreieckig mit abgerundeten Winkeln, unten nicht gar tief rundlich ausgeschnitten, von schmalen Randleisten begrenzt. Die Mündung liegt in der obersten Abrundung der Frontfläche eingetieft, klein, kurz vierstrahlig oder sternförmig.

Grössenverhältnisse: Höhe 1·25 Millim., Breite 1·12 Millim., Dicke 0·70 Millim.

Vorkommen: Selten in den Mergeln des tieferen Niveaus.

CRISTELLARIA GLAÜCINA Stache.

Taf. XXIII. Fig. 20 a, b.

C. laevissima, sectione peripherica orbicularis, sectione frontali lateribus planiter convexis et angulis obtusatis symmetrice lenticulata, disco umbilicali fere medio, non prominente obtusoque margine angusto instructa. Loculi 6, ampli, elongati, — interiores aliquanto crescentes, — externi vix aucti, — liniis conspicuis circa discum medium involuti, suturis multo et interdum irregulariter arcuatis separati. Loculus ultimus satis auctus, antice paulum obtusatus. Facies frontalis angustato-triquetra, crasse marginata, supra in modum tholi elongati fastigiata. Apertura summa fronte incarata, quadragona vel abbreviato-rhombica.

Diametros verticalis 1·15 mm. Diam. horiz. — major 1·00 mm., — minor 0·55 mm. Rara in marnis inferioribus.

Eine glatte, im Hauptschnitt kreisrunde, im Frontalschnitt symmetrische, linsenförmige Schale mit abgeplattet convexen Seiten und rundlich abgestumpften Endwinkeln. Die nicht sehr grosse, nicht vorragende Nabelscheibe liegt nahezu in der Mitte der Schale, jedoch etwas nach vorne gerückt. Der weissliche schmale Rand ist nicht gekielt, sondern stumpf abgerundet. Die 6 deutlich abgegrenzten Kammern sind ziemlich weit und gestreckt, sphärisch dreieckig mit stark bogigen Seiten. Die Näthe sind deutlich vertiefte Bogenlinien, welche nach innen zu zuweilen stark und unregelmässig umgebrochen sind und sich zur Nabelscheibe einrollen. Die letzte Kammer ist ziemlich gross und zeigt eine abgestutzte Gipfelspitze. Ihre Frontfläche ist eng zusammengezogen, dreieckig, mit verdicktem, leistenförmigem Rand umgeben, oben etwas eingeschnürt und zu einer länglichen Kuppel ausgipfelnd, unten rundlich ausgeschnitten mit abwärts ausspitzenden Basalwinkeln. Die Schale ist weisslich durchscheinend, durch schwärzliche Färbung innerer Kammertheile bläulichgrau.

Grössenverhältnisse: Höhe 1·15 Millim., Breite 1·00 Millim., Dicke 0·55 Millim.

Vorkommen: Selten in den Mergeln des unteren Niveaus.

CRISTELLARIA INTERMEDIA[1] D'Orb. sp. var. WHAINGAROICA Stache.

Taf. XXIII. Fig. 21 a. b.

C. laevigata, sectione peripherica orbicularis, sectione frontali rhombice lenticularis, disco umbilicali medio, non magno, vix conspicue prominulo et margine simpliciter attenuato, instructa. Loculi 6 ampli, sphaerice triangulares, paulatim crescentes, suturis linearibus circa discum volutis, leviter incisis et arcuatis notati. Ultimus loculus magnus, paulo prolicis. Facies frontalis alta et lata, perverse cordata, tenui margine septa, superne acuminata, subtus alte excisa. Apertura terminalis, minima, rotundata.

Diametros verticalis 1·25 mm. Diam. horiz. — major 1·05 mm., — minor 0·70 mm. Non rara in marnis superioribus, frequens in marnis inferioribus.

Eine glatte, im Umfang runde, im Frontalschnitt breite, rhombisch-linsenförmige Schale mit mittelständiger, nicht sehr grosser und kaum über die stark convexe Wölbung der Seitenflächen hervorragender Nabelscheibe und einfach zugeschärftem, ungekieltem Rande. Die Kammern, 6 an der Zahl, sind sphärisch-dreieckig, weit, langsam an Grösse zunehmend. Die ihre Grenzen bezeichnenden Nathlinien erscheinen nach innen um die Nabelscheibe gewickelt, im Übrigen bilden sie leicht vertiefte und verhältnissmässig schwach gebogene Linien. Die letzte Kammer ist ziemlich gross und ein wenig nach vorne übergeneigt. Die Frontfläche derselben ist ziemlich hoch und breit, etwa herzförmig, mit fein verdicktem Rande umsäumt, oben eingetieft und scharf zugespitzt, unten hoch ausgeschnitten durch die innerste sichtbare Kammer. Die Mündung ist gipfelständig, sehr klein und rundlich, nicht gestrahlt.

Grössenverhältnisse: Höhe 1·25 Millim., Breite 1·05 Millim., Dicke 0·7 Millim.

Verwandtschaft: Zeigt die grösste Verwandtschaft mit *Robulina intermedia* d'Orb., und wir nehmen keinen Anstand sie damit zu identificiren, obwohl unsere Form eine noch mehr verkürzte, rundliche und meist ungestrahlte Mündung hat. Auch die d'Orbigny'sche Abbildung zeigt keine ausgesprochene *Robulinen*-Mündung. Wir schliessen die Form daher hier der Unterabtheilung der eigentlichen Cristellarien an. Wegen der kleinen Abweichungen in der Form

[1] Der Artname „*intermedia*" ist zwar schon vergriffen für die Kreisform *Cristellaria intermedia* Rss., e. f. Reuss Verst. d. böhm. Kreide p. 33, Taf. XIII. Fig. 57, 58 und Taf. XXIV, Fig. 50, 51. Da dies aber eine halbspirale Form ist, so kann er dennoch beibehalten bleiben, wenn man die vorgeschlagene Theilung in Subgenera gelten lässt.

der Mündung und der deutlicheren Umsäumung der Frontalfläche bezeichnen wir sie als eine stellvertretende Varietät.

Vorkommen: Nicht selten in dem oberen Niveau, häufig in dem unteren Niveau.

CRISTELLARIA GYROSCALPRUM Stache.
Taf. XXIII. Fig. 22 a, b.

C. laevigata, magna, sectione peripherica orbicularis, sectione verticali inaeque atte-
nuata, acute lenticularis, lata crista marginata, disco umbilicali magno, pla-
niter convexo incrassata. Loculi 6, magni, paulatim crescentes, triangulares, suturis
linearibus paulum arcuatis et vix prominentibus separati. Loculus ultimus antice
obtusatus. Facies frontalis ultimi loculi hastato-triangularis, non alta, altissime
excisa, distensis lateribus angustatis equitans, incrassato-marginata. Apertura
rotundata, non radiata, terminalis.

Diametros verticalis 2·30 mm. Diam. horiz. — major 2·0 mm., — minor
1·1 mm. Rara in marnis superioribus.

Eine ziemlich grosse glatte Schale von fast kreisrundem Umfang. Der Frontalschnitt ist breit, in der Mitte beiderseits flach convex, ungleich scharf linsenförmig
und zwar nach oben kürzer, nach unten länger concav ausgespitzt. Die Nabelscheibe
ist gross, platt convex und mit deutlichem Absatz heraustretend, nach der Front und
nach oben gerückt. Der Rand ist ringsum gleichmässig hoch und scharf gekielt, aber
etwas verdickt, schwach wellig eingetieft und kaum durchscheinend. Die Kammern,
6 an der Zahl, sind weit und gross, sphärisch dreieckig, mit flacher oder gegen
den Rand zu selbst concaver Oberfläche abdachend, an Grösse regelmässig und
ganz sichtlich zunehmend. Die Näthe erscheinen als sehr flach gebogen bis
gestreckt verlaufende, feine, kaum merklich erhabene Leisten. Die letzte Kammer
ist niedrig, vorn abgestutzt. Die Frontfläche ist sehr tief ausgeschnitten, pfeil-
spitzförmig und reitet mit den zwei spitzen, schmal aber ziemlich weit auseinander
gespreizten Schenkelflächen gleichsam unmittelbar auf dem schneidigen Kamm
der innerst sichtbaren Kammern. Die Mündung ist fast gipfelständig, wahrscheinlich rund und ungestrahlt, nicht ganz deutlich.

Grössenverhältnisse: Höhe 2·30 Millim., Breite 2·0 Millim., Dicke
1·1 Millim.

Vorkommen: Selten in dem oberen Niveau.

c) Ganzspirale Formen mit langovaler bis spaltförmiger Mündung.

Subgenus **ROBULINA.**

ROBULINA LOCULOSA Stache.

Taf. XXII. Fig. 23 a, b.

C. fere laevigata, sublucana, sectione peripherica orbicularis, sectione frontali bullatis lateribus et obtusatis angulis terminalibus elongato-rhombica, disco umbilicali fere centrali, non amplo sed distincte prominulo et margine obtuse attenuato, fere rotundato et leviter undulato, instructa. Loculi numerosi circa 14—15, non alti sed elongati, vix conspicue crescentes, convexiusculi, suturis leviter curvatis, circa discum centralem volutis, acute incavatis distincte notati. Loculus ultimus vix conspicue auctus, obtusata fronte terminatus. Facies frontalis satis alta, hastato-triangularis, tenui margine septa, supra obtusata, subtus alte excisa. Apertura in summa fronte posita, longe oralis,? stellata.

Diametros verticalis 1·80 mm. Diam. horiz. — major 1·55 mm., — minor 0·90 mm. Rara in marnis inferioribus.

Eine ziemlich grosse, fast glatte, dünnschalige, halb durchscheinende Form mit kreisförmigem Hauptschnitt und gestreckt rhombischem Frontalschnitt mit knopfförmig herausstehenden Seitenwinkeln und abgestumpften Endwinkeln. Die fast centrale Nabelscheibe ist nicht sehr breit, aber stark gewölbt und vorspringend und heller weisslich gefärbt. Der Rand ist stumpf zulaufend, fast abgerundet und schwach wellig durch die über denselben fortsetzenden Einsenkungen der Nathlinien. Die Kammern sehr zahlreich, etwa 14—15, sind nicht hoch, aber lang gestreckt, radial vom Mittelpunkt ausstrahlend, an Grösse wenig zunehmend, fast gleich, gegen die Nathlinien sich schwach convex erhebend. Die Näthe sind ziemlich scharf und tief eingeschnitten, zur Nabelscheibe eingewickelt, schwach wellig geschwungen, erst gegen den Rand zu stärker umgebogen. Die steilen Abdachungsflächen der Kammern gegen die Nabelfurchen erscheinen gewöhnlich heller durchsichtig. Die letzte Kammer ist kaum merklich grösser als die früheren und endet mit einer wenig vorspringenden abgerundeten Spitze. Die Frontfläche derselben ist nicht sehr hoch und breit, pfeilspitzartig dreieckig, nach oben etwas abgerundet, unten tief ausgeschnitten, die Seitenränder nur schwach verdickt. Die Mündung ist länglich-oval, nicht gestrahlt, scheinbar sternförmig ausgezackt, im obersten etwas eingeschnürten Gipfel der Frontfläche gelegen.

Grössenverhältnisse: Höhe 1·80 Millim., Breite 1·55 Millim., Dicke 0·90 Millim.

Vorkommen: Selten in den Mergeln des unteren Niveaus.

ROBULINA FOLIATA Stache.

Taf. XXIII. Fig. 24 a, b.

R. laevigata, nigricans, sectione peripherica orbicularis, sectione frontali acutis angulis inflato-lenticularis, disco umbilicali magno, non prominente, ad frontem versus appropinquato et margine tenui, acute carinato instructa. Loculi 6, circa discum contorti, squamose-foliacei, tenuiter apiculati, suturis undulato-curvatis notati, primo aliquanto aucti, adextremum denuo minuti. Loculis ultimus angustatus. Facies frontalis anguste lunulata, supra in modum tholi constricta, subtus altissime excisa. Apertura in fastigio summae frontis posita, elongata, breviter radiata.

Diametros verticalis 0·86 mm. Diam. horiz. — major 0·80 mm., — minor 0·47 mm. Rara in marnis inferioribus.

Eine glatte, noch deutlich schwarz gefärbte, zierlich gebaute Schale. Der Umriss und Hauptschnitt ist kreisrund mit nur wenig vorspringendem Gipfelwinkel der letzten Kammer; der Frontalschnitt stark convex linsenförmig mit kurzer und feiner, fast gleichmässiger, oberer und unterer Endzuspitzung. Die ziemlich grosse, convex gerundete Nabelscheibe tritt nicht aus der convexen Rundung der Seitenflächen hervor, sondern erscheint nur als eine hellere spiralgestreifte Scheibe und ist etwas gegen die Frontseite zu aus der Mitte gerückt. Die 6 sichtbaren Kammern nehmen zuerst deutlich an Grösse zu, zuletzt aber verschmälern sie sich wieder etwas. Sie sind nach innen sehr eng um die Nabelscheibe gewickelt, nach aussen treten sie schuppig blattförmig aus einander und enden mit frei in den helleren Randsaum ragenden, feinen Spitzen. Die Nathlinien verlaufen in wellig geschwungenen Bogenlinien. Die Frontfläche der letzten Kammer ist eng elliptisch mit tieferem Ausschnitt von unten und einer oberen schmalen, scharf abgeschnürten, ovalen Kuppel. Die Mündung liegt in der Abschnürung, ist länglich und kurz gestrahlt.

Grössenverhältnisse: Höhe 0·86 Millim., Breite 0·80 Millim., Dicke 0·47 Millim.

Verwandtschaft: Die stark spirale Einrollung der Kammern erinnert an *R. Imperatora* d'Orb. Von dieser ist sie jedoch schon durch die geringere

Zahl der Kammern, sowie durch die Form des Horizontalschnittes und die Gestalt der Frontfläche hinreichend weit getrennt. Der Gestalt nach steht sie der *R. umbonata* [1] aus dem Septarienthon von Hermsdorf sehr nahe.

Vorkommen: Selten in den Mergeln des tieferen Niveaus.

ROBULINA LENTICULA Stache.

Tav. XXIII. Fig. 25 a. b.

R. exigua, laevigata, tenui testa vitrea, albida formata, sectione peripherica late ovalis, sectione frontali lenticularis, acute carinata, disculo non prominente umbilicata. Loculi 8 — angusti, convexiusculi, fere lunulati, introrsum convoluti, suturis incavatis, falciformibus et in modum fasciarum dilatatis separati, paulatim crescentes. Loculus ultimus vix auctus. Facies frontalis lanceolata, fasciis incrassatis marginata, profunde incavata, subtus in modum petali alte excisa, superne exaruta. Apertura fissiformis, non radiata.

Diametros verticalis 0·76 mm., Diam. horizontalis — major 0·57 mm., — minor 0·33 mm. Non rara in marnis inferioribus.

Eine kleine, zierliche Form mit glasig dünner, weisslicher Schale. In der Seitenansicht *a*) oder im Hauptschnitt breit oval, mit schwach vorspringendem Endwinkel der letzten Kammer im Verticalschnitt und der Frontansicht *b*) beiderseits regelmässig convex und scharf zugespitzt linsenförmig. Die Kammern, 8 an der Zahl, wachsen sehr allmählich, sind schmal, schwach convex gewölbt, nahezu mondsichelförmig, besonders die inneren, nach aussen etwas breiter und abgestutzt, nach innen verengt und zu einer kleinen, kaum hervorragenden Nabelscheibe zusammengewickelt. Die Nathlinien erscheinen zu sichelartig geschwungenen, vertieft liegenden, breiten Streifen, wirklichen Nathfurchen erweitert. Die Schlusskammer nimmt kaum merklich zu gegen die vorhergehenden; ihre Frontfläche nimmt über die Hälfte der Schalenhöhe ein, ist stark vertieft und von verdicktem Rande umsäumt, überdies von lanzettlicher, oben scharf ausspitzender, unten sehr tief blumenblattartig ausgeschnittener Gestalt. Die Mündung ist kurz spaltenförmig, ungestrahlt, auf der äussersten Endzuspitzung der Schlusskammer gelegen.

---

[1] Reuss l. c. p. 68, Taf. IV, Fig. 24.

Grössenverhältnisse: Höhe 0·76 Millim., Breite 0·57 Millim.. Dicke 0·53 Millim.

Vorkommen: Nicht gar selten in den Mergeln des tieferen Niveaus.

ROBULINA PUSILLA Stache.

Taf. XXIII. Fig. 26 a, b.

R. minima, laevigata, vitrea, fere pellucida, sectione peripherica ovalis, sectione frontali incurato-lenticularis, margine angulato obtuse carinata. Loculi 8 — interni multo aucti — externi sensim tantum et inaeque crescentes, — satis ampli, suturis albidis, arcuatis, in modum levium costularum prominentibus notati. Loculus ultimus non multo auctus, subtus incrassatus, superne acuto angulo terminatus. Facies frontalis elliptica, vix incavata, incrassato-marginata. Apertura minima, ? tenuissime fissurata.

Diametros verticalis 0·46 mm. Diam. horiz. — major 0·33 mm., — minor 0·17 mm. Non rara in marnis inferioribus.

Eine äusserst kleine, glatte, fast glasig durchsichtige Schale. Die Seitenansicht a) im Ganzen oval, aber mit ziemlich stark vorspringender Endzuspitzung der letzten Kammer. Die Frontansicht b) ist länglich, linsenförmig, in der unteren Hälfte schmäler, aber stumpfer zulaufend, oberhalb etwas breiter, aber endlich scharf zugespitzt. Im Umfang schwach gekielt, nach innen in abgerundetem Bogen, nach aussen der Kammereintheilung entsprechend mit in stumpfen Winkeln gebrochenen Randlinien. Von den 8 sichtbaren, ziemlich weiten Kammern nehmen nur die ersten schnell, die äusseren aber nur sehr allmälich und ungleich an Grösse zu. Die letzte Kammer ist nicht stark vergrössert, nach abwärts verdickt, nach oben scharf zugespitzt mit schwach vorgeneigter Frontalfläche. Die Frontalfläche ist überdies von einem verdickten Rande eingesäumt, elliptisch, aber spitz ausgezogen, unten kaum merklich eingeschnitten. Die Mündung liegt in der äussersten Ausspitzung der Front und scheint fein, spaltenförmig, ungestrahlt zu sein.

Grössenverhältnisse: Höhe 0·46 Millim., Breite 0·33 Millim.. Dicke 0·17 Millim.

Vorkommen: Nicht gar selten in den Mergeln des tieferen Niveaus.

ROBULINA OCULUS Stache.

Taf. XXII. Fig. 27 a, b.

R. sublaevigata, crista satis lata sensimque attenuata acute carinata, sectione peripherica ovalis, sectione frontali bullato-lenticulata, disco umbilicali magno, prominente in-

structa. Loculi circiter 7, arcuato-triquetri, paulatim crescentes, satis ampli, suturis linearibus paulum curvatis et leviter incisis vix conspicue sejuncti, faciebus complanatis vel ipsis leviter incavatis cristam versus declives. Facies frontalis loculi ultimi alta, trigonalis, supra angulo valde acuto terminata, subtus acute excisa. Apertura in summa fronte posita, ? probabiliter longa et angustissime fissurata.

Diametros verticalis 0·90 mm. Diam. horiz. — major 0·70 mm., — minor 0·40 mm. Rara in marnis inferioribus.

Eine fast glatte oder nur wenig rauhe *Robulina*, ausgezeichnet durch einen ziemlich breiten, allmählich zugeschärften, schneidigen Kamm, und eine grosse stark hervortretende Nabelscheibe, die aber ziemlich weit nach vorn und unten liegt. Die Gestalt der Schale ist in der Seitenansicht *a*) und im Hauptschnitt oval, in der Frontansicht *b*) und im Verticalschnitt scharf gespitzt, aber breitknöpfig-linsenförmig. Die Kammern, 7 an der Zahl, sind dreieckig, ziemlich weit, allmählich zunehmend, durch schwach gekrümmte und leicht eingeschnittene Nathlinien nicht sehr deutlich bezeichnet. Die äussern Kammerflächen dachen vom Nabelknopf gegen den Kamm fast flach, nach den Rändern selbst mit schwach concaver Einsenkung ab. Die Frontfläche der letzten Kammer ist hoch, spitz dreieckig mit schwach einwärts gebogenen Seiten, unten ziemlich hoch und spitz ausgeschnitten. Die Mündung liegt in der äussersten Ausspitzung der Frontfläche, sie scheint lang und eng spaltenförmig und ungestrahlt zu sein, jedoch ist dies nicht ganz sicher zu sehen wegen der ungenügenden Erhaltung der letzten Kammer.

Grössenverhältnisse: Höhe 0·90 Millim., Breite 0·70 Millim., Dicke 0·40 Millim.

Vorkommen: Selten in den Mergeln des unteren Niveaus.

ROBULINA HALOPHORA Stache.

Taf. XXIII. Fig. 28 a, b, c.

R. fere laevigata, sola media incavata parte parvis callis instructa, in circuitu latissima crista vitrea ornata, sectione peripherica fere orbicularis, remota crista vero ovata, sectione frontali utrinque leviter incavata et exacutis finibus anguste lanceolata. Loculi 6, satis luti, aliquanto crescentes, arcuato-triquetri vel scapulaeformes, suturis profunde incavatis sed in modum fasciarum incrassatis quasi remoti. — exteriores retro codiculati. Ultimus loculus maximus, antice constrictus et callose fasciatus. Facies frontalis anguste lanceolata, callose marginata, subtus non alte sed acute excisa. Apertura lenticularis, non radiata.

Diametros verticalis 1·50 mm. *Diam. horiz. — major* 1·25 mm. *— minor* 0·40 mm. *Non frequens in marnis inferioribus.*

Eine ziemlich gross werdende Schale von breit-ovalem bis fast kreisförmigem Umriss und enger, seitlich zusammengedrückter, oben und unten scharf und lang ausgespitzter Lanzettform des Frontalschnittes. Die Schale hat beiderseits eine mittlere flache Eintiefung und ist daselbst uneben, durch längliche, fast radial gestellte Schwielen — im Übrigen ist sie von flach convexen und glatten Kammerflächen gebildet und von einem scharfen, zu einem sehr breiten, dünnen, glasig durchsichtigen Kamm erweiterten Kiel umgeben. Die Kammern, 6 an der Zahl, nehmen ziemlich bedeutend, aber nicht ganz regelmässig an Grösse zu, sie sind ziemlich hoch und breit, aber eng; sie bilden dreiseitige, von schwach S-förmig oder einfach gebogenen Seiten begrenzte, zum Theil fast schulterblattförmige Figuren. Die nach innen und rückwärts gekehrten Spitzen der letzten Kammern sind meist sehr spitz ausgezogen, und mit einem feinen, nach aufwärts gekrümmten Schwänzchen oder Häckchen versehen. Die Näthe liegen stark vertieft und sind zu breiten, weisslichen Zwischenbändern oder Leisten verdickt. Die letzte Kammer ist stark vergrössert nach vorn zu einer engen, lanzettlichen Frontalfläche zusammengezogen und von einem leistenartig verdickten Rande umgeben. Die Mündung ist ungestrahlt, lanzettlich und liegt im Gipfel der Frontfläche.

Grössenverhältnisse: Bei dem ausgewachsenen Exemplare Fig. 10 *a, b* ist die Höhe mit dem breiten Kamm 1·5 Millim., ohne den Kamm 1·2 Millim., — die grösste Breite mit dem Kamm 1·35 Millim., ohne den Kamm 0·85 Millim., — die Dicke des mittleren Nabeltheiles 0·35 Millim., des verdickten Schalenkörpers 0·40 Milim.

Verwandtschaft: Erinnert durch den breit geflügelten Kamm wohl an *Cristellaria cassis* Lam. sp. [1]; unterscheidet sich von derselben jedoch hinreichend durch den Bau der Schale.

Vorkommen: Ziemlich selten in den Mergeln des tieferen Niveaus.

[1] d'Orbigny l. c. pag. 91, Taf. IV, Fig. 1—7.

ROBULINA CORONA LUNAE Stache.

Taf. XXIII. Fig. 29 a, b.

R. subaspera et callosa, latissima crista in circuitu coronata, sectione peripherica fere orbicularis, sectione frontali lateribus medio incavatis compressa, angusta, tenuissime lanceolata. Loculi 7 — 8, soluta spira ordinati, gradatim aliquanto crescentes, interiores globulosi, exteriores late tumulati vel scapulaeformes. Suturae arcuatae, ad instar sulcorum extrorsum hiantium dilatatae. Crista tenuis, sublucana, — invenilis vitrea, fere pellucida, — perspicuis incrementi striis introrsum curvatis ornata. Facies frontalis loculi ultimi anguste lanceolata. Apertura longa, fissurata, non radiata.

Diametros verticalis 1·85 mm. Diam. horiz. — major 1·75 mm., — minor 0·5 mm. Satis frequens in marnis inferioribus.

Eine Schale von nicht ganz glatter, sondern etwas schwieliger, rauher Oberfläche, von fast kreisförmigem Hauptschnitt und engem, seitlich etwas eingedrücktem, beiderseits fein und lang zugespitztem, lanzettlichem Frontalschnitt. Der fein zugeschärfte Rand der Schale breitet sich zu einem sehr weiten, dünnen, bei jüngeren Exemplaren fast glasig durchsichtigen, bei älteren Exemplaren etwas verdickten, halbdurchsichtigen Kamm aus, der die eigentliche Schale umgibt wie ein Hof den Kern des Mondes. Die Kammern, 7—8 an der Zahl, sind in ziemlich loser Spirallinie angeordnet, bei jungen Exemplaren mit mehr rundlichen Kammern glaubt man fast eine spiral eingerollte, von einer breiten Kammscheibe umgebene *Nodosaria* oder *Dentalina* zu sehen. Die Form der Kammern ist bei jugendlichen Exemplaren kuglig, bei grossen Exemplaren breit mondsichelförmig bis breit schulterblattartig. Die Kammern nehmen ziemlich bedeutend, aber nicht ganz gleichmässig an Grösse zu. Sie sind getrennt durch stark vertiefte und einfach sichelförmig, bis S-förmig gebogene Nathfurchen, welche nach aussen breiter werden. In der Fortsetzung derselben ist der breite Kamm durch deutliche bogenförmige Anwachslinien gestreift. Die Frontfläche der letzten Kammer ist eng und lang lanzettlich. Die Mündung länglich, engspaltig, ungestrahlt.

Grössenverhältnisse: Bei dem ausgewachsenen Exemplar Fig. 11 a ist die Höhe sammt Crista 1·85, ohne Crista 1·40 Millim. Die grösste Breite mit Crista 1·75, ohne Crista 1·20 Millim. Es finden sich Bruchstücke, die noch grösseren Exemplaren angehört haben.

Verwandtschaft: Steht der vorbeschriebenen Art (Fig. 28 *a*, *b*, *c*) sehr nahe, jedoch scheint jene in der That eine besondere Art zu sein, da auch in dem jugendlichen Exemplar Fig. 28 c die bandartige Absonderung und dreieckige Form der Kammern und der Mangel der deutlichen Anwachsstreifen der Crista zu beobachten ist.

Vorkommen: Ziemlich häufig in den Mergeln des tieferen Niveaus.

ROBULINA CULTRATA d'Orb. var. ANTIPODUM Stache.

Taf. XXIII. Fig. 30 a. b.

Die abgebildete Form ist unter den ziemlich zahlreichen, in den Mergeln des Whaingaroa-Hafens auftretenden Exemplaren dieser so allgemein verbreiteten Art noch eine der am meisten abweichenden, daher wir sie als besondere Varietät anführen. Sie steht in gewisser Beziehung zwischen der typischen *R. cultrata* d'Orb. und *R. similis* d'Orb., welche jedoch auch nur als Varietät der ersteren Art gelten kann. Von der Hauptform hat sie die deutliche Nabelscheibe und die grössere Zahl und etwas schmälere Form der Kammern, mit *R. similis* stimmt sie wieder mehr durch den Mangel der rippenförmigen Ausbildung der Kammern. Im Übrigen ist aber die abgebildete neuseeländische Abänderung noch charakterisirt durch die grössere Form der Nabelscheibe, die stärker convexe Ausbauchung der Seiten und den schmäleren Kamm, endlich etwa noch durch die weniger verdickten Ränder der Frontfläche der letzten Kammer.

Sehr viel Ähnlichkeit hat sie mit der durch d'Orbigny von den Malvinen, Teneriffa und dem adriatischen Meere aufgeführten Varietät *R. subcultrata* d'Orb. [1]

Grössenverhältnisse des abgebildeten Exemplars: Höhe oder Verticaldurchmesser 1·6 Millim., Breite oder grösster Horizontaldurchmesser 1·4 Millim., Dicke oder kleinerer Halbdurchmesser 0·75 Millim.

Vorkommen: Diese Abänderung ist nicht häufig, jedoch sehr häufig sind die mannigfach variirenden Formen vom Typus der *R. cultrata* d'Orb. und *R. similis* d'Orb. überhaupt sowohl in den Mergeln des oberen, als besonders des unteren Niveaus.

---

[1] Voyage dans l'Amérique méridionale 1826—1833 par Alcide d'Orbigny. Paris 1839. Tom. V. 5. partie. Foraminiferes Taf. V. Fig. 19 & 20, pag. 26

ROBULINA PSEUDO-CALCARATA Stache.

Taf. XXIII Fig. 31.

R. laevigata, sectione peripherica orbicularis, sectione frontali attenuato-lenticularis, lata crista pellucida, vitrea, medio disco parvo sed prominente et loculis calcaratis distincte ornata. Loculi 8. — sphaerice triquetri, satis ampli, paulatim crescentes, convexi, suturis arenatis, acute marginatis separati — interiores, in modum spinarum ex circulo cristae non prominentium magis magisque conspicue prolongati — exteriores et loculus ultimus multo levius vel omnino non spinati. Apertura longiuscula, radiata.

Diametros verticalis 1·45 mm. Rara in marnis inferioribus.

Die im Umfang fast kreisrunde, im Verticalschnitt symmetrisch und langgespitzt linsenförmige Schale ist vor allen ausgezeichnet durch einen breiten Kamm und durch spitze in denselben fortsetzende, spornartige Verlängerungen der Kammern. Die Kammern, 7—8 auf den Umgang, nehmen allmählich aber nicht unbedeutend zu, und stellen bogig begrenzte ungleichseitige Dreiecke dar. Sie sind convex, und durch scharf einschneidende bogige Nathlinien und leistenförmig verdickte Ränder getrennt. Die Dornfortsätze der Kammern sind gleich den Näthen nach einwärts gebogen und nehmen auch in dieser Richtung an Stärke zu, während sie bei den äusseren Kammern meist zu verschwinden scheinen. Die weissliche, ziemlich mittelständige Nabelscheibe ist klein, aber deutlich vorspringend. Die Frontfläche der letzten Kammer ist hoch und spitz dreieckig, unten hoch und scharf ausgeschnitten. Die Mündung ist langgezogen und gestrahlt.

Grössenverhältnisse: Grösster Durchmesser 1·45 Millim.

Verwandtschaft: Steht der *R. calcar* d'Orb. zwar ziemlich nahe, unterscheidet sich jedoch schon dadurch wesentlich, dass die Dornen nicht aus dem Kamme hervortreten.

Vorkommen: Selten in den Mergeln des unteren Niveaus.

ROBULINA TAETTOWATA Stache.

Taf. XXIII, Fig. 32 a, b.

R. fere laevigata, sectione peripherica orbicularis, sectione frontali lateribus convexis et obtusis angulis inflato-lenticularis, disco medio amplo, albido, non porrecto umbonata, crasso margine calloso, striis circularibus ornato, rotundato carinata.

Loculi 7—8 triquetri, ampli, paulatim crescentes, convexi, suturis teneris, leviter incisis, vix arcuatis separati, — interiores striati. Loculus ultimus maximus, fastigio obtuse rotundato terminatus. Facies frontalis depressa, distensis lateribus equitans, crasse marginata. Apertura summo fastigio incavata, magna, fissiformis, multiradiata.

Diametros verticalis 1·45 mm. Diam. horiz. — major 1·4 mm., — minor 0·75 mm. Rara in marnis inferioribus.

Die ziemlich grosse Schale ist verdickt und abgestumpft linsenförmig im Verticalschnitt und der Frontalansicht, fast kreisrund in der Seitenansicht und im Hauptschnitt mit wenig hervorragendem und stumpf abgerundetem Mündungswinkel der letzten Kammer. Eine ziemlich grosse kreisförmige, mittlere Nabelscheibe tritt deutlich durch ihre hellere weissliche Färbung, aber nur nach vorn auch durch einen bemerkbaren Absatz aus den stark ausgebauchten Seitenflächen hervor. Acht breite, ungleichschenklige, dreieckige Kammern sind durch sehr schwach gekrümmte oder fast gerade, kaum merklich vertiefte Suturlinien angedeutet. Die Schale ist von einem deutlich abgesetzten, stark verdickten, abgerundeten, wulstigen Kiel umrandet. Der breite Kiel, so wie die Oberfläche besonders der innersten 2—3 Kammern zeigt eine deutliche, dem kreisförmigen Umfange parallele Streifung durch vertiefte Linien. Die Mündungsfläche der letzten Kammer ist sehr niedrig, aber breit gespreizt, zweischenkelig, da die Form so involut ist, dass die letzte Kammer fast unmittelbar auf der nächstliegenden des innern Umganges reitet. Die Mündung ist terminal, dünnspaltenförmig, vertieft in einem ovalen Wulstring liegend und von einem deutlichen, etwa zwölfstrahligen Strahlenkranz umgeben.

Grössenverhältnisse: Grösster oder Verticaldurchmesser 1·40 Millim., grosser Horizontaldurchmesser oder Breite 1·4 Millim., kleiner Horizontaldurchmesser oder Dicke 0·75 Millim.

Verwandtschaft: Erinnert nur durch ihre Streifung, aber nicht auch durch ihre Gestalt an *Rob. signata* Reuss aus den Kreidemergeln von Basdorf[1].

Vorkommen: Selten in den Mergeln des tieferen Niveaus.

---

[1] Reuss, Ein Beitrag zur genaueren Kenntniss der Kreidegebilde Mecklenburgs l. c. p. 272. Taf. IX. Fig 1.

ROBULINA INCRUSTATA Stache.

Taf. XXIII. Fig. 33 a, b.

R. maxima, fere orbicularis, sectione verticali lenticularis, obtuse undulato-carinata, disco umbilicari magno incrassata. Loculi 8, magni, arcuato-trigonales, paulatim crescentes, vix prominentibus costulis arcuatis discum versus incrassatis et callosis suturati. Facies frontalis loculi ultimi vix incurvata, callose marginata, supra acute angulata, subtus usque ad dimidium altitudinis excisa. Apertura fissiformis, inarmata.

Diametros verticalis 4·55 mm. Diam horiz. — major 4·00 mm., — minor 2·07 mm.

Eine sehr grosse und dickschalige *Robulina* mit fast kreisförmigem Hauptschnitt und mit gestreckt lenticularem, aber durch die auf beiden Seiten convex hervortretende und mehr in der untern Hälfte der Höhe liegende, Nabelscheibe nicht gleich getheiltem Verticalschnitt. Acht Kammern gruppiren sich um die starke Nabelscheibe und werden im Umkreise von einem deutlich abgesetzten schnurartigen Randkiel abgeschlossen. Der Kiel ist schwach verdickt, schmal und dünn, aber nicht zugeschärft, den Kammergrenzen entsprechend schwach wellig ausgebugt und zwar stärker nach aussen, schwach sich verlierend nach innen zu. Die Nabelscheibe ist ziemlich gross, weisslichgrau, aber nicht nur durch die hellere Färbung, sondern auch durch ein steileres Ansteigen, besonders gegen die Frontseite zu, sich scharf gegen die gelblich-grauen Kammerflächen abhebend, oben planconvex. Die Kammernäthe sind durch nur sehr schwache, gegen die Peripherie zu sich fast verlierende, gegen die Nabelscheibe etwas verdickte und schärfer hervortretende, bogige Schwielen bezeichnet. Die Nathschwielen verlaufen meist gegen die Mitte der Kielbogen. Die Kammerflächen erscheinen als langgestreckte, bogig begrenzte Dreiecke mit flach oder schwach convex gegen die Nabelscheibe ansteigender, gegen den Rand zuweilen ganz schwach concav eingesenkter Oberfläche. Die Kammern nehmen nur allmählich an Höhe zu. Die Mündungsfläche ist spitzwinkelig dreieckig, schwach eingetieft, von kaum gebogenen, etwas verdickten Seitenleisten begrenzt, unten bis in Mitte der Höhe zu zwei schmalen, fein zugespitzen Schenkeln ausgeschnitten. Die Mündung liegt in der obersten engen, gegen rückwärts geneigten Ausspitzung zwischen den verdickten Seitenleisten eingetieft. Sie ist lang spaltenförmig, einfach, ungestrahlt.

Grössenverhältnisse: Grösster oder Verticaldurchmesser 1·55 Millim., grösster Horizontaldurchmesser oder Breite 4·00 Millim., kleiner Horizontaldurchmesser oder Dicke 2·07 Millim.

Vorkommen: In gleich grossen Exemplaren selten nur in den Mergeln des oberen Niveaus. In kleineren Exemplaren häufiger.

FAMILIE POLYMORPHINIDEAE.

POLYMORPHINA d'ORB.

POLYMORPHINA LINGULATA STACHE.

TAF. XXIV. FIG. 1 a. b.

P. laevigata, elongata, compressa, leviter biconvexa, fere aequelateralis, antice et postice acutius marginata, supra acumine inaeque decliri fastigiata, subtus obtusius attenuata, loculosa. Loculi utriusque ordinis 6—7, angusti, depressi, elongato-declives, leviter arcuati, bitexta ordine regulariter alternantes, sensim crescentes, suturis linearibus conspicue incisis notati. Apertura anguste oralis vel fissurata, tenerrimis lineis breviter radiata.

Diametros verticalis 1·70 mm. Diam. horizontalis — major 0·75 mm. — minor 0·45 mm. Rara in marnis inferioribus.

Eine glatte, langgestreckte Schale, in der Seitenansicht mit breit zungenförmigem oder Sepienschulpen ähnlichem, fast symmetrisch gleichseitigem, oben spitzer und etwas ungleich, unter stumpfer auslaufendem Umriss, in der Mündungsansicht mit gegen die Ränder nicht fein, aber ziemlich gleichmässig zugeschärfter, beiderseits nahezu gleichmässig schwach convexer, linsenförmiger Gestalt. Der ganze Rand ringsum vorne und hinten gleichmässig zugeschärft. Die Kammern, 6—7 in der Reihe, sind niedrig, aber lang gestreckt und abwärts geneigt, schwach bogig und nur anfangs merklich an Grösse zunehmend. Sie alterniren sehr regelmässig und symmetrisch. Die Nathlinien sind fein, aber deutlich eingeschnitten und schwach geschwungen. Die Mündung ist vollkommen terminal und mittelständig, länglich-oval bis spaltenförmig, kurz und fein gestrahlt.

Grössenverhältnisse: Länge 1·70 Millim., grösste Breite 0·75 Millim., grösste Dicke 0·45 Millim.

Vorkommen: Selten in den Mergeln des tieferen Niveaus.

POLYMORPHINA PERNAEFORMIS Stache.

Taf. XXIV. Fig. 2 a. b.

P. fere laevigata, paulum asperula, pernaeformis, verticali media linea callose incrassata, non omnino symmetrica, sectione laterali inaeque terminata, deorsum dilatata et denique satis late obtusata, sursum versus longius et acutius attenuata obtusoque acumine fastigiata, sectione horizontali inaeque lenticularis, non aequo modo inflatis lateribus convexa nec aeque acutis marginibus attenuata. loculosa. Loculi utriusque ordinis 6—7, depressi, elongati declives, inferiores magis magisque arcuati, regulariter alternantes. Apertura exigua, oralis, inornata.

Diametros verticalis 1·45 mm. Diam. horizontalis — major 1·05 mm. — minor 0·55 mm. Rara in marnis inferioribus.

Die wenig rauhe oder glatte, dickwandige Schale ist von Gestalt beiläufig schinkenförmig, überdies die Mittellinie noch jederseits durch eine gewölbte nach oben und unten verschmälerte, in der Mitte breitere Längsschwiele verdickt, welche auf der einen Seite stärker als auf der andern sich heraushebt und durch deutlichere Seitenfurchen begrenzt wird. Der Umriss der Breitenansicht (*a*) ist nicht ganz gleichseitig, indem die grösste Ausbauchung auf der einen Seite mehr gegen abwärts gezogen ist als auf der anderen Seite. Die Mündungsansicht (*b*) oder ein Horizontalschnitt zeigt eine unsymmetrisch linsenförmige Gestalt mit ungleich starker Convexität der Seiten und ungleicher Zuschärfung der Randwinkel. Der hintere Rand ist gewöhnlich stumpfer abgerundet, der vordere schärfer. Die Kammern, 6—7, sind niedrig, aber lang abwärts gezogen, die unteren stärker abwärts gebogen und mehr umfassend als die oberen. Die Mündung ist klein, länglich-oval, ungestrahlt.

Grössenverhältnisse: Höhe 1·45 Millim., grösste Breite in die untere Hälfte der Verticale fallend 1·05 Millim., grösste Dicke 0·55 Millim.

Verwandtschaft: In Form und Gruppirung der Kammern ist eine Ähnlichkeit mit *P. complanata* d'Orb. nicht zu verkennen, aber durch die ganze Gestalt der Schale, so wie durch die Mündungsform entfernt sich die beschriebene Art sehr weit von jener häufigen Form des Badener Tegels.

Vorkommen: Selten in den Mergeln des tieferen Niveaus.

POLYMORPHINA COGNATA Stache.

Taf. XXIV. Fig. 3 a, b.

P. laevigata, nitida, ovata, subtus sensim deminuta et rotundata, superne prolongato acumine tenui acute fastigiata, fere symmetrice convexa et aequilateralis. Loculi pauci, utriusque ordinis 3—4, regulariter alternantes, non alti sed deorsum valde prolongati, amplexi et arcuato-declives. Apertura terminalis, minima, rotundata, tenuiter radiata.

Diametros verticalis 1·10 mm. Diam. horizontalis — major 0·65 mm. — minor 0·45 mm. Minus rara in marnis inferioribus.

Die glatte glänzende Schale ist spitzeiförmig, beiderseits stark ausgebaucht, unten schmal zugerundet, oben in eine etwas verlängerte dünne Spitze ausgezogen und hat nur 3—4 Kammern auf jeder Seite. Die Mündungsansicht zeigt eine dick linsenförmige, beiderseits fast gleich stark aufgeblasene Figur mit ziemlich stark zuschärfenden, aber abgerundeten Randwinkeln. Die Kammern sind verhältnissmässig weit, breit bandförmig, abwärts geneigt und umfassend, durch feine bogenförmige Nathlinien angedeutet. Die Nathlinien treten hier wie bei den vorbeschriebenen Arten erst bei Behandlung mit Glycerin so scharf hervor, wie sie hier gezeichnet sind. Die letzte Kammer verläuft in einen fein zugespitzten Hals, in dessen äusserstem Gipfelpunkt die feine Mündung liegt. Die Mündung ist rundlich und feingestrahlt.

Grössenverhältnisse: Höhe 1·10 Millim., grösste Breite in der mittleren Höhe 0·65 Millim., grösste Dicke 0·45 Millim.

Verwandtschaft: Steht der *P. ovata* d'Orb. ziemlich nahe, unterscheidet sich von derselben deutlich durch die lang ausgezogene obere Zuspitzung und die randliche Zuschärfung der schmäleren Front- und Rückseite.

Vorkommen: Weniger selten als die vorbeschriebenen Arten in den Mergeln des tieferen Niveaus.

POLYMORPHINA CONTORTA Stache.

Taf. XXIV. Fig. 4 a, b.

P. laevigata, compressa, non symmetrica, fere elongato-rhombica, quasi paulum contorta, superne valde prolongato acumine tenui fastigiata, deorsum versus non pari altitudine inflata subtusque rotundata, lateribus utroque convexiusculis instructa. Loculi utriusque ordinis 3—4, regulariter alternantes, parum inaequales, dorsali serie magis quam frontali amplexi, omnes conspicue arcuati, elongato-declives, fere complanati, multo aucti, tenuis suturis notati. Apertura minima, rotundata, breviter radiata.

Diametros verticalis 1·1 *mm. Diam. horizontalis — major* 0·56 *mm. — minor* 0·34 *mm.*

Die glatte glänzende Schale ist seitlich zusammengedrückt, nach vorn und hinten nicht symmetrisch ausgebildet, daher im Allgemeinen von nach oben spitz ausgezogener, etwas verschoben rhombischer Gestalt. Die Breitenansicht zeigt, dass die grösste seitliche Ausbauchung der Schale in der Rückseite mehr nach oben, in der Frontseite mehr nach unten fällt und dass jene mit einer deutlichen Einbauchung, diese in schwach convexer Linie zu der unteren Abrundung verläuft. Nach oben endet die Schale mit einer lang ausgezogenen, feinen Spitze, welche die Mündung trägt. Die Breitseiten sind schwach, aber ungleich convex gewölbt. Die Kammern, 3—4 in jeder Reihe, alterniren ziemlich regelmässig, sind aber nicht ganz gleichartig, sondern erscheinen auf der hinteren Seite stärker umfassend und abwärts gezogen als auf der vorderen; sie sind überdies ziemlich lang, stark abwärts geneigt, abgeflacht oder ganz schwach convex, und durch deutlich geschwungene, aber zarte Nathlinien begrenzt. Die Mündung ist sehr klein, rundlich und kurz gestrahlt.

Grössenverhältnisse: Höhe 1·1 Millim., grösste Breite 0·56 Millim., grösste Dicke 0·34 Millim.

Vorkommen: Selten in den Mergeln des tieferen Niveaus.

POLYMORPHINA MARSUPIUM Stache.

Taf. XXIV. Fig. 5 *a*, *b*.

P. laevigata, callosa, symmetrica, utrinque pari modo convexa, in speciem ampullae itinerariae vel tati marsupii subcompressi formata, deorsum versus dilatata, infra sensim minuta et late rotundata, sursum in brevem collum crassum attenuata, superne detruncata. Loculi pauci, utriusque ordinis 3—4, suturis levissime incavatis notati, convexiusculi, elongato-declives, paulum arcuati, non omnino aequales. Apertura magna, incavata, crasse marginata, cruciata.

Diametros verticalis 1·45 mm. Diam. horizontalis — major 0·95 mm. — minor 0·48 mm. Rara in marnis superioribus.

Die glatte, dickwandige Schale hat die Gestalt einer kurzhalsigen, breiten, aber seitlich zusammengedrückten, unten verschmälert zugerundeten Reiseflasche oder eines kleinen Beutels. Trotz der im Allgemeinen platt gedrückten Form, zeigt dieselbe beiderseits in der Mitte eine deutlich hervortretende convexe Wölbung. Die beiderseits stark ausgebauchte, flaschenförmige Breitenansicht *(a)* sowohl wie die lang linsenförmige, aber mit breit abgerundeten Randwinkeln abgegrenzte Mündungsansicht *(b)* sind übrigens fast ganz symmetrisch gleichseitig ausgebildet. Die Kammern sind gering an Zahl, 3—4 in jeder Reihe, breit bandförmig, lang gestreckt bogig und steil abwärts geneigt. Die Nathlinien sind nur schwach und wenig vertieft. Der Hals ist kurz und breit, oben etwas verdickt umrandet, gerade abgestutzt und fast vierseitig. In der mittleren Eintiefung desselben liegt die gekreuzt vierstrahlige Mündung.

Grössenverhältnisse: Höhe 1·45 Millim., grösste Breite 0·95 Millim., grösste Dicke 0·48 Millim.

Vorkommen: Selten in den Mergeln des höheren Niveaus.

POLYMORPHINA SACCULUS Stache.

Taf. XXIV. Fig. 6 a, b.

P. laevigata, callosa, inaequilateralis, non symmetrica, in modum sacculi brevis formata, subtus late detruncata, superne in breve collum constricta, antice et postice marginibus majorem in partem fere verticalibus et parallelis sed inaeque obtusatis terminata. Loculi pauci, utrinsque ordinis 3—4, inaequales, — ultimi incrassati, callosi, deorsum valde prolongati et amplexi, — inferiores complanati, suturis minus conspicue incurentis notati. Apertura incurata, crasse marginata, satis ampla, stellata.

Diametros verticalis 1·20 mm. Diam. horizontalis — major 0·65 mm. — minor 4·4 mm. Rarissima in marnis superioribus.

Die äussere Gestalt dieser gleich der vorbeschriebenen glatten und dickwandig schwieligen Form ist sehr charakteristisch. Die Seitenansicht *(a)* zeigt eine sackförmige oder breit flaschenförmige Figur mit breit abgestutzter, nur an den Ecken abgerundeter Basis und fast senkrechten, geradlinigen, nur wenig einwärts ge-

33*

schwungenen Seiten, welche erst im obersten Drittheil der Höhe deutlich convergiren und in einen kurzen, ziemlich dicken, fast gerad abgestutzten Hals auslaufen. Die Mündungsansicht zeigt eine unregelmässig fünfseitige Form mit unsymmetrisch convexen Breitseiten und einem breiten, fast geradlinig abgestutzten und einem stumpf zugespitzten, randlichen Ende. Die Kammern, etwa 3—4 in jeder Reihe, sind gleichfalls ziemlich ungleichmässig ausgebildet, aber durchaus lang gestreckt und stark abwärts geneigt. Die letzten und äussersten sind sehr dick angeschwollen, schwielig, gross und lang nach abwärts gestreckt, die inneren umfassend. Die inneren sind viel flacher und liegen zwischen den äusseren unten gleichsam eingetieft. Die Näthe sind bei den inneren sehr seicht, bei den äusseren schärfer, aber im Ganzen ungleich eingetieft. Die Mündung liegt etwas vertieft, vom schwieligen Rande des Halses umgeben, ist ziemlich weit und unregelmässig sternförmig.

Grössenverhältnisse: Höhe 1·20 Millim., grösste Breite 0·65 Millim., grösste Dicke 4·4 Millim.

Vorkommen: Sehr selten in den Mergeln des oberen Niveaus.

POLYMORPHINA INCAVATA Stache.

Taf. XXIV. Fig. 7 a, b.

P. laevigata, compressa, latiori sectione verticali perverse ovata, subtus sensim attenuata et rotundata, superne dilatata denique mucrone obtusato breviter acuminata. — sectione horizontali inaeque elongato-ovalis. Loculi pauci utriusque ordinis circiter 3—4, satis alti, suturis incavatis bene distincti, regulariter texti, — inferiores magis compressi, introrsum versus leviter incavati — superiores aliquanto aucti, convexi magisque incrassati. Apertura incavata, anguste marginata, stellata.

Diametros verticalis 1·50 mm. Diam. horizontalis — major 0·90 mm. — minor 0·51 mm.

Eine glatte, ziemlich grosse, seitlich zusammengedrückte Form. In der Breitenansicht hat dieselbe einen verkehrt eiförmigen bis pflaumenförmigen, also unten schmäler zulaufenden, oben breiteren und stumpfer zuspitzenden Umriss, mit einem kurzen abgestumpften Endspitz. Der Horizontalschnitt und die Mündungsansicht zeigen eine lang ovale bis walzenförmige, vorne und hinten breit abgerundete Figur mit schwach convexer Ausbauchung der Breitseiten bei den oberen, mit schwach concaver Einbauchung bei den tiefer gelegten Horizontal-schnitten. Die Kammern, nur 3—4 in jeder Reihe, sind hoch und abwärts geneigt, nur sehr wenig gebogen und kaum umfassend. Die beiden obersten sind bedeu-tend grösser, dicker und stärker gewölbt als die unteren. Die unteren sind nur schwach convex oder fast flach und gegen die mittlere Grenzlinie der Näthe eingesenkt. Die Nathlinien sind nicht sehr scharf, aber breit und deutlich einge-tieft. Die Mündung liegt etwas vertieft, von einem schmalen runden Rande über-ragt. sie ist klein und sternförmig, sparsam und kurz gestrahlt.

Grössenverhältnisse: Höhe 1·50 Millim., grösste Breite 0·90 Millim., grösste Dicke 0·51 Millim.

Verwandtschaft: Erinnert im Umriss der Form am meisten an *P. Philippii* Reuss [1] aus den Tertiärschichten von Luithorst, ist aber umgekehrt wie diese oben verdickt und unten verengt, ferner in der Mündungsgegend nicht breit abgestumpft wie jene, endlich nicht mit länglicher, sondern rundlich sternför-miger Mündung versehen.

Vorkommen: Selten in den Mergeln des oberen Niveaus.

POLYMORPHINA DISPAR Stache.

Taf. XXIV. Fig. 8 a, b.

P. magna, laevigata, nitida, duracina, inaequilateralis, non symmetrica, utriusque lateris media linea inaeque convexa, supra paulo acutius, infra obtusius inaeque acuminata. Loculi pauci, utriusque ordinis 2—3, alti et ampli, arcuato-declives sed non aeque formati. Apertura parum excentrica et incavata, exigua, rotun-data, striis teneris multiradiata.

Diametros verticalis 1·83 *mm. Diam. horizontalis — major* 1·15 *mm. — minor* 0·65 *mm. Rara in marnis superioribus.*

Die ziemlich dickwandige und grosse Schale ist glatt und im Allgemeinen von ungleichseitig beutelförmiger Gestalt. Die breite Seitenansicht (a) erscheint nach dem einem Rande zu stark ausgebaucht, nach dem anderen steil abfallend mit einer schwachen, mittleren Biegung nach einwärts, sie zeigt überdies eine

---

[1] Reuss, Beiträge zur Charakteristik der Tertiärschichten des nördlichen und mittleren Deutschlands, Sitzungsb. d. kais. Akad. d. Wissensch. in Wien, Mathem.-naturw. Cl. 1855. XVIII. Bd. Taf. III. Fig. 76, p. 248.

stumpfer zugerundete ungleichseitige Ausspitzung nach unten, eine schärfere nach oben. Die Mündungsansicht *(b)* und der Horizontalschnitt haben eine gleichfalls nicht ganz symmetrische, abgerundet linsenförmige Gestalt mit einerseits stärkerer, andererseits schwächerer mittlerer convexer Erhebung. Die Kammern jederseits 2—3, sind weit und hoch, stark abwärts geneigt, auf der eingebuchteten Rückseite stärker aufgeblasen, auf der ausgebauchten Frontseite deutlicher bogenförmig und nach unten länger und spitzer verlaufend. Die Mündung liegt vertieft, mit etwas verdicktem Rande umgeben, nicht ganz mittelständig, ist verhältnissmässig klein, rundlich und von zahlreichen aber feinen, kurzen Strahlen umkränzt.

Grössenverhältnisse: Höhe 1·83 Millim., grösste Breite 1·15 Millim., grösste Dicke 0·65 Millim.

Vorkommen: Selten in den Mergeln des oberen Niveaus.

POLYMORPHINA GIGANTEA Stache.

Taf. XXIV. Fig. 9 a, b.

P. maxima, asperula, callosa, inaeque lingulata, supra subtusque inaequis lateribus obtuse acuminata, media linea verticali utroque latere convexa sed inaequaliter inflata, loculosa. Loculi utriusque ordinis circiter 7—8 sensim crescentes, non alti, inaeque elongati, non arcuati, directi et satis declives. Apertura incavata, non radiata, longe oralis, cruciatim fissurata.

Diametros verticalis 2·50 mm. Diam. horizontalis — major 1·25 mm. — minor 0·58 mm. Rarissima in marnis superioribus.

Die durch ihre bedeutendere Grösse auffallende Schale zeigt in den allgemeinen Umrissen der Gestalt viel Ähnlichkeit mit der kleineren oben beschriebenen *P. lingulata* aus den Mergeln des tieferen Niveaus. Sie unterscheidet sich von derselben jedoch hinlänglich durch die dickere, schwielige und rauhe Oberfläche, durch eine deutlichere Ungleichseitigkeit, das stärkere Hervortreten des ganzen convexen mittleren Theiles und die ungestrahlte Mündung. Überdies kommen auf jede Reihe etwa acht Kammern von ähnlich schmaler Form und abwärts geneigter Stellung. Die Nathlinien sind deutlich vertieft und fast gerade. Die Kammern treten als schwach convexe, durch die sich kreuzenden Nathfurchen und die beiden seitlichen Längsfurchen abgetheilte Schwielen hervor. Der Rand ist vorn wie hinten abgerundet oder wenigstens nur ganz stumpf zugeschärft. Die Mündung liegt etwas vertieft von einem schwieligen Rande umgeben und zeigt eine längliche bis spaltenförmige, meist einfach sternförmige oder gekreuzte Form.

Grössenverhältnisse: Höhe 2·50 Millim., Breite 1·25 Millim., Dicke 0·58 Millim.

Verwandtschaft: Erinnert an *P. regularis* Phil.[1] aus den Tertiärschichten von Cassel, Luithorst u. s. w.

Vorkommen: Selten in den Mergeln des oberen Niveaus.

GUTTULINA d'Orb.

GUTTULINA FISSURATA Stache.

Taf. XXIV, Fig. 10 a, b.

G. laevigata, nitida, ovata, infra rotundata, superne breviter acuminata, inaeque lateralis, uno latere alte-convexa, altero complanata vel planiter convexa. Loculi pauci 3—4, convexiusculi, ampli, elongati, arcuati, valde declives et amplexi, suturis distincte incisis notati. Apertura anguste fissurata crebrisque striis teneris radiata.

Diametros verticalis 1·15 mm. Diam. horizontalis — major 0·80 mm. — minor 0·63 mm.

Die glatte, glänzende und dünne Schale hat eine im Allgemeinen eiförmige, nur seitlich plattgedrückte, unten breiter abgerundete, oben kurz, fein und nicht ganz gleichrandig zugespitzte Gestalt. Die eine Breitseite ist stark convex gewölbt, die andere flach convex bis abgeplattet. Die Kammern, gering an Zahl nur 3—4, sind convex, weit, lang abwärts gestreckt und etwas bogig sichelförmig und durch ziemlich tiefe Nathlinien von einander abgeschnürt. Die Mündung ist eng spaltenförmig und durch zahlreiche feine Radiallinien gestrahlt.

Grössenverhältnisse: Höhe 1·15 Millim., Breite 0·80 Millim., Dicke 0·63 Millim.

Verwandtschaft: Steht der *Guttulina semiplana* Reuss[2] aus dem tertiären Septarienthon von Hermsdorf sehr nahe, unterscheidet sich von derselben jedoch durch die spaltenförmige Mündung und die mehr gewölbte weniger geradlinig verlaufende Form der oberen Zuspitzung.

Vorkommen: Nicht selten in den Mergeln des unteren Niveaus.

---

[1] Reuss l. c. Taf. 7, Fig. 70—73, p. 217.

[2] Reuss, Über die fossilen Foraminiferen und Entomostraceen der Septarienthone der Umgegend von Berlin, l. c. Taf. VI, Fig. 18, p. 82.

GUTTULINA OBLIQUATA Stache.

Taf. XXIV. Fig. 11 a, b.

G. pusilla, laevigata, tenuis, oblique ovata, subtus inaeque inflata et rotundata, superne inaeque attenuata brevique acumine terminata. Loculi pauci circa 3, ampli, inflato-convexi, suturis tenuis notati. Ultimus loculus maximus, valde inflatus. Apertura terminalis, minima, rotundata, inornata vel breviter tantum stellata. Diametros verticalis 0·85 mm. Rara in marnis inferioribus.

Eine kleine, glatte, dünnwandige Schale, von schief eiförmiger, vorn und hinten ungleichmässig ausgebildeter Gestalt. Die Vorderseite ist nach unten stark aufgebläht, nach oben verläuft sie flach eingebaucht zur Endspitze. Die Rückseite dagegen ist umgekehrt nach unten etwas mehr abgeflacht, dagegen nach oben stark convex gewölbt. Die obere Ausspitzung fein aber kurz, die untere Zurundung schief unsymmetrisch. Die Breitseiten sind ebenfalls ungleich ausgebildet, die eine flacher, die andere stärker convex gewölbt. Die Kammern, drei an der Zahl, sind weit, durch sehr schwach eingetiefte, bogige Näthe getrennt, sehr ungleich an Grösse. Die letzte Kammer nimmt die Hälfte der ganzen Schale oder mehr ein. Die ganze gipfelständige Mündung ist klein, rundlich, ungestrahlt, zuweilen undeutlich sternförmig.

Grössenverhältnisse: Höhe 0·85 Millim., grösste Breite 0·60 Millim.

Vorkommen: Selten in den Mergeln des tieferen Niveaus.

GUTTULINA PUSILLA Stache.

Taf. XXIV. Fig. 12 a, b.

G. pusilla, laevigata, nitida, tenuissima, guttaeformis, conspicue tripartita, superne breviter sed acute acuminata, deorsum versus dilatata subtusque rotundata antice et postice fere symmetrice late marginata, lateribus inaeque convexis instructa. Loculi pauci 3—5 convexi, superiores tres maximi, inflati, elongato-guttaeformes, arcuato-declives et suturis profundis sejuncti. Apertura minima, circularis non ornata.

Diametros verticalis 0·73 mm. Rara in marnis inferioribus.

Die kleine Schale ist glatt, glasig glänzend, dünnwandig, deutlich dreitheilig tropfenförmig, oben kurz, aber scharf zugespitzt, nach abwärts breit aufgeblasen, am unteren Ende endlich abgerundet, vorne und hinten fast symmetrisch mit breit abgerundetem Rande, ungleich stark convex gewölbt auf den Breitseiten. Die Kammern, nur 3—5 an der Zahl, sind convex, die oberen drei sind besonders gross, aufgeblasen, lang tropfenförmig, bogig abwärts geneigt, durch scharf und tief eingeschnittene Nathlinien getrennt. Sie bilden fast die ganze Schale, während die jüngeren Kammern nur in der untersten Zurundung hervortreten. Die Mündung ist sehr klein, kreisförmig, ungestrahlt.

Grössenverhältnisse: Höhe 0·73 Millim., Breite 0·55 Millim.

Vorkommen: Selten in den Mergeln des tieferen Niveaus.

BULIMINA d'Orb.

BULIMINA PUPULA Stache.

Taf. XXIV. Fig. 13.

B. laevigata, abbreviata, perfecte pupaeformis, subtus acumine acuto, superne vertice magis obtusato terminata, loculosa. Anfractus spirae depressae 4, loculis tribus formati. Loculi convexiusculi, sensim crescentes, suturis teneris sed conspicue insectis notati. Apertura angusta, paulum obliquata, perverse virgularis.

Diametros verticalis 0·90 mm. — Diametros horizontalis maxima 0·50 mm. Rara in marnis inferioribus.

Das kleine, glatte, glänzende, dünnschalige Gehäuse ist dick spindelförmig verkürzt, aber um die Mitte der Höhe ziemlich stark ausgebaucht, in der Form einer kleinen, dicken Pupa sehr ähnlich, nach unten schärfer und feiner, nach oben stumpfer zugespitzt. Die schraubenförmige Spirale hat vier Umgänge oder ist vier Kammern hoch. Die Kammern, drei im Umgange, sind ziemlich scharfwinklich begrenzt, schwach convex gewölbt und nehmen an Grösse von unten bis oben fast regelmässig zu. Die Nathlinien sind fein aber scharf eingeschnitten. Die Mündung liegt schief und vertieft, ist eng und ungefähr verkehrt kommaförmig.

Grössenverhältnisse: Höhe 0·90 Millim., grösste Breite in der mittleren Höhe der Schale 0·50 Millim.

Verwandtschaft: Mit den folgenden Arten, jedoch ohne nachweisbare Übergänge.

Vorkommen: Ziemlich selten in den Mergeln des tieferen Niveaus.

BULIMINA OVATA D'ORB. [1]

TAF. XXIV. FIG. 14.

Abgesehen von einigen kleinen Abweichungen ist die Übereinstimmung der schlanken neuseeländischen Buliminen, die wir mit dieser besonders in Nussdorf häufigen Art des Wiener Beckens identificiren, doch so gross, dass höchstens eine Unterscheidung als Varietät statthaft wäre. Der einzige bemerkbare Unterschied liegt darin, dass die meisten der neuseeländischen Formen nach unten noch etwas spitzer zulaufen und etwas ungleicher ausgebaucht sind. Die d'Orbigny-sche Abbildung und Beschreibung stimmt in den Hauptsachen sehr gut mit den neuseeländischen Formen.

Die von uns gegebene Abbildung eines nach unten besonders spitz zulaufenden Individuums dieser Art ist besonders in Bezug auf den Verlauf der Nathlinien leider etwas unklar ausgefallen. Dieselbe erinnert auch etwas an *B. aenta* Reuss [2] aus den Kreidemergeln von Lemberg.

Grössenverhältnisse: Höhe der Schale 1·25 Millim., grösste Breite im oberen Drittheil der Höhe des Gehäuses 0·50 Millim.

Vorkommen: Nicht sehr häufig in den Mergeln des tieferen Niveaus.

BULIMINA APERTA STACHE.

TAF. XXIV. FIG. 15.

B. magna, laevigata, tenui testa nitida instructa, elongato-pupaeformis, supra subtusque fere aeque acuminata. Anfractus spirae elongatae quatuor, loculis tribus formati. Loculi aliquanto crescentes, subconvexi, suturis teneris notati, — ultimi tres permagni, dimidium totius testae adaequantes. Apertura magna, angusta, elongata, foraminis cluvis in speciem formata, tenera linea submarginata.

Diametros verticalis 1·40 mm. — Diam. horizontalis maxima 0·65 mm. Rarissima in marnis inferioribus.

Das Gehäuse ist glatt, glänzend, dünnschalig, dickspindelförmig, einer länger gestreckten Pupaschale ähnlich, auf der einen Seite mehr gegen oben, auf der anderen mehr gegen unten abgeflacht oder schwach eingedrückt und entsprechend an den der Abflachung gegenüberliegenden Stellen oben und unten schwach convex

---

[1] d'Orb. l. c. Taf. XI, Fig. 13, 14, p. 185.

[2] Reuss, Die Foram. und Entom. des Kreidemergels von Lemberg, p. 22, Taf. II, Fig. 8.

gewölbt, überdies am oberen Ende nur wenig stumpfer, rundlicher und kürzer als am unteren zugespitzt. Die Schale besteht aus vier Umgängen mit je drei ziemlich gleichmässig, aber bedeutend an Grösse zunehmenden Kammern. Die drei Kammern des letzten Umganges nehmen fast die Hälfte der ganzen Schale ein. Die Nathlinien sind fein, schwach bogenförmig, nach oben zu seicht, aber deutlich eingetieft. Der hervorragendste Charakter der Art liegt in der Form der Mündung. Dieselbe ist gross, schmal und lang, fast genau vertical stehend, von etwa schlüssellochartiger Form, mit einfacher Linie fein umrandet, kaum schwach vertieft liegend.

Grössenverhältnisse: Höhe des Gehäuses 1·4 Millim., grösste Breite im zweiten Drittheil der Höhe 0·60—0·65 Millim.

Vorkommen: Sehr selten in den Mergeln des tieferen Niveaus.

BULIMINA PROPINQUA Stache.

Taf. XXIV, Fig. 16.

B. magna, laevigata, elongato-pupaeformis, medio modice incrassata, supra subtusque acutiore acumine terminata. Anfractus spirae tres, loculis tribus formati. Loculi ab secundo anfractu subito multo aucti — superiores ampli, convexi, arcuatis suturis acute insectis notati — inferiores exigui, obscuri. Apertura exigua, angusta, paulum obliqua et incurvata, virgularis.

Diametros verticalis 1·45 mm. — Diam. horizontalis maxima 0·70 mm. — Non rara in marnis inferioribus; rarior in marnis superioribus.

In der allgemeinen Form der Schale der vorbeschriebenen Art sehr ähnlich, nur unten und oben noch etwas schärfer zugespitzt und im mittleren Theil etwas dicker und stärker gewölbt. Die Hauptunterschiede liegen in der um einen geringeren Anzahl der Umgänge, der schnellen Zunahme der Kammern an Breite und Höhe und der verschieden geformten Mündung. Die Kammern des letzten und vorletzten Umganges sind überdies stärker convex und durch schärfer eingeschnittene Nathlinien getrennt. Die des letzten Umganges nehmen mehr als die Hälfte der ganzen Schale ein. Die Mündung ist eng und klein, etwas schief vom Scheitel gegen die Mittellinie gezogen, gekrümmt strichförmig oder kommaförmig und liegt deutlich vertieft.

Grössenverhältnisse: Höhe 1·25—1·45 Millim., grösste Breite in zwei Drittheilen der Höhe 0·70 Millim.

Vorkommen: Nicht selten in dem tieferen Niveau, seltener im oberen Niveau.

34*

BULIMINA TEXTILARIFORMIS Stache

Taf. XXIV. Fig. 17 a, b, c.

B. laevigata, elongata, anguste-cuneiformis, leviter arcuata, subtus compressa et acute acuminata, sursum sensim incrassata, superne subrotundata et obtusius oblique acuminata. Anfractus obscuri 7—8. Loculi sensim crescentes, convexiusculi, — supremi inflati et convexi, suturis teneris inaeque decliribus notati, — inferiores fere regulariter alternantes. Apertura angusta, paulum obliqua, fissurata.

Diametros verticalis 1·10 mm. — Diam. horizontalis 0·40 mm. — Rara in marnis inferioribus.

Eine Übergangsform vom *Bulimina* zu *Textilaria* ähnlich der *B. elongata* d'Orb., aber noch mehr zum Textilarienhabitus neigend. Die glatte Schale ist lang gestreckt und spitz keilförmig, von unten nach oben an Breite und Dicke gleichmässig zunehmend, unten mit ziemlich scharfer und seitlich zusammengedrückter, oben mit stumpf abgerundeter, schiefer, schwach nach rückwärts geneigter Ausspitzung. Nach vorne und oben ist die Schale ausgebaucht, nach unten und hinten eingebaucht. Die durch die Neigung zur alternirenden Stellung der Kammern etwas verwischte spirale Anordnung tritt undeutlich hervor. Die Schale ist 7—8 Kammern hoch. Die Kammern nehmen sichtlich aber nicht ganz regelmässig nach oben an Grösse zu und sind besonders oben convex gewölbt. Die Nathlinien sind verhältnissmässig schwach, zum Theil undeutlich und unregelmässig bald abwärts geneigt aber mehr horizontal verlaufend. Die Mündung am inneren Saume der letzten Kammer steht nicht vertical oder steil geneigt wie bei den meisten Buliminen, sondern mehr in der Quere und ist ein enger, wenig schiefer und nach der Seite abwärts gezogener Spalt.

Grössenverhältnisse: Höhe 1·10 Millim., grösste Breite und grösste Dicke fast gleich, in ¾ der Höhe oder noch höher liegend = 0·40 Millim.

Verwandtschaft: Steht der langgestreckten und gleichfalls schwach gekrümmten *B. elongata* d'Orb. am nächsten.

Vorkommen: Selten in den Mergeln des tieferen Niveaus.

BULIMINA ARCUATA Stache.

Taf. XXIV. Fig. 18 a, b, c.

B. laevigata, elongata, compressa, fere in modum virgulae curvata, antice carinata, postice incavata subtus acute acuminata, superne inflata et incrassata denique obtuso acumine oblique fastigiata. Anfractus spirae circiter decem, tribus ex loculis formati. Loculi non aequales, sensim sed inaeque crescentes. — inferiores subconvexi, magis regulariter alternantes, et fere squamatim ordinati, — ultimi maximi, multo magis inflati et rotundati. Apertura minima, angustata, pantum tantum obliquata, fissurata.

Diametros verticalis 1·33 mm., Diam. horizontalis — minor 0·36 mm. — major 0·50 mm. Rarissima in marnis inferioribus.

Diese *Bulimina* steht der vorigen Form sehr nahe in Bezug auf die textilarien-ähnliche, lang keilförmige Gestalt und die anscheinend regelrecht alternirende Form der Kammern auf den Breitseiten. Sie unterscheidet sich von derselben durch die Dimensionsverhältnisse, besonders durch die im Verhältniss zu der schmalen seitlich zusammengedrückten Form nach oben ganz bedeutende Dicke, durch die stärker nach rückwärts gekrümmte und zugleich seitlich eingebogene, fast kommaartige Form des ganzen Gehäuses, ferner durch die grössere Anzahl von 10—12 Kammern und die niedergedrücktere, schuppenförmig übergreifende Form derselben, endlich durch die Zuschärfung der Kammern der Frontseite, welche mit Ausnahme der des letzten Umganges zu einer etwas gekrümmten, hohen, aber nicht scharfen kielartigen Kante sich erheben. Auf der concaven, unten glattflächigeren, nur oben gleichfalls convexen, stark angeschwollenen Rückseite bemerkt man übrigens deutlich den Einschub der dritten alternirenden Kammerreihe. Der Art scheint also eine Spirale mit 10 oder mehr Windungen zu drei Kammern zuzukommen. Die Mündung ist klein, spaltförmig, quer kommaförmig, nur wenig nach der Seite abwärts gezogen, fast mittelständig.

Grössenverhältnisse: Höhe 1·33 Millim., grösste Breite in halber Höhe 0·36 Millim., grösste Dicke im letzten Drittheil der Höhe 0·50 Millim.

Verwandtschaft: Vorzugsweise wohl nur mit der vorbeschriebenen Art.

Vorkommen: Sehr selten in den Mergeln des tieferen Niveaus.

FAMILIE TEXTILARIDEAE.

TEXTILARIA DEFR.

TEXTILARIA CAPITATA STACHE.

TAF. XXIV. FIG. 19 a, b, c.

T. laevigata, late lingulata, supra inflato loculo ultimo quasi capitata, subtus sensim attenuata et acutius acuminata, verticali media parte paulum incrassata, margines versus attenuata et serrotim carinata, loculosa. Loculi utriusque ordinis 9—10, regulariter alternantes, vix arcuati sed satis declives, sensim crescentes, suturis teneris notati. Ultimus loculus suturis acutis magisque profundatis sejunctus, multo minus declivis, in speciem calli crassi, elongato-ovalis, rotundati et superne sulco medio incavati formatus. Apertura parva, semilunaris, non bene distincta.

Diametros verticalis 0·97 mm. Diam. horizontalis — major 0·57 mm. — minor 0·32 mm. Rarissima in marnis inferioribus.

Diese Textilarienform steht der *T. carinata* d'Orb zwar ziemlich nahe, unterscheidet sich von derselben jedoch hinreichend durch einige ganz auffallende Merkmale. Der Hauptcharakter liegt in der Form der Schlusskammer. Dieselbe ist stark verdickt und abgerundet, schärfer abgeschnürt und weniger schief aufgesetzt als die unteren Kammern, überdies oben (cf. Fig. 19 c.) durch eine rinnenförmige Längsvertiefung abgetheilt, welche von dem hinteren Rande bis zur kleinen Mündung verläuft. Im Übrigen zeigt die fast völlig glatte Schale in der Breitenansicht a.) eine schalpenartige oder breit zungenförmige Gestalt, welche nach unten mit schwacher Bogenlinie zuspitzt und nach oben sich wohl gleichfalls ein wenig verschmälert, aber im Ganzen doch breit abgerundet ist. Die Frontalansicht (Fig. b.) zeigt eine lanzettliche bis spindelförmige, oben mit verdicktem Knopf, unten mit kurzer Zuspitzung endende Figur. Die Schale ist überhaupt in der Mittellinie beiderseits schwach verdickt und convex, nach den Rändern zu zugeschärft. Sowohl der vordere als der hintere Rand sind abwärts von der letzten Kammer gekielt und der Kiel unregelmässig ausgezackt oder gezähnt. Die Kammern sind ziemlich zahlreich, etwa 9—10 in einer Reihe, sehr regelmässig alternirend, niedrig aber breit, allmählich und nur wenig an Grösse zunehmend, abwärts geneigt, nur sehr schwach gebogen. Die Suturlinien sind im Allgemeinen schwach und fein. unten kaum sichtlich vertieft, nur bei der letzten Kammer besonders tief und scharf eingesenkt. Die Mündung ist sehr klein, etwa halbkreisförmig, wenig in die Augen fallend.

Grössenverhältnisse: Höhe 0·97 Millim., grösste Breite 0·57 Millim., grösste Dicke

Vorkommen: Sehr selten in den Mergeln des tieferen Niveaus.

TEXTILARIA SUBRHOMBICA Stache.

Taf. XXIV. Fig. 20 a, b, c.

P. laevigata, abbreviata, cuneiformis, subtus obtuse acuminata, superne dilatata et incrassata, sectione horizontali subrhombica. Loculi utriusque ordinis 5—6, regulariter alternantes, paulum declives, recti, inferiores breiter suturati et depressi, — supremi suturis acutius insectis separati, multo altiores magisque incrassati. Apertura incerta.

Diametros verticalis 0·63 mm. Diam. horizontalis — major 0·63 mm., — minor 0·43 mm. Rarissima in marnis inferioribus.

Eine glatte, kurze Textilarienform von breiter keilförmiger, unten stumpf zugespitzter, oben breiter und verdickter Gestalt mit fast rhombischem Horizontalschnitt. Die beiderseitigen Kammern, etwa 5—6 in der Reihe, alterniren regelmässig, sind wenig abwärts geneigt und fast geradlinig begrenzt, die unteren sind sehr nieder und mit schwachen Nathlinien umsäumt, die obersten zwei Kammern besonders stark verdickt, viel höher und durch schärfere Näthe getrennt. Die Mündung ist unsicher, bei dem einzigen vorhandenen Exemplar wahrscheinlich zerbrochen.

Grössenverhältnisse: Höhe 0·63 Millim., Breite 0·63 Millim., Dicke 0·43 Millim.

Vorkommen: Sehr selten in den Mergeln des tiefern Niveaus.

TEXTILARIA CARINATA d'Orb.[1]

Taf. XXIV. Fig. 21 a, b, c und Fig. 22 a, b, c.

Bei einer weiteren Fassung der Art, welche bei der grossen Häufigkeit und Verbreitung derselben nach Tiefe und Breite und den mannigfachen Variationen

---

[1] d'Orbigny l. c. p. 247, Taf. XIV, Fig. 32—34.

innerhalb derselben Localität gerechtfertigt erscheint, dürften diese neuseeländischen Formen eben so wie die früher getrennten Formen des Septarienthones
T. lacera Reuss[1] und *T. attenuata* Reuss[2] als Art zu vereinigen sein und hätten
nur als prägnantere Varietäten unter besonderen Namen fortzubestehen. Die
neuseeländischen Formen stimmen übrigens in Bezug auf den Umriss und die
Gestalt der Schale mehr mit der *T. lacera* Rss. überein und würden bei Aufrecht-
erhaltung dieser Form als Art mit dieser früher als mit der eigentlichen *T. carinata* d'Orb. zu vereinigen sein. Die Unterschiede der neuseeländischen Formen
(Fig. 21 und Fig. 22) sowohl unter sich als von jener Abänderung sind aber
bedeutend genug, um beide als Varietäten unter besonderen Namen zu
beschreiben.

a) Var. *antipodum* m., Fig. 21 *a*, *b*, *c*. In Bezug auf die keilförmige,
meist breite deltoidische Form des Umrisses, die Verzierung des Vorder- und
Hinterrandes mit einer schmalen dornig zerschlitzten Ausbreitung des Kieles, die
bedeutende Zahl der Kammern (8—10 in der Reihe) und ihre schräge niedrige
Form und die Wölbung nach den Mittellinien stimmt dieselbe ganz vortrefflich mit
T. lacera Reuss. Sie weicht von derselben ab durch die glattere, kaum irgend
welche deutliche Rauhigkeit zeigende Schalenoberfläche, durch die scharfwinke-
lige und völlig geradlinige, schiefe Abdachung der letzten Kammern, ferner durch
die grössere Dicke und besonders die stärkere convexe Wölbung der beiden Seiten
nach der Mittellinie, endlich durch die gegen die ziemlich verdickten, dorni-
gen, unten vereinigten Ränder zu concav verlaufende Form der Kammern. Die
Mündung ist ein enger, bogig begrenzter, kurzer Längsspalt.

Grössenverhältnisse: Höhe der mittleren Formen 0·93 Millim., grösste
Breite 0·80 Millim., grösste Dicke 0·30 Millim.

Vorkommen: Ziemlich häufig in den Mergeln des tieferen Niveaus, selten
in den Mergeln des höheren Niveaus.

b) Var. *robusta* m., Fig. 22 *a*, *b*, *c*. Ausser durch grössere Dimensionsverhältnisse und die grössere Zahl der Kammern, 12—14 in der Reihe, unterscheidet sich diese Abänderung von der vorigen durch die stärkere, nicht nur
seitlich von einem Rand zum andern, sondern auch von oben nach unten convex

---

[1] Reuss Foraminiferen und Entomostraceen des Septarienthones der Umgegend von Berlin, p. 84, Taf. VI,
Fig. 52 und 53.

[2] Ibidem p. 84, Taf. VI, Fig. 54.

gewölbt verlaufende Form des Umrisses der Schale. Die Frontansicht der beiden
Formen ist demnach eine verschiedene; bei var. *a* mit geradlinigem, fast verticalem,
hier dagegen mit bogigem Verlauf der Längsseiten. Überdies sind alle Kammern durch schwach gebogene Nathlinien getrennt und auch die letzten Kammern laufen nicht mit geraden, sondern mit in schwachem aber deutlichem Bogen
gekrümmten Grenzlinien aus. Endlich fehlt auch die Convexität der Kammern
gegen den Rand zu und der gezahnte Randsaum ist dünner und verliert sich allmählich schmäler werdend nach unten, ohne die äusserste Spitze zu umsäumen.
Die Mündung war nicht zu beobachten, Fig. 6 zeigt nur den Umriss der Gipfelansicht und des Querschnittes.

Grössenverhältnisse: Höhe 1·20 Millim., grösste Breite 0·87 Millim.,
grösste Dicke 0·42 Millim.

Verwandtschaft: Steht der *T. lacera* Reuss fast noch näher als die vorbeschriebene Abänderung.

Vorkommen: Selten in den tieferen Mergeln.

C. Foraminiferen mit mehrfach poröser Kalkschale.

FAMILIE ROTALIDEAE.

ROTALIA LAM.

ROTALIA SOLDANII d'Orb. [1]

Taf. XXIV. Fig. 23 a, b, c. Fig. 24 a, b, c.

Die beiden hier abgebildeten Formen Fig. 23 und 24 repräsentiren zwei der
am weitesten von einander abweichenden Varietäten der in den Tertiärmergeln
des Whaingaroa-Hafens häufigen, und besonders für das tiefere Niveau charakteristischen Art. Im Wiener Becken gehört *R. Soldanii* zu den weniger häufigen
Rotalien, variirt jedoch auch in manigfacher Weise. Im Septarienthone NordDeutschlands ist sie durch die nahe stehende *R. Girardana* Reuss [2] vertreten,
welche bei etwas weiterer Fassung des Artbegriffes wohl auch nur als Varietät
derselben unterzuordnen sein dürfte.

[1] d'Orbigny l. c. p. 155, Taf. VIII. Fig. 10—12.

[2] Reuss Über die fossilen Foraminiferen und Entomostraceen der Umgegend von Berlin. Zeitschr. der
deutsch. geol. Gesch. Bd. 1851, p. 75, Taf. V, Fig. 31.

Die beiden neuseeländischen Ausbildungsformen der Art verhalten sich folgendermassen:

Var. **a**, Fig. 23 *a, b, c* zeigt von dem von d'Orbigny abgebildeten und beschriebenen Haupttypus nur so wenige unscheinbar und untergeordnete Abweichungen, dass selbst für die Absonderung einer besonderen Varietät nicht hinreichend in die Augen fallende Anhaltspunkte vorliegen. Man kann etwa nur anführen, dass der Nabel bei den neuseeländischen Formen gewöhnlich etwas weiter ist, dass der eben so niedrige und stumpf zulaufende, eingesenkt liegende Spiralkegel etwas scharfliniger ausspitzt und die Spirallinien der inneren Umgänge etwas weniger deutlich zeigt, ferner dass die Peripherie der Spiralseite ein wenig scharfrandiger heraustritt und dass die Kammern des letzten Umganges besonders auf der hochgewölbten Nabelseite, öfter eine nicht ganz regelmässige Breitezunahme zeigen.

In den Hauptsachen ist die Schale völlig gleich gebaut und zeigt auch denselben Charakter der Oberfläche. Sie ist überdies auch meistentheils nach rechts gewunden.

Grössenverhältnisse: Höhe der Schale 0·65 Millim., grösster Durchmesser 0·95 Millim., kleiner Durchmesser des peripherischen Umfanges 0·80 Millim.; bei den gewöhnlichen Individuen von starker Mittelgrösse.

Var. **β**, *prominula* m., Fig. 24 *a, b, c* unterscheidet sich von dem d'Orbigny-schen Typus der Art, so wie auch von der oben beschriebenen Hauptform der neuseeländischen Localität, abgesehen von den kleineren Dimensionsverhältnissen und dem Vorherrschen von Individuen mit nach links gewundener Schale, schon durch augenfälligere Merkmale. Unter diesen sind vor allen die wenig eingesenkte, stärker hervorstehende und spitzere Form des Spiralkegels der unteren Seite, ferner der weniger scharfkantige, mehr abgerundete äusserste Rand der Spiralfläche und der schiefere, mehr tangentiale als radiale Verlauf der Kammernähte, und endlich auch die stark verdickte, besonders auf der Nabelseite hoch aufgeblasene Form der letzten Kammer hervorzuheben.

Grössenverhältnisse: Höhe der Schale 0·55 Millim., grösserer Durchmesser 0·76 Millim., kleinerer Durchmesser 0·70 Millim.

Vorkommen: Häufig in dem unteren, seltener in dem oberen Niveau. Die Art überhaupt ist eine der wenigen häufigen Formen der tieferen Mergeln. Von den beiden Abänderungen ist, abgesehen von zahlreichen Zwischenformen, die

Hauptform α Fig. 23 bei weitem die vorwiegende; jedoch ist auch die Abänderung Var. β nicht selten.

ROTALIA SULCIGERA Stache.

Taf. XXIV. Fig. 25 a, b, c, d.

*R. laevigata, globulosa, naticaeformis, sulcis leviter arcuatis latis et profundatis
costulisque alternantibus crassis ornata. Facies umbilicaris convexa, umbilico
fere plane obsoleto. Facies spiralis obtuse conica. Peripheria late ovalis, quo
magis extra eo acutius lobata. Anfractus spirae 3—4 — interiores in conulo
medio tuerrima tantum sutura spirali conspicui — ultimus altitudine multo
auctus et incrassatus, ab interioribus suturae linea spirali incurvata et vibrato
discursu continuata sjunctus, loculis 10 prominulis instructus. Loculi sensim
crescentes, angusti sed alti, quasi costuli callosi, late rotundati prominentes.
Facies frontalis loculi ultimi anguste compressa. Suturae tenerae, in latis sulcis
dispositae. Apertura angusta, fissiformis.*

*Diametros verticalis 0·57 mm. — Diam. horizontalis-major 0·57 mm. —
minor 0·50 mm. Rarissima in marnis inferioribus.*

Eine kleine glatte, ziemlich dickschalige *Rotalia*, von im Allgemeinen kugeliger, im Bau der Schale einer kleinen *Natica*- oder *Nerita* ähnlicher Gestalt. Der
auffallendste Charakter der Art liegt in der Verzierung des letzten breit umfassen-
den Umganges durch zehn ziemlich tief eingesenkte Verticalfurchen, welche mit
der entsprechenden Zahl breiter Rippen wechseln. Die Nabelseite ist convex, in
der Mitte kaum mit einer Andeutung einer nabelartigen Vertiefung versehen und
zeigt keine Spur von inneren Umgängen. Die Spiralseite erhebt sich zu einem
kleinen stumpfwinkeligen Kegel, welcher noch die feinen Spirallinien von 2—3
inneren Umgängen zeigt. Die Grenze zwischen dem äusseren Umgang und
den inneren ist durch eine deutlich vertiefte Spiralfurche markirt, in welcher
die Grenzlinie der Schlusswindung zickzackförmig verläuft. Der letzte Umgang
zählt zehn Kammern, welche durch breite geschwungene Nathfurchen getrennt
sind und sich daher wie breite, schwielige Rippen herausheben. Sie sind
gegen den Rand der Spiralfläche zu scharfkantiger und stärker hervorstehend,
entsprechend dem breiteren und tieferen Einschneiden der Nathfurchen, in der
gewölbten Mittelgegend breit und flach zugerundet, auf der Nabelseite niedriger.

breiter und allmählich gegen die Mitte abgeschwächt. Furchen und Rippen nehmen überdies mit der Zunahme des Umganges an Höhe, an Schärfe und Länge zu. Der Mündungssaum ist gegen den inneren Theil der Windung gedrückt. Die Mündungsfläche ist daher lang und schmal, spaltenförmig. Die Mündung selbst war nicht recht deutlich zu beobachten, scheint jedoch verhältnissmässig lang und eng zu sein.

Grössenverhältnisse: Höhe 0·57 Millim., Breite 0·57 Millim., Dicke 0·50 Millim.

Verwandtschaft: Gehört zur Gruppe der von Reuss beschriebenen *R. globosa* Hag. sp. [1] aus der weissen Kreide von Rügen, ist aber, abgesehen von dem verschiedenen Bau der Kammern, schon bedeutend evoluter wie diese Art und bildet durch das Hervorragen der inneren Umgänge zu einer deutlichen kleinen Kegelspirale gleichsam eine Mittelform zwischen jener Form und der hoch thurmförmig aufgerollten *R. bulimoides* Rss. [2] aus dem Septarienthon von Hermsdorf und Freienwalde.

Vorkommen: Sehr selten in den Mergeln des tieferen Niveaus.

ROTALIA NATICOIDES Stache.

Taf. XXIV. Fig. 26 a, b, c, d.

R. laevigata, globulosa, naticaeformis, salvis angustis, leviter incavatis ornata. Facies umbilicaris convexa, umbilico vix conspicue incavato. Facies spiralis magis obtusata, conulo rotundato, humiliori instructa. Peripheria fere circularis, levissimis crenulis vix perspicue incisa. Anfractus spirae 2—3 — interiores obscura tantum linea spirali notati, — ultimus, ab interioribus linea spirali paulo magis incavata separatus, loculis 8 formatus. Loculi alti, paullatim crescentes, convexiusculi, suturis teneris lerium sulcorum in modum insectis notati. Facies frontalis loculi ultimi magis aperta. Apertura! elongata, fissiformis.

Diametros verticalis 0·54 mm. Diam. horizontalis — major 0·57 mm. Rarissima in marnis inferioribus.

---

[1] Reuss Paläont. Beitr. Sitz. Ber. d. k. Akad. d. Wiss. in Wien. Math. nat. Cl. Bd XLIV, Taf. VII. Fig. 2, p 330.

[2] Reuss l. c. Taf. V. Fig. 38 a, b, c, p. 77.

Diese der vorbeschriebenen Art in Bezug auf den allgemeinen Habitus der Schalenform sehr nahe stehende, gleichfalls kugelige, glatte und einer kleinen *Natica* fast noch ähnlichere *Rotalia*, ist immerhin durch hinreichend deutliche Verschiedenheiten charakterisirt, um, so lange nicht Übergangsformen nachgewiesen sind, als besondere Art gelten zu können. Die Hauptverschiedenheiten sind erstens die geringere Anzahl (1—2) der inneren Umgänge und das schwächere Hervortreten derselben über den Rand der letzten Windung in einem niedrigen und abgerundeten kleinen Kegel, zweitens die sehr seichte und enge Form der Nathfurchen und die entsprechend breitere, schwach convexe, wenig hervortretende Form der langen äusseren Kammerflächen, endlich die geringere Anzahl (nur 7—8) der Kammern des letzten Umganges. Überdies steht der Mündungssaum besonders gegen die Nabelfläche zu viel weiter von dem innern Theil der Windung ab, die Mündungsfläche erscheint also offener und breiter und eine kleine nabelartige Vertiefung ist etwas sichtlicher angedeutet.

Grössenverhältnisse: Höhe 0·54 Millim., Breite 0·57 Millim., Dicke 0·59 Millim.

Verwandtschaft: Die nächststehende Art ist natürlich die vorbeschriebene; der *R. globosa* Hag. steht diese Form überdies schon etwas näher als jene.

Vorkommen: Sehr selten in dem tieferen Niveau.

ROTALIA PAUPERCULA Stache.

Taf. XXIV. Fig. 27 a. b.

R. pusilla, subaspera, rotundato-pentagona, depressa, subcarinata, leviter lobato-marginata. Facies umbilicaris vel superior subconvexa, medio umbilico exiguo, vel fere obsoleto. Facies inferior paulo magis depressa, fere complanata, anfractibus interioribus omnino non conspicuis. Anfractus ultimus loculis 5 instructus. Loculi vix aucti, fere omnino aequales, trigoni, subtus applanati, superne convexiusculi, suturis tenerrimis fere rectis notati. Apertura minima, fissurata.

Diametros peripherica maxima 0·45 mm. Rarissima in marnis inferioribus.

Die sehr kleine, nicht glatte, sondern etwas rauhe Schale ist von abgerundet fünfseitigem bis fünflappig kreisförmigem Umriss und stark niedergedrückter, ringsum kielartig zugeschärfter Gestalt. Sowohl auf der oberen wie auf der unteren

Seite ist nur ein einziger Umgang von fünf Kammern sichtbar. Die Kammern sind nur durch äusserst feine und wenig eingetiefte, fast gerade oder nur ganz zart gebogene Nathlinien begrenzt und stellen breite, äusserst schwach gewölbte dreieckige Kreisausschnitte dar bis auf die letzte, welche vierseitig-rhombisch oder trapezoidisch ist. Die Nabelseite ist etwas höher gewölbt als die Spiralseite, aber eine nabelförmige Vertiefung ist darauf nur angedeutet. Der etwas verdickte randliche Kiel ist entsprechend der Kammerzahl seicht fünflappig und auf beiden Seiten durch eine zarte, der Peripherie parallel verlaufende Furchenlinie saumartig abgesetzt. Die kleine schlitzförmige Mündung ist schwer erkennbar.

Grössenverhältnisse: Grösster Durchmesser 0·45 Millim.

Verwandtschaft: Mit der gleichfalls sehr kleinen *R. umbonata* Reuss[1] aus dem Septarienthon von Freienwalde und Hermsdorf hat diese Form die meiste Analogie; doch ist sie weniger hoch gewölbt, weniger glatt und ermangelt gänzlich des Hervortretens innerer Umgänge auf der Spiralseite.

ROTALIA MACULATA Stache.

Taf. XXIV. Fig. 28 a, b, c.

R. exigua, subaspera, orbicularis, subdepressa, lateribus inaeque convexis et crenulato margine obtuse carinato instructa. Facies umbilicaris in circuito subdepressa, in medio alte convexa, superne disculo parvo vix prominulo umbilicata. Facies spiralis in circuito late depressa, aspera, medio umbone spirali magno, rotundato, spiraliter granoso-maculato ornata. Anfractus interiores obscuri. Anfractus ultimus incurata spirae linea perspicue separatus, loculis circiter 12—15 convexiusculis compositus. Loculi paulatim sed inaeque crescentes, subtus subasperi, punctati, rotundato-quadragoni. suturis subarcuatis, inaeque insectis notati, superne latiores et ampliores, lunulati, falcatis suturis teneris separati. Apertura exigua, fissurata.

Diametros peripheriae maxima 0·76 mm. Rarissima in marnis inferioribus.

Das kleine, ziemlich rauhe Gehäuse ist fast kreisrund, stumpfrandig gekielt, ungleichseitig convex, schwach kerbrandig. Die Nabelfläche ist hoch gewölbt mit einer schwach convexen, deutlichen, in der Mitte des breiten letzten Umganges abgegrenzten Nabelscheibe versehen. Die Spiralseite ist niederer, im Umkreis breiter niedergedrückt, schwach convex, in der Mitte ziemlich hoch gewölbt durch einen grossen mittleren Spiralknopf, auf welchem die inneren Windungen nur durch scheinbar spiral angeordnete dunklere rauhe Flecken, welche den Kammern zu entsprechen scheinen, angedeutet sind. Der letzte Umgang ist auf dieser Seite verhältnissmässig schmal und nimmt nur gegen die Mündungsfläche zu etwas stärker an Breite zu. Er ist schwach convex und durch eine kreisförmige Nathfurche von dem inneren Windungskegel getrennt. Er zählt 12—15 unregelmässig viereckige Kammern, welche durch nach der Peripherie breiter eingetiefte schmale Nathfurchen getrennt sind. Auf der Nabelseite verlaufen die feinen Nathlinien in sichelförmig gekrümmten Furchen. Die Mündungsgegend war bei dem einzigen Exemplar nicht ganz intact. Die Mündung scheint ein kurzer Spalt zu sein. Die Schalenoberfläche ist rauh und zeigt zerstreut vertiefte Punkte.

Grössenverhältnisse: Grösster Durchmesser 0·76 Millim., Höhe der Spirale oder Dicke der Schale 0·33 Millim.

Verwandtschaft: Eine gewisse Ähnlichkeit dieser Form mit *R. granosa* Reuss aus dem Septarienthon von Hermsdorf und Freienwalde ist zwar nicht zu verkennen, aber die Abweichungen sind zu gross, um eine Identificirung mit dieser Art gerechtfertigt erscheinen zu lassen.

Vorkommen: Sehr selten in dem tieferen Niveau.

ROSALINA D'ORB.

ROSALINA THIARA Stache.

Taf. XXIV. Fig. 29 a, b, c und Fig. 30 a, b, c.

R. subaspera vel laevigata, suborbiculata, valde depressa, thiarae turcicae in speciem convoluta, obtuse crenulato-marginata. Facies umbilicaris in circuitu subconvexa, media parte ampliori umbilico incavata. Facies spiralis in circuitu fere complanata, media parte umbone spirae rotundato-conico, subdepresso, sublaevi ornata. Anfractus 2—3, — interiores tenerrima linea spirali extrorsum versus sensim acutius incisa significati, — ultimus paulatim crescens, linea spirali perspicue incavata ab umbone interiori sejunctus, 10—12 loculis compositus. Loculi sensim crescentes, — subtus quadragoni, convexiusculi, — superne magis convexi, triquetri. Suturae subtus sulcorum levium in modum extrorsum et introrsum versus modice amplificatae, superne subarcuatae et tantum extrorsum

*versus sensim latiores. Apertura magna, obliquata, in medium umbilici tra-
ducta.*

Diametros maxima 1·05—1·15 mm. Frequens in marnis superioribus.

Eine sehr charakteristische, glatte oder wenig rauhe, kreisförmige bis breit
ovale, niedergedrückte, turbanartig geformte Schale, welche bald nach rechts,
bald nach links gewunden ist. Die Nabelseite zeigt eine ziemlich weite und
starke Eintiefung und nur den letzten flach convexen Umgang. Auf der convexen
Spiralseite erhebt sich aus dem nur allmählich an Breite zunehmenden, flach
convexen letzten Umgang durch die ziemlich scharf eingetiefte Spiralsutur
getrennt, ein kleiner stumpf abgerundeter, bald etwas höherer, bald ganz niederer
Kegel, auf welchem noch meist die Spirallinie der 1—2 inneren Umgänge sichtbar
sind. Der letzte Umgang zeigt 10—12, an Grösse nicht ganz regelmässig zunehmende, durch in Furchen eingetiefte Nathlinien geschiedene Kammern. Auf der
Nabelseite bilden die Kammern dreieckige, auf der Spiralseite unregelmässig
viereckige rhombische oder trapezförmige Figuren mit schwach gewölbten Oberflächen. Die Nathfurchen sind auf der Nabelseite schärfer eingeschnitten und
erweitern sich von innen gegen den Rand zu, über welchen sie auf der Spiralseite fortsetzen. Auf der Spiralseite erscheinen sie sowohl gegen den Aussenrand
wie gegen den Rand des nächst inneren Umganges ausgeweitet. Der äussere
Rand ist schmalflächig abgerundet bis stumpf zugeschärft und ganz schwach
gelappt. Die Mündungsspalte ist weit in die Nabelgegend hineingezogen. Der
Haupttypus (Fig. 29) erleidet mannigfaltige kleine Abänderungen und man könnte
mehrere Varietäten unterscheiden. Die häufigste Abänderung Var. *elatior* m. stellt
Fig. 30 dar. Diese Form ist kleiner aber dicker und besonders durch den stärker
hervorstehenden inneren Spiralkegel, eine zuweilen geringere Zahl von Kammern
und einen engeren Nabel ausgezeichnet. Überdies ist sie meist nach rechts
gewunden, während die Hauptform häufig auch links gewunden ist.

Grössenverhältnisse: Bei Fig. 29 grösster Durchmesser der Spirale
1·15 Millim., Höhe der Spirale oder Dicke der Schale 0·37 Millim. Bei der Varietät (Fig. 30) grösster Durchmesser der Spirale 1·05 Millim., Höhe der Spirale
oder Dicke der Schale 0·45 Millim.

Verwandtschaft: Hat einige Analogie im Bau der Schale mit *Ros. simplex*
d'Orb., von der sie sich jedoch hinreichend durch die bedeutend grössere Anzahl
und die schwächere Grössenzunahme der Kammern unterscheidet.

Vorkommen: Sehr häufig, jedoch nur in den Mergeln des oberen Niveaus, für welches sie eine der bezeichnendsten Arten ist.

ROSALINA FASCIATA Stache.

Taf. XXIV. Fig. 31 a. b, c.

R. gracillima, orbicularis, subnonioninaeformis, utrinque umbilicata, perspicue inae-
quilateralis, confertis poris symmetrice punctata, suturis callosis quasi fasciata,
crenulato-marginata. Facies spiralis medio leviori umbilico subamplo incavata,
interioribus anfractibus omnino obsoletis. Facies umbilicaris subconvexa, anguste
umbilicata. Anfractus unicus sensim crescens, loculis 12 instructus. Loculi sub-
tus angusti, arcuato-triquetri, convexi, crebris poris perforati, suturis callose
incrassatis quasi intercalatis fasciis albidis, angustis, vix punctatis distincte
separati, superne suturis simpliciter incavatis notati, subconvexi, magis aucti,
pari modo punctati — ultimus loculus valde inflatus, albidus, obscurius perfora-
tus. Facies frontalis lata et alta, subangulata, in circuito incrassata, in medio
incavata. Apertura longe fissurata, ramosa, obliquata.

Diametros peripheriae maxima 0·65 mm. Rara in marnis inferioribus.

Eine ausserordentlich zierliche kleine, wenig ungleichseitige Schale von
beiderseits genabelter, nonioninenartiger Form. Die Oberfläche ist von zahlreichen
deutlichen und regelmässig angeordneten Poren durchstochen. Der einzige sichtbare Umgang nimmt verhältnissmässig wenig an radialer Breite, aber auffallend
stark an Höhe oder Dicke gegen auswärts zu und besteht aus 12 Kammern.
Die Spiralseite und die Nabelseite sind ungleichartig ausgebildet. Die Spiralseite ist in der Mitte sichtlich weiter eingetieft, jedoch kommt trotzdem von
inneren Umgängen nichts zum Vorschein. Die Kammern sind sehr gleichförmig
an Grösse, sie nehmen kaum merklich an Breite und Länge zu, bis auf die letzte
Kammer, welche auffallend breiter und stark convex aufgeblasen und besonders scharf abgeschnürt erscheint. Die übrigen Kammern sind übrigens auch ziemlich deutlich convex gewölbt und durch scharf eingetiefte Nathfurchen von einander
getrennt. Sie stechen von den Nathstellen und von der letzten Kammer durch die
Verschiedenheit der Schalenoberfläche ganz augenfällig ab. Die convexe Oberfläche der Kammern ist nämlich hell glasig, hellgelblich bis bräunlich gefärbt
und von sehr dicht gestellten und verhältnissmässig ziemlich grossen Poren

durchstochen. Die dazwischen eingetieften Nathringe sind am Grunde noch ziemlich breit, etwas schwielig verdickt und weit feiner porös. bei derselben Vergrösserung scheinbar fast porenlos und von weisslicher Farbe. Sie erscheinen daher zwischen den Kammern wie tiefer liegende schmale weisse Bänder. Eben so ist auch die letzte Kammer feiner und weniger dicht porös und zeigt eine hellere weissliche Färbung. Die Nabelseite zeigt wohl auch eine deutliche Eintiefung der Nathlinien und eine convexe Beschaffenheit der Kammerflächen, aber die Porösität ist nicht so auffallend ungleich, überdies ist der Nabel tiefer aber enger, die Nathfurchen gegen den Rand zu erweitert und über die Randfläche nach der anderen Seite hinübersetzend, so dass der abgerundete Rand gekerbt erscheint. Die letzten Kammern zeichnen sich hier durch grössere Breite aus, die letzte ist aber etwas schwächer verdickt und durch Farbe und Porösität weniger auffallend von der vorhergehenden unterschieden als auf der anderen Seite. Die Frontfläche der letzten Kammer ist hoch und breit, im Umkreis fast hufförmig, fein porös, ringsum stark convex gerundet und aufgeblasen, in der Mitte jedoch eingetieft, auf der Spiralseite etwas verkürzt aber stärker ausgebaucht, auf der Nabelseite etwas abgeflachter aber einwärts verlängert. Die Mündung ist als enger Spalt gegen den Nabel hineingezogen, auf der der Spiralseite zugekehrten Seite der Mündungsfläche steigt sie als feiner Spalt an der Grenze der mittleren Vertiefung und der randlichen Verdickung aufwärts und verzweigt sich nach einwärts.

Grössenverhältnisse: Grösster Durchmesser der Peripherie 0·65 Millim., grösste Dicke oder Höhe der Schale nächst der inneren Grenze der Mündung 0·17 Millim.. Höhe oder Dicke der Mündungsfläche und der letzten Kammer 0·35 Millim., Breite oder Länge derselben 0·33 Millim.

Vorkommen: Ziemlich selten im unteren Niveau.

ROSALINA MAORICA Stache.

Taf. XXIV. Fig. 32 a, b, c.

R. laevigata, nitida, orbiculata, paulo tantum inaequilateralis, nonionarum habitum satis simulans, utrinque inaeque leviter umbilicata, medio orbe subpapillato et numerosis radiantibus sulcis reflexis ornata, late dorsata, crenulatim marginata. Anfractus ultimus loculis 15 instructus, — interior sola facie spirali ex parte apertus. Loculi, exceptis ultimis utrinque anguste triquetri, curvati, convexi, — interiores sensim crescentes, exteriores vix conspicue aucti, ultimus loculus paulo coartatus. Suturae acute insectae, subfalcatae. Apertura valde angustata, obliqua, versus centrum faciei umbilicaris producta, non raro plane obtecta.

Diametros maxima 1·25 mm. Frequens in marnis inferioribus nec non in superioribus.

Die Schale ist glatt, porzellanartig glänzend, fast kreisförmig und wenig ungleichseitig, daher einer *Nonionina* ziemlich ähnlich, oben und unten mit ungleich schwacher, etwas frontwärts gerückter nabelartiger Vertiefung versehen, durch die in geschwungenen Linien von dem Mittelpunkt der Spirale ausstrahlenden, stark eingetieften Nathfurchen rosettenartig verziert und von einer breit abgerundeten, ziemlich gleichbleibenden, nur gegen die Mündungsgegend zu etwas verschmälerten und durch die übersetzenden Nathfurchen eingekerbten Randfläche umgrenzt. Von zwei sichtbaren Windungen ist die innere nur zum kleineren Theil unverdeckt. Die letzte Windung zeigt 15 Kammern mit beiderseits ziemlich deutlich convex gewölbten Flächen, welche mit Ausnahme der 3—4 letzten Kammern sowohl auf der Nabelseite als auf der Spiralseite eine ähnliche schmal- und langgezogene dreieckige, von schwach geschwungenen Seitenlinien begrenzte Figur zeigen. Die letzten Kammern, welche auf der Spiralseite den inneren Umgang nicht ganz verdecken, sind unregelmässig vierseitig. Die Kammern des letzten Umganges nehmen von innen nach aussen allmählich an Länge, aber nicht ganz regelmässig an Breite zu, bis etwa zur drittletzten Kammer; von wo an sie sich meist wieder etwas verkürzen und verengen, dafür aber um so schärfer abgeschnürt und stärker nach vorne ausgebaucht erscheinen. Besonders die letzte Kammer ist immer sehr scharf abgeschnürt und mit sehr stark convexer Frontalfläche versehen. Die Mündung ist sehr eng spaltenförmig und schief nach der Nabelgegend herabgezogen, jedoch meist wenig in die Augen fallend und oft kaum mehr erkennbar. Die Schale ist nur durch sehr feine, bei schwacher Vergrösserung kaum sichtbare Poren durchstochen.

Grössenverhältnisse: Grösster Durchmesser der Spirale oder Breite der Schale 1·25 Millim., Höhe oder Dicke der Schale 0·66 Millim.

Verwandtschaft: Mit *Rosalina Weinkauffi* Reuss[1] aus dem Septarienthon von Kreuznach hat die Art ziemlich viel Analoges, unterscheidet sich von der-

---

[1] Reuss l. c. Bd. XLVIII. Taf. VIII, Fig. 97.

selben jedoch durch die breitere und weniger ungleichseitige Gestalt und die
glattere Beschaffenheit der Oberfläche.

Vorkommen: Häufig. Eine der häufigsten Formen in den Mergeln des
tieferen Niveaus. Nicht selten auch in den Mergeln des höheren Niveaus.

ROSALINA LATIFRONS Stache.

Taf. XXIV. Fig. 35 a, b, c.

*R. sublaevigata, orbiculata, fere omnino nonioninaeformis, intus subdepressa, extra
valde incrassata, utrinque umbilicata, subaequilateralis, poris tenuissimis punctata, lato dorso rotundato, levissime crenulato marginata. Anfractus loculis 10
instructus. Loculi utrinque pariter formati, subarcuati, levium costularum in
modum convexi, versus suturas complanati. Suturae sulcis latioribus versus
peripheriam amplificatis incavatae. Facies frontalis permagna, lata, rotundata,
non omnino aequilateralis, medio conspicue incavata. Apertura? fissurata, obliqua (non satis certa).*

Diametros peripheriae maxima 0·86 mm. Rarissima in marnis inferioribus.

Diese Art ist, abgesehen von den grösseren Dimensionsverhältnissen und der
äusseren Verzierung in dem allgemeinen Typus der Schalenform, der *R. fasciata*
sehr nahestehend, also gleich dieser und der *R. maorica* eine Rosalinen-Form
aus der Gruppe der Anomalinen, nähert sich aber noch mehr als die genannten
Arten dem Nonioninen-Typus. Da nur ein Exemplar vorliegt, so ist allerdings
nicht mit völliger Gewissheit zu entscheiden, ob die geringe Ungleichseitigkeit
der Schale nicht vielleicht nur eine zufällige ist; doch spricht für die Zustellung
unter *Rosalina* die, wenn auch nicht scharfe, so doch bei starker Vergrösserung
noch schief gegen die Nabelgegend gezogen erscheinende Mündung, worauf
mich Herr Prof. Reuss aufmerksam machte. Überdies ist auch deutlich eine
schief nach der Nabelseite verlaufende Verzierung des unteren Randes der Mündungsfläche durch eine lappige eingeschnittene feine Linie zu beobachten. Im
Übrigen zeigt die Art folgende Merkmale: Die Oberfläche ist durch deutlich
sichtbare, zahlreiche feine Poren durchstochen. Die Schale ist nach innen niedergedrückt und beiderseits nabelartig vertieft, oder beginnt doch schon ziemlich
dick und mit breitem abgerundeten Rücken. Sie nimmt aber in zwei Drittheil des
Umganges nur sehr schwach zu, verdickt sich aber im letzten Drittheil und

besonders in den letzten Kammern ganz auffallend. Der Umgang zählt zehn Kammern von gebogen dreiseitiger Form, welche in der Mitte flach convex gewölbt sind und seitlich zu den deutlich eingetieften Nathfurchen abflächen. Gegen den Rand zu erweitern sich die Furchen und setzen über die breite Randfläche fort. Die beiden Seiten zeigen diesen Bau mit fast völliger Gleichartigkeit, nur erscheint die untere Seite etwas flacher und weiter eingetieft und die Eintiefungsstelle durch schwache warzenförmige Erhöhungen der Oberfläche uneben.

Grössenverhältnisse: Grösster Durchmesser des Spiralumfanges 0·86 Millim., grösste Höhe oder Dicke der Schale einwärts der Mündung 0·33 Millim., grösste Höhe oder Dicke der letzten Kammer und Mündungsfläche 0·52 Millim., Mittelhöhe der Mündungsfläche 0·37 Millim.

Vorkommen: Sehr selten in dem tieferen Niveau.

ROSALINA ORBICULUS STACHE

TAF. XXIV. FIG. 34 a, b, c.

R. minima, laevigata, valde compressa, inaequilateralis, planorbiformis, utrinque conspicue sed non pari modo incavata, crenulato-marginata. Facies spiralis leviter incavata, intus manifestis anfractibus interioribus loculosis instructa, extra subconvexa. Facies superior anguste umbilicata, paulo magis convexiuscula. Anfractus ultimus paulatim auctus, loculis 12—14 formatus. Loculi superne anguste triquetri, teneris suturis undulatis notati, subtus sensim magis convexiusculi, linea spirali media leviter incavati, introrsum lunulati, extrorsum versus arcuato-trapezoidales, suturis paulatim acutius insectis sejuncti. Loculus ultimus utrinque paulo incrassatus. Apertura? obliquata (imperfecte serrata).

Diametros peripheriae maxima 0·54 mm. Diametros verticalis maxima 0·17 mm. Rarissima in marnis inferioribus.

Diese kleine, zierliche, glatte Form schliesst sich von den vorbeschriebenen am nächsten der *Ros. maorica* an, unterscheidet sich aber ganz wesentlich von derselben, abgesehen von ihrer geringen Grösse, durch die in die Augen springende Ungleichförmigkeit der beiden Seiten. Die Form der Schale ist kreisförmig, flach gedrückt, planorbisartig. Der letzte Umgang nimmt von innen nach aussen kaum merklich an Dicke zu. Der Rand ist wenig verschmälert, abgerundet, eingekerbt. Die Spiralfläche ist weit, aber nur seicht eingetieft und lässt 1—2 innere Umgänge mit deutlichen Kammerabtheilungen sehen. Der letzte Umgang wächst hier nur wenig an Breite und zählt 12 — 14 Kammern. Er zeigt längs der Grenze gegen den vorletzten Umgang eine feine spirale Nathleiste und auf der mittleren Höhe zwischen dem Rande und dieser Spiralleiste etwas näher zu dieser eine schwach eingetiefte Spiralfurche. Die Kammern nehmen allmählich von innen nach aussen an Breite und Convexität zu, sie sind durch feine, aber scharf eingeschnittene Nathfurchen getrennt und gehen daher von innen nach aussen aus sichelförmigen in mehr und mehr abgerundet vierseitige, trapezoidische Figuren über. Die Nabelseite ist in der Mitte viel enger aber stärker vertieft, im übrigen schwach convex gegen den Rand abflächend. Die Kammern sind hier länger und von schmaler, spitz dreiseitiger Form und nehmen bis etwa auf die letzten drei kaum merklich an Breite zu. Mit Ausnahme der letzten, welche deutlich verdickt ist, erscheinen sie kaum gewölbt, fast flach. Die Näthe erscheinen nur als feine, scharf eingeschnittene, und mit Ausnahme der letzten Kammern kaum in Furchen eingetiefte, zunächst im Umkreis des Nabels seicht gefältelte Linien. Diese Fältlung scheint der verdeckten, spiralen Grenzlinie des nächst inneren Umganges zu entsprechen. Die Mündungsfläche ist schief nach der Nabelseite verzogen, wie auch die Mündung selbst. Die Mündungsfläche ist nicht ganz intact, daher ist auch die wirkliche Form der Mündung nicht mit Sicherheit anzugeben.

Grössenverhältnisse: Grösster Durchmesser des Umfanges 0·54 Millim., grösste Höhe oder Dicke der Schale 0·17 Millim.

Vorkommen: Sehr selten in dem tieferen Niveau.

GLOBIGERINA d'Orb.

GLOBIGERINA BULLOIDES d'Orb.

Taf. XXIV. Fig. 35 a, b. c. d.

Die bei weitem überwiegende Anzahl der in den tieferen Mergeln des Whaingaroa-Hafens in einer ganz vorherrschenden Massenentwickelung vertretenen Globigerinen gehören ein und derselben Art an. Die Abänderungen in Bezug auf mehr oder weniger regelmässige Anordnung und dichtere oder losere Gruppirung der Kammern sind sehr reichlich, auch selbst in Hinsicht der Grösse und dichteren

---

[1] d'Orb. l. c. pag. 163, Taf. IX, Fig. 4—6.

oder zerstreuteren Anordnung der Porenmündungen kommen Verschiedenheiten zum Vorschein, wie z. B. Fig. 35 *c* zeigt. Im Ganzen jedoch lassen sich wesentliche und constante Unterschiede zwischen der dominirenden Form unter den neuseeländischen Globigerinen und *Gl. bulloides* d'Orb. nicht nachweisen. Höchstens könnte man anführen, dass im Durchschnitt die Schalen der tertiären, neuseeländischen Form etwas kleiner sind und durch verhältnissmässig etwas dichter stehende und weitere Poren durchstochen erscheinen.

Grössenverhältnisse: Grösster Durchmesser der Mittelformen 0·70 bis 0·80 Millim.

Vorkommen: Sehr häufig. Nur in dem tieferen Niveau.

GLOBIGERINA ANGIPORA Stache.

Taf. XXIV. Fig. 36 a, b.

Gl. laevigata, paulo magis duracina, nitida, albida, poris valde confertis, angustissimis perforata. Loculi 3—4 ovales, amoti, suturis minus acute insectis separati. Apertura fissurata.

Diametros maxima 0·5—0·6 mm. Rarissima in marnis inferioribus.

Die abgebildete Form dürfte von der vorigen als besondere Art oder wenigstens als ziemlich auffallende Varietät zu trennen sein. Der Hauptunterschied liegt in der dichteren und dickeren Beschaffenheit der mehr porzellanartigen als glasigen Schale und der Durchbohrung derselben durch sehr dicht gestellte, aber äusserst feine Poren. Im Übrigen sind die 3—4 spiral gestellten Kammern länglich-oval, etwas gedrückt und eng an einander geschoben, durch weniger scharf einschneidende Suturfurchen getrennt. Die Mündung ist spaltenförmig.

Grössenverhältnisse: Grösster Durchmesser 0·5—0·6 Millim.

Vorkommen: Sehr selten in den Mergeln des tieferen Niveaus.

GLOBIGERINA RETICULATA Stache.

Taf. XXIV. Fig. 37 a, b.

Gl. minima, sublaevigata, rotundato-oblonga, subdepressa, in circuito leviter quadrilobata, porarum incavationibus latis, polygonalibus in pluribus hexagonis quasi reticulata. Spira valde depressa, loculis 8 formata. Loculi parvi, orbiculares, semiglobosi, conferti. Suturae tenerae, latioribus sulcis leribus insectae. Apertura angusta, satis longe fissurata.

Diametros maxima 0·56 mm. Diam. minor 0·50 mm. Rarissima in marnis superioribus.

Eine sehr merkwürdige kleine Globigerinenform von länglich-vierseitiger niedergedrückter Gestalt, seicht vierlappig mit abgerundeten Ecken im Umriss, nicht ganz glatt von Oberfläche, gleichsam schwach netzartig gezeichnet durch schmale Zwischenleistchen, welche die seichten, weiteren, polygonalen, meist sogar deutlich sechseckigen Eintiefungen trennen, in der die die Schaie durchbohrenden Poren liegen. Die sehr gedrückte niedrige Schale besteht aus acht kleinen rundlichen, eng an einander gepressten, oben und unten sich halbkugelig heraushebenden Kammern. Die schwachen Nathlinien liegen oben und unten in seichten, aber weiteren Nathfurchen, im Umkreis sind sie weit schwächer markirt. Die Mündung ist länglich spaltförmig, schwach sichelförmig gebogen.

Grössenverhältnisse: Breite 0·56, Dicke 0·50, Höhe 0·35 Millim.

Vorkommen: Sehr selten in den Mergeln des tieferen Niveaus.

Allgemeine Resultate.

———

Wir geben zunächst eine kurze Übersicht derjenigen Resultate, welche unmittelbar aus der vorangeschickten, systematischen Beschreibung der auf den vier
beigegebenen Tafeln abgebildeten Fauna folgen.

Dass die Foraminiferenfauna der tertiären Mergel der Westküste des Whaingaroa-Hafens eine ausserordentlich reichhaltige, mannigfaltige und im grossen
Ganzen neuartige sei, lehrt schon ein Blick auf die vier Tafeln mit den Abbildungen von 149 verschiedenen Formen, unter welchen nur etwa sich 10 bereits
bekannte Arten oder Varietäten von bekannten Arten, dagegen wenigstens 110
sieher neue Arten befinden, während die übrigen auf Varietäten von neuen Arten
und auf noch unsichere und unvollkommen erhaltene Formen kommen.

Das zweite allgemeine Resultat ist eben so leicht in die Augen springend.

Die tertiären Mergel des Whaingaroa-Hafens beherbergen zwei Foraminiferen-
faunen von auffallend verschiedenem Charakter, welche verschiedenen Tiefenstufen desselben Meeres entsprechen. Die eine dieser Faunen ist reichhaltiger
sowohl in Bezug auf Mannigfaltigkeit und Menge der Arten, als in Bezug auf die
Massenvertretung einzelner Arten; dagegen zurückstehend in Hinsicht der durch
Arten und Individuen erreichten Dimensionen. Sie entspricht einer grösseren
Meerestiefe. Die andere Fauna ist weniger reich an Arten, hat überdies auch
weniger häufige und äusserst wenig sehr stark vertretene Formen; aber sie ist
durch mehrere Arten von grösseren und selbst durch einige Arten von sehr grossen
Dimensionsverhältnissen ausgezeichnet. Diese Fauna entspricht einer geringeren
Meerestiefe. Der Zahl nach kommen von den abgebildeten 135 Arten und 14 Varie-
täten oder 149 Formen auf das höhere Niveau: Formen 53, Arten 47: auf das

tiefere Niveau 117 Formen, darunter 109 Arten. Gemeinschaftlich in beiden Niveaus treten davon nur 21 Arten auf.

Die specielleren Verhältnisse der Gruppirung der Faunen gestalten sich folgendermassen:

Die Abtheilung der kieselig-körnigen Foraminiferen nimmt an der Zusammensetzung der Fauna im Ganzen einen nicht unbedeutenden und ganz charakteristischen Antheil. Es ist weniger eine besonders vollständige Vertretung der bekannten Gattungen, noch auch ein bedeutender Artenreichthum, welcher dafür den Ausschlag gibt, als vielmehr die ganz neuartige Ausbildungsweise einer der häufiger auftretenden Gattungen und der Individuenreichthum einiger wenigen Arten.

Die Familie der *Lituolideae*, nur durch die Gattung *Haplophragmium* Rss. mit zwei sehr seltenen Arten vertreten, wird in jeder der beiden Tiefenstufen ganz in den Hintergrund gedrängt durch die Familie der *Ucellideae*.

Die *Ucellideae* bilden mit den Gattungen *Clavulina* d'Orb., *Gaudryina* d'Orb. und *Plecanium* Rss. einen ganz wesentlichen Factor für die Zusammensetzung der Fauna sowohl der tieferen, als besonders der höheren Mergel. Das Auftreten eines ganz besonderen bisher nicht gekannten Gaudryinentypus, welcher durch eine kleine Gruppe von Arten eine eigene Unterabtheilung der Gattung selbst bildet und in dem einen Niveau sogar durch wesentlich andere Arten repräsentirt ist als in dem anderen, ist einer der eigenthümlichsten Charaktere der Foraminiferenfauna dieser Localität im Ganzen.

Dagegen beeinflusst der Individuenreichthum einzelner Arten vorherrschend nur die Fauna des oberen Niveaus.

Von 11 Arten der Familie hat das obere Niveau 4, das untere 3 eigenthümlich und vier sind ihnen beiden gemeinschaftlich. Nur unter den 4 gemeinsamen Formen finden sich 3 häufigere Arten, aber dominirend durch Individuenzahl werden dieselben nur in den Mergeln des oberen Niveaus. Es gehören in der That die drei neuen Arten *Clavulina antipodum* m., *Plecanium granosissimum* m. und *Plecanium Karreri* m. zu den Hauptrepräsentanten der Fauna des oberen Niveaus.

Die Gattung *Gaudryina* ist merkwürdiger Weise in einem jeden der beiden Tiefenstufen durch verschiedene und durchaus seltene Arten vertreten. Es gehören zwar alle diese Formen zu der neuen Untergruppe der gekielt dreiseitigen Gaudryinen, aber *Gaudryina Reussi* m. und *Gaudryina obliquata* m., die beiden Formen mit flacher Frontseite und gekielter und hochgewölbter Rückenseite, wurden bisher nur in dem tieferen Niveau entdeckt, dagegen ist der andere häufigere Typus mit gekielter und gewölbter Front und eingeflachtem Rücken, wie *Gaudryina Novo-Zelandica* m. und ihre Nebenarten zeigen, vorzugsweise den oberen Mergeln eigen. Wenn auch das ganze untersuchte Material ein verhältnissmässig beschränktes war, so lässt sich doch kaum annehmen, dass dieses Verhältniss ein blosser Zufall sei.

Die grosse Abtheilung der kalkigen Foraminiferen beherrscht durch ihren Reichthum und die Mannigfaltigkeit der Formen die ganze Fauna in hervorragender Weise. Innerhalb derselben ist wiederum die Unterabtheilung der Foraminiferen mit einfach poröser Kalkschale bei weitem überwiegend in Bezug sowohl auf die Menge der Formen überhaupt (104), als auf die verhältnissmässige Anzahl der durch Individuenreichthum auffallenden Arten (10 häufige Arten). Die Untergruppe der Foraminiferen mit porenloser Schale ist nur äusserst sparsam (in 3—4 seltenen Arten) entwickelt. Dagegen nimmt die Untergruppe der Foraminiferen mit mehrfach poröser Schale, trotz ihrer verhältnissmässig geringen Artenzahl, einen ziemlich hervorragenden Einfluss auf den Charakter der Fauna durch einen von keiner Art der einfach porösen Foraminiferen erreichten Individuenreichthum einzelner Arten. Unter den 13 abgebildeten Arten sind 4 sehr häufig.

Verschwindend klein ist nach den bisherigen Funden die Vertretung der Untergruppe mit von verzweigtem Canalsystem durchzogener Kalkschale.

Gehen wir im Specielleren auf die Vertretung der Familien und Gattungen innerhalb der Untergruppen ein, so ergibt sich folgendes Bild für die Gruppirung der Fauna:

Unter den porenlosen Foraminiferen, welche allein durch die grosse Familie der *Miliolideae* repräsentirt wird, ist die Unterfamilie der *Cornuspirideae* nur in den Mergeln des tieferen Niveaus, und zwar durch zwei sehr sparsame neue Arten des Genus *Cornuspira* Schltz. vertreten.

Die *Miliolideae genuinae* wurden zwar, vertreten durch mehrere Formen der Gattung *Quinqueloculina* d'Orb. und wahrscheinlich noch durch die Gattung *Biloculina* d'Orb., sowohl in den Mergeln der höheren als der tieferen Stufe beobachtet, aber bisher in beiden nur sparsam und in durchgehends schlecht erhaltenen Exemplaren aufgefunden. Die Reste dieser Gattungen sind übrigens in den tieferen Mergeln häufiger.

Ist auch die Wahrscheinlichkeit vorhanden, dass bei fortgesetzter Untersuchung aus dieser Familie besser erhaltene und zahlreichere Vertreter werden aufgefunden werden, so dürfte dadurch doch kaum das relative Verhältniss in der Vertretung der Familie wesentlich abändern, da eine gleiche Bereicherung auch für die übrigen Familien zu erwarten stünde.

Unter den einfach porösen Foraminiferen behauptet die Familie der *Cristellarideae* mit 45 verschiedenen Formen den ersten Platz. Zunächst schliesst sich die Familie der *Rhabdoideae* mit 40 dann die der *Polymorphinideae* mit 18 und endlich die der *Textilarideae* mit nur 4 verschiedenen Formen an.

Die *Cristellarideae* mit dem einzigen grossen Geschlecht *Cristellaria* gruppirt sich nach den 5 Untergattungen *Marginulina*, *Hemicristellaria*, *Hemirobulina*, *Cristellaria* und *Robulina*, deren Annahme uns nur aus dem praktischen Grunde der besseren Übersichtlichkeit über zusammengehörige Formengruppen und der bei einem schon jetzt so ausserordentlich artenreichen Geschlecht immer nothwendiger werdenden Ökonomie mit passenden Artennamen nützlich erschien. Unter den 45 Arten des Hauptgeschlechtes befinden sich nur 2 mit bekannten Arten identificirbare Formen und nur 3, welche beiden Tiefenstufen angehören.

Die Untergattung *Marginulina* d'Orb. ist im Ganzen durch 13 neue und durchaus seltene Arten vertreten. Von diesen gehören nur 3, und zwar die durch besondere Grösse ausgezeichnete Formen M. *Hochstetteri* m., M. *ragina* m. und M. *duracina* m. den oberen Mergeln an, die übrigen 10 stammen aus dem tieferen Niveau. Keine dieser Arten wurde in beiden Tiefenstufen vorgefunden. Eigenthümlich für die Gattung im Ganzen ist das Überwiegen von Formen mit gekielten und zu einem wirklichen Kamm ausgeschärften Rändern.

Die Untergattung *Hemicristellaria* m. ist in dem tieferen Niveau durch 3 seltene Formen, 2 glatte und eine körnig verzierte, in dem oberen Niveau nur durch zwei neue seltene Formen, wovon eine glatt, die andere körnig verziert ist, vertreten. Keine dieser Arten ist beiden Tiefenstufen gemeinsam. Nahe verwandte Formen finden sich nur theils in den tiefen marinen Neogenschichten, theils in den Septarienthonen Norddeutschlands, besonders in denen von Offenbach.

Die Untergattung *Hemirobulina* m. ist im Ganzen nur durch 3 neue glatte Arten vertreten, wovon eine nur den oberen Mergeln, zwei nur den tieferen Mergeln zukommen. Keine dieser Formen ist häufig. Nahe verwandte Arten finden sich gleichfalls nur in neogenen oder oligocenen Schichten.

Die Untergattung *Cristellaria* Lam. im engeren Sinne zeigt die reiche Vertretung durch 14 verschiedene Arten unter denen sich nur eine identificirbare, bereits bekannte Form befindet. Nur zwei von den 13 neuen Arten, und zwar die durch besondere Grösse ausgezeichnete, sehr seltene *Cr. Haasti* m. und die häufigere *Cr. gyroscalprum* m. stammen aus den oberen Mergeln. Dagegen gehören dem tieferen Niveau die übrigen 11 neuen Arten an, unter denen ausser etwa *Cr. cilo* m. und *Cr. rotula* m. nur seltene Formen sich befinden. Nur die schon bekannte Form *Cr. intermedia* d'Orb. sp. *var. Whaingaroica* m. und *Cr. rotula* gehört beiden Niveaux an und ist eine häufige Form. Verwandtschaft zeigt ein grosser Theil der Arten mit Formen der älteren marinen Neogenablagerungen und der Oligocenschichten Norddeutschlands, nur ein sehr kleiner Theil auch mit Kreidearten.

Die Untergattung *Robulina* d'Orb. mit im Ganzen 12 neuen Arten tritt im oberen Niveau wiederum nur mit einer eigenen, aber auffallend grossen Form auf, der *R. incrustata* m. Die häufigste aller Formen *R. cultrata* d'Orb. mit ihren verschiedenen Varietäten ist in beiden Tiefenstufen zu Hause. Von den 10 neuen nur in der tieferen Stufe vorkommenden Formen sind nur *R. corona lunae* m., *R. lenticula* m. häufiger, alle übrigen sind selten. Mehrere dieser Formen stellen ganz besondere, neuartige Typen dar, einige wenige zeigen Verwandtschaft mit bekannten neogenen Formen, einige mit oligocenen Arten; nur vereinzelt endlich sind die, welche auffallender an einzelne Kreidespecies erinnern.

In der grossen Familie der *Rhabdoideae* mit ihren verschiedenen Unterfamilien wiegen die *Nodosarideae* mit 24 verschiedenen Formen vor, nächstdem die *Glandulinideae* mit 12 verschiedenen Arten, die sich auf beide Niveaux vertheilen.

Im Übrigen sind überhaupt noch, und zwar nur in den Mergeln der tieferen Stufe vertreten die *Lagenideae* mit zwei sehr seltenen neuen Formen der Gattung *Lagena* Walk. und die *Frondicularideae* mit einer einzigen neuen Art der Gattung *Frondicularia* Defr.

Unter der *Nodosarideae* zeigt das Geschlecht *Nodosaria* 10. das Geschlecht *Dentalina* 14 verschiedene Formen. Unter den ersteren sind 5 Formen, und zwar die grössten den oberen Mergeln eigen, jedoch alle insgesammt neu und selten. Dem tieferen Niveau gehören von den abgebildeten 3 Formen an, davon ist die neue *N. striatissima* m. eine der häufigsten und charakteristischesten Formen der Familie für diese Stufe und überhaupt eine der wenigen häufig auftretenden Typen der ganzen Fauna. Die beiden anderen sind gemeinsame Formen, unter denen jedoch nur die eine, *N. antipodum* m., und zwar im unteren Niveau etwas häufiger vertreten ist. Sicher mit schon bekannten identificirbare Arten sind nicht darunter.

Unter den 14 *Dentalina*-Formen konnte nur eine Form des tieferen Niveaus mit einer oligocenen Form der *D. soluta* Rss. vereinigt werden, alle übrigen sind neuartig. Es gehören darunter nur 2 den oberen Mergeln allein an, dem tieferen Niveau allein 9, gemeinsam sind 3, alle sind selten. Nähere Verwandtschaft mit bekannten Arten zeigen aus dieser Familie mehrere mit Arten des Neogenmeeres (Wiener Becken), einige mit Arten des norddeutschen oligocenen Septarienthones, einige selbst mit Arten der Kreideformation.

Unter den *Glandulinideae* ist die Gattung *Glandulina* d'Orb. durch 7, die Gattung *Lingulina* d'Orb. durch 5 neue Arten vertreten. Die Glandulinen sind fast durchaus seltene Formen und auf das tiefere Niveau beschränkt, bis auf *Gl. erecta* m., welche häufiger ist und sowohl in den unteren als in den oberen Mergeln gefunden wurde. Dasselbe gilt in Bezug auf die Gattung *Lingulina*, von welcher nur die *L. propinqua* m. häufig ist und in beiden Tiefenstufen vorkommt, während alle übrigen nur sehr sparsam im tieferen Niveau auftreten. Bemerkenswerth für die Glandulinen ist, dass sie mehr verwandte Formen in den oligocenen Schichten und in der Kreide als unter den Formen des Neogenmeeres haben.

Die *Polymorphinideae* bilden einen ganz erheblichen und charakteristischen Factor in der Zusammensetzung der Fauna, und zwar vorzugsweise nur durch die Verschiedenartigkeit und Besonderheit der Formen, in welcher die Gattung *Polymorphina* d'Orb. auftritt. Durch häufiges Auftreten machen sich nur zwei Arten der Gattung *Bulimina* d'Orb. bemerklich. Alle übrigen Formen sind seltene oder sehr seltene. Unter den 18 abgebildeten Formen der Familie entfallen auf die Gattung *Bulimina* nur 6, auf die Gattung *Polymorphina* also 12, und darunter nur drei auf die Untergattung *Guttulina*. Unter den 9 eigentlichen Poly-

morphinen ist kaum eine wirklich mit schon bekannten Formen vereinbar, alle
sind selten und neuartig, keine überdies ist bisher sicher in beiden Tiefenstufen
zugleich nachgewiesen, 4 sind auf das untere, 5 auf das obere Niveau ganz allein
beschränkt. Die drei Guttulinenformen sind etwas weniger selten und eine davon
G. fissurata im oberen und unteren Niveau gefunden, die übrigen bisher nur im
unteren.

Die Bulimineu sind im tieferen Niveau verbreiteter als im oberen. Von
den 6 abgebildeten Formen ist keine dem oberen ausschliesslich eigen. Nur zwei
Formen, die *B. ovata* d'Orb. des Wiener Beckens und die der *B. pupoides* d'Orb.
nahestehende *B. propinqua* m. sind häufiger und beiden Stufen gemeinschaftlich.
Noch zwei Formen von ganz ähnlichem Typus und zwei andere textilarienartige,
langgestreckte Arten kommen nur selten in dem tieferen Niveau vor. Wenn man den
Artbegriff so weit fasst, wie die ausgezeichneten englischen Forscher Carpen-
ter, Parker, Jones und Williamson, und wie ihn gerade letzterer, z. B. in
seinem ausgezeichneten Werke über die Foraminiferen Englands [1] für *B. pupoides*
d'Orb. mit fünf sehr verschiedenen Varietäten durchführt, müsste man unsere
Arten alle nur als Varietäten betrachten und sie sogar ebenfalls noch der *B. pupoides* beiordnen. Die Unterordnung von selbst schon durch auffallende Charaktere abweichenden Formen unter einen Haupttypus als blosse Varietäten hat
gewiss dort seine volle Berechtigung, wo die allmählichen Übergangsformen die
Zwischenglieder einer Reihe oder radialer Reihen mit der Hauptform als Centrum
nachweisbar sind, und es liegt darin sogar die wahre, wissenschaftliche Auffassung der eigentlichen Aufgabe der paläontologischen Forschung, dem Stammbaum
der Varietäten, Arten und Gattungen nachzugehen. Wo man aber den Nachweis
von Übergängen noch nicht direct führen kann, ist es gewiss nützlicher, die
Formen vorläufig getrennt zu halten und die Unterschiede hervorzuheben. Es
werden dann wenigstens dem, der eine Gattung specieller bearbeiten und ihre
Entwickelung verfolgen will, sichere Daten zur kritischen Sichtung geboten. Das
Identificiren und Vereinigen ohne den Nachweis der Übergänge wäre Ver-
schweigen oder Unterschlagen gemachter Beobachtungen und kann eher schädlich
wirken, als vorläufige Trennungen. Der erste Schritt zur rationellen Vereinigung
und zum Zusammenfassen unter allgemeineren Gesichtspunkten wird immer die
Sonderung sein. Ob derartige vorläufige Sonderungen in der Form von Benennung
und Beschreibung unter einem besonderen Artnamen oder unter einem Art- und

Varietäts-Namen vorgenommen werden, ist nicht wesentlich und Sache indivi-
dueller Ansicht. Besonders für neue und sehr entfernte Localfaunen kann ein zu
weit gehendes Identificiren leichter zu Irrthümern führen, als selbst eine zu genaue
Distinction, weil im ersten Fall der Fehler verborgen bleibt, im zweiten aber
offen liegt.

Die *Textilarideen* sind nur durch Arten der Gattung *Textilaria* d'Orb.
vertreten und gehören vorzugsweise nur dem tieferen Niveau an; die horizontal
und vertical so verbreitete *T. carinata* d'Orb. mit ihren Abänderungen ist eine
der etwas häufigeren Formen der ganzen Fauna, tritt jedoch auch nur in den
tieferen Mergeln häufig, in den oberen Mergeln dagegen nur äusserst selten
auf. Die beiden anderen Formen sind sehr selten und nur auf das tiefere
Niveau beschränkt.

Die Abtheilung der Foraminiferen mit mehrfach poröser Kalkschale, nur repräsentirt durch die Familie der *Rotalideae*, ist durch die Gattungen *Rotalia* Lam., *Rosalina* d'Orb. und *Globigerina* d'Orb. vertreten. Jede
dieser Gattungen erscheint in einigen seltenen und einer sehr häufigen, den Charakter der Fauna in hervorragender Weise beeinflussenden Art.

Unter den Formen der Gattung *Rotalia* Lamk. mit 5 Arten ist die bekannte
mehrfach abändernde *Rot. Soldanii* d'Orb. im unteren und oberen Niveau und besonders im ersteren sehr häufig. Alle übrigen sind seltene Formen der tieferen Stufe.

Unter den 5 Arten der Gattung *Rosalina* d'Orb. befinden sich zwei sehr
häufige, für die ganze Fauna charakteristische Arten, wovon eine, die *Ros. thiara* m.
ganz speciell nur eine Charakterform des oberen Niveaus ist, während die
andere, *Ros. maorica* m., in beiden Tiefenstufen mit einem ziemlich bedeutenden Procentgehalt, wiewohl mit einem grösseren im tieferen Niveau, an der
Fauna Antheil hat. Die drei übrigen Formen wurden bisher nur in den Mergeln
der tieferen Stufe gefunden und sind überhaupt sehr seltene Formen.

Die Gattung *Globigerina* d'Orb. ist überhaupt nur auf das tiefere Niveau
beschränkt und die von *Gl. bulloides* d'Orb. nicht zu trennende Hauptform, durch
die sie repräsentirt wird, tritt darin in solcher Menge auf, dass sie den Charakter
derselben im höchsten Grade beeinflusst und gewiss 30—40 Proc. ihrer ganzen
Fauna bildet. Ganz untergeordnet und sparsam ist das Auftreten der beiden abgebildeten Nebenarten.

Ein negativer Charakter der ganzen Fauna liegt endlich in dem fast gänzlichen Zurücktreten der Abtheilung von kalkigen Foraminiferen mit verzweigtem Canalsystem, und zwar besonders in dem der Polystomellideen, und vor allen des Geschlechtes *Noninina*, welches bisher nicht sicher nachgewiesen werden konnte. Der Nonioninentypus scheint in dieser Fauna wirklich durch die schiefmäuligen, nonioninenartigen Rosalinen eine Stellvertretung gefunden zu haben.

Unter den Nummulitideen wurde nur die Gattung *Orbitoides* d'Orb. durch ein einziges, seiner Erhaltungsweise nach zur specifischen Bestimmung nicht hinreichend geeignetes Exemplar nachgewiesen, welches dem von Karrer aus dem Grünsand der Orakey-Bay abgebildeten *O. Orakeyensis* Karr. wie es scheint, nahe verwandt ist.

Das Bild der Gruppirung der Foraminiferenfauna, wie wir es hier nach Massgabe der beschriebenen und abgebildeten Formen allein gegeben haben, darf wohl als ein annähernd richtiges bezeichnet werden. Denn, wenn, wie wir auch nach dem uns noch vorliegenden Material beurtheilen können, für die Familie der *Miliolideae genuinae* und der *Polystomellideae* auf eine kleine Vervollständigung durch weitere sorgsame Untersuchung zu hoffen ist, so werden doch in gleichem oder noch vielleicht in höherem Masse auch die übrigen Familien dabei an Zuwachs gewinnen. Die Veröffentlichung der dabei gewonnenen Resultate bleibt einer späteren besonderen Arbeit vorbehalten.

Was die Vergesellschaftung der Foraminiferenfauna der tertiären Mergel des Whaingaroa-Hafens anbelangt, so scheint dieselbe eine verhältnissmässig einfache, einförmige und an Individuen wie an Arten arme zu sein.

Nach den Bestimmungen von Dr. Zittel finden sich in den Mergeln des Whaingaroa-Hafens und zwar meist in ganz gut erhaltenem Zustande von Brachiopoden nur eine Art *Waldheimia lenticularis* Desh., von Acephalen nur zwei Arten *Ostrea Wüllerstorfi* Zitt. und *Pecten Hochstetteri* Zitt., von Gastropoden nur eine unbestimmbare *Natica*, von Bryozoen eine *Membranipora*, von Korallen eine *Turbinolia*, ferner einzelne Cirrhipedenschalen. Ich kann noch hinzufügen, dass ich bei der Untersuchung des feineren geschlemmten Materials auch eine kleine Fauna von glatten und körnig verzierten Entomostraceen, den Gattungen *Cytherina*, *Cypridina* und *Cythere* angehörend, als Begleiter der Foraminiferen vorfand, aber von Bryozoen keine weitere Spur.

In Bezug auf den petrographischen Charakter der diese Fauna beherbergenden Schichten bemerkt schon Dr. Zittel, dass dieselben am meisten an manche mergelige Schichten der böhmischen Kreide aus der Gruppe des Pläners und Quaders erinnern.

Ich kann die weitere Bemerkung hinzufügen, dass nach einer kleinen chemischen Probe der auch im Äusseren schon durch die Farbe und den Bruch angedeutete feine Unterschied zwischen den Mergeln des höheren und des tieferen Niveaus auch in der Zusammensetzung seinen Ausdruck findet.

Die Mergelproben des oberen Niveaus, welche mir zur Verfügung standen, und eine etwas hellere, gelblichgraue Färbung und einen etwas weniger feinkörnigen rauhen Bruch zeigen, enthalten ziemlich viel freie Kieselerde in Form von feinen Kieselkörnchen und viel Kalk, daneben kieselsaure Thonerde und etwas Eisenoxyd. Die Mergelproben aus dem tieferen Niveau, welche durch eine mehr bläulichgraue Färbung und einen feineren Bruch kenntlich sind, bestehen im Wesentlichen aus kieselsaurer Thonerde gemengt mit weniger Kalk und Eisenoxyd als die vorigen und einer nur sehr geringen Menge von freier Kieselerde.

Es ist demnach bemerkenswerth, wie die verschiedene Tiefenstufe und die verschiedene Beschaffenheit des in derselben an jenem Punkte niedergeschlagenen, schichtbildenden Materials in Beziehung und Zusammenhang steht zur Ausbildung seiner mikroskopischen Fauna.

Fassen wir die Schlussfolgerungen, die sich aus den gemachten Untersuchungen über die Foraminiferenfauna des Whaingaroa-Hafen ziehen lassen, in einigen kurzen Sätzen zusammen, so ergibt sich:

1. Die Fauna im Ganzen, ausgezeichnet durch Reichhaltigkeit an neuen Formen, lässt dennoch durch eine kleine Reihe von bekannten tertiären Arten, durch eine grössere Anzahl von mit bekannten Tertiärformen nahe verwandten und stellvertretenden Formen den Charakter einer Tertiärfauna hinreichend deutlich erkennen.

2. Die Fauna im Ganzen lässt der Gruppirung nach, so wie insbesondere durch das zahlreiche Auftreten einzelner Gattungen sicher schliessen, dass sie im Tertiärmeere der Antipoden in einer bedeutenden Meerestiefe gelebt habe. Sie verhält sich in

Bezug auf Tiefen-Differenzen zur Fauna der an Amphisteginen und an Bryozoen reichen Sandsteine der Orakey-Bay und der Amphisteginenkalken von Papakura sammt deren Äquivalenten in ganz ähnlicher Weise wie die bis auf 90 Faden Tiefe und darüber geschätzte Fauna der marinen Tegel des Wiener Beckens[1] zu der einer Tiefe von nur 40 Faden und darunter entsprechenden Fauna der Amphisteginenschichten und der Nulliporenmergel desselben Beckens.

3. Die Fauna im Ganzen bietet zwar mit der neogenen Tiefenfauna des Wiener Beckens durch Gleichheit und Verwandtschaft mehrerer Arten manche Vergleichungspunkte, aber es lässt sich doch andererseits auch eine Annäherung an die etwas ältere Tertiärfauna der ober-oligocenen Schichten Norddeutschlands in der Verwandtschaft zahlreicher Formen und der Gruppirung der Familien nicht verkennen.

4. Die ganze Fauna der Tertiärmergel des Whaingaroa-Hafens theilt sich nach dem petrographisch und örtlich etwas verschiedenen Material in zwei Faunengruppen, welche den Charakter einer Entwickelung in verschiedener Tiefenstufe und unter etwas verschiedenen physicalischen Verhältnissen an sich tragen und im Verhältniss zur grossen Anzahl vorhandener Formen überhaupt für so nahe und gleichaltrige Schichten verhältnissmässig wenige gemeinsam haben.

5. Die an freier Kieselerde reicheren, auch im geologischen Niveau der ganzen Ablagerung etwas höher gelegenen Mergel sind besonders charakterisirt durch die starke Vertretung von Foraminiferen mit sandig-kieseliger Schale — durch die Vertretung der meisten Gattungen durch einzelne besonders grosse Formen, wie *Gaudryina Novo-Zelandica* m., *Clavulina robusta* m., *Plecanium eurystoma, Nodosaria callosa* m., *Cristellaria Haasti* m., *Robulina incrustata* m., *Polymorphina gigantea* m., durch den Individuenreichthum der Arten *Clavulina antipodum* m., *Plecanium granosissimum* m., *Plec. Karreri* m., *Rotalia Soldanii* d'Orb., *Rosalina thiara* m., *Rosalina maorica* m., und endlich durch das gänzliche

[1] C. f. Karrer. Über das Auftreten der Foraminiferen in dem marinen Tegel des Wiener Beckens. Sitzungsber. d. kais. Akad. d. Wissensch. in Wien, mathem.-naturw. Cl. XLIV. pag. 427 et seq.

Fehlen der die bedeutenderen Tiefenstufen andeutenden Globigerinen. Diese Fauna dürfte demnach in einer Tiefe von nur 40—80 Faden gelebt
haben.

6. Die an freier Kieselerde armen, im geologischen Niveau der
ganzen Ablagerung tiefer gelegenen Mergel sind charakterisirt
durch das Überwiegen sehr kleiner Formen, durch das Vorherrschen der Cristellarideen und Rotalideen und durch zahlreichere
Formen einer bedeutenden Meerestiefe. Vorzugsweise beeinflusst
wird der Charakter dieser Fauna durch das massenhafte Auftreten
von *Globigerina bulloides* d'Orb. Nächstdem sind durch Individuenreichthum
hervorstechend: *Nodosaria striatissima* m., *Robulina intermedia* d'Orb., *Robulina
cultrata* d'Orb., *Robulina corona lunae* m., *Textilaria carinata* d'Orb. Var., *Rotalia
Soldanii* d'Orb. und *Rosalina muorica* m. Diese Fauna hat demnach in einer
Tiefe von wenigstens 90 Faden oder darüber gelebt.

Die weitere Untersuchung dieser interessanten Localität wird hoffentlich zur
Aufklärung des noch Zweifelhaften und zur Kritik und Vervollständigung dieser
Resultate führen.

INDEX.

Errata.

VI.

BERICHT

ÜBER EINEN

FAST VOLLSTÄNDIGEN SCHÄDEL VON PALAPTERYX.

VON

Dr. GUSTAV JAEGER,

DIRECTOR DES WIENER THIERGARTENS.

MIT 2 TAFELN (XXV – XXVI).

Nova Acta Reg, edita in Die Academie Der Ab. I. Bd. 2. Abtheil., Palaeontol. etc.

39

EINLEITUNG.

—

Unter der reichen Sammlung von Moaresten, welche Prof. Dr. v. Hochstetter bei Gelegenheit der Expedition der k. k. österreichischen Fregatte Novara aus Neu-Seeland nach Wien brachte und über deren Auffindung derselbe in der Geologie von Neu-Seeland, pag. 242, genaue Mittheilung macht, befindet sich ein Schädel, der als der vollständigste aller bis jetzt gefundenen Moaschädel verdient einer genauen wissenschaftlichen Analyse unterworfen zu werden.

Alle bis jetzt gefundenen Schädel dieses interessanten Vogelgeschlechtes, deren Abbildung und Beschreibung in wissenschaftlichen Abhandlungen deponirt ist, sind sehr fragmentarisch, gewöhnlich nur Schädelkapseln, an denen alle Fortsätze und namentlich die zarte Schädelbasis ganz zertrümmert sind. Nur der einzige von Owen im dritten Bande der Transact. of zool. Soc. auf Taf. 52 abgebildete Schädel von *Dinornis casuarinus* befindet sich in einem etwas besseren Erhaltungszustande. Aber gerade der Unterschied zwischen diesem und dem vorliegenden Schädel dürfte es rechtfertigen, dem von Dr. v. Hochstetter aufgefundenen Schädel eine eigene Behandlung zu widmen. Ich hätte zwar sehr gerne auch noch die zahlreichen anderen Schädelfragmente, welche diese Sammlung enthält, in die Reihe der Betrachtung gezogen, wenn ich über die nöthige Muse hiezu disponirt hätte. Unter den gegenwärtigen Umständen muss ich dies jedoch auf den Zeitpunkt verschieben, wo es mir möglich sein wird die ganze unendlich reiche Moasammlung, welche namentlich *Dinornis didiformis*, *Palapteryx ingens*, *Din. elephantopus*, den letzteren ausgenommen, in einer noch nicht vorhandenen Vollständigkeit enthält, in einer längeren Monographie zu behandeln.

39 *

Ein Prachtstück der Sammlung, ein fast vollständiges Skelet von *Palapteryx ingens* ist durch die von mir angefertigten Gypsabgüsse und einen kurzen Bericht hierüber [1] in weiteren Kreisen bekannt geworden.

— —

Diagnose des Schädels.

In der Transact. of the zool. Soc. hat Owen sechs Schädel der Moa abgebildet und beschrieben. Den ersten im Bande III auf Taf. 38 abgebildeten bezieht er auf *Dinornis* (jetzt richtiger *Palapteryx*) *struthioides*. Es ist ein sehr defectes Cranium. So weit sich Messungen anstellen lassen, stimmt dieses Cranium mit dem unseren fast genau überein. Es geht dies allerdings aus der Vergleichung der Zeichnungen weniger deutlich hervor, da dieselben nicht in der gleichen Position entworfen sind. So lässt z. B. die Owen'sche Figur 3 den ganzen Condylus des Hinterhauptes sehen, während bei unserer Figur 1 hievon nichts sichtbar wird. Es hat diese Differenz ihren einfachen Grund darin, dass der schlechte Erhaltungszustand des Owen'schen Schädels dem Künstler keinen Anhaltspunkt über die Richtung der Mundspaltenebene gab und er somit eine Horizontalebene annahm, welche die Mundspaltenebene im Unterkieferpunkte unter spitzem Winkel schneidet. Die einzigen Unterschiede, welche sich auffinden lassen, sind folgende:

1. beschreibt die *Linea semicircularis* des Schläfenmuskels bei dem Owen'schen Schädel eine reine Curve, während sie bei unserem Schädel an der Stelle, wo sie vom Scheitelbeine auf das Schläfenbein übertritt, einen eckigen, rechtwinkeligen Bruch besitzt;

2. ist der Zwischenraum zwischen der *Linea semicircularis* der Schläfengrube und der *Linea semicircularis* des Hinterhauptes bei unserem Schädel viel schmäler als bei dem Owen'schen;

3. ist sowohl die *Linea occipitalis* als die von ihr ausgehenden Bogenlinien bei dem Wiener Schädel weit schärfer modellirt;

4. ist der *Condylus occipitalis* prominirender und namentlich die eigentliche Gelenkfläche desselben viel kugeliger.

---

[1] Bericht über ein fast vollständiges Skelet von *Palapteryx ingens*. Wien 1863. Braumüller.

Alle diese vier Verschiedenheiten sind derart, dass man sie ohne allen Zwang auf Altersverschiedenheiten zurückführen kann, und damit stimmt auch überein, dass Owen selbst seinen Schädel für den eines jüngeren Individuums hält, während der unserige offenbar einem völlig ausgewachsenen, wahrscheinlich sogar einem sehr alten Individuum angehört.

Von dem auf Taf. 39 durch Owen abgebildeten Schädel von *Dinornis* (ebenfalls *Palapteryx*) *dromoides* unterscheidet sich unser Schädel durch seine beträchtlichere Grösse, seine weit gedrungenere Form, durch den Mangel der so auffallenden mit *b* bezeichneten Protuberanz in der Schläfengrube, welche der Nath zwischen Stirn- und Scheitelbein entspricht, so sehr, dass an eine Übereinstimmung nicht gedacht werden kann, und wir verweisen in dieser Beziehung auf das, was Owen zur Begründung des Unterschiedes zwischen diesem und dem vorhergehenden Schädel sagt. Es sei hiebei nur in Parenthesis erwähnt, dass das, was Owen über die Verbindung der Nasenbeine mit dem Stirnbein sagt, nur als juveniler Zustand aufzufassen ist, denn bei unserem Schädel sind diese beiden Knochen, obwohl man die Grenze zwischen ihnen noch sieht, vollkommen knöchern ankylosirt. Auch die geringere Prominenz des *Condylus occipitalis* spricht dafür, dass dieser Schädel einem jungen, obwohl älteren Individuum als der erste Owen'sche Schädel angehört.

Die auf Taf. 55 abgebildeten Schädel gehören entweder zu dem kleineren *Palapt. dromoides* oder, wenn nicht, zu einer ihr unmittelbar nahestehenden Art, und wir können desshalb die Vergleichung mit diesem ohne Weiteres übergehen. Eine scharf ausgesprochene Form ist dagegen der auf Taf. 54 abgebildete Schädel von *Palapt. geranoides*. Von diesem unterscheidet ihn die hohe Wölbung des Schädels, die beträchtlich entwickelten Paroccipitalfortsätze, die ausserordentliche Grösse der *Fossa temporalis*, welche auf einen sehr kräftigen Schläfenmuskel und somit starken Schnabel schliessen lässt, und die enorme Breite des Schädels zwischen den Augenhöhlen derselben, dass man sich versucht fühlen kann hier nicht nur eine specifische, sondern eine generische Verschiedenheit zu vermuthen, und ich stimme mit Owen vollkommen überein, wenn er diese Vermuthung ausspricht. Wenn man den Wiener Schädel als Typus eines *Palapteryx* und den von Owen abgebildeten Schädel von *Dinornis casuarinus* als den Typus eines *Dinornis*-Schädels festhält, so ist *geranoides* eine Zwischenform zwischen beiden, welche allerdings dem Genus *Palapteryx* näher steht als *Dinornis*, aber immerhin verdient, als eigener Typus festgehalten zu werden.

Ich kann bei dieser Gelegenheit die Bemerkung nicht unterdrücken, dass ich das Heranziehen der auf Taf. 55 abgebildeten Ober- und Unterkinnladen zu dem Schädel von *geranoides* für nicht gerechtfertigt halte. Diese Kinnladenfragmente gehören offenbar einer viel grösseren Art an. Man darf nur den kürzeren Ast der in Fig. 6 abgebildeten Unterkinnlade auf dieselbe Länge ergänzen, die in der Figur der grössere Ast besitzt, so bekommt man eine Distanz, welche die Nasenbreite von *geranoides* weit übersteigt, und noch evidenter wird dies, wenn man an der Hand der Owen'schen Zusammenstellung die beiden Unterkieferäste bis zu ihrem muthmasslichen Gelenkende verlängert. Man bekömmt da eine Distanz der beiden Oberflächen, welche zu dem Schädel von *geranoides* in keiner Weise passt, wohl aber fast absolut genau zu unserem Schädel. Am meisten leuchtet dies ein, wenn man unsere Fig. 2 an die Owen'sche Fig. 6 anlegt. Aber auch abgesehen davon, springt schon in Fig. 1 von Owen das Missverhältniss zwischen der kleinen Schädelkapsel, der schwachen, einen schmächtigen Temporalmuskel verrathenden Schläfengrube zu den kolossen Kinnladen in die Augen. Ein besseres Verhältniss gewinnt man durch Anfügung unserer Fig. 3 an die Kinnladen in der Owen'schen Fig. 1.

Aus dem Vorhergehenden folgt, dass von den durch Owen bekannt gemachten Schädeln nur der auf Taf. 38 abgebildete zu dem unserigen in näherer Beziehung steht, und meiner Ansicht nach dürfte man keinen Fehler begehen, wenn man, wie schon oben bemerkt, die wenigen Differenzen als individuelle und insbesondere Altersverschiedenheiten auffasst und beide zu einer Art rechnet.

Eine weitere Frage ist die, auf welche Species man diese beiden Schädel zurückführen soll. Offenbar war Owen seiner Sache selbst nicht sicher, als er seinen Schädel auf *Palapteryx struthioides* bezog, und er machte desshalb auf pag. 302 die Bemerkung, dass sein Schädel vielleicht einer jungen *Dinornis giganteus* angehört haben könnte; er fühlte, dass sein Schädelfragment für *struthioides* zu gross sei und dies ist auch vollkommen richtig; allein seiner Vermuthung, dass die Schädel zu *Dinornis giganteus* gehören, kann man dennoch nicht beipflichten. Wenn die auf Taf. 38, 39 und 55 abgebildeten Schädel wirklich zu dem vierzehigen Genus *Palapteryx* und der auf Taf. 52 abgebildete zu dem dreizehigen Genus *Dinornis* gehört, so ist unser Schädel ein *Palapteryx* und kein *Dinornis*, die Species *giganteus* aber gehört als dreizehig zu *Dinornis*, es kann somit unser Schädel nicht zu *giganteus* gehören. Da die grösste bisher bekannte Species von *Palapteryx Pal. ingens* ist, so liegt die

Vermuthung nahe, dass unser Schädel zu dieser Species gehört. Diese Vermuthung wird noch durch Folgendes bestärkt:

1. wurde dieser Schädel in der gleichen Localität mit dem schon erwähnten Skelete von *Palapteryx ingens* gefunden und zeigen beide den gleichen Erhaltungszustand;

2. passt der besprochene Schädel auf dieses Skelet so, dass er eher zu gross als zu klein ist, eine Differenz, die dadurch ausgeglichen wird, dass unser Schädel notorisch einem sehr alten Individuum, das Skelet desselben, wie ich in meinem Berichte über dasselbe gezeigt habe, einem jungen Individuum angehört. Wir werden desshalb schwerlich fehlgreifen, wenn wir den vorliegenden Schädel auf *Palapteryx ingens* beziehen.

Detailbeschreibung.

Um alle überflüssigen Wiederholungen zu vermeiden, beschränken wir uns bei der Beschreibung auf diejenigen Theile, welche bei den bisher abgebildeten Schädeln fehlen. Solche Theile sind:

1. Die Nasenbeine. Wie schon bemerkt, ist ihre Abgrenzung gegen das Stirnbein trotz der festen knöchernen Verbindung mit demselben deutlich sichtbar. Sie unterscheiden sich bedeutend von den Nasenbeinen der lebenden Struthioniden. Während sie bei den letzteren aus drei wohl abgesonderten Fortsätzen, einem langen spitzen, nach rückwärts gerichteten Stirnfortsatze, einem ähnlich geformten nach vorne unter die Zwischenkieferbeine greifenden Schnabelfortsatze und einem nach aussen die Nasenöffnung begrenzenden Gaumenfortsatze bestehen (welch' letzterer jedoch beim Einen fehlt) kann man bei *Palapteryx* kaum von einem Stirnfortsatze reden, indem das Nasenbein fast gar nicht rückwärts in das Stirnbein eindringt. Auch sein Schnabelfortsatz ist verhältnissmässig bedeutend kürzer und wird vielmehr von dem Stirnende der Zwischenkieferknochen bedeckt. Dagegen übertrifft das Nasenbein an Breite das des Straussen um ein Beträchtliches, es ist nahezu um die Hälfte breiter, während es nur halb so lang ist.

Der Gaumenfortsatz ist weit stärker entwickelt als beim Strauss, er steigt beinahe senkrecht herab und steht mit etwas keulenförmig angeschwollenem Ende auf einer gelenkartigen Facette der Gaumenbeinplatte gerade wie bei *Apteryx*. Dadurch wird die Nasenöffnung sehr weit. Ob dieser Fortsatz bei *Dinornis casua-*

rinus fehlt oder nur nicht erhalten ist, sagt Owen nicht. Hervorzuheben ist ferner, dass die Nasenbeine fast in ihrer ganzen Ausdehnung in der Mittellinie an einander stossen und von dem Stirnende der Zwischenkiefer wie beim Strauss nur gedeckt werden. Es wird desshalb zweifelhaft, ob die Angabe Owen's, dass bei *Dinornis casuarinus* dieses letztere sich zwischen die Nasenbeine einschiebe, nicht auf einer durch die feste Ankylose erzeugten Täuschung beruht. Wie bei dem Strausse und *Apteryx* das Riechbein einen Theil der zu Tage liegenden oberen Schädelfläche bildet, so ist dies auch bei *Palapteryx* der Fall; es lässt sich nämlich trotz dem Verknöchern der Näthe eine gezackte Linie erkennen, welche eine kurze, breite, sechseckige Fläche zwischen den vorderen Enden der Stirnbeine und den hinteren der Nasenbeine abgrenzt. Da bei der Owen'schen Zeichnung von *Dinornis casuarinus* nichts derart zu erkennen noch zu vermuthen ist, so haben wir darin wahrscheinlich einen neuen wesentlichen Unterschied zwischen *Dinornis* und *Palapteryx* zu constatiren.

2. Das Riechbein ist ausserordentlich entwickelt, doch bildet es keine so vollkommen geschlossene, abgerundete Kapsel wie bei *Apteryx*, sondern läuft seitlich wie bei der Trappe in einen plattgedrückten, unten concaven Fortsatz aus, der sich an den inneren Rand des Thränenbeines anlegt und mit seiner äussersten Spitze beinahe das Jochbein tangirt. Die Abgrenzung der Nasenhöhle von der Augenhöhle, welche bei *Apteryx* eine so vollständige ist, wird nach oben von diesem Riechbeinfortsatze durch eine von dessen vorderem freien Rande entspringende, mit grossen Löchern durchbrochene, sehr zarte Knochenlamelle gebildet, welche — gegen die Nasenhöhle concav — gegen das Dach der Nasenhöhle zieht und in die Dachlamelle des Siebbeines übergeht. Zwischen ihr und dem Gaumenfortsatze des Nasenbeines bleibt eine halbmondförmige Spalte für den Thränengang. Noch unvollständiger ist der Abschluss des Nasenhöhlenbodens. Es erhebt sich zwar entsprechend der nach oben ziehenden Platte von dem transversalen Riechbeinfortsatze eine nach abwärts ziehende, gegen den äusseren Rand der Choane gerichtete zarte Knochenplatte, sie ist aber nur eine Linie breit und der grösste Theil des äusseren Bodens ist somit wahrscheinlich häutiger Natur. Interessant ist das innere Ende dieser unteren Knochenplatte: es hebt sich frei von der Oberfläche des Riechbeines ab als ein circa zwei Linien breites Plättchen, welches korkzieherartig gewunden in der Medianaxe jeder Nasenhöhle frei nach vorne zieht. Die verticale Riechbeinplatte, welche die beiden Nasenhöhlen scheidet und bei *Apteryx* ganz

compact ist, besteht in ihrer hinteren Hälfte aus einer sehr dünnen, von grossen unregelmässigen Öffnungen durchlöcherten Platte; in ihrem vorderen Theile dagegen ist sie sehr dick mit bedeutend entwickelter Diploë. Die Verbindung des Riechbeines mit dem Keilbeinkörperende ist ganz verwischt. Der letztere Knochen ist sehr breit und geht ohne sichtbaren Absatz in die Seitenwand des Riechbeines über durch den in ihm sich befindenden Hohlraum die Räumlichkeit der Nasenhöhle vergrössernd. Während bei *Apteryx* der Abschluss der Nasenhöhle gegen die Gehirnhöhle durch eine säugethierähnliche *Lamina cribrosa* und bei den von Owen beschriebenen Schädeln durch eine von einer einfachen Öffnung durchbohrte Knochenplatte geschieht, haben wir bei unserem Schädel eine von je drei Öffnungen durchbrochene Siebbeinplatte, somit ein Mittelding zwischen dem obigen Verhalten.

3. Das Keilbeinkörperende, welches bei allen Owen'schen Schädeln fehlt, ist, wie schon bemerkt, mit dem Riechbein vollkommen in ein Stück modellirt. es endet mit einer starken Spitze in derselben Höhe, wo die Nasenbeine endigen und besitzt nach vorne von der Einmündung der Choanen in die Nasenhöhlen einen dreieckigen, mit breiter Basis aufsitzenden horizontal nach aussen gerichteten Flügel, der mit seinem hinteren Rande die Choane umsäumt und mit seiner oberen Fläche den Boden der Nasenhöhle bildet. Bei *Apteryx* findet sich die Andeutung eines solchen Flügels in einer leichten seitlichen Anschwellung.

4. Die Nasenhöhle selbst ist enorm gross, indem sie mit breiter Basis auf der Schädelhöhle aufsitzend, die ganze Augenhöhlenscheidewand erfüllt. Ihre grösste Breite erreicht sie in der Ebene, wo der Gaumenfortsatz des Nasenbeines ihre äussere Grenze bildet; sie hat dort einen fast regelmässig viereckigen Querschnitt von je 24 Millimeter Breite und 19 Millimeter Höhe. Vergrössert wird sie noch dadurch, dass der Keilbeinkörper Hohlräume besitzt, welche in offener Communication mit ihr stehen. Jedenfalls ist die Nasenhöhle verhältnissmässig bedeutend grösser als bei *Dinornis casuarinus* und darf als die grösste unter allen Vögeln angesehen werden.

5. Das Thränenbein zeigt ebenfalls ein ganz eigenthümliches Verhalten. Während es bei *Apteryx* mit seiner ganzen unteren Fläche auf Stirn- und Riechbein aufliegt und mit diesen beiden verschmolzen ist, stösst es hier nur mit seinem inneren Rand, wie bei den anderen Vögeln an Stirn- und Riechbein, so dass es den wesentlichsten Antheil an der Bildung des Augenhöhlendaches bildet; statt

nun aber rückwärts in eine feine Spitze auszulaufen, verschmilzt es an der ganzen inneren und hinteren Peripherie mit dem Stirnbein so vollkommen, dass man es für einen integrirenden Bestandtheil desselben halten könnte und so kommt jenes so auffallend breite *Planum frontale* zu Stande, welches diesem Schädel ein so ganz fremdes schildkrötenähnliches Ansehen gibt. Sein freies Ende ist an der transversalen Riechbeinfortsetzung angeschmiegt, jedoch nicht mit ihm verbunden, zieht in einem sanften nach vorne convexen Bogen bis herab zum Jochbein und ist von zwei grossen senkrecht ovalen Löchern durchbohrt.

6. Kiefer-Gaumenapparat besteht bei unserem Schädel aus zwei Knochen, von denen

a) der eine aus der innigen Verschmelzung des Quadratjochbeines, des Jochbeines, des Kieferbeines, des Oberkieferbeines, des Gaumenbeines und Flügelbeines hervorgegangen ist. Die Verwachsung aller dieser Knochen ist eine so innige, dass auch nicht einmal eine Spur der Grenzlinie aufzufinden ist. Die Verwachsung vom Quadratjochbein mit dem Jochbein ist wohl unter den Vögeln sehr allgemein, auch die der beiden mit dem Oberkieferbein ist sehr häufig, seltener schon die ganz spurlose Vereinigung mit dem Gaumenbein, wenigstens bei *Apteryx* ist die Grenzlinie sehr deutlich zu sehen und beim Strauss nicht nur diese, sondern auch die Abgrenzung vom Oberkiefer und Jochbein. Die seltenste Verwachsung aber ist die zwischen Gaumen und Flügelbein, welche unser Schädel mit *Apteryx* theilt. Bei *Struthio* ist wohl auch eine Verbindung dieser Knochen, aber nur Nathverbindung, keine vollständige spurlose Verschmelzung vorhanden. Was nun aber unsern Schädel von *Dinornis casuarinus* unterscheidet ist der Umstand, dass das Zwischenkieferbein nur durch eine verhältnissmässig sehr lockere Nath mit dem Kiefergaumenapparat zusammenhing, während bei *Dinornis casuarinus* vollständige Ankylose besteht. Diese Differenz ist um so auffallender, als alle anderen Knochen so ausserordentlich innig mit einander verbunden sind und unser Schädel sicher einem sehr alten Individuum angehörte.

Das vereinigte Jochbein ist entschieden kräftiger als beim Strauss und ist nicht wie bei diesem in seiner ganzen Ausdehnung gleich dick und drehrund, sondern im hinteren Drittheil von aussen nach innen comprimirt und mit einer dem Stirnbeinende gegenüber liegenden Erhöhung versehen, während es in den vorderen zwei Drittheilen von oben nach unten zusammengedrückt, und zwar oben concav, unten convex ist. Das Oberkieferbein ist ein ungleichseitig viereckiges,

hohles, dünnwandiges Knochenstück, dessen Höhle wie beim Strauss mit einem
queren grossen Spalt gegen die Nasenhöhle hin ausmündet. Bei *Apteryx* fehlt ein
solcher Hohlraum im Oberkiefer und in dieser Beziehung stimmt unser Schädel
mehr mit dem Strauss überein, obwohl dessen Oberkiefer kleiner ist.

Das Gaumenbein beginnt mit einer flachen, horizontal gestellten, auf der
unteren Fläche des Oberkiefers liegenden Platte, welche sich rasch zu einem dünnen
Stiele nach rückwärts verschmälert; auf diesem Stiele erhebt sich eine vertical nach
oben gerichtete Knochenplatte, welche die *Choane* nach aussen begrenzt und an
ihrem hinteren Ende nach innen umgerollt ist. Nach der Analogie mit *Apteryx*
und *Dinornis* sollte sich an ihrem inneren, dem Keilbeinkörper zugewendeten Rande
das Pflugschaarbein ansetzen, dieses fehlt jedoch und scheint somit nicht wie bei
Din. casuarinus in knöcherner, sondern wie bei *Apteryx* in Nathverbindung gestanden
zu sein. Das Flügelbein ist ein sehr compacter und vielfach modellirter Knochen.
In seiner ersten Hälfte ist es eine horizontal gestellte Knochenplatte, in seiner hinteren eine vertical gestellte, welche mit einem sattelförmig vertieften breiten Kopfe
endigt. Höchst eigenthümlich und meines Wissens einzig in der Vogelwelt daste-
hend ist die Gelenksverbindung des Flügelbeines mit dem Quadratbein. Es articulirt
nämlich nicht blos durch ein sattelförmiges Gelenk mit dem Körper des Quadratbeines, sondern die gelenkige Verbindung setzt sich auf die ganze Länge des
Orbitalfortsatzes des Quadratbeines fort, so dass das Gelenk zwischen diesen
beiden Knochen nicht weniger als 20 Millimeter lang ist. Die Gelenkfläche liegt
an der äusseren Fläche des Flügelbeines. Eine zweite Gelenksfläche von ovaler
Form trägt das Flügelbein auf seiner inneren Fläche zur Articulation mit einem
seitlich vorspringenden Fortsatz des Keilbeinkörpers. Hierin stimmt unser Schädel
mit *Apteryx*, *Dinornis* und *Struthio* überein.

b) Das Quadratbein. Hervorzuheben ist zunächst die sehr bedeutende Grösse
desselben im Verhältniss zu *Struthio* sowohl als zu *Apteryx*, namentlich sehr
bedeutend ist die Länge des aufsteigenden Fortsatzes. Es ist sogar verhältnissmässig grösser als das von Owen auf Taf. 53 abgebildete Quadratbein von *Dinor-
nix casuarinus*, welches doch Owen bereits für auffallend gross erklärt. Wenn
desshalb Owen aus der Grösse des auf Taf. 39 abgebildeten Quadratbeines mit
Zugrundelegung der Verhältnisse bei *Struthio* die Länge des zu diesem Knochen
gehörigen Schädels auf einen Fuss und drei Zoll berechnet, so ist diese Rechnung
zu hoch. Man erhält mit Zugrundelegung von unserem Schädel nur 10½ Zoll

40 *

englisch, und sogar dies dürfte noch zu viel sein, da bei dem von Owen abgebildeten Quadratbein der Orbitalfortsatz verhältnissmässig noch grösser ist als
bei unserem Schädel. Die Distanz vom Trommelhöhlengelenk bis zur höchsten
Stelle des Unterkiefergelenkes beträgt 45 Millimeter, die von der Spitze des Orbitalfortsatzes bis zum hintersten Ende 46 Millimeter, die Breite des Unterkiefergelenkes 32 Millimeter. Der aufsteigende Fortsatz, welcher an seiner inneren
Fläche das unregelmässig zerrissene Luftloch besitzt, ist sehr stark und lang und
trägt an seinem oberen Ende eine einfache Gelenksfläche. Der Körper des Quadratbeines stellt von unten gesehen ein rechtwinkeliges Dreieck dar, dessen kürzere
Kathete nach hinten und aussen, dessen längere nach hinten und innen und dessen
Hypotenuse gerade nach vorne gerichtet ist. Die Gelenkfläche für den Unterkiefer
besteht aus zwei Facetten, von denen die eine schmale und langgestreckte entsprechend der kleineren Kathete verläuft, die andere stark gewölbte, die nach
innen und vorne gerichtete Spitze des Dreieckes einnimmt. Die an der Aussenseite
des Körpers sitzende Gelenkfacette für das hintere Ende des Quadratjochbeines
ist entsprechend der Stärke desselben ziemlich gross und tief schüsselförmig. Die
vierte mit dem Flügelbein correspondirende Gelenkfläche zerfällt in zwei durch
einen schmalen Hals verbundenen Facetten, die eine sattelförmig, ist an die
nach vorne und einwärts gerichtete Ecke des Körpers, die andere flach und lang
gestreckt an der Spitze des Augenhöhlenfortsatzes, und der beide verbindende
schmale Theil wird von der dem Körper entsprechenden unteren Kante des Augenhöhlenfortsatzes gebildet. Dieser selbst erstreckt sich beinahe wagrecht nach vorne
bis zur Höhe des *Foramen opticum*, ist sehr breit, geradlinig und von innen nach
aussen etwas zusammengedrückt.

Aus dieser Beschreibung geht hervor, dass das Quadratbein von *Pal. ingens*
sich sowohl von *Apteryx* als *Struthio*, als *Dinornis* wesentlich unterscheidet. Von
allen dreien wird es geschieden durch die beträchtliche Länge des aufsteigenden
Astes und die eigenthümliche Gelenkfläche für das Flügelbein, von *Struthio* und
Dinornis durch die beträchtlichere Länge des Augenhöhlenfortsatzes, von *Apteryx*
durch die Dicke und gedrungenere Gestalt des letzteren, von *Dinornis* durch die
Einfachheit der Paukengelenkfläche und die Abwesenheit der Gelenkfacette für
den *Processus mastoideus*.

7. Einen wesentlichen Unterschied zwischen unserem Schädel und dem von
Dinornis casuarinus haben wir noch in dem Mangel der näheren Verschmelzung

zwischen dem *Processus mastoideus* und dem Fortsatz des Stirnbeines, wodurch die Schläfengrube eine knöcherne Einsäumung nach aussen erhält, zu erwähnen, wie denn überhaupt die Schläfengrube bei unserem Schädel viel tiefer und breiter geöffnet ist als bei *Dinornis*.

—————

Allgemeines.

Was den vorliegenden Schädel im Allgemeinen charakterisirt zum Unterschied von *Dinornis* ist das breite *Planum frontale*, die gestrecktere Profilcontour des Schädeldaches, die reptilienartige Depression des Schädels und die Prominenz der *Tubera frontalia*. Was das Detail betrifft, so können wir zu den von Owen auf pag. 361 angeführten Verschiedenheiten zwischen *Palapteryx* und *Dinornis* noch Folgendes hinzuführen:

Palapteryx unterscheidet sich von *Dinornis*

1. durch das Zutagetreten des Riechbeines auf der Stirnfläche; 2. durch die Verschmelzung des Thränenbeines mit dem Stirnbeine; 3. durch ein schmäleres Gaumenbein; 4. durch beträchtliche Verschiedenheit des Quadratbeines, sowohl in Bezug auf Grösse als Verbindung mit dem benachbarten Knochen, und 5. durch die mangelnde Verbindung des *Processus mastoideus* mit dem Stirnbeinfortsatz.

Ausserdem muss bemerkt werden, dass die schon von Owen hervorgehobene nähere Verwandtschaft zwischen *Palapteryx* und *Apteryx* durch diesen Schädel erhärtet wird.

Der Owen'sche Ausspruch, dass die Moaschädel (wie auch *Apteryx*) an die Reptilien, speciell an Krokodil- und Schildkrotschädel erinnern, ist mit Bezug auf den vorliegenden Schädel ausserordentlich treffend und wir können mit Recht speciell das Genus *Palapteryx* das reptilienähnlichste Vogelgeschlecht nennen.

Mit Bezug auf die Lebensweise lässt sich aus der Kleinheit der Augenhöhle, der mächtigen Entwickelung der Schläfengrube und des Kiefergaumenskelets (insbesondere des Quadratknochens) der Schluss auf ein vorzugsweise nächtliches Leben, ähnlich dem Kiwi, und auf eine vegetabilische Nahrung schliessen, welche wahrscheinlich in Farrenwurzeln bestand, zu deren Ausgrabung eben dieser gewaltige Kieferapparat nothwendig war.

Nachschrift.

Nachdem das Vorstehende bereits gedruckt ist, erhalte ich so eben von meinem Freunde, Prof. Dr. v. Hochstetter, eine ihm von Herrn Dr. J. Haast aus Neu-Seeland zugesendete photographische Abbildung, welche die neuesten Funde von Resten des *Palapteryx ingens* in der Provinz Otago durch Herrn Dr. Hector darstellt, und welche in Manchem die früheren Funde ergänzt. Mit Bezug auf meinen Bericht über das Skelet von *Palapteryx ingens* möchte ich nur kurz folgendes hervorheben:

1. Das Becken des neu gefundenen Exemplares ist, wie es scheint, ganz vollständig; so viel sich aus der mir vorliegenden Seitenansicht entnehmen lässt, ist meine Restauration des Beckens nicht erheblich von der Wahrheit entfernt geblieben. Ferner liegt darin ein neuer Beweis für meine Behauptung, dass das Wiener Skelet ein junges Thier sei; es ist nämlich bei dem neu gefundenen Exemplare Sitz- und Schambein durch eine breite Platte vereinigt, die bei dem Wiener Exemplar wahrscheinlich noch knorplig war und somit verloren ging.

2. Die Rippen sind breiter und die *Processus uncinati* in knöcherner Verbindung mit denselben, die hintersten drei Rippenpaare sind ausserdem auch länger. Beides ist Altersunterschied.

3. Äusserst merkwürdig ist der Umstand, dass ein in Articulation gefundener Vorderfuss, entgegen aller bisherigen Vermuthung, lehrt, dass bei diesem Vogel alle drei Zehen gleich viel, nämlich drei Phalangen besitzen. In dieser Hinsicht haben also die Owen'schen Combinationen sowohl als meine Restauration gefehlt.

4. Von allgemeinem Interesse ist ferner, dass bei diesem Exemplare verschiedene Weichtheile erhalten sind, nämlich die Hornhautsohle des Fusses, einige mit Federn besetzte Hautfetzen, die am Becken angeklebt sind, und Reste von der am Oberschenkelkopf sich ansetzenden Sehne des Gefässmuskels.

Wie Herr Dr. Julius Haast schreibt, ist dieser neueste Fund durch Herrn Dr. Hector nach England abgeschickt worden, so dass bald Näheres und Genaueres darüber zu erwarten ist, als sich aus der mir vorliegenden Photographie entnehmen lässt.

Tafel I.

I. Pflanzenfossilien aus wahrscheinlich mesozoischen Formationen

a) Aus den kohlenführenden Schichten von Pakawau an der Massacre-Bay, Provinz Nelson, Südinsel.

Fig. 1. *Zamites? Phönicites?*

„ 2. *Equisetites?*   in braunem, glimmerigem Sandstein.

„ 3. *Neuropteris.*

b) Aus den kohlenführenden Schichten an der Westküste der Provinz Auckland, Nordinsel, zwischen der Mündung des Waikato und dem Hafen von Whaingaroa.

Fig. 4. *Asplenium palaeopteris* Ung., in grauem Thonmergel.

„ 5—8. Dasselbe, vergrössert und theilweise ergänzt.

Lith u. gedr. i d k k Hof u. Staatsdruckerei.

Tafel II.

c) Aus Kalkmergelbänken an der Westküste der Provinz Auckland, Nordinsel, südlich von der Mündung des Waikato-Flusses.

Fig. 1. *Polypodium Hochstetteri* Ung., in natürlicher Grösse.

„ 2. Stück eines primären Fieders in dreimaliger Vergrösserung.

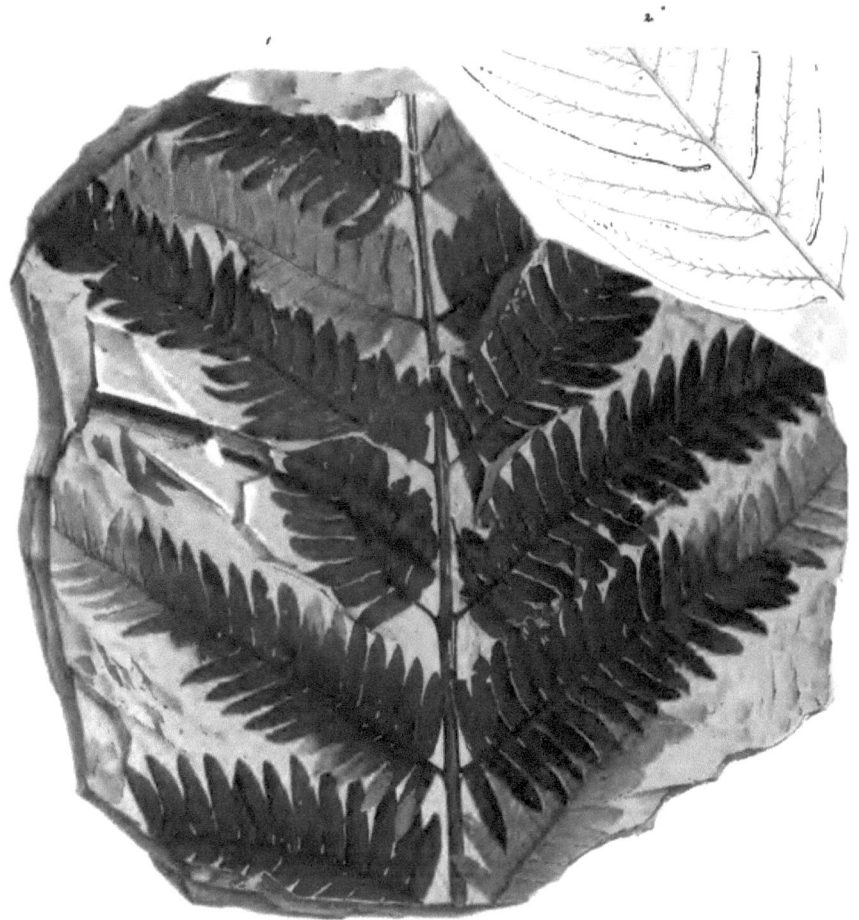

Tafel III.

II. Pflanzenreste aus tertiären braunkohlenführenden Schichten der Provinzen Auckland und Nelson.

Fig. 1—4. *Fagus Ninnisiana* Ung., von Mr. Pollock's Spring Hill Shaft bei Drury, in einem festen eisenschüssigen Sandstein von feinem Korn und brauner Farbe.

„ 5—9. *Fagus Ninnisiana* Ung., von Mr. Fallwell's Place bei Drury, in kaffehbraunem, weichem und dünnschieferigem Schieferthon.

„ 10. 11. *Loranthophyllum dubium* Ung., von Mr. Fallwell's Place bei Drury, in einem lichtgrauen, sehr fetten Schieferthon. (10) Stück eines Blattes, (11) Stück eines Zweiges mit den stark hervortretenden Blattpolstern.

„ 12. Stück eines Zweiges von *Loranthus longifolius* Sprgl. Zum Vergleiche mit dem Vorhergehenden.

„ 13. *Loranthophyllum Griselinia* Ung., von Manganui bei der Bay of Islands, in eisenschüssigem Sandstein von unbestimmtem Alter.

•

Tafel IV.

Fig. 1, 2. *Myrtifolium lingua* Ung. (Geschenk von
Rev. Thomas Norrie in Drury).

„ 3. *Phyllites ficoides* Ung.,

„ 4. *Phyllites Laurinium* Ung.,

} von Mr. Pollock's Spring Hill Shaft bei Drury, in einem festen eisenschüssigen Sandsteine.

„ 5. *Phyllites Purchasi* Ung.,

„ 6. *Phyllites novae Zelandiae* Ung.,

} von Mr. Fallwell's Place bei Drury, in lichtgrauem, fettem Schieferthon.

„ 7, 8. *Phyllites Nelsonianus* Ung.,

„ 9. *Phyllites leguminosites* Ung.,

„ 10. *Phyllites eucalyptroides* Ung.,

„ 11. *Phyllites quercoides* Ung.,

„ 12. *Phyllites broximoides* Ung.,

} von Mr. Jenkin's Kohlengrube bei Nelson, Südinsel, in einem braunen, etwas kalkhältigen Sandsteine.

Tafel V.

III. Verkieselte Hölzer.

Fig. 1. a — c. *Podocarpum dacrydioides* Ung., drei auf einander senkrecht geführte Schnitte in 110maliger Vergrösserung, von der Great Barrier-Insel bei Auckland.

    a. Längenschnitt parallel der Rinde.

    b. Längenschnitt parallel den Markstrahlen.

    c. Querschnitt durch den Jahresring des Holzes.

  „ 2. a. b. *Nicolia Zelandica* Ung., zwei auf einander senkrecht geführte Schnitte in der gleichen Vergrösserung dargestellt, von der Hunua-Kette bei Auckland.

    a. Längenschnitt parallel der Rinde; ein durch Füllzellen ausgezeichnetes Gefäss in der Mitte durchschneidend.

    b. Querschnitt durch das Holz, fünf grosse Spiralgefässe treffend.

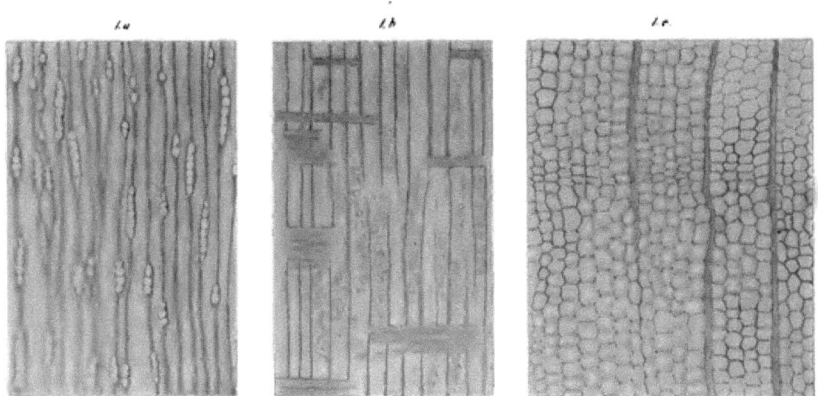

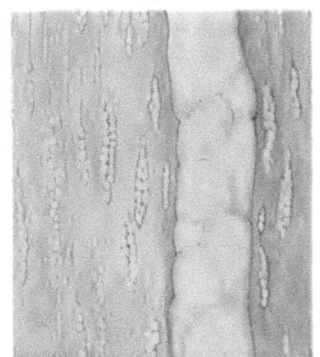

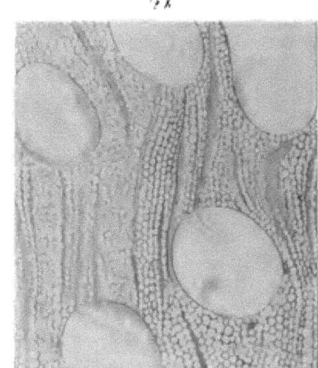

Tafel VI.

I. Fossile Mollusken aus der Gegend von Richmond unweit Nelson, Südinsel.
(Triasformation.)

Fig. 1. a — c. *Monotis salinaria* Var. *Richmondiana* Zitt., von Richmond.

„ 2. a — c. *Halobia Lommeli* Wissm., von Richmond.

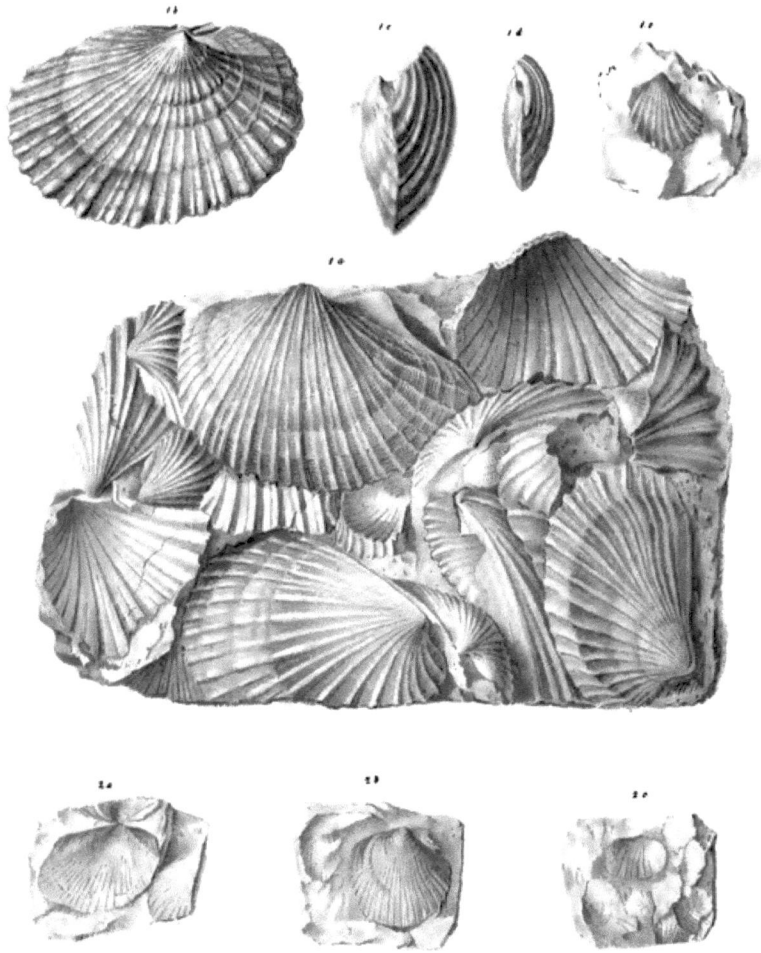

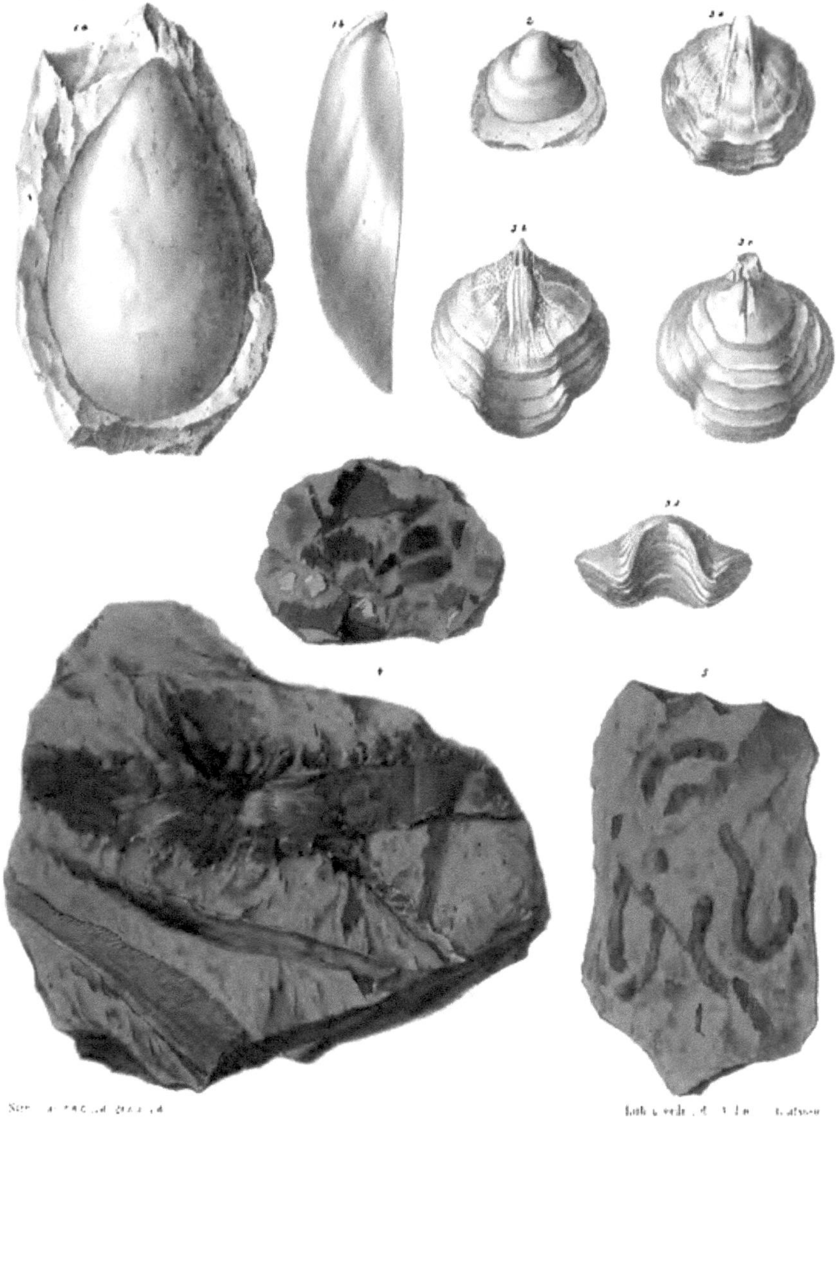
1a
1b
2
3a
3b
3c
3d
4
5

Tafel VIII.

III. Fossile Mollusken aus mesozoischen Schichten der Nordinsel. (Jura oder untere Kreide.)

Fig. 1. a — c. *Ammonites Novo Zelandicus* Hauer, bei Takatahi am Kawhia-Hafen (Westküste der Provinz Auckland).

,, 2. a — d. *Belemnites Aucklandicus* Hauer. Waikato Southhead.

,, 3. a — d. *Belemnites Aucklandicus* Hauer Var. *minor*. Ahuahu Point am Kawhia-Hafen.

,, 4. a — c. *Aucella plicata* Zitt. Waikato Southhead, südlich Auckland.

,, 5. a — c. *Inoceramus Hausti* Hochst., bei Takatahi am Kawhia-Hafen.

,, 6. *Placunopsis striatula* Zitt., nebst *Serpula* auf einem Belemnitenstück aufsitzend. Waikato Southhead.

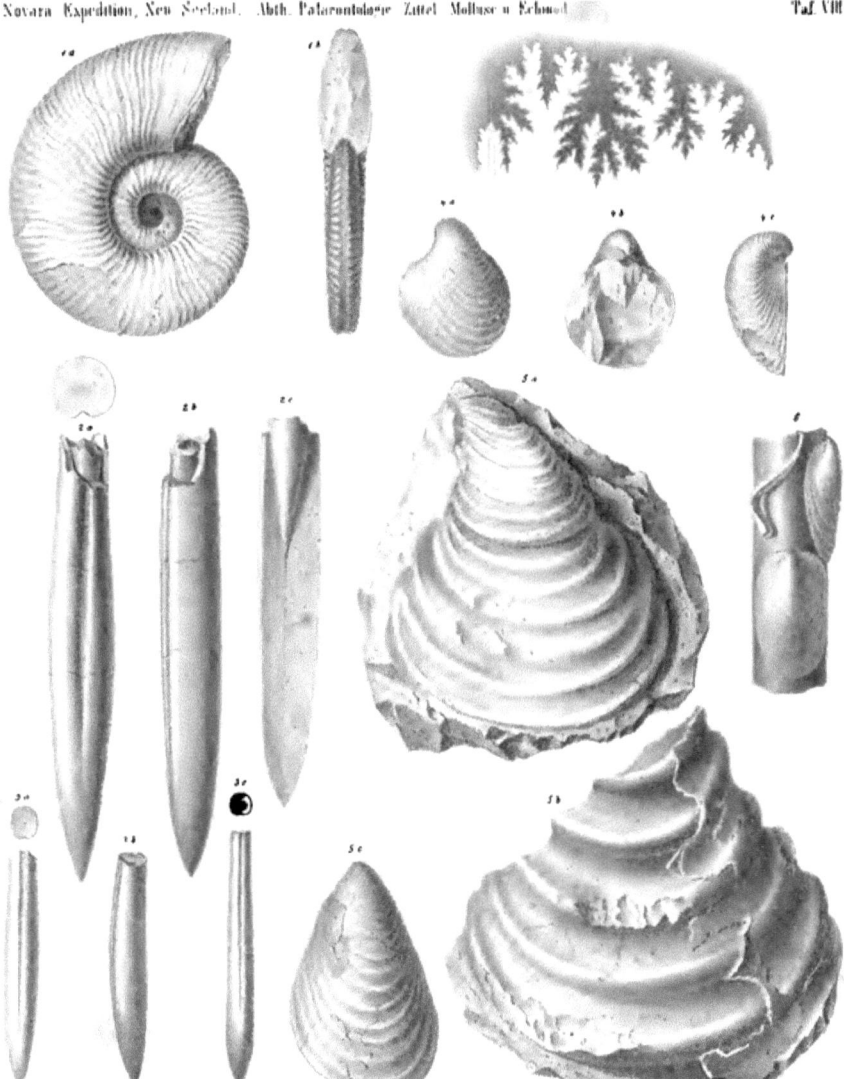

Tafel IX.

IV. Fossile Mollusken und Echinodermen aus (älteren) Tertiärablagerungen.

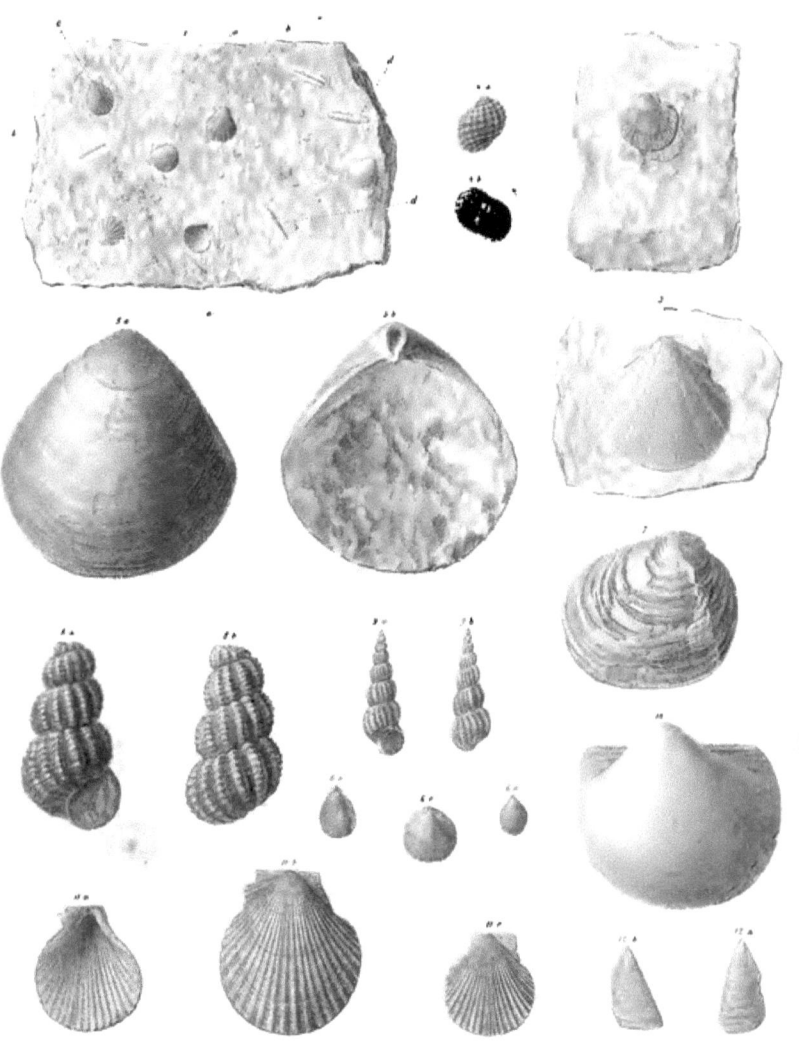

Tafel X.

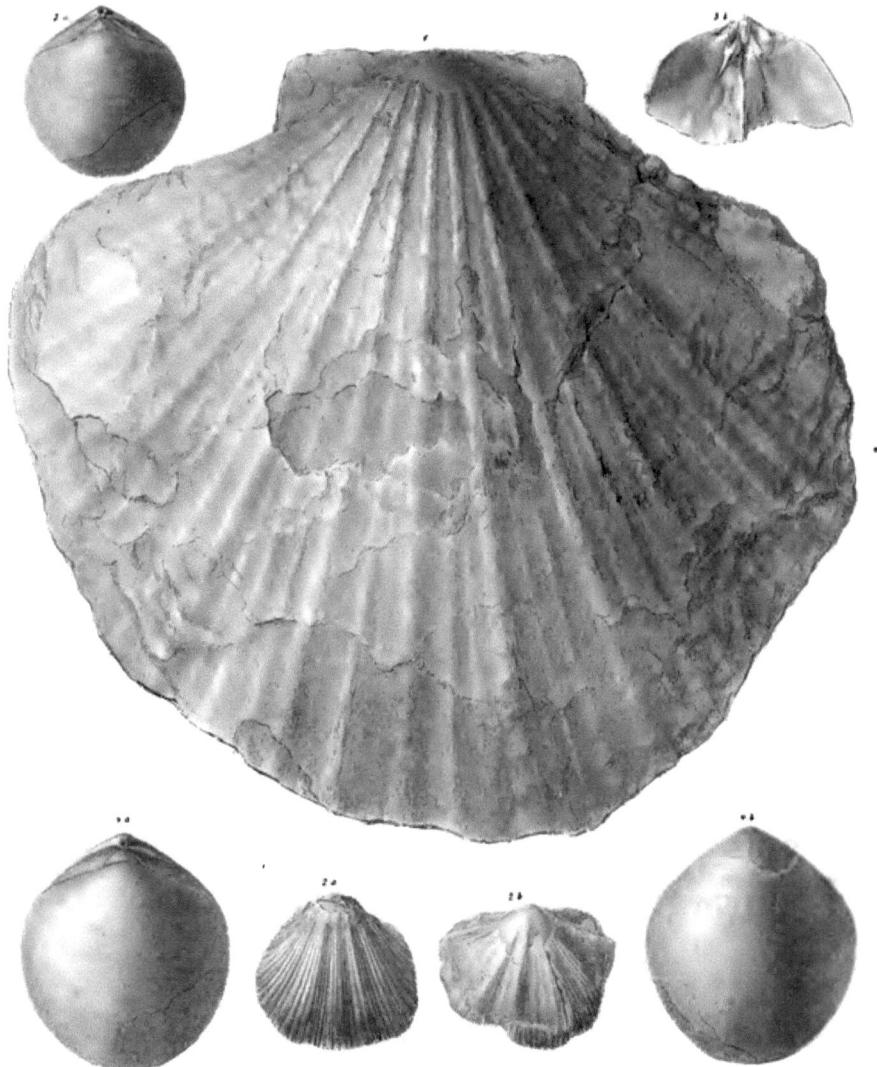

Tafel XI.

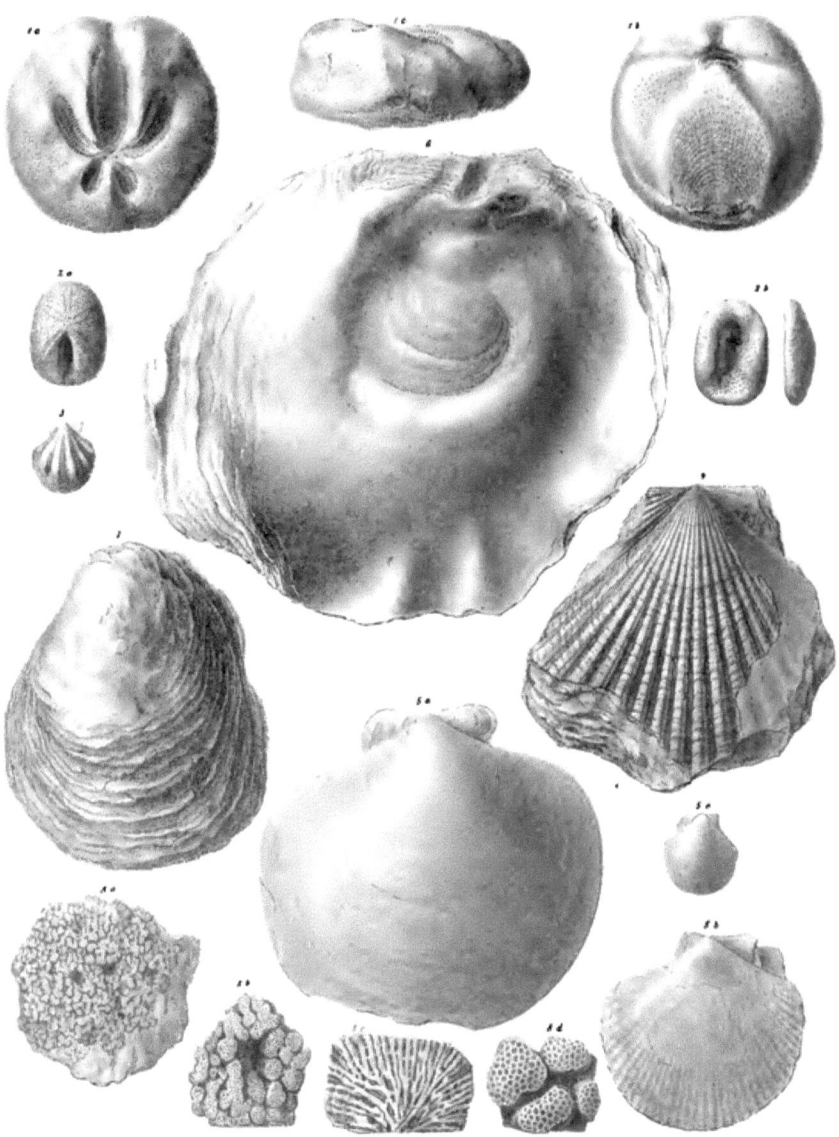

Tafel XII.

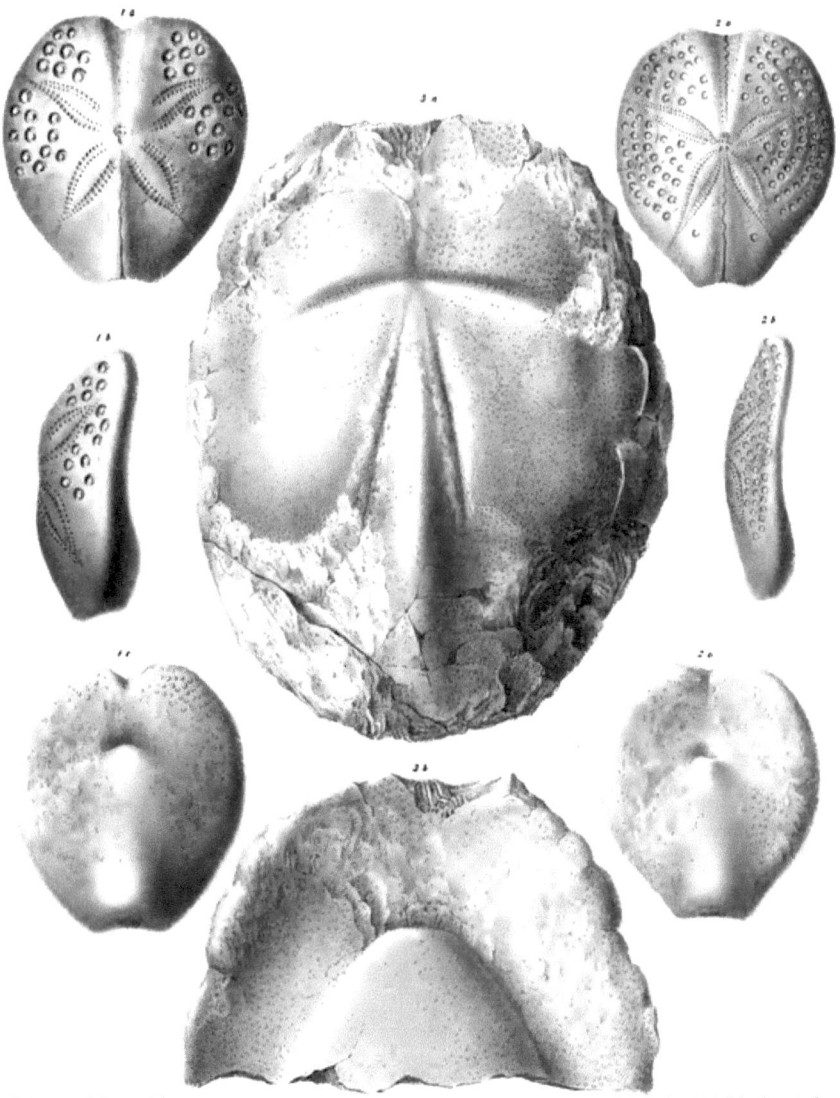

Tafel XIII.

V. Fossile Mollusken aus (jüngeren) Tertiärablagerungen.

a. The Cliffs bei Nelson, Südinsel.

Fig. 1, a. b.   *Limopsis insolita* Sow., The Cliffs.

„   2, a. b.   *Solenella Australis* Quoy et Gaim. sp., The Cliffs.

„   3.   *Ostrea ingens* Sow., Wanganui-River, Nordinsel.

„   4, a. b.   *Buccinum Robinsoni* Zitt., The Cliffs.

„   5, a. b.   *Buccinum* sp. ind., The Cliffs.

„   6, a. b.   *Voluta gracilicostata* Zitt., The Cliffs.

    7, a. b.   *Dentalium Mantelli* Zitt., The Cliffs.

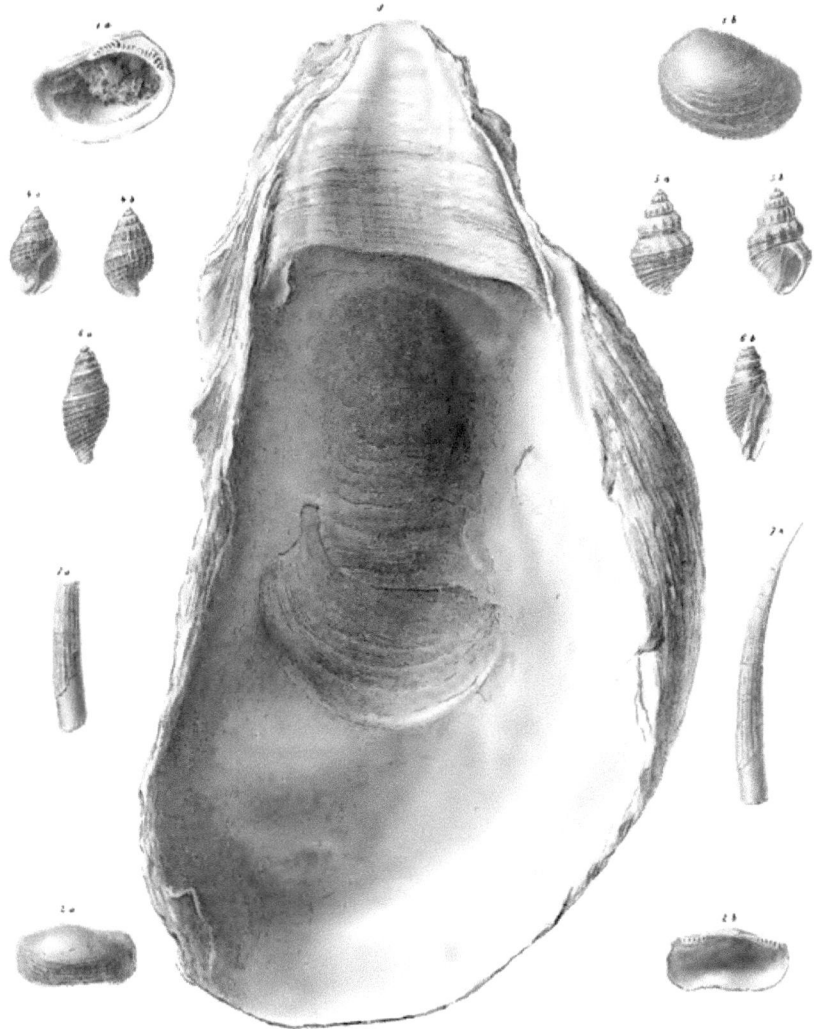

Tafel XIV.

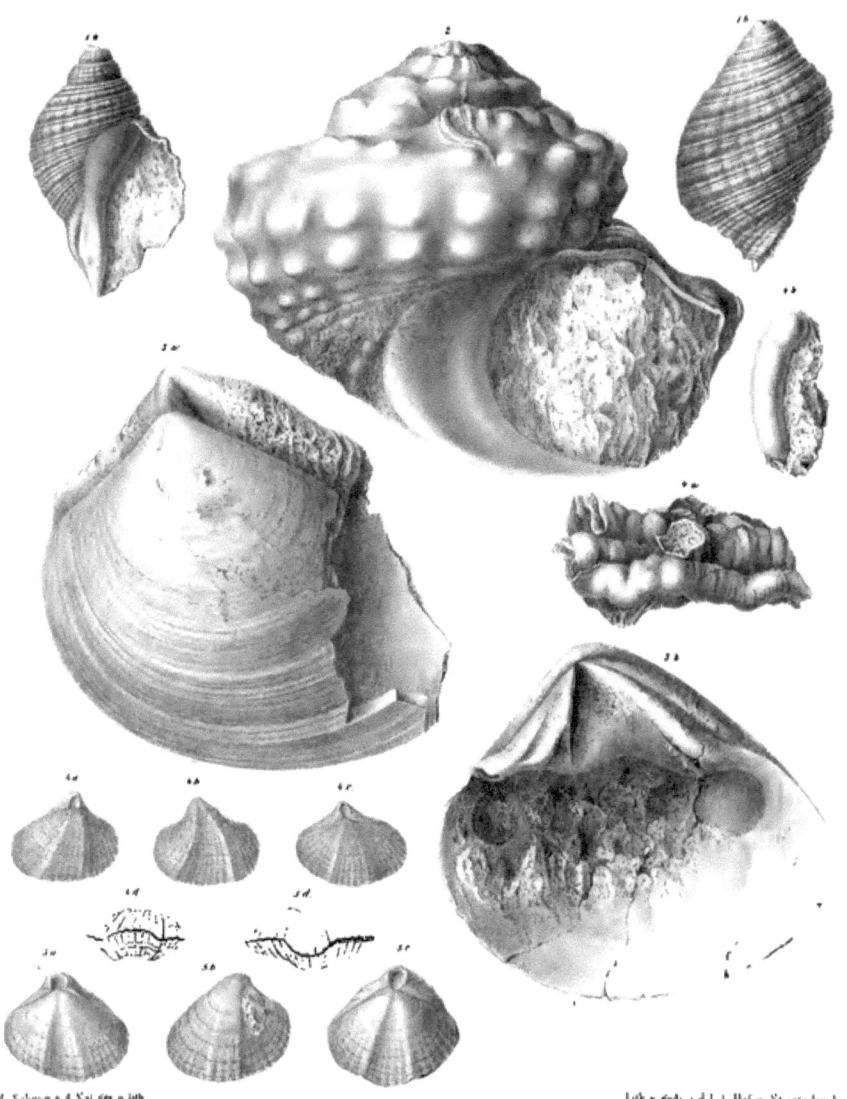

Lith u gedr i d k k Hof u Staatsdruckerei

c. Awatere-Thal.

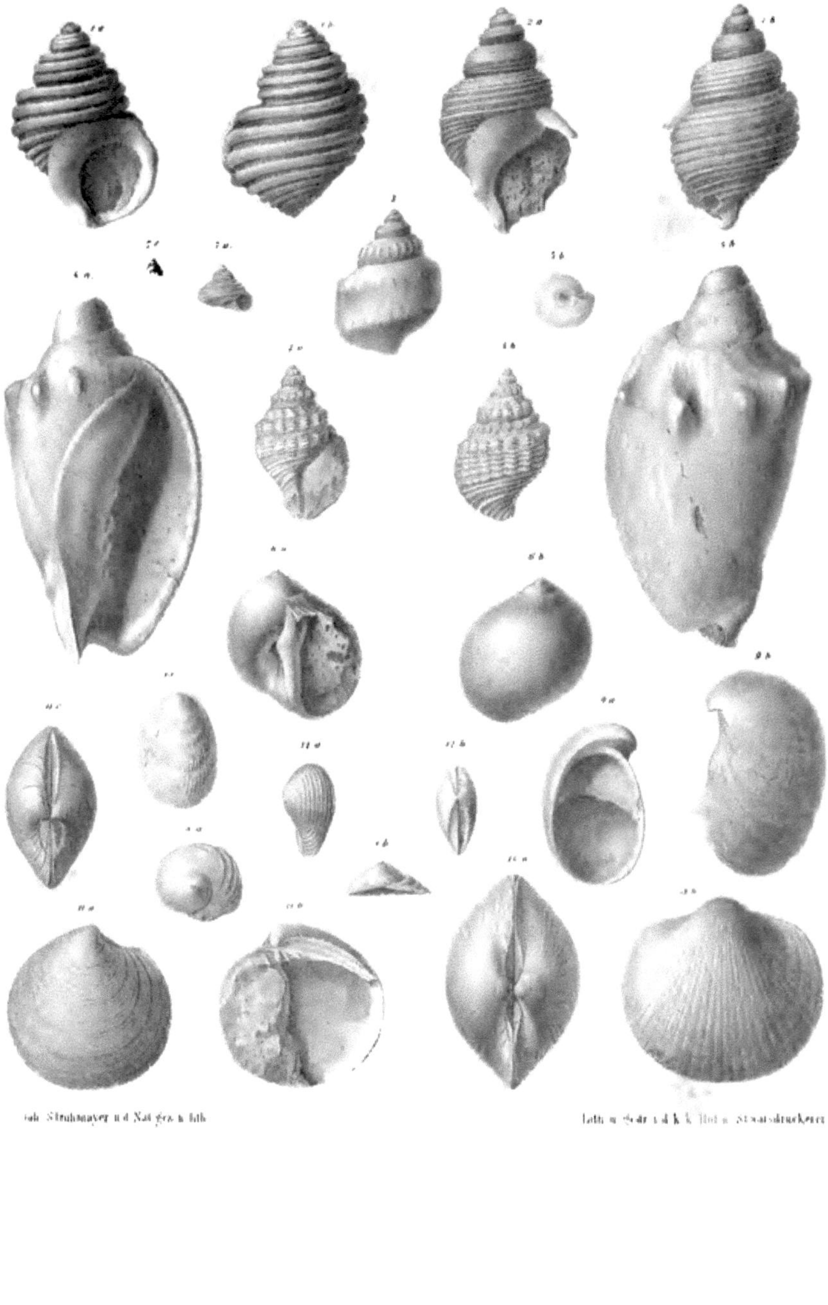

Joh. Strohmayer n. d. Nat. gez. u. lith. Lith. u. gedr. i. d. k. k. Hof- u. Staatsdruckerei

Tafel XVI.

Foraminiferen aus tertiärem Grünsandsteine der Orakei-Bay bei Auckland
(Nordinsel).

Fig. 1. *Dentalina aequalis* Karr.

" 2. *Vaginulina recta* Karr.

" 3. *Lingulina costata* d'Orb. Im Wiener Becken nicht selten.

" 4. *Marginulina neglecta* Karr.

" 5. *Cristellaria mamilligera* Karr.

" 6. *Robulina regina* Karr.

" 7. *Textilaria Hayi* Karr.

" 8. *Textilaria convexa* Karr.

" 9. *Textilaria minima* Karr.

" 10. *Orbitulites incertus* Karr. Bruchstück auf den Gestein aufsitzend, nebst einigen sehr stark vergrösserten Zellen.

" 11. *Clavulina elegans* Karr.

" 12. *Rotalia Novo-Zelandica* Karr.

" 13. *Rotalia perforata* Karr.

" 14. *Rosalina Makeyi* Karr.

" 15. *Polystomella Fichtelliana* d'Orb. Im Wiener Becken häufig.

" 16. *Polystomella tenuissima* Karr.

" 17. *Nonionina simplex* Karr.

" 18. *Amphistegina Campbelli* Karr.

" 19. *Amphistegina Aucklandica* Karr.

" 20. *Amphistegina ornatissima* Karr.

" 21. *Orbitoides Orakeiensis* Karr. Mit einem Quer- und einem Längsschnitte der Schale. sehr stark vergrössert.

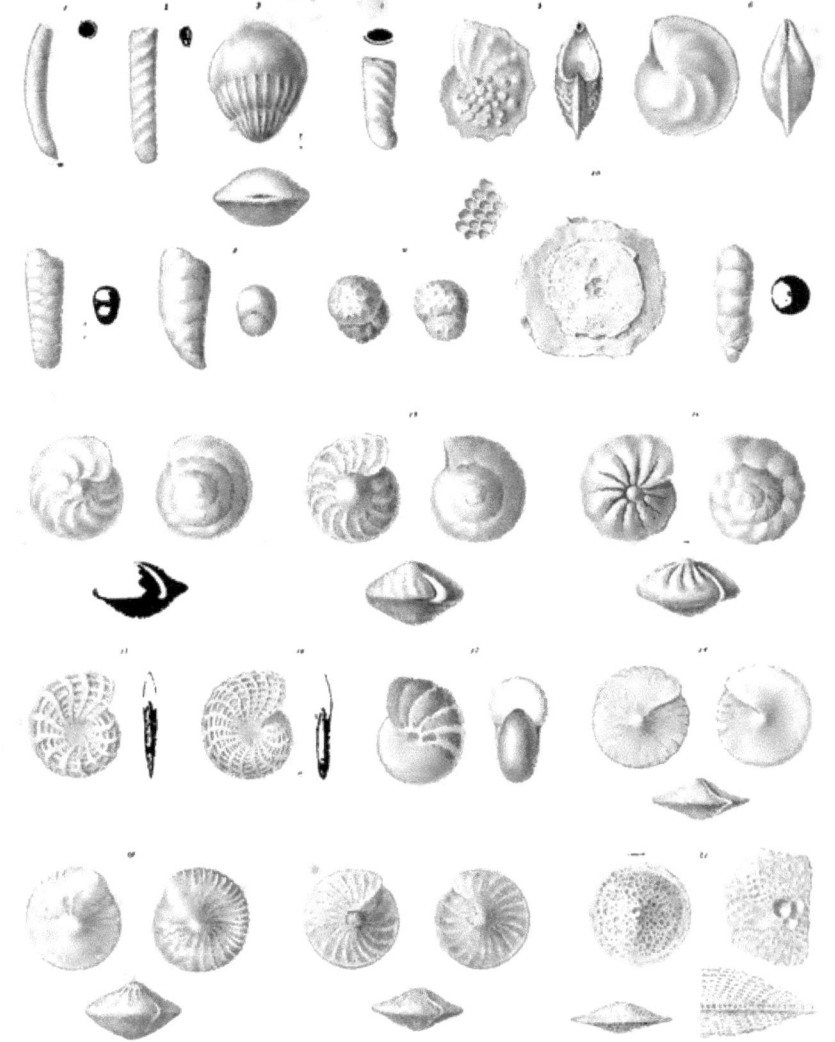

Tafel XVII.

Bryozoon aus tertiärem Grünsandsteine der Orakei-Bay bei Auckland.

Fig. 1. *Mesenteripora Kerekanensis* Stol. 1 Seitenansicht eines dichotomen Astes; 1*a* obere Ansicht der Enden mit den vorstehenden Leisten in der Mitte; 1*b* unterer Querschnitt.

„ 2. *Bidiastopora Toetoeana* Stol. 2 Seitenansicht; die Zellen sind an einer Seite etwas beschädigt; 2*a* Ansicht des oberen Querschnittes.

„ 3. *Bidiastopora Toetoeana* Stol. Ein Exemplar mit theilweiser Anordnung der Mündungen in schiefen Querreihen.

„ 4. 5. *Entalophora Haustiana* Stol. 4 ein Bruchstück mit zahlreichen und stark umrandeten Mündungen; 5 ein Exemplar mit sehr wenigen und langen Zellen.

„ 6, 7. *Spiroporina vertebralis* Stol. n. g. 6 Seitenansicht eines grossen Astes, der sich rechtwinkelig verzweigt; 6*a* zwei Zellen aus dem Ringe stärker vergrössert; 7 Querschnitt eines anderen, kleineren Bruchstückes.

„ 8—11. *Hornera striata* M. Edw. 8 Vorn- und Rückenansicht eines vielästigen und zahlreich faserigen Zweiges; 9 Vornansicht eines anderen Astes, die Zellen an der linken Seite sind sehr gut erhalten. während die an der rechten durch eine Incrustation ganz verändert sind; 9*a* Rückenansicht mit besonders starken Rippen und feinen Querstreifen; 10 Rückenansicht eines etwas abgeriebenen Astes, woran die Porenreihen sehr deutlich sind; 11 Vornansicht eines gut erhaltenen Zweiges mit vielen Poren und aussergewöhnlich starken Rippen.

„ 12, 13. *Hornera lunularis* Stol. 12 und 12*a* Vorn- und Rückenansicht eines rechtwinkelig sich verzweigenden Astes; 12*b* und 12*c* kleine Partien vergrössert von jeder Ansicht; 13 die Mündungen sind nicht so regelmässig halbmondförmig und die Rippen stark; 13*a* Rückenansicht desselben, die longitudinalen Streifen sind ganz verschwunden und die Oberfläche erscheint rauh.

„ 14. *Hornera pacifica* Stol. Vorn- und Rückenansicht eines rechtwinkelig sich verzweigenden Astes; bei 14*a* sind die schiefen, breiten Furchen sichtbar; 14*b* ist eine kleine Partie der vorderen Oberfläche sehr stark vergrössert, sie ist durch feine, wellige Linien rauh, die Mündungen quer-oval und die Poren nicht zahlreich.

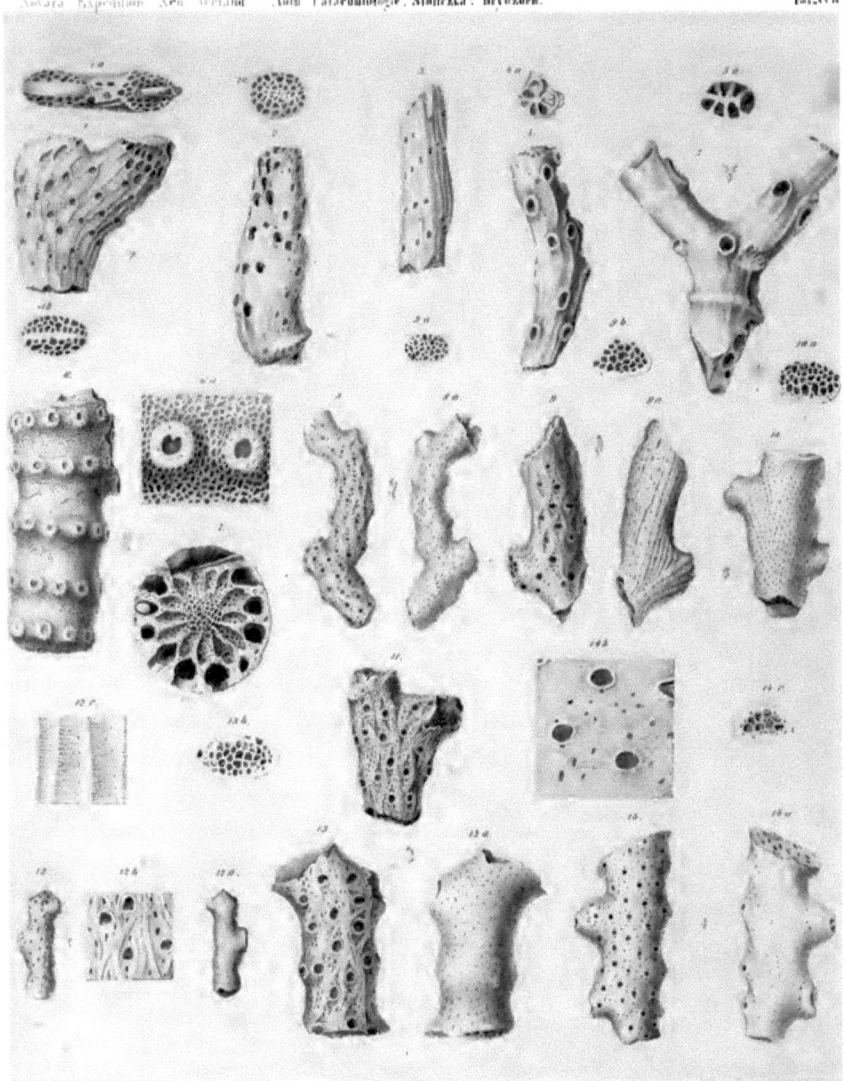

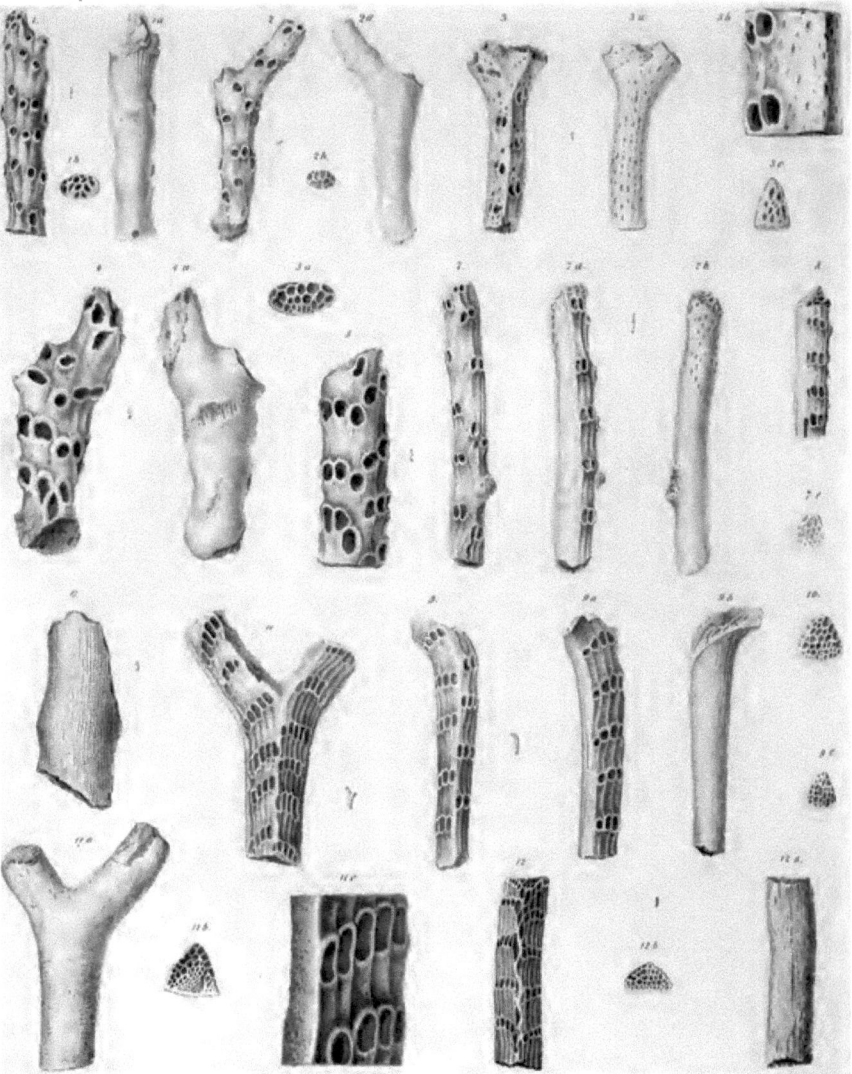

Tafel XIX.

Fig. 1. *Heteropora Grayana* Stol. 1 Seiten-, 1 *a* obere Ansicht eines Astes; 1 *b* unterer Querschnitt; 1 *c* einige Zellen stark vergrössert.

„ 2. *Cellepora inermis* Stol. 2 Ansicht einer Colonie, aufgewachsen auf *Hornera striata* M. Edw.; bei *a* ist eine flache, poröse Zelle, welche eine neue Reihe beginnt; 2 *a* einige Zellen stark vergrössert, die oberste mit einer Oberhöhle.

„ 3—5. *Retepora Beaniana* King. 3 stark vergrössertes Bruchstück mit theilweise gut erhaltenen Zellen; 4 Bruchstück, woran die Zellendecken alle durchbrochen sind (gewöhnlicher Erhaltungszustand); 5 Rückenansicht eines anderen netzförmigen Theiles; 5 *a* Querschnitt eines oberen Astes.

„ 6—9. *Filifustrella parifica* Stol. 6 Vornansicht, die Mündungen unterhalb mit hufeisenförmig erhöhten Rändern; 7 ein etwas dickerer Ast, die Poren oberhalb der Mündungen sind sehr klein oder fehlen; an der Rückenansicht 7 *a* sind nur einige der Öffnungen seitlich sichtbar; 8 die Geminalporen sind besonders gross und deutlich; 9 Vornansicht, woran die zwei Poren oberhalb nur durch vertiefte Punkte angezeigt sind; 9 *a* Rückenansicht mit grossen Öffnungen an den Seiten und einigen vertieften Linien an der Fläche.

„ 10—13. *Semiescharipora porosa* Stol. 10 Vornansicht eines Bruchstückes mit gut erhaltenen Zellen, woran der glatte Theil der Zellendecke unterhalb der Mündung sehr klein ist; 11 zwei Zellen etwas mehr vergrössert von dem früheren; 12 der glatte Theil unterhalb der Mündung ist mehr entwickelt; 13 scheint die regelmässige Form der Zellen zu sein, die Längsreihen sehr deutlich; 13 *a* ist eine Ansicht der porösen Rückseite; 13 *b* Querschnitt.

„ 14. *Semiescharipora marginata* Stol. Vorn- und Rückenansicht und Durchschnitt.

„ 15, 16. *Eschara monilifera* M. Edw. 15 Theil eines stark zusammengedrückten Stammes, woran die Zellen keine Nebenporen besitzen; 16 ein anderes Bruchstück, die Zellen durch Leisten begrenzt und manche mit Nebenporen, seitlich von der Mündung.

„ 17—19. *Eschara Aucklandica* Stol. 17 Ansicht eines etwas abgeriebenen Astes, woran die Zellen flach, theils durch Furchen, theils durch erhöhte Leisten begrenzt sind; 18 die Begrenzungen der Zellen sind undeutlich durch Furchen angezeigt und die Umrandungen der Mündungen 18 *a* sehr stark; 19 ein stärker abgeriebener und rundlicher Ast, woran die Zellen weit abstehend und kaum begrenzt sind, sie sind gleichfalls weniger porös.

„ 20. *Porina Dieffenbachiana* Stol. 20 Seitenansicht; 20 *a* einige Zellen stärker vergrössert; 20 *b* Querschnitt.

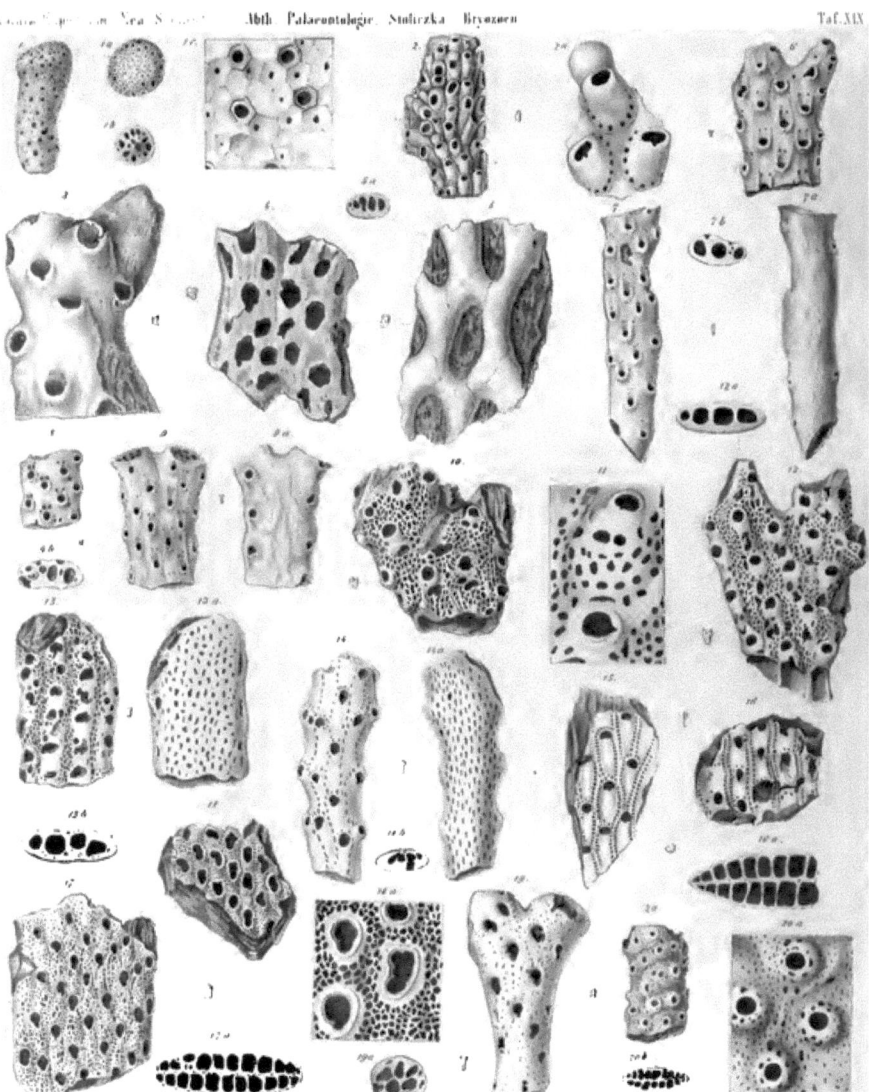

Tafel XX.

Fig. 1. *Escharifora Lowderiana* Stol. Seitenansicht eines blattartigen Bruchstückes; 1*a* einige vergrösserte Zellen von derselben Seite; 1*b* vergrösserte Zellen von der anderen Seite, stark abgerieben; 1*c* Querschnitt.

„ 2. *Flustrella denticulata* Stol. 2 Seitenansicht eines Astes; 2*a* eine Randzelle vergrössert; 2*b* Querschnitt.

„ 3—5. *Flustrella clavata* Stol. 3 Seitenansicht eines etwas zusammengedrückten Stammes, woran die Zellen gut erhalten sind; 3*a* einige Zellen mehr vergrössert; 4 das Ende eines etwas keulförmigen Astes mit der oberen Ansicht 4*a* und unterem Querschnitte 4*b*; 5 Ansicht eines kopfförmig verdickten Astes; 5*a* obere, 5*b* untere Ansicht.

„ 6. *Celleporaria globularis* Broun. 6*a* einige Zellen stärker vergrössert.

„ 7. *Celleporaria Gambierensis* Busk. 7*a* einige stärker vergrösserte Zellen; 7*b* oberer Querschnitt.

„ 8. *Vincularia Maorica* Stol. Seitenansicht und Querschnitt.

„ 9, 10. *Salicornaria oricellosa* Stol. 9 ein kleiner, nach unten etwas verdünnter Ast; 10 ein kleines Bruchstück sehr stark vergrössert.

„ 11—13. *Salicornaria marginata* v. Münster. 11 ein nach oben und unten dünner werdender Ast; 12 stärker vergrösserter Ast, mit einem abgebrochenen Zweige am oberen Ende; 13 stark vergrösserte Zellen eines anderen Bruchstückes.

„ 14. *Biflustra papillata* Stol. Seitenansicht und Querschnitt, und einige stärker vergrösserte Zellen.

„ 15--18. *Melicerita angustiloba*. Busk. 15 Seitenansicht eines breiten Astes, mit dem unteren Querschnitte 15*a*; 16 mit etwas länger gestreckten Zellen; 17 die Hälfte eines anderen Bruchstückes stärker vergrössert, die Zellen sind durch Furchen getrennt; 18 einige stark vergrösserte Zellen, zufällig porös.

„ 19. *Steginopora atlantica* Stol. 19 Vorn-, 19*a* Rückenansicht, 19*b* einige Zellen stark vergrössert; 19*c* Ansicht eines Querschnittes nach α β in der Figur 19; das Stück wurde zu diesem Zwecke eigens zerbrochen und nachher wieder geleimt.

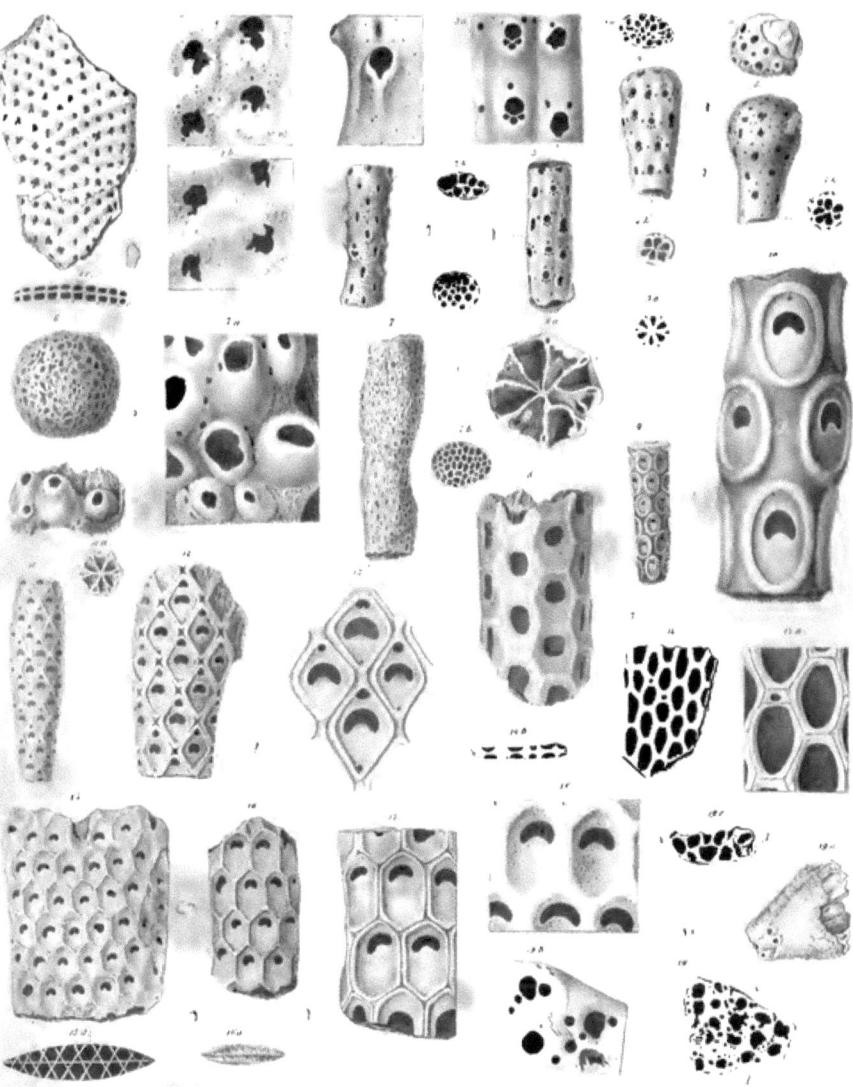

Foraminiferen aus den tertiären Mergeln des Whaingaroa-Hafens.

Taf. XXI.

I. Foraminiferen mit sandig-kieseliger Schale.

Fam. LITUOLIDEAE.

Haplophragmium Rss.

Niveau.[1] Vergrösserung.

Fig 1. *Haplophragmium incisum* n. sp. . . . . N . . $\frac{20}{1}$
Seitenansicht.

» 2.   »   *maoricum* n. sp. . . . . ou   »
Seitenansicht.

Fam. UVELLIDEAE.

Clavulina d'Orb.

» 3. *Clavulina antipodum* n. sp. var. *a* . . . . u
a) von der Seite; *b)* von oben.

» 4.   »   var. *β* . . . . u
» 5.   »   var. *γ* . . . . u
» 6.   »   var. *δ* . . . . o
» 7.   »   var. *ε* . . . . u
» 8.   »   jung . . . .
» 9.   »   *robusta* n. sp. var. *a* . . . . o
» 10.   »   var. *β* . . . . u

Gaudryina d'Orb.

» 11. *Gaudryina Reussi* n. sp. . . . . u
a) Bauchansicht; *b)* Rückenansicht; *c)* Seitenansicht; *d)* Gipfelansicht.

» 12.   »   *obliquata* n. sp. . . . . u
a) Bauchansicht; *b)* Gipfelansicht.

» 13.   »   *megastoma* n. sp. . . . . u
a) Bauchansicht; *b)* Gipfelansicht.

» 14.   »   *Novo-Zelandica* n. sp. . . . . o
a) Bauchansicht; *b)* Seitenansicht.

» 15.   »   *capitata* n. sp. . . . . o
a) Bauchansicht; *b)* Rückenansicht.

» 16.   »   *insecta* n. sp. . . . . u
a) Bauchansicht; *b)* Rückenansicht; *c)* Seitenansicht; *d)* Gipfelansicht.

Plecanium Rss.

» 17. *Plecanium Karreri* n. sp. . . . . ou
a) Bauchansicht; *b)* Seitenansicht.

» 18.   »   *granosissimum* n. sp. . . . . ou
a) Bauchansicht; *b)* Seitenansicht.

» 19.   »   *eurystoma* n. sp. . . . . o
a) Bauchansicht; *b)* Seitenansicht.

---

[1] NB. Ein bisher beobachtetes ausschliessliches Auftreten in den Mergeln der oberen Tiefenstufe ist durch den Buchstaben „o", ein ausschliessliches Vorkommen in der unteren Tiefenstufe mit „u" bezeichnet. Für das mit beiden Buchstaben bezeichnete gemeinsame Auftreten in beiden Tiefenstufen ist zu bemerken, dass der vorausstehende Buchstabe das häufigere oder Hauptvorkommen der Art andeutet.

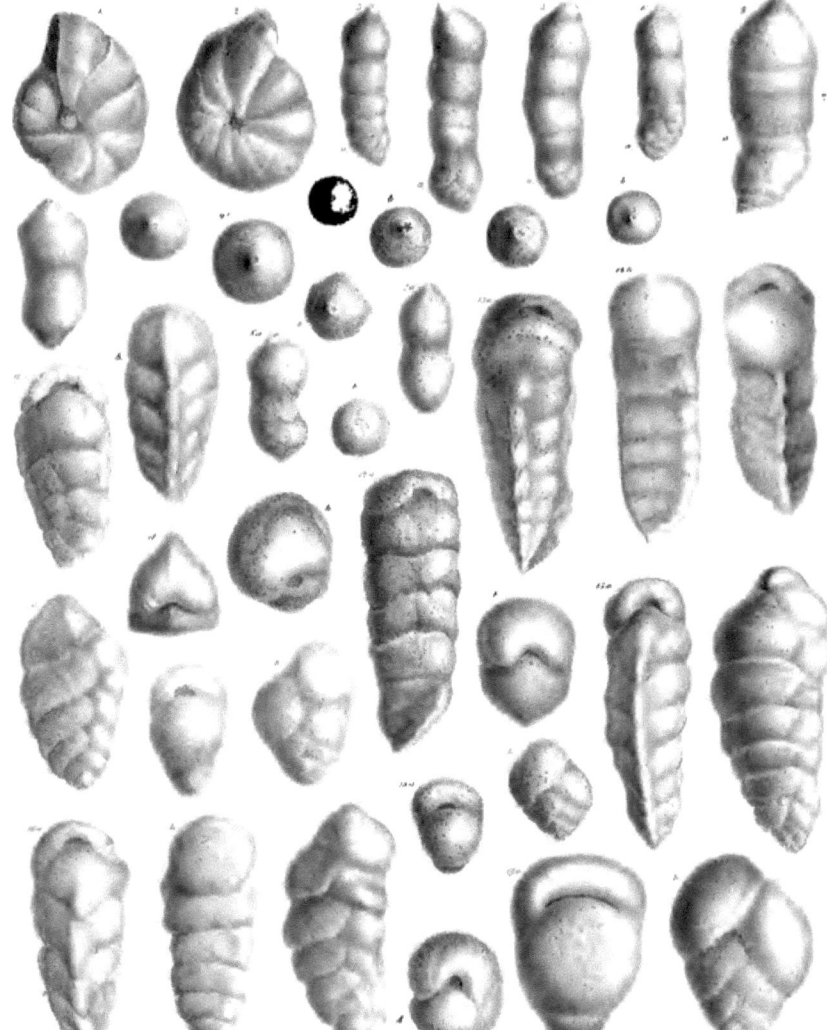

Taf. XXII.

II. Foraminiferen mit kalkiger Schale.

a) Mit porenloser Kalkschale.

Fam. MILIOLIDEAE.

	Niv.	Vergr.		Niv.	Vergr.
Cornuspira Schlz.			Fig. 2. *Cornuspira elliptica* n. sp.	u	20/1
Fig. 1. *Cornuspira Archimedis* n. sp.	u	20/1	a) Seitenansicht; b) vordere		
a) Seitenansicht; b) vordere			Randansicht.		
Randansicht.			**Quinqueloculina** d'Orb.		
			3. *Quinqueloculina* spsp. *indet.*	uo	20/1

b) Mit einfach poröser Kalkschale.

Fam. RHABDOIDEAE.

	Niv.	Vergr.		Niv.	Vergr.
Lagena Walk.			Fig. 17. *Lingulina derijiens* n. sp.	u	20/1
Fig. 4. *Lagena tenuistriata* n. sp.	u	50/1	a) Seitenansicht; b) Mün-		
Seitenansicht.			dungsansicht.		
„ 5. „ *anomala* n. sp.	u	a 20/1, b 50/1	**Nodosaria** d'Orb.		
a) Seitenansicht; b) Mün-			Fig. 18. *Nodosaria* sp. *indet.*	u	50/1
dungsansicht.			„ 19. „ *antipodum* n. sp.	uu	20/1
Glandulina d'Orb.			a, b, c, d, e Seitenansicht.		
Fig. 6. *Glandulina anulata* n. sp.	u	a 20/1, b 50/1	„ 20. „ sp. *indet.*	u	20/1
a) Seitenansicht; b) Mün-			Seitenansicht.		
dungsansicht.			„ 21. „ *subcaulis* n. sp.	o	20/1
„ 7. „ *subovata* n. sp.	u	a 20/1, b 50/1	Seitenansicht.		
a) Seitenansicht; b) Mün-			„ 22. „ *substrigata* n. sp.	uo	a b 30/1, c 20/1
dungsansicht.			Seitenansichten.		
„ 8. „ *napaeformis* n. sp.	u	a 20/1, b 50/1	„ 23. „ *callosa* n. sp.	o	15/1
a) Seitenansicht; b) Mün-			Seitenansicht.		
dungsansicht.			„ 24. „ *obliquecostata* n. sp.	o	20/1
„ 9. „ *symmetrica* n. sp.	u	a 20/1, b 50/1	Seitenansicht.		
a) Seitenansicht; b) Mün-			„ 25. „ *striatissima* n. sp.	u	50/1
dungsansicht.			a, b, c, d, e, f) Varitäten-		
„ 10. „ *rimosa* n. sp.	u	a 20/1, b 50/1	Seitenansichten.		
a) Seitenansicht; b) Mün-			„ 26. „ *subrhombica* n. sp.	o	20/1
dungsansicht.			„ 27. „ *dubiosa* n. sp.	u	20/1
„ 11. „ *aperta* n. sp.	u	a 20/1, b 50/1	**Dentalina** d'Orb.		
a) Seitenansicht; b) Mün-			Fig. 28. *Dentalina verticalis* n. sp.	u	20/1
dungsansicht.			„ 29. „ *soluta* Reuss	u	50/1
„ 12. „ *erecta* n. sp.	uo	a 20/1, b 50/1	„ 30. „ sp. *indet.* n. sp.	u	20/1
a) Seitenansicht; b) Mün-			„ 31. „ *paucigera* n. sp.	u	50/1
dungsansicht.			„ 32. „ *deformis* n. sp.	o	20/1
Lingulina d'Orb.			„ 33. „ *rotundata* n. sp.	uo	20/1
Fig. 13. *Lingulina intustriata* n. sp.	u	a 20/1, b 50/1	„ 34. „ *vagaa* n. sp.	u	20/1
a) Seitenansicht; b) Mün-			„ 35. „ *virginata* n. sp.	u	20/1
dungsansicht.			„ 36. „ *obliquesuturata* n. sp.	o	20/1
„ 14. „ *glans* n. sp.	u	30/1	„ 37. „ *obscura* n. sp.	uo	50/1
a) Seitenansicht; b) Mün-			„ 38. „ *striatissima* n. sp.	u	50/1
dungsansicht.			„ 39. „ sp. *indet.* n. sp.	u	50/1
„ 15. „ *propinqua* n. sp.	ou	a 20/1, b 50/1	„ 40. „ *scarificata* n. sp.	uo	50/1
a, c, d, e) Seitenansichten;			„ 41. „ sp. *indet.*	u	20/1
b) Mündungsansicht.			**Frondicularia** Defr.		
„ 16. „ *rimosa* n. sp.	u	20/1	Fig. 43. *Frondicularia schalugaroien* n. sp. . . .	u	50/1
a) Seitenansicht; b) Mün-					
dungsansicht.					

Fam. CRISTELLARIDEAE.

Gen. CRISTELARIA Lam.

	Niv.	Vergr.		Niv.	Vergr.
a) Subgen. **Marginulina** d'Orb.			Fig. 49. *Marginulina apiculifera* n. sp. . . .	u	50/1
Fig. 42. *Marginulina duraciana* n. sp.	o	20/1	Seitenansicht.		
„ 44. „ *cristellata* n. sp.	o	20/1	„ 50. „ *pellucida* n. sp.	u	50/1
a) Seitenansicht; b) Front-			„ 51. „ *spinulosa* n. sp.	u	50/1
ansicht.			„ 52. „ *tricuspis* n. sp.	u	20/1
„ 45. „ *interrupta* n. sp.	u	a 30/1, b 50/1	a) Seitenansicht; b) Mün-		
a) Seitenansicht; b) Mün-			dungsansicht.		
dungsansicht.			„ 53. „ *asprocostulata* n. sp.	u	20/1
„ 46. „ *angistoma* n. sp.	u	a 30/1, b 50/1	Seitenansicht.		
a) Seitenansicht; b) Mün-			„ 54. „ *elatissima* n. sp.	u	a 30/1, b 50/1
dungsansicht.			a) Seitenansicht; b) Mün-		
„ 47. „ *opaca* n. sp.	u	a 50/1, b 50/1	ansicht.		
a) Seitenansicht; b) Mün-			„ 46. „ *Hochstetteri* n. sp.	o	20/1
dungsansicht.			a) Seitenansicht; b) Mün-		
„ 48. „ *macrosulata* n. sp.	u	30/1	dungsansicht.		
Seitenansicht.					

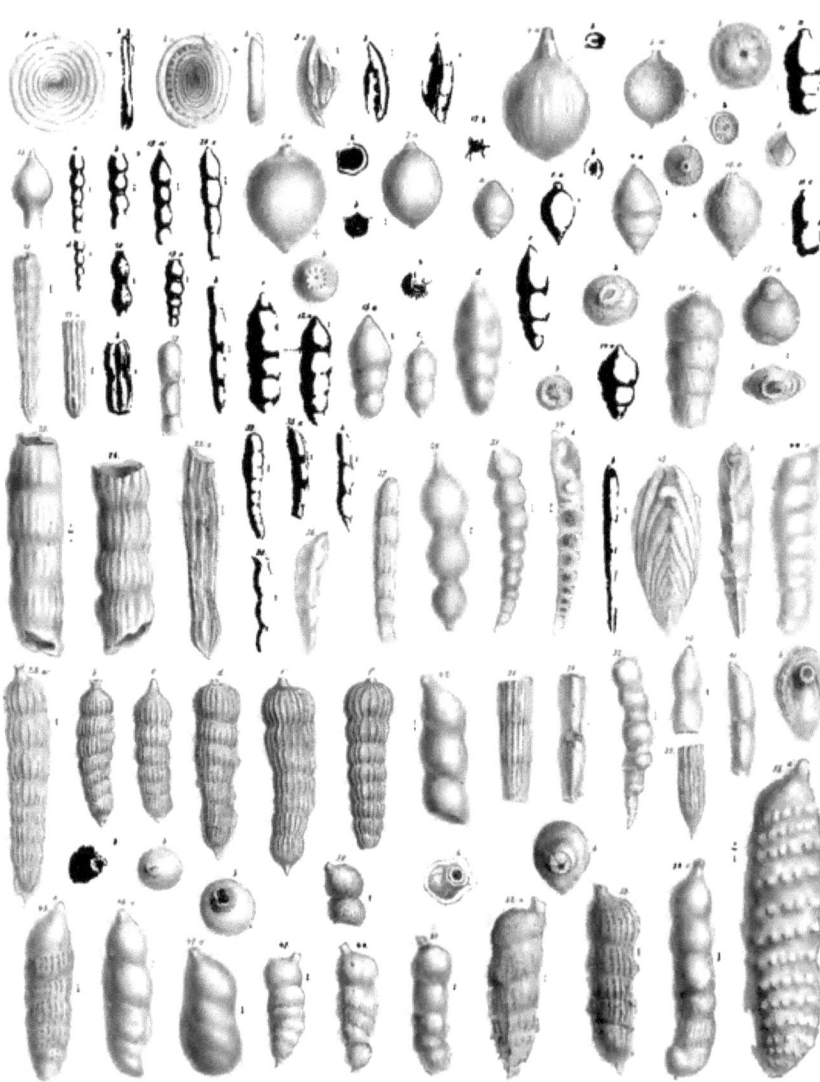

Fam. CRISTELLARIDEAE (Fortsetzung).

		Nr.	Vergr.

b) Subgen. **Hemicristellaria** St.

Fig. 1. *Hemicristellaria procera* n. sp. . . . . . . u $^{20}/_1$
    a) Seitenansicht; *b)* Bauch-
    ansicht.

„ 2. „ *corculum* n. sp. . . . . " „
    a) Seitenansicht; *b)* Bauch-
    ansicht.

„ 3. „ *rearata* n. sp. . . . . v „
    a) Seitenansicht; *b)* Bauch-
    ansicht.

„ 4. „ *infrapapillata* n. sp. . . . . u „
    a) Seitenansicht; *b)* Bauch-
    ansicht.

„ 5. „ *verrucosa* n. sp. v

c) Subgen. **Hemirobulina** St.

Fig. 6. *Hemirobulina arcuatula* n. sp. . . . . . u „
    a) Seitenansicht; *b)* Bauch-
    ansicht.

„ 7. „ *compressa* n. sp. . . . . o „
    a) Seitenansicht; *b)* Bauch-
    ansicht.

„ 8. „ *galeola* n. sp. . . . . u „
    a) Seitenansicht; *b)* Bauch-
    ansicht; *c)* Mündungs-
    ansicht $^{50}/_1$.

d) Subgen. **Cristellaria** Lam. (s. str.)

Fig. 9. *Cristellaria colorata* n. sp. . . . . . u „
    a) Seitenansicht; *b)* Bauch-
    ansicht.

„ 10. „ *Haasti* n. sp. . . . . o $^{10}/_1$
    a) Seitenansicht; *b)* Bauch-
    ansicht.

„ 11. „ *larra* n. sp. . . . . u $^{30}/_1$
    a) Seitenansicht; *b)* Bauch-
    ansicht.

„ 12. „ *rotula* n. sp. . . . . uo „
    a) Seitenansicht; *b)* Bauch-
    ansicht.

„ 13. „ *eito* n. sp. . . . . u „
    a) Seitenansicht; *b)* Bauch-
    ansicht.

„ 14. „ *lactea* n. sp. . . . . u „
    a) Seitenansicht; *b)* Bauch-
    ansicht.

„ 15. „ *callifera* n. sp. . . . . u „
    a) Seitenansicht; *b)* Bauch-
    ansicht.

„ 16. „ *duracina* n. sp. . . . . u $^{20}/_1$
    a) Seitenansicht; *b)* Bauch-
    ansicht.

		Nr.	Vergr.

Fig. 17. *Cristellaria burculenta* n. sp. . . . . . u $^{20}/_1$
    a) Seitenansicht; *b)* Bauch-
    ansicht.

„ 18. „ *bufo* n. sp. . . . . u „
    a) Seitenansicht; *b)* Bauch-
    ansicht.

„ 19. „ *falcifer* n. sp. . . . . u „
    a) Seitenansicht; *b)* Bauch-
    ansicht.

„ 20. „ *glaucina* n. sp. . . . . u „
    a) Seitenansicht; *b)* Bauch-
    ansicht.

„ 21. „ *intermedia* d'Orbigny *sp. var.*
    whaingaroica . . . . . . uo
    a) Seitenansicht; *b)* Bauch-
    ansicht.

„ 22. „ *gyroscalprum* n. sp. . . . . . . o „
    a) Seitenansicht; *b)* Bauch-
    ansicht.

e) Subgen. **Robulina** d'Orb (s. str.)

„ 23. *Robulina loculosa* n. sp. . . . . u „
    a) Seitenansicht; *b)* Bauch-
    ansicht.

„ 24. „ *foliata* n. sp. . . . . u $^{30}/_1$
    a) Seitenansicht; *b)* Bauch-
    ansicht.

„ 25. „ *lenticula* n. sp. . . . . u „
    a) Seitenansicht; *b)* Bauch-
    ansicht.

„ 26. „ *pusilla* n. sp. . . . . u „
    a) Seitenansicht; *b)* Bauch-
    ansicht.

„ 27. „ *oculus* n. sp. . . . . u „
    a) Seitenansicht; *b)* Bauch-
    ansicht.

„ 28. „ *halophora* n. sp. . . . . u $^{20}/_1$
    a) Seitenansicht; *b)* Bauch-
    ansicht.

„ 29. „ *corona lunae* n. sp. . . . . . . u „
    a) Seitenansicht; *b)* Bauch-
    ansicht.

„ 30. „ *cultrata* d'Orb. *var. antipodum* . uo
    a) Seitenansicht; *b)* Bauch-
    ansicht.

„ 31. „ *pseudocalcarata* n. sp. . . . . . u
    a) Seitenansicht; *b)* Bauch-
    ansicht.

„ 32. „ *tuetrotata* n. sp. . . . . u „
    a) Seitenansicht; *b)* Bauch-
    ansicht.

„ 33. „ *incrustata* n. sp. . . . . o $^{10}/_1$
    a) Seitenansicht; *b)* Bauch-
    ansicht.

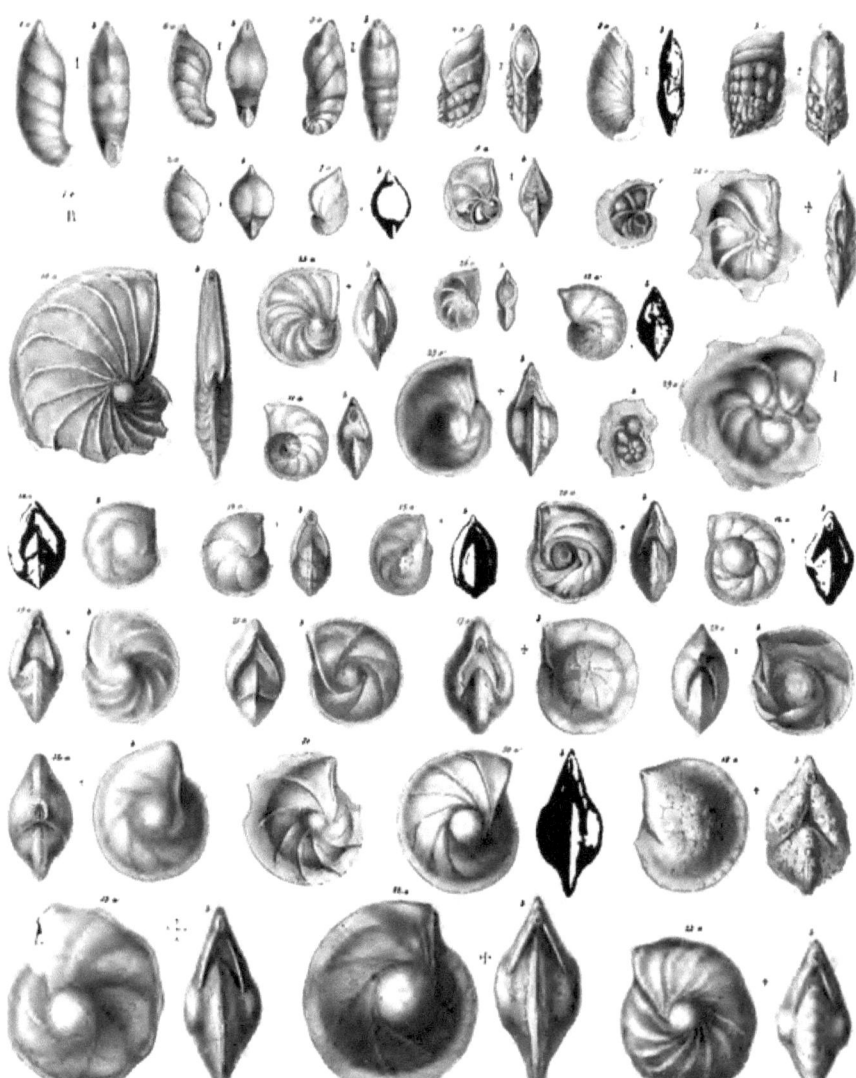

Taf. XXIV.

Fam. POLYMORPHINIDEAE.

	Niv.	Vergr.
Polymorphina d'Orb.		
Fig. 1. *Polymorphina lingulata* n. sp.	u	30/1
a) Seitenansicht; b) Mündungs- ansicht.		
„ 2. „ *pernaeformis* n. sp.	u	20/1
a) Seitenansicht; b) Mündungs- ansicht.		
„ 3. „ *cognata* n. sp.	u	20/1
a) Seitenansicht; b) Mündungs- ansicht.		
„ 4. „ *contorta* n. sp.	u	20/1
a) Seitenansicht; b) Mündungs- ansicht.		
„ 5. „ *marsupium* n. sp.	o	20/1
a) Seitenansicht; b) Mündungs- ansicht.		
„ 6. „ *saccatus* n. sp.	o	20/1
a) Seitenansicht; b) Mündungs- ansicht.		
„ 7. „ *incrasata* n. sp.	o	20/1
a) Seitenansicht; b) Mündungs- ansicht.		
„ 8. „ *dispar* n. sp.	o	20/1
a) Seitenansicht; b) Mündungs- ansicht.		
„ 9. „ *gigantea* n. sp.	o	5/1
a) Seitenansicht; b) Mündungs- ansicht.		

	Niv.	Vergr.
Guttulina d'Orb.		
Fig. 10. *Guttulina fissurata* n. sp.	uo	20/1
a) Seitenansicht; b) Mündungs- ansicht.		
„ 11. „ *obliqua* n. sp.	u	30/1
a) Seitenansicht; b) Mündungs- ansicht.		
„ 12. „ *pusilla* n. sp.	u	20/1
a) Seitenansicht; b) Mündungs- ansicht.		
Bulimina d'Orb.		
Fig. 13. *Bulimina pupula* n. sp.	u	30/1
Frontansicht.		
„ 14. „ *orata* d'Orb. var.	u	20/1
Frontansicht.		
„ 15. „ *aperta* n. sp.	u	20/1
Frontansicht.		
„ 16. „ *propinqua* n. sp.	uo	20/1
Frontansicht.		
„ 17. „ *textilariformis* n. sp.	u	30/1
a) Seitenansicht; b) Frontan- sicht; c) Gipfelansicht.		
„ 18. „ *arcuata* n. sp.	u	30/1
a) Seitenansicht; b) Frontan- sicht; c) Gipfelansicht.		

Fam. TEXTILARIDEAE.

	Niv.	Vergr.
Textilaria Defr.		
Fig. 19. *Textilaria capitata* n. sp.	u	30/1
a) Seitenansicht; b) Frontan- sicht; c) Gipfelansicht.		
„ 20. „ *subrhombica* n. sp.	u	„
a) Seitenansicht; b) Frontan- sicht; c) Gipfelansicht.		

	Niv.	Vergr.
Fig. 21. *Textilaria carinata* d'Orb. var. *maorica*	uo	„
a) Seitenansicht; b) Frontan- sicht; c) Gipfelansicht.		
„ 22. „ *carinata* d'Orb. var. *inflata*	u	„
a) Seitenansicht; b) Frontan- sicht; c) Gipfelansicht.		

c) Mit mehrfach poröser Kalkschale.

Fam. ROTALIDEAE.

	Niv.	Vergr.
Rotalia Lam.		
Fig. 23. *Rotalia Soldanii* d'Orb.	uo	20/1
a) untere, b) obere, c) seitliche Ansicht.		
„ 24. „ *Soldanii* d'Orb. var.	uo	20/1
a) untere, b) obere, c) seitliche Ansicht.		
„ 25. „ *sulcigera* n. sp.	u	30/1
a) seitliche hintere, b) seitliche vordere, c) obere, d) untere Ansicht.		
„ 26. „ *naticoides* n. sp.	u	30/1
a) seitliche hintere, b) seitliche vordere, c) obere, d) untere Ansicht.		
„ 27. „ *paupercula* n. sp.	u	30/1
a) untere, b) obere Ansicht.		
„ 28. „ *maculata* n. sp.	u	30/1
a) untere, b) obere, c) seitliche vordere Ansicht.		
Rosalina d'Orb.		
Fig. 29. *Rosalina thiara* n. sp.	o	20/1
a) untere, b) obere, c) seitliche vordere Ansicht.		
„ 30. „ *thiara* var.	o	20/1
a) untere, b) obere, c) seitliche vordere Ansicht.		

	Niv.	Vergr.
Fig. 31. *Rosalina fasciata* n. sp.	u	30/1
a) obere, b) untere, c) seitliche vordere Ansicht.		
„ 32. „ *maorica* n. sp.	uo	20/1
a) untere, b) obere, c) seitliche vordere Ansicht.		
„ 33. „ *latifrons* n. sp.	u	20/1
a) untere, b) obere, c) seitliche vordere Ansicht.		
„ 34. „ *orbiculus* n. sp.	u	30/1
a) untere, b) obere, c) seitliche vordere Ansicht.		
Globigerina d'Orb.		
Fig. 35. *Globigerina bulloides* d'Orb.	u	30/1, 80/1
a, d) untere, b, c) obere An- sicht, e) Oberfläche ver- grössert.		
„ 36. „ *conferta* n. sp.	u	30/1 & 80/1
a) obere Ansicht, b) Oberfläche vergrössert.		
„ 37. „ *reticulata* n. sp.	u	30/1 & 80/1
a) obere Ansicht, b) Oberfläche vergrössert.		

Anmerkung. Ein Theil der Mündungsansichten befindet sich auf dieser Tafel theils aus Versehen, theils des Raumes wegen nicht in der ihnen eigentlich zukommenden Lage.

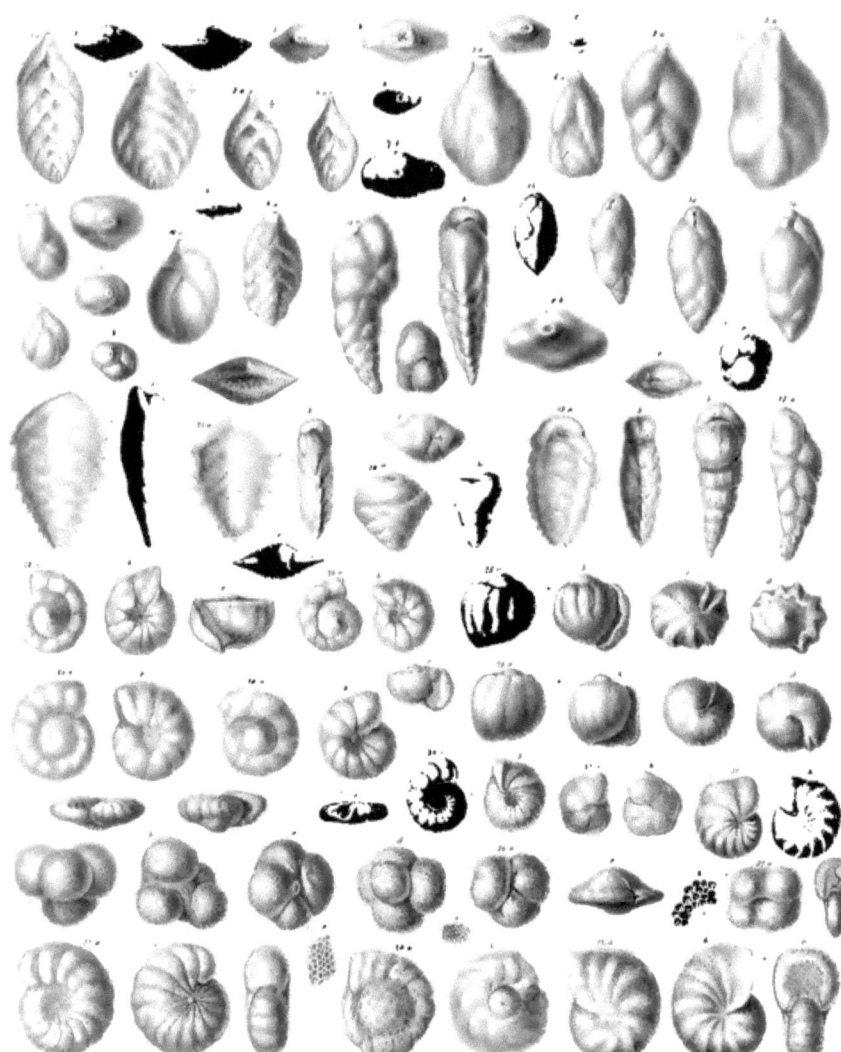

Erklärung der Tafel XXV.

Schädel von Palapteryx ingens Ow.

Fig. 1. Seitenansicht.

     2. Stirnansicht.

     3. Hinterhauptsansicht.

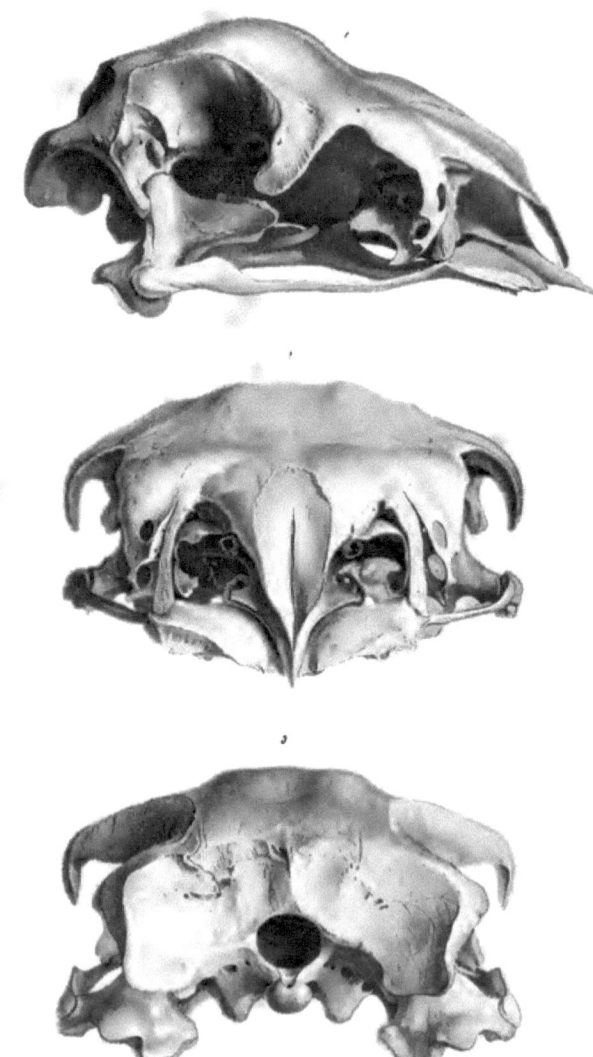

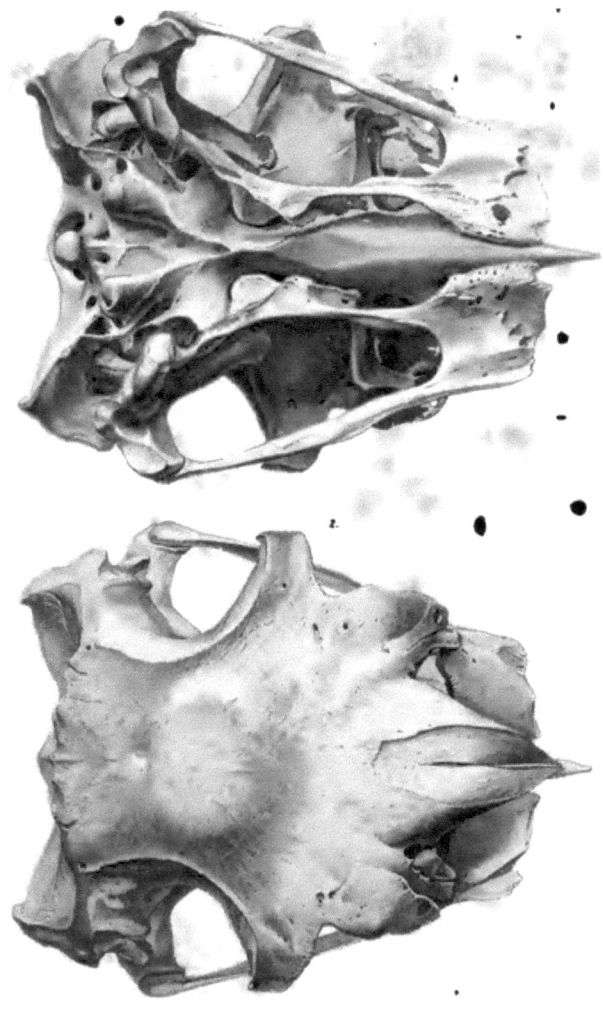